U0712387

主　編　賀聖遂　錢振民
學術顧問　陳先行

# 上海歷代著述總目·清代中前期卷（上）

杜怡順　著

復旦大學出版社

本書爲「十四五」時期國家重點出版物出版專項規劃項目
上海文化發展基金會圖書出版專項基金資助項目
復旦大學「九八五工程」三期人文科學重大項目（2011RWXKZD035）成果

# 《上海歷代著述總目》弁言

陳先行

庚子新春，獲悉老友賀聖遂、錢振民兩兄經年主編的《上海歷代著述總目》即將付梓，頗感欣喜。本人因忝爲顧問，於該書之編纂及其意義有所瞭解，乃趁防控新冠疫情偷閒之際寫此小文以表祝賀。

這是迄今爲止第一部歷代上海地方文獻專目，主編的初衷，是想在此目的基礎上，選輯出版一部大型上海文獻叢書，這原本是出版家賀聖遂擔任復旦大學出版社社長兼總編時的宏願，可惜未獲及時落實，計劃擱置。但令人感到慶倖的是，由復旦大學古籍所博士生導師錢振民直接指導的這部至關重要的目録畢竟編纂成功了，既然有了它，相信其他相關舉措一旦條件成熟就可以從容實施。

從目録學及史學史角度論，類此目録照理早就應當編纂並出現在上海史之中，因爲在我國史學界有一個傳統，即自《漢書》以降，正史、通史乃至地方史志中每設有「藝文志」（或稱「經籍志」）一門（正史中凡所缺者，清代、近代學者多予以補撰），後人將此類目録統稱爲「史志目録」。史志目録通常被認爲具有揭示國家或地方學術史的功能，歷來都很受重視。然而，在現當代史學界出現的若干種包括有政府支持背景撰寫的上海史著作，無論卷帙多寡，皆未列「藝文志」，即没人對歷代上海人的著述進行搜集編目，這樣的上海史其實是不完整的。人們不禁要問，難道那些編撰上海史的學者無視史志目録傳統、不識其重要意義嗎？恐怕不能如此貿然推斷，或許有種種主觀與客觀原因無法克服，纔導致他們對該選項的回避或放棄。譬如有一個原因不用多講大家心裏都清楚，即在當今作學術研究動輒以某種「工程」爲目的的氛圍之下，編纂「藝文志」是件吃力不討好的事情，如果嚴肅認真對待，一時半會難以弄出什麼「階段性成果」，達不到現時流行的「項目考核標準」，而經過長年累月、嘔心瀝血一旦搞成，也未必會獲得學術上的認可。因此，這種苦哈哈的差事是很難受到青睞的，即使真有憨憨之士想做，可能也是舉步維艱，阻力重重。如此這般，業已發表的上海史不設「藝文志」洵屬正常，明白人都能體諒。不過，話又要説回來，既然有關方面下足本錢編撰上海史，却又置「藝文志」於度外，無論從哪方面講，終究是一個缺憾：如果沒有一部反映客觀實際的上海地方文獻目録爲依據，不能瞭然上海歷代著述全貌，人們如何能够科學地認識與勾勒出上海的歷史文脉呢？而「傳承文脉」之類的詞語，今人又是那麽喜歡掛在嘴邊，總不能信口雌黄吧？因此，《上海歷代著述總目》編纂出版的重要性是毋容置疑的。

我們强調史志目録的意義，並不意味將這部《上海歷代著述總目》的價值等同于以往史志目録，僅僅視其爲對已出版的上海史的補缺，這樣的認識也未免太膚淺了。略相比較，它至少有兩方面的成就超過以往史志目録。

首先是收録求全，編纂得體。如果要做到客觀全面地反映上海歷史文化面貌，搜羅完備是第一要務。《上海歷代著述總目》通過對歷代地方志、各類綜合與專題目録以及相關文獻資料的抉剔爬梳、考辨釐訂，結合各藏書機構的實地艱辛調查，共輯得三千二百餘位作者凡一萬三千餘種著述，搜采之豐，前所未有，基本摸清了上海歷代著作的家底，以「總目」稱之，名副其實。由於所收録者，既有編纂者經眼的存世之書流傳之本，又包括有歷史文獻記載但已難尋蹤跡或已亡佚之作，編者以實事求是的態度纂輯爲《現存著述簡目》與《未見著述簡目》兩大部分（後者又具有待訪書目功能）；在《元代以前卷》中，更列有《存疑著述簡目》，並略述存疑緣由，充分體現了該目録之編纂科學合理的特點。而曩昔的史志目録，往往連存書面貌也未完整反映，佚書則更不會作考訂著録，也從來不作如此明確的交代。

必須指出，舊時學術界之所以對史志目録一直頗爲推崇，認爲史志目録（包括地方史志目録）反映了國家或地方學術史的脉絡，多半是人們將眼光聚焦於目録的分類及其演變之上的緣故，因爲從目録的分類可窺學術的發展。但大家似乎忽略了另外一個極爲重要的問題：歷代史志目録是否爲當時所存全部學術文獻的實録？如果不是，或因訪書困難而只能收録現成的政府藏書及根據某些公開的私家藏書目録著録，或出於撰史者的主觀意志只是編纂一個選目，那麽，在不能反映一代或歷代著述、學術成果全貌的前提下，如何能説這些史志目録客觀全面地反映了學術史的脉絡呢？

事實上，不管出於什麽原因，以前的史志目録可能多爲選目，或者説僅僅是部分文獻的記録。譬如首創的《漢書·藝文志》，班固除了對西漢末年若干名家著述有所增補外，大體框架是根據劉歆《七略》「删其要」構成，而《七略》本身之著録對象主要是朝廷政府機構的藏書，鮮有涉及與利用各地方政府機構與民間的收藏，因而不太可能反映當時學術成果的全部。或以爲《漢書·藝文志》是一部記録上古至西漢圖書的完整目録，並不確切。再如相對晚近的《明史・藝文志》，係由王鴻緒、張廷玉輩依據黄虞稷初撰之《明史藝文志稿》删削而成。黄氏之志稿雖已不傳，但它是根據自撰《千頃堂書目》稍加增損編就。若將《千頃堂書目》與《明史・藝文志》相較，可知前者所收明人著作多達一萬二千餘種，而後者著録僅四千六百餘種，删削六成有加。因是之故，凡欲瞭解明人著述及其相關學術動態，我們首先想到要檢覽的是《千頃堂書目》而非《明史・藝文志》。由此可見，無論出於什麼原因，過往的史志目録（包括地方史志目録）所記録的文獻缺失頗多，其所反映的學術，很可能只是編目者的主觀認識，是否客觀反映、科學概括了整個時代或某一地方的學術面貌與特點，是要打問號的。然而，後人由於對史志目録的編纂情況（諸如卷帙篇幅的確定、著録物件的選擇標準以及對不同編纂意見的定奪等）不甚清楚，往往是被動接受其成果，並没有作深入思考，於是學術界便有諸如「把正史藝文志和經籍志、各種補志、《清史稿・藝文志》進行整理彙編，就構成我國自古以來一部比較完整而正規的圖書總目」，從而「構成一部完整的中國學術史」之類簡單片面的説法。

在此，我們不妨再以當前正在編撰的《清史》爲例，或許對史志目録能有更直接的認識。《清史》遵循傳統，也設「藝文志」一門（據説現在改稱「典籍志」，尚未正式發表），因編委會考慮到與其他各門類卷帙篇幅的平衡，故《清史・藝文志》一開始的定位就是一個選目（這種考慮卷帙篇幅平衡的因素，恐怕過往的史志目録都會存在）。關鍵在於如何選，依據何在。爲此，編纂《清史・藝文志》的專家以嚴謹的態度，先花大力氣編纂了一部《清代著述總目》，著録多達二十二萬七千種，清人著作幾乎搜羅殆盡，通過分類編次，清代學術面貌可謂一覽無遺，據其選編一部切合實際的《清史·藝文志》想必没有太大問題。然而，當編纂者提交選目初稿時，各路專家意見不一，争論甚至還有點激烈。看得出來，專家們多基於不同的研究背景，從各自的治學專長與愛好出發臧否選目（參見二〇一三年八月第三期《清史研究》刊載的《〈清史·藝文志〉編纂及審改工作實録》一文）。這種見仁見智的學術討論固然很有必要，但有一點似乎應該達成共識，即對選目收録對象的討論，不能無視或偏離《清代著述總目》這個基本前提，只有對一代著述作全面瞭解，纔能對一代學術的特點（包括繼承與發展）作合符客觀的揭示。倘若人們的視野與認知到今天仍然停留在《清代著述總目》出現之前，甚至凝滯於《四庫全書總目》之上，或者只是略作新學方面的補充，那麽這部《清史·藝文志》的意義與作用就不會太大。

不知遞經壓縮篇幅的《清史·藝文志》最終會是一個什麽模樣，但説句實話，我們更期待的是《清人著述總目》的早日出版，因爲該目避免了主觀局限，反而更具實用價值。同樣道理，由於這部《上海歷代著述總目》於著録對象力求客觀，不事斧鑿，其所反映歷史上的上海學術面貌全面完整，堪當信今傳後，一經問世，以往的上海地方史志目録不足論矣。

《上海歷代著述總目》另一個令人矚目的高光之處，便是著力於版本的考訂著録。由於古籍在流傳過程中往往出現多種版本，形成不同的版本系統，而人們所見所聞的每一種書，很可能只是該書的某一種版本，鑒別其版本面目，辨識其版本源流，判斷其版本優劣，是歷史發展到一定時期必然會出現的需求，由是而産生版本學與版本目録，這是一種學術進步。

當然，由於版本學晚至明代中後期纔發端，故明代及以前的史志目録不著録版本可以理解。但到了清朝乾隆時代，版本學的演進得到了官方的有力推動，隨着第一部官修善本書目《天禄琳琅書目》的問世，著録版本流行於各種藏書之目，版本目録形成風氣。而這時開始出現的補撰史志目録却未能與時俱進，仍然墨守成規不著録版本，不得不説，人們在肯定其于史學、目録學所作貢獻的同時，不能無視其於版本學的滯後。據説《清史·藝文志》也因篇幅太大而被要求删去版本之項，那麽之前所花功夫便白費了，編目者或許會有一肚子的委屈，我聞之則並未感到奇怪，因爲看到專家們提出的有關編目的意見，都集中於分類之上而忽略版本著録。他們習慣性地以章學誠所云「辨章學術，考鏡源流」爲要旨，視分類爲編目重點，這當然没錯。但時代在發展，學術應進步。自從四庫分類得到認可並普遍施行之後，出於古籍研究深入的需要，能否準確地鑒定著録版本，已成爲古籍編目必須解決的主要問題，倘若版本的來龍去脉未明，其文本面貌不清，「辨章學術，考鏡源流」又從何談起？如果章學誠活在當下，應該也會持此發展眼光而不是固執陳見。故放棄著録版本，《清史·藝文志》的功用將會減弱是可以預料的。

有人以爲，當今古籍編目著録版本並不煩難，因爲有《中國古籍善本書目》與《中國古籍總目》等成果可以利用。誠然，這些目録尤其是《中國古籍善本書目》頗具權威，足資參考，但若一味坐享現成，徑自抄撮，則並不妥當。須知當年《中國古籍善本書目》之編纂，雖然也先事普查，但受歷史條件限制，加之各地編目人員的水準參差不齊，普查的品質不能盡如人意，而後來任事彙編的專家每每連書影都看不到，遑論檢覽原本，故存在鑒定著録問題難以避免。至於《中國古籍總目》，雖然有的參與單位與編目人員也花了不少心血以敬其業，但就整體而言，它是從目録到目録的産物，大部分的著録未能與原書校核，錯誤自然更多。《上海歷代著述總目》的編纂者正是對此有所認知，故力求對所著録的每部書、每個版本都過目核對，從而避免了重蹈《中國古籍善本書目》《中國古籍總目》之誤現象的發生。最值得稱道者，《上海歷代著述總目》並不是一部單純的簡式版本目録，其立意於版本學發展的高度，從實用出發，對現存上海各時代衆多的善本要籍以藏書志體式撰寫成經眼録，從形制到文本進行了詳細著録與考訂，辨識其版本，闡述其源流，發現並揭示了一批具有重要價值却被前人所忽略的珍貴文獻，同時又糾正了不少《中國古籍善本書目》《中國古籍總目》以及其他專門目録的著録訛誤。尤其要指出，編纂者爲了對一部書的版本能有全面的認識，不惜花費巨大的心力，四處搜羅不同的印本，比勘其異同，揭示其優劣。竊以爲，考察一部書的版本，不論同版與否，只要印本不同，形式和内容都可能存在差異。不目睹各本，作仔細觀察、認真比較，就難知其詳。然而囿於識見，或限於條件，或憚於煩難，歷來編撰古籍目録、撰寫藏書志者於此鮮有身體力行。因此，這部《上海歷代著述總目》不僅遠優於舊時上海地方史志目録，即便置之當今各家編撰包括藏書志在内的各種古籍目録，也是處於前沿地位。

最後想談談編纂這部《上海歷代著述總目》的來龍去脉。該目録按時代分爲元代以前、明代、清代中前期、晚清傳統及晚清新學著述五個部分，作者多爲曾經就讀於復旦大學古籍所中國古典文獻學專業的碩士、博士，他們各自所承擔的部分，實際就是以其畢業論文爲基礎修改而成。由於他們對版本目録學頗有興趣，作爲復旦古籍所的兼任教授，我曾多次給他們作有關版本學的講座，或請他們到上海圖書館來，由我就館藏古籍實物講版本鑒賞知識。這樣做雖取得些微效果，但他們終究因缺乏實踐經驗，一時難成氣候。我振民兄遂結合教學，委諸生參與編纂《上海歷代著述總目》，使之理論聯繫實際，不數年學得真正本領。先後參加了該目作者楊婧、杜怡順、曹鑫等同學的論文答辯，看到他們於版本目録學方面所具有的良好素養與追求，不禁爲之擊節叫好。我很清楚，類此古籍編目能否作爲碩博生的論文，在教育界是有争議的；甚至連圖書館界也有人認爲古籍編目不是學問。但振民兄力排異議，矢志於是，最終獲得成功，令人欽佩——這難道不是可資借鑒的一條大學培養版本目録學人才的有效途徑嗎？

庚子二月，於海上學思齋

# 總序

賀聖遂　錢振民

一個多世紀以來，上海作爲一個國際大都市矗立於世界東方。當我們從文獻學的視角審視其歷史時，會發現它（以現行政區域回溯）不僅僅是一般人心目中的近代新興魔都，亦具有悠久而燦爛的歷史文化。其文化源頭可以追溯至數千年前的馬家浜文化、崧澤文化和良渚文化。就其歷代產生的著者與著述而言，可謂著者林立，名家輩出，著述豐富多彩，影響深遠，爲中華文明建設作出了突出的貢獻。

西晉時期，作爲一代文學名家的陸機、陸雲兄弟，開啓了上海著述的精彩序幕。

元末明初，產生了一批頗有影響文學名家、著名學者與著述。如：文學名家袁凱著有《海叟集》，王彝著有《王常宗集》。文學大家楊維禎（寓賢）著有《鐵崖古樂府》、《復古詩集》等，著名學者陶宗儀（寓賢）著有《南村輟耕録》《説郛》等。

明代中期，隨着社會經濟的發展，這一地區進入了教育與文化繁榮的時代，產生了一大批名家與名著。如文學家、書法家張弼著有《張東海先生集》，文學家、學者陸深著有《儼山集》《儼山外集》等，文學家、名宦顧清著有《東江家藏集》《松江府志》等，學者王圻著有《續文獻通考》《三才圖會》等，文學家歸有光（寓賢）著有《震川文集》等，何良俊著有《四友齋叢説》等。

晚明時期，名家名著湧現，聲名遠播。如書法家、名宦董其昌著有《畫禪室隨筆》《容臺集》等，文學家陳子龍著有《安雅堂稿》《陳忠裕公全集》，編有《皇明經世文編》等，文學家、書畫家陳繼儒著有《陳眉公全集》，文學家「嘉定四先生」程嘉燧（寓賢）、唐時升、李流芳、婁堅著有《嘉定四先生集》（謝三賓合刊）等，農學家、名宦徐光啓著有《農政全書》，譯有《幾何原本》《泰西水法》等。

進入清代，著者激增，大家輩出，巨著疊現。中前期，史學家王鴻緒與張玉書（江蘇人）等共纂《明史》，自纂有《明史稿》；陸錫熊任《四庫全書》總纂官，與紀昀（河北人）等共纂《四庫全書》；史學、漢學大家錢大昕、王鳴盛分别撰有《廿二史考異》《十七史商榷》等考史名著；王昶編撰的《金石萃編》，則是清代金石學史上繼往開來的一部巨著。

晚清以降，西風東漸，新學日興，上海地區的新學著述與傳統著述並駕齊驅，成就了上海作爲中西文明融匯的重要視窗。

如上所述，上海古代著者林立，著述甚富，而到底産生過多少著者和著述，却一直缺少一本明細帳目。現行各種古籍目録，主要爲各圖書館的藏書目録，其體例一般不著録著者籍貫，難以窺見上海地區的著者與著述概貌。全面系統地考察著録這些著者與著述，對於研究整理與保護這些珍貴歷史文獻，對於上海的學術文化乃至全國的學術文化研究，無疑都具有重要意義。

有鑑於此，在初步考察的基礎上，筆者與復旦大學出版社一起於二〇〇九年九月以「上海古籍總目」

之日申報並於二〇一一年四月獲批列入「十二五」時期（二〇一一—二〇一五年）國家重點圖書出版規劃（新出字［2011］93 號），此後又獲列入復旦大學「九八五工程」三期人文科學重大項目（2C11RWXKZD035）。

項目主題部分設計爲五卷，即《元代以前卷》《明代卷》《清代中前期卷》《晚清傳統著述卷》《晚清新學著述卷》。

項目自二〇一〇年春啓動，先後有復旦大學古籍所中國古典文獻學專業的六位青年學人加盟。《總目》五卷共著録各類著述近一萬三千（其中現存約五千九百）餘種，作者三千二百餘人。對存世的九百五十餘種主要善本、稀見本撰寫了書志體式的經眼録。

《元代以前卷》，楊婧編著〔一〕。該卷著録了上海元代以前（含元代）各階層著者（含本籍、寓賢、仕宦）撰、注、纂、輯的除單篇以外的各類著述。共考得著者約一百三十四人，著述約三百四十二種。

《明代卷》，孫麒、陳金林、張霞編著〔二〕。該卷著録了上海地區明代各階層著者（含本籍、流寓、仕宦）撰、注、纂、輯的除單篇以外的各類著述。《現存著述簡目》著録二百二十八人，約一千三百種著述，二千四

〔一〕 楊婧，復旦大學古籍所中國古典文獻學專業博士，現任上海通志館館員。

〔二〕 孫麒，復旦大學古籍所中國古典文獻學專業博士，現任上海師範大學圖書館副研究館員； 陳金林，上海師範大學圖書館館員； 張霞，復旦大學古籍所中國古典文獻學專業碩士，現供職於上海歷史博物館。

百個版本；《未見著述簡目》著録七百三十人、約一千五百種著述；《經眼録》對約三百種著述、四百個版本撰寫了書志體式的經眼録。

《清代中前期卷》，杜怡順編著[一]。該卷著録了上海地區清代中前期各階層著者（含本籍、流寓、仕宦）撰、注、纂、輯的除單篇以外的各類著述。著録著者六百四十人、現存著述一千六百餘種、未見著述三千八百餘種，爲二百六十三種善本或稀見本撰寫了書志體式的經眼録。

《晚清傳統著述卷》，曹鑫編著[二]。該卷著録了上海地區晚清時期各階層著者（含本籍、流寓、仕宦）撰、注、纂、輯的除單篇以外的各類傳統著述。著録著者一千二百餘人、現存著述九百餘種，未見著述一千四百餘種，爲二百〇八種善本或稀見本撰寫了書志體式的經眼録。

《晚清新學著述卷》，欒曉明編著[三]。該卷著録了晚清時期上海地區各類著者（含本籍、流寓、機構）使用漢語撰、注、編、譯的除單篇以外的新學類著作以及單幅或多幅地圖，報紙期刊上連載而未單行刊印者暫不著録。共著録著者約二百二十四人、著述一千八百餘種。

作爲一部地方文獻目録，本總目的注重點主要放在下述五方面。

---

[一] 杜怡順，復旦大學古籍所中國古典文獻學專業博士，現任復旦大學出版社編輯。
[二] 曹鑫，復旦大學古籍所中國古典文獻學專業博士，現任復旦大學圖書館副研究館員。
[三] 欒曉明，復旦大學古籍所中國古典文獻學專業碩士，現任上海市閔行區圖書館館員。

一、全面考察著録。首次對上海地區的著者和著述進行了全面而深入的考察著録。

本目各位作者既注重使用傳統的方法，又充分利用現代新技術帶來的便利條件，廣搜各種史料和已有的研究成果，全面考察著録了除單篇以外可以考見的全部著述及其版本。本目雖不敢妄言無所遺漏，但無疑可以説，上海地區的歷代著述有了一本可以信賴的明細帳目。

二、以書志體式經眼録、簡目、表格三種體式進行著録。

經眼録是學者閲覽古籍常用的目録學著録體式，其突出特點是靈活性；善本書藏書志是成熟於清代中期的一種目録學著録體式，其最突出的特點是注重著録的客觀性。限於我國大陸各圖書館現行的古籍管理制度，《總目》各卷的作者在查閲善本時，往往只能閲覽膠捲或掃描版，因而《總目》決定吸收善本藏書志和經眼録之長，爲上海歷代著述中的主要善本和尚未列入善本目録的稀見本撰寫書志體式的經眼録。各卷作者不辭辛苦，親赴各大圖書館察考原書，不能看到原書者，則查閲其縮微膠卷、掃描件、影印本，並搜集研讀學界有關研究成果，在此基礎上撰寫書志體式經眼録。經眼録客觀地著録所閲每一種善本或稀見本圖書的書名、卷數、著者（含籍貫）、版本、册數、行款、版式、牌記（含封面）、序跋、印記等，記述其文本構成，節録其與内容或版本有關序跋中的文字，考辨了部分著述的版本源流，並摘要著録其館藏現狀。希望這一部分文字對於研究、保護上海歷代著述中的珍品能發揮一定作用。《晚清新學著述卷》所著録的著述大多較易見，因而未撰寫經眼録。

簡目是古籍著録中常用的一種目録學體式，簡潔扼要，便於泛覽把握。本目以該體式著録了可以考見現在仍然存世的全部著述及其主要版本。對於每一種著述，著録其書名、卷數、版本、版式行款、依據及館藏等情況；不同版本，分别予以著録。

表格亦是文獻學或史志類著作用以著録圖書的一種體式，直观明瞭，重在統計。大量史料有記載曾經存世而早已亡佚或暫不能確定是否存世的著述，畢竟也是可以揭示曾經出現過的文化繁榮的寶貴資料，本目以表格體式著録之。簡略著録每種著述的書名、卷數、著者、出處等。

如上所述，經眼録、簡目、表格三種體式各有特長。《總目》酌用其特長，以便於更全面、系統、深入地揭示上海地區歷代的著述情况。

三、爲著者撰寫傳略。各卷皆盡可能地搜集史傳、碑銘、方志等資料，以及現當代人的研究成果，爲著者撰寫一傳略，略述其姓名、字號、生卒年、科名、仕履、主要成就等，並注明出處。著者籍貫具體到縣籍，流寓、仕宦類著者于其傳略中略述其流寓信息。凡著者須出現於多處之著者項者，將傳略列於所著録其第一部著述的第一個版本之條目中，《現存簡目》將傳略列於其著述之前，其餘情況採用互見法，説明該著者傳略所在條目。

四、規範體例，注重學術性著録。各時代的著者及其著述各有特點，各卷著録，不强求完全一致，但主要體例，如著録範圍、對象、體式等，則要求一致，注重學術性著録。如對於一些雖有上海地區舊志著録的著述，無論其著者是否名家，但經考辨，没有可靠史料證明其爲本籍或曾寓居過上海地區者，如唐代陸贄、陸龜蒙、元代趙孟頫、明代高啓等，一律不予著録。全目主要著録體例如下：

（一）著録上海地區著者（含本籍、流寓、仕宦）所撰、注、纂、輯的除單篇以外的各類著述。寓賢著述，著録從寬。仕宦者著述，一般僅著録其成書於上海地區之著述；其著述雖非成書於上海，而內容與上海地區有較多關聯者，則酌予著録；上海地區的史志曾經記述的著者，無論是否名家，但經考辨，沒有可靠史料證明其爲本籍或曾寓居過上海地區者，其著述一律不予著録。

（二）每卷主要由《經眼録》《現存著述簡目》《未見著述簡目》三部分構成〔二〕。《經眼録》以書志體式著録筆者所經眼的善本及稀見本，《現存著述簡目》以簡目體式著録可以考見現在仍然存世的全部著述及其主要版本，《未見著述簡目》以表格體式著録已經亡佚或暫不能確定是否存世的著述。

（三）《經眼録》以四部分類法編次，每一類下先本籍，後寓賢、仕宦，各以著者時代先後爲序；《現存著述簡目》以朝代或縣級行政區編次，同一朝代或縣籍的著者先本籍，後寓賢、仕宦，同一類著者以時代先後爲序，同一著者的著述以四部分類法編排。《未見著述簡目》略以著者姓氏之音序編次。

（四）《現存著述簡目》中各縣籍的各類著者首以生年爲序，生年相同或不詳者以卒年爲序，卒年相同或不詳者以科名年份爲序，復相同或不詳者以主要活動時間爲序，活動時間無考者列于該類著者

〔二〕晚清的新學著述現在大多易見，因而《晚清新學著述卷》僅由《現存著述簡目》《未見著述簡目》兩部分構成。

之末。

（五）凡身歷二朝之著者，循陶潛書晉例或學術界慣例，酌予著録。

（六）《經眼録》撰寫主要以實際目驗的古籍刻本及稿抄本（一般不含《四庫全書》抄本）爲依據；部分條目依據縮微膠卷、掃描件、影印本撰寫，皆予以注明。所據個别抄本可以確切考知其所據底本者，僅於其底本之後附加按語，不另立條目。極個别近代才刊刻或抄録成書者，亦注意收録。同一版本，已目驗原書，又有通行影印本者，或影印底本與目驗原書分屬兩家收藏單位，或影印底本即目驗之書，皆以按語形式加以説明。

（七）《經眼録》著録的内容，主要包含五方面：一爲該版本外在特徵，二爲著者傳略，三爲該著述主要内容，四爲序跋中所涉成書及版本源流之文字節録，五爲館藏地信息。同一版本著述若多館皆有收藏，並且有兩種以上影印本者，則盡可能比較不同館藏本之差異。

（八）《經眼録》中描述的版本外在特徵包括書名、卷數、著者（含籍貫）、版本、册數、行款、版式、牌記（含封面）、序跋、目録、印記等項，根據各版本具體情況酌予增損。

（九）《經眼録》中所節録之序跋題記，皆有關於本書之形成原委、版本源流或主要内容等文字。

（十）《經眼録》《現存著述簡目》所涉之《四庫全書》本，若無特殊説明，均指文淵閣《四庫全書》本。

（十一）《現存著述簡目》著録之内容，除筆者實際目驗者外，主要依據近年編纂出版的各種古籍目録以及各藏館提供的目録。包含以下各項：著者、傳略、書名、版本及出處、館藏地。書名項著録書目的書名、卷數，同一種著述有異名者，於書名後加括弧列出異名。版本項著録現存版本的出版時間、出版者、出版地、類型、行款；叢書本只著録叢書名，其版本情況以表格體式列於附録中。出處項以簡稱列於每條目後之括號内，於附録中列出《出處全簡稱對照表》。

（十二）《現存著述簡目》中對於著述方式的著録依各目録著録或原書所題作相應處理：若爲「撰」，一律不著録；若爲「編」、「纂」、「輯」、「注」等，則於標題後加括弧注明。著述若有他人編、輯、注等，則於該書目卷數後空一格著録編、輯、注者之朝代、姓名及加工方式。

（十三）《現存著述簡目》中，凡某館藏本有殘存情況或有他人手書批校題跋，於該館名後加括弧注明。若同一館藏地有多部此類情況之本，其注文相互間以分號隔開；若同一版本含多種此類情況，其注文相互間以逗號隔開。

（十四）著者傳略概述著者生卒年、字號、科名、仕履、主要成就等，主要依據史傳、碑銘、方志等資料綜括而成，並注明主要資料來源。一般以一手材料爲准，部分生平資料較少的著者則適當參考今人研究成果。著者籍貫具體到縣籍，流寓、仕宦類著者于其傳略中略述其流寓信息。凡著者須出現於多處之著者項者，《經眼録》將傳略列於所著録其第一部著述的第一個版本之條目中，《現存簡目》將傳略列於其著述之前，其餘情況採用互見法，説明該著者傳略所在條目。

（十五）叢書編者爲上海著者者，其子目一併著録。

（十六）凡引用文字中的異體字、俗體字，一般轉换爲規範字。避諱字酌予回改。書名、著者姓名、字號及印文等專用名稱，則以宋體保留原字。序跋題記、印記、正文等模糊、破損等不可辨識之處，以「□」標記，疑似文字者，在□後用括弧注明。原爲墨釘或因個人能力不識之處，以「■」標記。題記、印記等多行分欄，以「/」標記。校勘文字，以圓括號「（）」標記刪字、誤字，以方括號「［］」標記增字、正字。

（十七）《經眼録》《現存著述簡目》所考察的藏館以國内各大公共圖書館及高校圖書館爲主。對於藏館較多者，僅列五個主要藏館。《經眼録》中對於同一版本有多處館藏者，以筆者經眼而據以著録之本的藏館列於首位。藏書單位正文中使用簡稱，於附録中列出《藏館全簡稱對照表》。

（十八）凡是各館書目著録及各館檢索系統中收録者，《現存著述簡目》全部予以著録。但在實地調閲原書過程中，個别版本不能目驗，或已經散失，或未在架上，或因歷史原因已不在此館收藏，而原始資料尚存者，亦予以著録，並注明館方所回饋的原因。

考慮各時段的著述多寡不一、類型有别，因而要求各卷根據該時段著述的具體情況，在著録時略作調整，並分别於各卷卷首列一大同小異的《凡例》。

五、注重考訂，辨僞正誤。各卷作者在編著過程中，無論是撰寫經眼録、編制簡目，還是爲著者撰寫傳略，皆注重使用一手資料和吸收已有的研究成果，並注意對所用資料的考辨，力求言必有據，客觀準確。實際上在此過程中，發現並糾正了過去一些目録著作、藏書目録，以及史志著作中的記載之誤。例如：

在對圖書的著録方面：上海圖書館藏本王廣心《蘭雪堂詩稿》，《中國古籍善本書目》及該館書目皆著録爲康熙刻本，實際則爲道光間刻本；施何牧的《明詩去浮》，歷來都認爲是康熙四年刻本，實際則爲雍正間刻本；中國國家圖書館藏《三國志辨疑》抄本三卷，該館書目、《中國古籍善本書目》及《中國古籍總目》皆誤爲二卷。

在對著者的著録方面：《松江府志》著録李先芳，字茂實，萬曆己丑進士，撰有《讀詩私記》《諫垣疏草》《李氏山房詩選》。按明代有兩位李先芳，均有名聲。一爲嘉定人，字茂實，萬曆己丑進士，《江南通志》稱其「爲給事中，屢有建白」。此李先芳並無著述傳世。另一爲湖北監利人，其祖遷居濮州，字伯承，號北山，嘉靖二十七年進士。此李先芳以詩名世，其著述有《東岱山房稿》《李氏山房詩選》《江右詩稿》《來禽館集》《讀書私記》《李先芳雜撰》《清平歌集》《十三省歌謡》《周易折衷録》《醫學須知》《急救方》等。本目已將這些誤署嘉定李先芳之書剔除不收；《山暉稿》著者王度即是王鴻緒，《自知集》著者姚廷謙即是姚培謙，《清人别集總目》及《清人詩文集總目提要》皆作爲二人著録；董俞生年諸説不一，本目確定爲天啓七年，並證明諸家説法皆誤。

在本總目各卷的成稿過程中，上海圖書館陳先行先生鼎力相助，提供了寶貴指導性意見以及個人擁有的珍貴資料，並幫助審閲了傳統著述目録的各卷稿件；復旦大學古籍所陳正宏先生、復旦大學圖書館吴格先生多次提供了寶貴指導性意見，並幫助審閱了部分稿件；上海大學孫小力先生，上海古籍出版社高克勤先生，華東師範大學嚴佐之先生，山東大學杜澤遜先生，浙江大學徐永明先生，南京師範大學江慶柏先生，（美國）佛羅里達大學王崗先生，復旦大學蘇傑先生、韓結根先生、楊光輝先生、眭駿先生、季忠平先生、王亮先生、樂怡女士，以及至今尚不知尊姓大名的多位盲審專家，都曾幫助審閱了部分稿件，提供了寶貴意見。復旦大學陳思和先生、上海社科院熊月之先生亦對本總目的編纂出版提供了有力支援。復旦大學出版社責編杜怡順、顧雷兩位先生爲本總目成書亦頗費心力。值此出版之際，謹向以上諸位先生致以誠摯謝意。

本總目雖然收獲良多，而遺憾亦不少。如尚有一些著述的重要善本未能撰寫經眼録；對有些著述的多種版本撰寫了經眼録，而未能理清其版本源流；有些條目的著録項待進一步完善……祈方家不吝賜教。

# 目録

## 下編

## 附録

# 前言

一六四四年，清兵入關，建立了中國最後一個封建王朝。一年後，隨着嘉定地區抗清運動的最終失敗，整個上海地區正式爲清政府所接管。直到鴉片戰争爆發，上海作爲被迫開放的五個通商口岸之一再次經歷歷史巨變前的這段時期，一直處於相對穩定的局面下。雖然經歷了王朝更迭之後不可避免的發展停滯，但由於明代以來蘇、松一帶經濟文化發展的根柢，使得當時的松江和嘉定地區在整個清代再次成爲人文薈萃之地，而上海這一時期的著述也達到了有史以來的一個高峰。作爲傳統社會的最後一個時代，上海這一時期的著述不僅數量衆多，種類豐富，在相當意義上還帶有着總結的性質。因此，對這些著述進行整體把握，有助於我們在閲讀具體的上海清代著述前能够對這些著作的特質有一個總體的印象。

## 一、清代中前期上海地區著述概况

上海市現轄區在清朝建立以後，分屬多個行政區域。清順治二年（一六四五）七月，改南直隸爲江南省，至康熙六年（一六六七），分江南省爲江蘇、安徽兩省，現上海地區分屬當時的江蘇省松江府和蘇州府太倉州的一部分。其中，松江府於順治二年領三縣：華亭、上海、青浦。順治十三年（一六五六）二月，於華亭縣置婁縣。雍正二年（一七二四）九月，置奉賢、金山、南匯、福泉縣。乾隆八年（一七四三）四月，裁福泉縣入青浦縣。嘉慶十五年（一八一〇），置川沙廳；蘇州府太倉州原下轄嘉定、崇明二縣，雍正二年，析嘉定東境置寶山縣。故現上海地區在清代中前期大致涵蓋華亭、上海、青浦、婁、奉賢、金山、南匯、嘉定、寶山、崇明十縣和川沙廳。〔二〕

據筆者的大致梳理，上海清代中前期有著作存世的著者有六百四十位，他們分佈於當時上海的各個區域，詳見下表：

**表一　清代中前期上海地區著者分佈表**

| 州、府 | 縣、廳 | 著者人數 | | | 合計 |
|---|---|---|---|---|---|
| | | 本地 | 流寓 | 仕宦 | |
| 松江府 | 華亭 | 一二〇 | 一 | 三 | |
| | 上海 | 一一一 | 〇 | 一 | |

〔二〕關於清代中前期上海地區的行政區劃，參考周振鶴主編，傅林祥、林涓、任玉雪、王衛東著《中國行政區劃通史・清代卷》，復旦大學出版社，二〇一七年，第二六五—二六六頁。

續表

| 州、府 | 縣、廳 | 著者人數 本地 | 著者人數 流寓 | 著者人數 仕宦 | 合計 |
|---|---|---|---|---|---|
| 松江府 | 婁縣 | 八〇 | 三 | 一 | 四八七 |
| | 青浦 | 六三 | 二 | 〇 | |
| | 金山 | 四一 | 一 | 〇 | |
| | 奉賢 | 一六 | 〇 | 〇 | |
| | 南匯 | 三一 | 〇 | 〇 | |
| | 川沙 | 四 | 〇 | 〇 | |
| | 未詳 | 九 | 〇 | 〇 | |
| 太倉州 | 嘉定 | 一一二 | 二 | 〇 | 一五三 |
| | 寶山 | 二八 | 〇 | 一 | |
| | 崇明 | 一〇 | 〇 | 〇 | |

在著述數量上，就目見所及，上海清代中前期存世一千六百餘部著作[二]。其具體情況如下表：

**表二　清代中前期上海地區著述種類及數量**

| 部 | 類 | 數量 | | 合計 |
|---|---|---|---|---|
| | | 前期 | 中期 | |
| 經部 | 易類 | 四 | 一九 | 二〇二 |
| | 書類 | 二 | 一四 | |
| | 詩類 | 二 | 一八 | |
| | 禮類 | 一 | 一七 | |
| | 春秋類 | 三 | 一三 | |
| | 樂類 | 〇 | 七 | |
| | 孝經類 | 〇 | 三 | |
| | 四書類 | 四 | 一二 | |

[二] 著述類別以各著述內容爲主要依據，對於其中內容大同小異而版本有別的著述僅計作一種。

續表

| 部 | 類 | 數量 前期 | 數量 中期 | 合計 |
|---|---|---|---|---|
| 經部 | 群經總義類 | 一 | 二四 | |
| | 小學類 | 一〇 | 四七 | |
| 史部 | 正史類 | 四 | 一八 | 三一三 |
| | 編年類 | 一 | 一三 | |
| | 紀事本末類 | 三 | 〇 | |
| | 雜史類 | 一一 | 八 | |
| | 奏議類 | 〇 | 一 | |
| | 傳記類 | 一九 | 五二 | |
| | 史抄類 | 〇 | 一 | |
| | 史表類 | 〇 | 二 | |
| | 時令類 | 〇 | 一 | |

續表

| 部 | 類 | 數量 | | 合計 |
| --- | --- | --- | --- | --- |
| | | 前期 | 中期 | |
| 史部 | 地理類 | 一七 | 三二 | |
| | 方志類 | 二 | 三七 | |
| | 政書類 | 九 | 一二 | |
| | 目録類 | 一 | 一〇 | |
| | 金石類 | 〇 | 三二 | |
| | 史評類 | 六 | 一〇 | |
| 子部 | 儒家類 | 三 | 八 | |
| | 兵家類 | 一 | 一 | |
| | 農家類 | 〇 | 七 | |
| | 醫家類 | 一五 | 二四 | |
| | 天文算法類 | 一 | 一八 | |

續表

| 部 | 類 | | 數量 前期 | 數量 中期 | 合計 |
|---|---|---|---|---|---|
| 子部 | 術數類 | | 二 | 一二 | 一二一七 |
| | 藝術類 | | 四 | 四四 | |
| | 譜録類 | | 二 | 七 | |
| | 雜家類 | | 一二 | 三九 | |
| | 小説家類 | | 四 | 一〇 | |
| | 類書類 | | 〇 | 五 | |
| | 釋家類 | | 一 | 一 | |
| | 道家類 | | 三 | 三 | |
| 集部 | 楚辭類 | | 八 | 三 | |
| | 別集類 | 歷代 | 八 | 六 | |
| | | 清代 | 二七六 | 四三四 | |

續表

| 部 | 類 | 數量 | | 合計 |
|---|---|---|---|---|
| | | 前期 | 中期 | |
| 集部 | 總集類 | 二九 | 四九 | 九〇五 |
| | 詩文評類 | 四 | 九 | |
| | 詞曲類 | 三四 | 四五 | |

初步梳理這些著者與著作，我們可以得出一些這一時期上海地區著述的大致情況：

首先，著者的分佈已較爲廣泛，除了華亭、嘉定等原先文化較發達的區域外，像地處海濱，原先文化較爲落後的金山、南匯等地都出現了相當數量且具備一定影響力的著者，如金山地區產生了聞名朝堂的王氏家族（以王頊齡、王九齡、王鴻緒爲代表）和以編纂圖籍爲業的姚氏家族（以姚弘緒、姚培謙爲代表），而南匯地區的吴省欽、吴省蘭兄弟在清代中期文壇亦有一定地位。

其次，著述的數量隨着時代的發展呈遞增態勢。在各自大約一百年的時間段内，清代中期的著述數量大約是清代前期的兩倍多。

第三，清代前期與中期在著述的構成上有着微妙的變化。清代前期，經史研究著述寥寥，而集部著作所佔這一時期著述的比例將近七成。到了清代中期，雖然集部著述依然佔據了這一時期著述的半壁江山，但是學術類的著作所佔的比例已經大幅提高，從對當時的影響上看，這些著作也已經超過了爲數衆多的詩文别集。

以下我們就以時間爲線索考察一下上海地區在兩個一百年内著述的大體情況。

## 二、清代前期著述

自古以來，上海地區就以其獨特的地理位置避免了多場戰争的洗禮，甚至一度還能成爲士大夫們躲避戰火的世外桃源。但是從清代建立到康熙二十二年（一六八三）清政府平定臺灣，消滅了最後一個擁護明代藩鎮的這四十年左右的時間裏，上海地區經歷了歷史上爲數不多的在朝代更迭背景下的複雜局面。順治末年，清政府所嚴厲製造的科場案、奏銷案和哭廟案都對上海地區的社會和文化帶來了劇烈的摧殘。此時的上海地區早已不是那個在元末明初供江浙一帶文人躲避戰火的避風港，而是處在了政治風暴的中心地帶。在此社會背景下，上海清代前期的著述規模相對於明代來説並没有太大的增長，但就在這些著述中，還是有一些能够反映出這一動盪的時代氣息且頗具水準的著作。其中，以雲間派後進所創作、彙編的詩文集和一些以記録該時期上海地區社會、文化和生活的筆記小説尤其值得一書。現分述如下。

## （一）豐富多彩的詩文著述

晚明以來，在陳子龍等人的帶領下，以松江地區詩人爲主體的雲間派成爲在全國範圍内都極具影響力的文學團體。在這當中，除了像陳子龍、夏完淳那樣堅決抗清的熱血志士之外，其絶大多數成員在明清易代之後都接受了既成事實，紛紛參加清政府舉辦的科舉考試，開始了新生活。但由於清政府對於蘇、松一帶經濟和文化的打壓，使得這些文人在仕途上大多屢遭坎坷。將自身多舛的命運與時代的巨大變遷相結合，這些詩人的創作就與陳子龍所主張的詩歌當爲「憂時托志之所作」〔一〕的詩學觀相一致。這也使得雲間派的影響力在清初一直得以維繫。而縱觀上海清初的作者群體，雲間派詩人毫無疑問佔據了這當中的首要地位。這一時期除了一般的詩歌别集數量衆多外，雲間派詩人的集會唱和所留下的詩歌總集也可以讓我們體會到當時詩歌創作的風氣。在詩文别集方面，以周茂源、董俞等雲間派後進以及以吴騏等以遺民自居的文人的詩文創作反映了時代劇變下普通文人進退維谷的矛盾和無奈的心態。而記録清初文人唱和的詩歌總集，如《雲間棠溪詩選》《素心集》等，也反映了在清朝文網逐漸嚴酷的背景下雲間派創作的絶響。

## （二）感時傷世的筆記小説和歷史文獻

明清鼎革，對於當時絶大多數由明入清的文人來説都是心頭難以抹平的創傷，而這對於在清初備受打

〔一〕　陳子龍《六子詩序》，《陳忠裕公全集》卷二十五，清嘉慶八年刻本。

擊的上海地區文人來説更是如此。因此，在清朝建立不久上海地區出現了不少緬懷往昔，反映明清易代之際上海地區社會變動的著作。大體而言，這些著作篇幅不大，書寫較爲隨意，類似於筆記小説的性質，但通過這些著作，我們既可以瞭解到身處這一風雲變幻時期上海文人的生存狀況，也有助於從宏觀上把握這一時期上海的歷史變遷。這其中，董含所著《三岡識略》《續識略》記載了著者所見聞明末清初之歷史事件，於明末清初的政治、經濟、文化等方面的研究多有裨益，是被譽爲媲美元末陶宗儀《南村輟耕録》和南宋岳珂《桯史》的著作[一]。曹家駒所撰《説夢》，對著者親自參與的爲解決當地賦役問題的建議以及當地的海塘建設予以詳細的記載，流露出作者感時傷逝的情感。葉夢珠撰《閲世編》，集中反映了上海地區在清初六十年間的發展沿革。而像《嘉定屠城紀略》《嘉定殉難録》《社事始末》等集中記録某一史實的歷史文獻，則帶我們回到了明末清初這個風雲變幻的時代。

## 三、清代中期著述

在經歷了清初幾十年的動盪之後，隨着康熙中期以後清王朝政權的逐漸穩固，上海地區逐漸恢復了過

[一] 上海圖書館藏抄本《三岡識略》卷首沈白題詞云：「《輟耕》録自南村叟，《桯史》傳於岳倦翁。身閲滄桑文獻在，《三岡識略》並稱雄。」

去平穩安定的局面。從經濟上看，清代中期〔一〕是整個江南市鎮發展的一個高峰期，表現爲這一時期各縣範圍内的市鎮數量大幅增長。從文化上看，「康乾盛世」所帶來的社會的穩定促進了藏書、刻書事業的繁榮，這在相當程度上推動了文化的發展。同時，自康熙中期開始，清政府開始了大規模的編書工程。從康熙時的《御纂七經》《佩文韻府》《康熙字典》《淵鑒類函》《全唐詩》等，到雍正時期的《古今圖書集成》，再到乾隆時期的「三通」類典籍、《大清一統志》以及《四庫全書》等，曠日持久的修書工程爲整個清代學者階層的形成創造了一定的條件。然而與此同時，清政府的文網也逐漸嚴密起來，乾隆時期成爲中國古代史上文禍最嚴重的時期。這種文化專制主義造成了當時整個文化界的畸形發展：一方面，從明亡之後反對宋明理學的空疏，以經世致用爲目標，以傳統經史研究爲主要内容，以文本考據爲特色的樸學在這種文獻整理的氛圍下得以充分發展；另一方面，學者們也被迫鑽進了故紙堆中，其所研究的對象開始越來越遠離現實生活和情感。

對於這時期的上海著述來説，總的特點也是以經史研究和學術考訂類的著作爲主，而以反映真性情爲宗旨的文學創作不僅無法與晚明時期陳子龍等大家相比，甚至較之清初雲間派的後進們也略遜一籌。因此，在考察上海清代中期的著述時，除了上海學者參與編纂的官修大書在這裏暫置毋論外，我們可以把重點放在以嚴謹的考據爲特點的學術研究著作上。除此之外，這一時期的上海學者

〔一〕本卷所稱之「清代中期」，大致是指清乾隆元年（一七三六）至道光二十年（一八四〇）的約一百年時間。

也編纂了一些資料豐富、影響較大的非官修詩文總集，作爲薈萃一時一地的文獻來説也具有一定意義。

## （二）以錢大昕和王鳴盛爲代表的經史研究著作

提起乾嘉考據學派，就不能不提到這一時期來自嘉定地區的兩位傑出的學者——王鳴盛和錢大昕。這兩位學者生於同鄉，後來成了姻親，雖均有出仕經歷，但都在壯年就遠離官場，開始全身心投入著述中，又同樣地著作等身，被譽爲當時學術界的雙子星座。他們學術研究的總體特點就是廣博，如錢大昕並不像其他一些著名漢學家，如惠棟、孫星衍、段玉裁、邵晉涵等，將大部分精力花在少數幾部經典上，而是通過廣闊的學術視野深入各種領域的研究中，正如著名學者阮元所評價的那樣：「國初以來，諸儒或言道德，或言經術，或言史學，或言天學，或言地理，或言文字、音韻，或言金石、詩文，專精者固多，兼擅者尚少，惟嘉定錢辛楣先生能兼其成。」[一]而王鳴盛也以著述廣博宏富著稱。他自稱：「我於經有《尚書後案》，於史有《十七史商榷》，於子有《蛾術編》，於集有詩文，以敵弇州四部，其庶幾乎！」[二]可以説，以經史爲中心，他們二人在訓詁學、文字學、音韻學、目録學、版本學、校勘學、金石學、地理學等諸學科皆造詣極深。這當中

[一] 錢大昕《十駕齋養新録》卷首嘉慶九年阮元序。

[二] 王鳴盛《蛾術編》卷首道光二十一年沈楙悳識，道光二十一年世楷堂刻本。

尤其值得一提的是，在當時以惠棟爲代表的漢學吴派和以戴震爲代表的漢學皖派均僅以通經爲宗旨，學術視野較爲狹窄的背景下，他們二人皆力主經史互證，並將相當大的精力花在了對史學著作的研究上，使得當時學術研究的領域得到了極大的擴展。錢大昕和王鳴盛代表了乾嘉考據學派的頂尖水準。他們二人的著述，毫無疑問也是這一時期上海著述的亮點所在。這其中，王鳴盛的《尚書後案》《十七史商榷》《蛾術編》，錢大昕的《廿二史考異》《潛研堂金石文跋尾》《十駕齋養新録》《潛研堂文集》等均在清代學術史上佔有重要地位。

在清代中期，上海地區除了錢大昕和王鳴盛兩位大家之外，還有衆多學者在經學、史地、金石等學科創獲頗豐。單舉嘉定錢氏而言，錢大昕之弟錢大昭的《説文》研究著作《説文統釋自序》《説文分類榷失》《説文徐氏新補新附考證》，反映了清代中期上海地區小學研究的繁榮局面。其他如大昕從子錢坫所著《爾雅古義》《爾雅釋地四篇注》《説文解字斠詮》、錢塘所著《史記釋疑》《溉亭述古録》，大昭子錢侗所著《九經補韻》、錢繹所著《方言箋疏》等，都體現了錢氏家族研習經典的廣度。除了錢氏家族外，如徐文範的《東晉南北朝輿地年表》《州郡表》《郡縣沿革表》實踐了錢大昕和王鳴盛重視史地研究的思想，王昶的金石學代表作《金石萃編》標誌着我國古代的金石學已步入了成熟階段。

由此可見，清代中期上海地區在部分大家的引領下，其學術研究進入了一個相對繁榮的時期，各種嚴謹的考訂著作的出現無疑標誌着上海地區的文化發展達到了一個嶄新的高度。

## （二）文學總集的編纂

清代中期上海地區雖然没有誕生具有較高文學成就的詩文著作，但是由於受到考據學的影響，這一時期以搜輯文獻爲目的的文學總集的編纂却進入了一個相對繁榮的時期。這當中，既包括了彙聚一代文獻的文學總集，也有從保存鄉邦文獻出發而編纂的地方性總集。

在這當中，青浦學者王昶毫無疑問是最爲多産的總集編者。他所編纂的《湖海詩傳》《湖海文傳》《明詞綜》《國朝詞綜》《青浦詩傳》等總集，對於全國和地方文學文獻的保存都極具意義。

與此同時，上海各地對於自己區域内詩歌總集的編纂也進入了一個相當繁榮的時期，如姚弘緒輯《松風餘韻》、姜兆翀的《國朝松江詩鈔》、曹錫辰的《國朝海上詩鈔》、王輔銘的《國潮練音初集》、朱掄英的《國朝三槎風雅》等，較爲系統地搜集了上海各地詩人的優秀詩作。這些地方性總集的陸續出現也從一個側面反映出清代中期上海詩文創作的繁榮局面。

# 凡例

一、本卷著録上海地區清代中前期（一六四四—一八四〇）著者（含本籍、流寓、仕宦）所撰、注、纂、輯的除單篇以外的各類著述。流寓、仕宦類著者，一般僅著録其成書於上海地區之著述。但對於寓賢著述中雖非成書於上海，而該著述内容與上海地區有較多關聯者，亦酌予著録。

二、本卷主要由《善本經眼録》《現存著述簡目》《未見著述簡目》三部分构成。《經眼録》以書志體式著録筆者所經眼的善本及稀見本，《現存著述簡目》以簡目體式著録可以考見現在仍然存世的全部著述及其版本，《未見著述簡目》以表格體式著録已經亡佚或暫不能確定是否存世的著述。

三、《善本經眼録》以四部分類法編次，每一類下各以著者時代先後爲序；《現存著述簡目》以清代縣級行政區編次，同一縣籍的著者先本籍，後寓賢、仕宦，同一類著者以時代先後爲序，同一著者的著述以四部分類法編排。《未見著述簡目》略以著者姓氏之音序編次。

四、《現存著述簡目》中各縣籍的各類著者首以生年爲序，生年相同或不詳者以卒年爲序，卒年相同或不詳者以科名年份爲序，復相同或不詳者以主要活動時間爲序，活動時間無考者列於該類著者之末。

五、凡身歷二朝之著者，循陶潛書晉例或學術界慣例，酌予去取。卒於一八四〇年後之著者，則以其主要活動的時段，定其去取。

六、《經眼録》撰寫主要以實際目驗的古籍刻本及稿抄本（不含《四庫全書》抄本）爲依據；部分條目依據縮微膠捲、掃描件、影印本撰寫，皆予以注明。所據個别抄本可以確切考知其所據底本者，僅於其底本之後附加按語，不另立條目。同一版本，已目驗原書，又有通行影印本者，或影印底本與目驗原書分屬兩家收藏單位，或影印底本即目驗之書，皆以按語形式加以説明。

七、《經眼録》著録的内容，主要包含五方面：一爲該版本外在形制的描述，二爲著者傳略，三爲該著述主要内容，四爲序跋中所涉成書及版本源流之文字節録，五爲館藏地信息。同一版本著述若多館皆有收藏，并且有兩種以上影印本者，則盡可能比較不同館藏本之差異。

八、《經眼録》中的版本外在形制描述包括書名、卷數、著者（含籍貫）、版本、册數、行款、版式、牌記（含封面）、序跋、目録、印記等項，根據各版本具體情況略加增損。

九、著者傳略概述著者生卒年、字號、科名、仕履、主要成就等，主要依據史傳、碑銘、方志等資料綜括而成，并注明主要資料來源。一般以一手材料爲準，部分生平資料較少的著者則適當參考今人研究成果。凡著者須出現於多處之著者項者，著者籍貫具體到縣籍，流寓、仕宦類著者於其傳略中略述其流寓信息。《經眼録》將傳略列於所著録其第一部著述的第一個版本之條目中，《現存簡目》將傳略列於其著述之前，其餘情況採用互見法，説明該著者傳略所在條目。

十、《經眼録》中所節録之序跋題記，皆有關於本書之形成原委、版本源流或主要内容等内容。

十一、凡引用文字中的異體字、俗體字，一般轉換爲規範字。避諱字一律回改。書名、著者姓名、字號及印文等專用名稱，則以宋體保留原字。序跋題記、印記、正文等模糊、破損等不可辨識之處，以「□」標記，疑似文字者，在□後用括號注明。原爲墨釘或因個人能力不識之處，以「■」標記。題記、印記等多行分欄，以「/」標記。

十二、《現存著述簡目》著録之内容，除筆者實際目驗者外，主要依據近年編纂出版的各種古籍目録以及各藏館提供的目録。包含以下各項：著者、傳略、書名、版本及出處、館藏地。書名項著録書目的書名、卷數，同一種著述有異名者，於書名後加括號列出異名。版本項著録現存版本的出版時間、出版者、出版地、類型、行款；叢書本只著録叢書名，其版本情況以表格體式列於附録中。出處項以簡稱列於每條目後之括號内，於附録中列出《出處全簡稱對照表》。

十三、《現存著述簡目》中對於著述方式的著録依各目録著録或原書所題作相應處理：若爲「撰」，則不贅録；若爲「編」「纂」「輯」「注」等，則於標題後加括號注明。著述若有他人編、輯、注等，則於該書目卷數後空一格著録編、輯、注者之朝代、姓名及加工方式。

十四、《現存著述簡目》中，凡某館藏本有殘存情況，在該館後加＊表示。有他人手書批校題跋，於該館名後加括號注明。若同一館藏地有多部此類情況之本，其注文相互間以分號隔開；若同一版本含多種此類情況，其注文相互間以逗號隔開。

十五、叢書編者爲清代中前期之上海著者，其子目一併著録。

十六、《經眼録》《現存著述簡目》所涉之《四庫全書》本，若無特殊説明，均指文淵閣《四庫全書》本。

十七、《經眼録》《現存著述簡目》所考察的藏館以國内各大公共圖書館及高校圖書館爲主。對於藏館較多者，僅列五個主要藏館。《經眼録》中對於同一版本有多處館藏者，以筆者經眼而據以著録之本的藏館列於首位。藏書單位正文中使用簡稱，於附録中列出《藏館全簡對照表》。

十八、凡是各館書目著録及各館檢索系統中收録者，《現存著述簡目》全部予以著録。但在實地調閱原書過程中，個別版本不能目驗，或已經散失，或未在架上，或因歷史原因已不在此館收藏，而原始數據尚存者，亦予以著録，并注明館方所反饋原因。

# 上编

# 善本經眼録

## 經 部

### 易 類

#### 孔門易緒十六卷卷首一卷[一]

清青浦縣張德純撰，稿本。半葉九行，行二十七字，小字雙行同。四周雙邊，白口，單魚尾。版心下方有「麗農山房」四字。卷首有清雍正十三年（一七三五）楊名時《松南先生小傳》，有目録。卷首爲《引緒》。爲全書總論。卷二至四爲《經緒》，釋《周易》上下經。卷五至八爲《傳緒》，釋《周易》各傳。卷九至十六爲《緒餘》，則據經傳所推衍《易圖》是也。卷八末有識語「雍正戊申二月，送兒項之任黔東，命麟孫於舟中録稿，至印江署畢」。卷十六末有識語「雍正戊申夏，在黔之印江署，命麟孫録稿，並製圖列譜，

[一] 該條據《四庫存目叢書》影印本撰寫。

至七月而畢」。則該書成於雍正六年（一七二八）七月。卷端題「古郕張氏德純學簒」。鈐有「小萬卷樓」朱文橢圓印，「海棠仙館」「蓮塘方冀道所藏經籍記」朱文長方印，「德純」「尚友齋印」「毛慶善印」「臣慶善印」「學窩」「致之讀過」白文方印，「叔美欣賞」「麐孫印」朱文方印，「少游」朱文圓印。〔一〕

張德純字能一，先世本姓郕，由崑山遷青浦。康熙三十九年（一七〇〇）進士，授中書，四十七年（一七〇八）改授浙江常山知縣。在任以賑濟災民、蘇解民困著稱。爲官九載，以失察旗人被罷，年六十九卒。著有《松南詩鈔》《詩經解頤》《孔門易緒》《離騷節解》等。傳詳本書卷首楊名時《松南先生小傳》、王昶《春融堂集》卷六十四《張德純傳》。

該書收入《四庫全書》存目，《提要》謂「專以《十翼》解經，其説謂經本無陰、陽、剛、柔之名及天、地、風、雷、水、火、山、澤之象，皆夫子所顯示以闡經，故曰《孔門易緒》」。然其解《易》主宋代理學家之説，棄卜筮而談義理。其《引緒》曰：「《易》書因卜筮而存，亦必由蓍策而得。……自漢以後，《易》書雖立于學官，而言《易》者數變，大抵有專門名家抱殘守缺之《易》，有叛經從緯援儒入老之《易》，未嘗不掇拾其言辭，而于聖人繫傳翼經之本指相離而愈遠。有宋諸大儒天挺人傑，抉本探微，足以救其失矣。而其始未免耽玩畫前，……自程子作《傳》，引而歸之人事，而其理乃實。朱子《本義》《啓蒙》，近而責之蓍卦，而其用乃神。然愚猶有説焉者，則以《易》之爲道，寓于蓍策，顯于象占，謂中古聖人之《易》可也。

〔一〕　印文參考杜澤遜《四庫存目標注》，上海古籍出版社，二〇〇七年，第九一頁。

若十翼既成之後，則又當信爲孔氏窮理、盡性、至命之書，不宜仍其舊。蓋道器同屬一原，費隱本无二致。」

江西藏。

## 易經貫一二十二卷

清松江府金誠撰，清乾隆十七年（一七五二）和序堂刻本，二十二册。半葉九行，行二十字，小字雙行同。四周雙邊，白口，單魚尾。内封題「怡然甫閑存氏手著/和序堂易經貫一廿二卷/本堂藏板」。版心下刻「和序堂」。卷首有清乾隆十六年（一七五一）陳世倌、孫嘉淦、秦蕙田、張泰開、吴鼎以及乾隆十七年沈德潛、楊兼鼎諸人序及清乾隆十四年（一七四九）金誠自序。有總目録。目録後有金誠《和序堂易經貫一略言》。各分卷前各有目録。卷端題「後學金誠述」。

金誠字閑存，松江人，生平不詳。

張泰開序云：「金子閑存潛心《易》學三十餘年，博採群言，折中至當，由象數以窮理，因理以達象數，顧支分派别，莫不統歸於一原。」金誠《略言》云：「今合卦與辭而一之，而理、氣、象、數之互求，則天地之間，古今之際，一以貫之耳。」

是書分元、亨、利、貞四部。元部四卷，首一卷，載《略言》六則附《談餘雜録》四小卷，正文卷一分《易學問徑説》、程子《易傳序》、周子《太極圖説》、張子《西銘》及《河圖洛書會講》；卷二爲《伏羲卦象會講》；卷三爲《文王卦象會講》；卷四爲《啓蒙卦變圖會講》。以下爲亨部五卷，首一卷；利部六卷；貞部五卷。亨部卷首載經文定本四卷，以下爲《程子上下篇義》及《周易本義增釋》。亨部、利部解上下經，貞部解《繫辭》《説卦》《序卦》《雜卦》，其大旨以程、朱爲歸。

清華、上圖、中科院等處藏。

## 周易説卦偶窺三卷

清婁縣殷元正撰，抄本，三册。半葉九行，行二十一字，小字雙行同。黑格，左右雙邊，黑口，雙魚尾。卷首有《凡例》及總目，其《凡例》首數頁缺損。卷端題「華亭殷元正學」（據卷三首葉），鈐有「餘姚謝氏永耀樓藏書」朱文方印。

殷元正字立卿，婁縣東郊洞涇人。布衣。傳見乾隆《婁縣志》卷十二。

該書卷一、二釋《周易》上下經，卷三釋十翼，附《伏羲四圖》《御纂周易折中序卦圖》《來氏發明十翼》等。

《凡例》云：「伏羲畫卦，萬有畢該。歷聖相承，群儒參訂。余兹藐焉參以末議，妄矣。亦以聖經如山海寶藏，任人取求，蒙者不敢自棄，但程子於《易》尚云只講得七分，正雖宗主説卦，自愧一隙未窺。幸海内明《易》者不鄙而教之，則幸甚。」

上圖藏。

## 演易一卷

清嘉定縣錢大昕撰，稿本，一册。半葉十二行，行二十三字，小字單行同。封面書「演易，芸花生題」，卷首無序跋，首列卦氣六日七分圖，末有王國維跋。鈐有「杭州葉氏藏書」「景葵秘笈印」朱文長方印，「静安」白文方印，「王國維」朱白文方印。

錢大昕（一七二八—一八〇四）字曉徵，一字及之，號辛楣，又號竹汀居士。乾隆十九年（一七五四）進士，改庶吉士，授編修，官至詹事府少詹事。乾隆四十年（一七七六）後丁憂歸家，不復出。晚年主講鍾山、婁東、紫陽等書院。著述豐富，今人陳文和所編《嘉定錢大昕全集》所收最爲詳備。傳詳王昶《春融堂集》卷五十五《詹事府少詹事錢君墓志銘》、王引之《王文簡公遺集》卷四《詹事府少詹事錢先生神道碑銘》。

該著輯録《穆天子傳》《左傳》《國語》《易緯辨終備》《論衡》《漢書》《東觀漢記》《思玄賦》《三國志》《晉紀》《晉書》《南史》《北史》《新唐書》《新五代史》《宋史》等歷史、文學著作中有關《易》占之資料八十餘條，以京房納甲、納支學説解之，以求古《易》之占法。

王國維跋云：「竹汀先生《演易》手稿，集經史《易》筮五十餘事，以《京氏易傳》法演之，間有説解，首尾完具。卷末八條則此稿之附録也。此稿未刻入《潛研堂叢書》，手頭無《嘉定錢氏藝文志》，不識著録此書否也。甲子三月，揆初先生攜至京師，得讀一過。海寧王國維識。」

上圖藏。

## 易藝舉隅六卷

清上海縣褚華撰，清抄本，四册。半葉十二行。卷首無序跋，有目録，目録下題「上海褚華學」，卷首無序跋。鈐有「余集」白文方印。

褚華字秋萼，號文洲，乾隆時邑廩生。性傲睨，自放於詩酒，生平留心海隅軼事及經濟名物。傳詳嘉慶《松江府志》卷六十。

該書纂輯各類《易》説，含《易》圖、爻辰、納甲、卦義、卦變諸説。其編次較爲無法，所引述以來知德、毛奇齡、張惠言、焦循之學説爲多。

上圖藏。

### 書類

## 欽定書經傳説彙纂二十一卷卷首二卷書序一卷

清金山縣王頊齡等奉敕纂，清雍正八年（一七三〇）内府刻本，二十四册。半葉八行，經文行十八字，集傳行二十一字，集説、小注、案、總論雙行，行二十一字。四周雙邊，白口，單魚尾，無欄綫。卷首有清雍正八年御製序，總裁、校對、分修、校刊諸臣職名，有目録。卷首爲引用姓氏、《書傳圖》、《綱領》，卷一至三爲《虞書》，卷四至六爲《夏書》，卷七至九爲《商書》，卷十至二十一爲《周書》，末爲《書序》。鈐有「劉承幹字貞一號翰怡」白文方印，「吴興劉氏嘉業堂藏書印」朱文方印。

王頊齡（一六四二—一七二五）字顓士，號瑁湖，廣心子。康熙十五年（一六七六）進士，官至武英殿大學士，謚文恭。傳詳《清史稿》卷二百六十七。

御製序云：「我皇考聖祖仁皇帝聲學淵深，治功弘遠，存於中者二帝三王之心，發於外者二帝三王之治。而稽古好學，於典謨訓誥之篇沈潛研究，融會貫通。初命講官分日進講，著有《解義》一編，頒示海内，復指授儒臣薈萃漢、唐、宋、元、明諸家之説，參考折中，親加正定，廣大悉備。於地理、山川，援今據古，靡不精核，爲《書經傳説彙纂》凡二十有四卷。兹值刊校告竣，與《易》《詩》《春秋》諸經次第傳布。」

該書爲清代官修「御纂七經」之一，首列《尚書》經文，次列蔡沈《集傳》，次集諸儒之論爲集説，間有編者案，各篇末有總論。

復旦、國圖、上圖、南圖等處藏。

## 書傳鹽梅二十卷

清上海縣黄文蓮撰，清乾隆五十二年（一七八七）聽雨樓刻本，八册。半葉十行，行二十四字，小字雙行同。左右雙邊，白口，單魚尾。内封題「上海黄芳亭撰/書傳鹽梅/乾隆丁未鐫」，卷首有清乾隆四十二年（一七七七）黄文蓮自序及《凡例》八則，有目録，目録後有清乾隆四十二年黄文蓮識。卷端題「上海黄文蓮輯」。鈐有「劉承幹字貞一號翰怡」白文方印。

黄文蓮（一七三〇—約一七八九）字庭芳，一字芳亭，號星槎，「吴中七子」之一，乾隆十五年（一七五〇）舉人，授安徽歙縣教諭，官至泌陽知縣，有「黄青天」之名，卒於任。〔一〕著有《書傳鹽梅》《道德經注》《聽雨樓詩稿》等。傳詳嘉慶《松江府志》卷五十九。

該書爲《尚書》全注本，以蔡沈《尚書集傳》、蘇軾《東坡書傳》爲本，並參考他説而成。黄文蓮自序云：「《尚書》文字最古，漢、唐來注家以百數。東坡《書傳》作於海南，穎濱謂其推明上古之絶學，多先儒所未發。朱子亦亟稱其佳而惟病其簡。九峰《集傳》後出，學者翕然宗之，蘇氏之書，《玉海》第紀卷數，且云大半排王氏説。其他注家或條舉一二，而全文罕載。椒邑江茂才永建喜藏書，殁後無嗣，卷軸散軼。丙申（按，乾隆四十一年，一七七六）秋，出俸錢易其完帙，獲讀是書，釐然有當於心。間有未純，其議論自闢，筆力自勝，東坡所謂『後有君子當知我』者，伯厚猶淺之乎言之。文蓮嘗以暇日校蘇、蔡異同，並縱觀漢、唐、宋、元、明諸儒之成説，舉五十八篇之文熟讀沈思，以考定其得失。凡有疑義，或從蘇，或從蔡，或仍孔注，或取他氏説，或竟抒臆見，非敢標新立異，惟務理順心安。蘇氏之傳《説命》曰『鹽梅和而不同』者也。文蓮之名是編也，竊取斯義云爾。」

《凡例》云：「是編凡蘇無傳而蔡有傳者録之，蘇傳義有未盡而蔡特詳明者採之。蔡傳與蘇傳不相合者，兩存其説，以衷一是。或蘇、蔡解俱未的，則博考馬、鄭、王三家之説，二孔氏之注、疏，及宋、元、明諸人

〔一〕按嘉慶《松江府志》卷五十九云：「移署唐邑，泌陽民争之，遂回任。又一年卒於官。」據乾隆《唐縣志》，黄文蓮於乾隆五十一年（一七八六）五月由泌陽縣調任唐縣知縣，又乾隆五十三年（一七八八）裘增壽任唐縣縣令，則黄文蓮回任泌陽知縣當在是年，據此，黄文蓮卒年約爲乾隆五十四年。

之論而採擇其優。至管窺所及，偶有創解，未敢自是，聊以質疑。」「編内首列蘇傳全文，蔡傳另爲一行，或有辨論，即於蔡傳下用『謹案』二字。如援引他説，則用『謹考』二字。有所折衷，則又用『今案』二字。亦有蘇傳後另一行逕用今案、謹考起者。間或蘇、蔡二傳經宋、元、明人辨論，頗極允愜，則但採其説，不復加案。」

該本卷十三《洛誥》闕第四十頁，又該卷末有「補案」一條云：「『公曰已汝惟沖子惟終』一節，愚向疑周公誨王，宜舉其遠者大者，百辟之享不享，何關主極？即識其享與不享，亦非急務。而公乃諄諄言之歟？蘇、蔡各自爲説，尚非的諦。反覆尋繹，始悟『汝其敬識百辟享』，向來七字連讀之誤也。周公蓋言，惟終之道，以敬爲主，『汝其敬』三字宜作句。以下止就用下敬上之事申言敬不敬之易于辨識，與夫不敬之爲害滋大。後文『汝往敬哉』句正與此應。」按：該本所闕之頁正爲「公曰已汝惟沖子惟終」節之疏證，則此頁蓋爲著者所删。

復旦、國圖、北大等處藏。

## 尚書字詁一卷

清婁縣朱大韶撰，稿本，一册。半葉十二行，行二十五字，小字雙行同。封面手題「道光十六年夏六月從弟大鏞録於裒遠書院」，書内無序跋，鈐有「朱大韶印」白文方印。

朱大韶（一七九一——一八四四）字虞卿，嘉慶二十四年（一八一九）舉人，道光十一年（一八三一）

選懷遠縣教諭。甫半載，丁繼母艱歸，後主講真儒書院。道光二十四年選授江寧教諭，以親老不赴，旋卒。居里時一意解經，尤究心於三禮。宗高郵王氏，以形聲訓詁，引申假借，通古人所闕。其兄大源嘗以其所作往質於朱珔，大得朱珔讚賞。傳詳光緒九年刻本《實事求是之齋經義》卷首張文虎撰《朱虞卿學博家傳》。

是書共有「《堯典》訛字解」「《堯典》方字僞字解」等四十條，皆爲訓解《尚書》中之字詞。其引僞孔《傳》，皆書作「某氏曰」，而其訓釋則以發揮高郵王氏之説，以形聲通訓詁。王欣夫曰：「虞欽治經，宗高郵王氏。以形聲訓詁引申假借，通古人所未達，作《經字考》以擬《經義述聞》。此《尚書字詁》皆舉字作解，即《經字考》之初稿。於王懷祖説有引申而無駁義，言必稱先生。於錢竹汀、王西莊、段若膺則有從有駁，亦可見其宗尚所自矣。……其書大率繁徵博引，立義堅確。」[一]

復旦藏。

## 詩類

### 欽定詩經傳説彙纂二十一卷卷首二卷詩序一卷

清金山縣王鴻緒等奉敕纂，清雍正五年（一七二七）内府刻本，二十册。半葉八行，經文行十七字，集

[一] 王欣夫《蛾術軒篋存善本書録》，上海古籍出版社，二〇〇二年，第七一二—七一三頁。

傳行二十一字,集説、附録、小注、總論雙行,行二十一字。四周雙邊,白口,單魚尾,無欄綫。卷首有清雍正五年御製序及總裁、校對、分修、校刊諸臣職名,有目録。卷首爲《凡例》、引用姓氏、《詩傳圖》、《諸國世次圖》、《作詩世次圖》、《綱領》、《大序》、《詩集傳序》。卷一至九爲《國風》,卷十至十六爲《小雅》,卷十七至二十爲《大雅》,卷二十一爲《頌》,末爲《詩序》。鈐有「劉承幹字貞一號翰怡」白文方印,「吴興劉氏嘉業堂藏書印」朱文方印。

王鴻緒(一六四五—一七二三)原名度心,字季友,號儼齋,自號横雲山人,廣心子、項齡弟。康熙十二年(一六七三)進士,歷任日講起居注官、翰林院侍講、内閣學士、户部侍郎、左都御史、工部尚書等職,充《明史》館總裁。謚文懿。傳詳張伯行《正誼堂續集》卷七《皇清誥授光禄大夫經筵講官户部尚書加七級王公墓志銘》。

御製序云:「我皇考聖祖仁皇帝右文稽古,表章聖經,《御纂周易折中》既一以《本義》爲正,於《春秋》《詩經》復命儒臣次第纂輯,皆以朱子之説爲宗。故是書首列《集傳》,而採漢、唐以來諸儒講解訓釋之與《傳》合者存之,其義異而理長者别爲附録,折中同異,間出己見。乙夜披覽,親加正定。書成,凡若干卷,名曰《詩經傳説彙纂》。」

該書爲清代官方「御纂七經」之一。首列《詩經》經文,次爲朱子《集傳》,次爲集説,採先儒之解詁有裨經旨者;次爲附録,録文義小殊,彼此相備,可兩相折衷以資參考者。間有編者案。各篇末有總論。詩序全録朱子《詩序辯説》。

復旦、國圖、上圖、南圖等處藏。

## 欽定詩經傳説彙纂二十一卷卷首二卷詩序一卷

清金山縣王鴻緒等奉敕纂，清同治間覆刻雍正五年内府刻本，二十四册，佚名臨陳介祺批點。版式與上本同。書夾上題「依據陳氏寶盦齋本寫」，首册外封有朱筆題「《集傳》外，輔氏漢卿、嚴氏坦叔劉氏公瑾、朱氏客叔四家説當看全書。庚午三月記」。卷首有朱筆題「同治七年戊辰秋覆閲」，《凡例》後有朱筆録陳介祺同治八年五月示皁孫退修居士序。鈐有「海豐吴氏」朱文方印。按，「皁孫」當指陳介祺之長孫陳皁。

陳介祺序云：「《四書》《周易》之精義，非童蒙所能遽幾，未可臘等，自以先講《詩集傳》，使之熟讀玩味，從事於章句、訓詁，字字留心，事事求是，既多所識，又見其端，自夫婦以至父子、兄弟、君臣、朋友，上至天地，下極世變，無事不該，無理不具，而且文章之妙，冠乎古今，明白顯易，曲折精微，尤於初學行文最有啓發。文不通則不能知古人之文，又安能明古人之理？則是《詩集傳》者，爲讀《四書》《周易》之文與理之階梯，而必不可不先從事於此者也。且他書理至而文至，又不同於《詩》之有意爲文者，則求古人之文，非先《詩》何以哉？」其批語有云：「童蒙讀《詩》，須讀本音。刻本音、注當分二行，一行叶音，一行本音，以便初學。《集傳》刻大字，便讀。旁加淺注，如旁訓大便童蒙，爲童蒙計，即爲天下授童蒙者計，乃仁人之公心也。」〔一〕又有云：「朱子之説，皆須以朱子之説發明之，如以經注經也。周、程、張、朱之説精者，先儒之説長者，諸説之有裨於經者，讀者皆須爲五經作工夫，皆須爲童蒙作工夫。大則道理親切著明，小則字字著實不背也。奚必自己著書立説哉？」〔二〕可知該批點本當爲陳介祺訓導童蒙而作。

復旦藏。

## 詩經叶韻辨譌八卷

清婁縣劉維謙撰，清乾隆三年（一七三八）壽峰書屋刻本，二册。半葉八行，行十九字，小字雙行同。四周單邊，白口，單魚尾。内封題「乾隆戊午秋鐫／雙峰書屋藏板」。版心下方刻有「雙峰書屋」。卷首有郭嗣齡序，清乾隆三年黄之雋、顧成天序，張棠序及自序。諸序後有「及門肄業姓氏」，有目録，卷端題「雲間劉維謙讓宗編次，門人張雲卿慶初、張景星恩仲同校」。末有門生張澤垶、王永祺、張卿雲、張景星諸人跋。鈐有「吴興劉氏嘉業堂藏書印」朱文方印，「鎮陽繆氏顛修藏書」朱文長方印，「劉承幹字貞一號翰怡」白文方印。

劉維謙字讓宗，諸生。居里，顔其室曰「雙虹小圃」。讀書精考覈，喜吟詠。見乾隆《婁縣志》卷二

〔一〕第三册封底。

〔二〕第二十三册内封。

十六。

劉維謙自序云：「字之音釋，百家相承。雖小有異同，要無乖舛。甚不合者，自疑、喻同聲，知、照並紐，遂爲斯文之一變。閩人陳第《毛詩古音考》，又其謬之甚者，而《正字通》浸淫其説，以簧鼓天下之人，而學士大夫亦靡然而從之。蓋音韻之學不明，至於斯而極矣。予少習《毛詩》，竊怪朱子據吴才老《韻補》以叶三百，而彼此不能盡符。久之，端委洞徹，始知二人互有得失，存其是，去其非，間以己意參合而刊改之。凡易稿數次而後成。」

是書首列等子圖，次爲分隸字母總音，次爲音叶互異彙辨，次爲疊韻雙聲，次爲辨論顧炎武《音學五書》、毛奇齡《古今通韻》，次發明《康熙字典》。其三百五篇之叶音，則一一逐句詳注，考論頗勤。

復旦、浙江藏。

## 詩疑辨證六卷

題清上海縣黄中松撰，稿本，一册。半葉十一行，行二十六字，小字雙行同。有目録，卷端題「雲間黄中松中巖氏輯」。目録於各題目上加「〇」或「△」，目録首葉天頭朱筆注云：「已下凡有紅△者俱照此加原闕二字。」書内無序跋，鈐有「高氏吹萬樓所得善本書」「高燮手校」「萌廬藏本」白文方印。

黄中松字仲巖，上海人。王欣夫則謂該書當爲中松之子烈所撰，其説云：「蓋黄氏經學，以烈爲中堅，故《志》獨詳之。其編採進遺書目也，初欲以自著入之，及《詩經遵義》以生存不收，於是以《詩疑辨證》，改用其父中松名。」[一] 按黄烈字右芳，上海人。博覽群籍，肆力於古大家文。肄業紫陽書院，爲彭啓豐所賞識。傳見嘉慶《松江府志》卷六十。

該書以《詩經》篇目爲序，彙集歷代注解之異説而辨證之。《四庫全書》收入此書，《提要》云：「是書主於考訂名物，折衷諸説之是非，故以辨證爲名。……全書之中，考正訛謬，校定異同，其言多有依據，在近人中，猶可謂留心考證者焉。」其所辨證，既有通篇之大旨，又有名物之考據。然其中亦間有持兩説而不能決者，如卷一《采蘋篇一》，申王肅、朱子之説，謂該詩所陳爲大夫妻助夫人之祭。而下條《采蘋篇二》又申毛、鄭之説，以爲該詩所陳乃古時嫁女之禮。蓋全書各條作於異時，尚未畫一也。

該稿本所存篇目，較之目録所列，尚未及半數，其卷三至卷五分别僅存五條、四條、六條。所存篇目較多之卷一、卷二，其所存者多爲陳述各篇大義，其考訂名物之條目則亡佚較多。[二]

復旦藏。

---

[一] 王欣夫《蛾術軒篋存善本書録》，第一四三〇頁。

[二] 該本各卷條目存佚情況，詳見楊光輝《復旦大學圖書館藏上海黄氏三代著述考》，載《版本目録學研究》第二輯，國家圖書館出版社，二〇一〇年。

## 詩經遵義二十卷

清上海縣黄元吉撰，稿本，存卷三至卷二十，十三册。半葉十一行，行二十四字。首頁有高燮識，云「戊子六月上海姚明煇氏贈我」。書内無序跋，卷端題「上海縣學生臣黄元吉敬釋」。鈐有「姚明煇印」「吹萬居士」「高氏吹萬樓所得善本書」「臣高燮印」白文方印，「渤海珍藏」「申江姚氏珍藏」「孟塤長壽」「高燮」「格簃劫後藏書」「食古書庫」朱文方印。

黄元吉字廷翰，黄烈之子，廩生。見同治《上海縣志》卷二十一。

是書首列詩序，不列《詩經》原文，全録《御纂詩義折中》，後釋以己意，大抵以推衍《折中》爲主，故云《遵義》。

該書首葉有高燮識云：「《詩經遵義》二十卷，原缺一、二兩卷，訂十三册。又《松郡文獻殘本》一册，戊子（按，民國三十七年）六月，上海姚明煇氏贈我，有贈書原函粘附書後。」按，黄烈撰《松郡文獻》殘本附有姚明煇致高燮信函有云：「弟處有鄉先哲黄氏元吉《詩經遵義》一書之原寫本凡二十卷。考黄氏父子祖孫三代治《詩經》之學，其祖中松著《詩疑辨證》六卷，文淵閣已著録，尊處已收藏入目，邑志同治志謂此書係中松之子烈所校定，而《遵義》一書當時亦曾進呈，因著書人在，未收，迄未見有刊者。邑志謂係烈原本也。弟處藏此有年，幸因上海文獻展覽而未失，惟原缺卷一、二爲可惜。今天下收藏《詩經》類書，尊架最富，謹以奉贈，附入尊藏，群書類聚，庶可永保。」

復旦藏。

## 詩古訓十二卷

清嘉定縣錢大昭撰，抄本，三册。半葉十二行，行二十三字，小字雙行同。卷首有清乾隆五十七年（一七一八）錢大昭自序、《三家詩授受表》。卷端題「嘉定錢大昭晦之氏學」。末題「同治歲在丙寅校於虞山天放廔，笏湖趙烈文記」。鈐有「能静居」朱文橢圓印，「烈文私印」朱文方印，「惠甫手畢」「趙氏惠父」「烈文之印」白文方印。

錢大昭（一七四四—一八一三）字晦之，號可廬，錢大昕之弟。貫通經史、小學，著有《爾雅釋文補》《説文統釋》《兩漢書辨疑》《三國志辨疑》《後漢書補表》等。傳詳《清史列傳》卷六十八。

是書爲考證《毛詩》之作，卷一至卷六釋《國風》，卷七至卷九釋《小雅》，卷十至卷十一釋《大雅》，卷十二釋《頌》。書中多引三家今文與《毛詩》參證，以求作詩之本意，且詳於考正文字。天頭及行間多有增删改動處。

錢大昭自序云：「予撰是書六卷，凡三家之有可證者，必引而申之，外此則考異同、辨通俗、正刊謬、采衆説，兢兢於抱殘守闕而已，非敢與毛異也。守漢儒之遺説，以求無悖於義理，且於四家冀有小補。若云有功於經，則吾豈敢。」按：序云該書六卷，實則該書爲十二卷，則該序當爲該書未完時所作。〔一〕

---

〔一〕 按，道光刻本《可廬既勤著述目録》收入錢大昭各種著述之序跋，其中《詩古訓》自序該句作「予撰《詩古訓》十二卷」，則當時據成書而言。

國圖藏。

### 毛詩故訓傳裨二卷

清婁縣朱大韶撰，稿本，一册。半葉十一行。封面書「毛詩故訓傳裨兩卷，實事求是之齋藁」。書内無序跋，鈐有「朱大韶印」白文方印，「虞欽」朱文方印。

朱大韶著有《尚書字詁》，已著録，生平參見本編經部書類。

是書爲疏證《毛詩》傳箋之作，首列《毛詩》經文及傳、箋，次行低一字爲疏證。於天頭及行間處多有補正增删處，且有夾籤數紙。卷上爲《國風》五十四條，卷下爲《雅》《頌》五十二條，又有補編六條。王欣夫評此書云：「其于典章制度、音韻訓詁，考核殊審，尤善推闡屬辭之例。」〔一〕

復旦藏。

### 毛傳翼一卷

清婁縣朱大韶撰，稿本，一册。半葉十二行，行二十五字。書内無序跋，鈐有「實事求是之齋」「欣夫」朱文方印，「王大隆」白文方印。末有朱筆題云：「此書稿本有兩卷，未及録。」

〔一〕　王欣夫《蛾術軒篋存善本書録》，第三七七頁。

該書共二十六條，主於闡發毛《傳》，糾《正義》調和毛《傳》與鄭《箋》之誤，旨趣與《毛詩故訓傳禆》略同。

復旦藏。

## 禮類

### 儀禮彙説十七卷

清金山縣焦以恕撰，清乾隆三十七年（一七七二）研雨齋刻本，四册。半葉十行，行二十三字。左右雙邊，綫黑口，單魚尾。内封題「金山焦越江以恕著/儀禮彙説/研雨齋藏板」。卷首有葉承序、清乾隆三十七年焦以恕跋。有目録。卷端題「金山焦以恕越江著，後學林克銓掌平輯録，甥孫沈景淳志堯校字」。該書各卷按《儀禮》次序編排。鈐有「張伊卿藏書記」「張查山豎藏圖書印」朱文長方印。

焦以恕（一六九七—一七七三）[一]，字心如，焦袁熹第四子。弱冠爲名諸生，屢試不售，召試列二等，授淮安府訓導。在任八年，歸。傳詳嘉慶《松江府志》卷五十九。

嘉慶《松江府志》云：「以恕親承家學，以經術爲先。中年後肆力《儀禮》一書，取古今訓故，謹遵

[一] 據焦以恕所編其父焦袁熹之年譜《焦南浦先生年譜》，焦以恕生於康熙三十六年。又據嘉慶《松江府志》卷五十九，焦以恕「卒年八十二」，則可推知其卒於乾隆三十八年。

欽定《義疏》，分別成編。依内外注而順文詮釋者，曰《便讀》；博采衆説，以己意衷其是否者，曰《彙説》。各十七卷，歷十五年而成。」

葉承序云：「余與越江焦君别二十餘年矣，近聞其自淮安解組歸里，以路隔春浦，屢欲訪之而未果。兹蒙惠書，示余以所著《儀禮彙説》，伏而讀之，乃嘆其肆力於此書者，何其精且深也。」

焦以恕跋云：「《儀禮》一經，漢、唐有鄭、孔注、疏，宋世有《經傳通解》，其箋釋固已略備矣。至《欽定儀禮義疏》頒行海内，則宏綱細目，莫不條分縷析。……顧卷帙繁重，自非穎敏之士，罕能遍觀而盡識。竊從誦閲之餘，先爲順文，詮釋一尊《義疏》，而引用者亦不復著某氏名姓，曰《便讀》，仍依經文先後，計一十七卷。旋取諸儒之説，自《注疏》及《義疏》，引用諸條，輯爲《彙説》，悉著引用某氏，不敢掠人之美也，亦計一十七卷。其於《正義》辨正之解疏通證明者，例如疏家之釋注。其或有旁參一得而可以並存者，亦採於集中，若不揣檮昧，間陳己見者，以『愚按』别之。今先刻其《彙説》之一十七卷，用質當世。」

上圖、湖北、中科院等處藏。

## 儀禮注疏正譌十七卷

清嘉定縣金曰追撰，清乾隆五十三年（一七八八）肅齋家塾刻本，十册。半葉八行，行十七字，小字雙行同，左右雙邊，黑口，雙魚尾。内封題「乾隆戊申新鐫/嘉定王光禄先生鑒定/儀禮正譌/群經正譌全書嗣刻，肅齋家塾藏板」。卷首有清乾隆五十二年王鳴盛序、同年張式慎後序及凡例八則。有目録，全書以

《儀禮》各卷次第排列。卷端題「嘉定金曰追著，受業張式慎校」。鈐有「劉承幹字貞一號翰怡」白文方印、「吴興劉氏嘉業堂藏書印」朱文方印。

金曰追（一七三七—一七八〇）字對揚，號璞園，諸生。受業於王鳴盛，推爲門下第一。傳詳光緒《嘉定縣志》卷十九。

該書糾《儀禮注疏》之訛誤。王鳴盛序云：「吾鄉金子名曰追，號璞園。研究實學，好古而具深識。其于《九經正義》旁及《孝經》《論語》《孟子》《爾雅》，精心讎校，並有成書，統名曰《十三經注疏正譌》，就中《儀禮正譌》十七卷，尤爲完備，以視諸家所得，不啻增而數倍之，其有功于經豈淺鮮哉。……曩者丁酉（按，乾隆四十二年，一七七七）秋，璞園曾以此篇質予。明年戊戌夏，艸艸題數行而歸之，意未竟也。越四年，璞園卒。祝予之歎，惘然有餘悲焉。張子式慎字德華，吾鄉名士也。夙昔受經于璞園。既然補諸生學，使者按試，輒列前茅，文譽日鵲起，乃謀刻其師之遺書，復奉以就正于予。予年衰目眊，嘉德華嗜學，能成其師之美，輟數日功，復爲審覈一周。會吾門有費生士璣，亦篤志窮經。適館于予家，因相與商訂，又改補十餘事。而今而後，此經可以毫髮無遺憾矣哉！」

《凡例》云：「自戊子（按，乾隆三十三年，一七六八）後，即從事于注疏全書。每讀一經，有疑誤處，隨條輒録。故《爾雅》《毛詩》《禮記》《孝經》《論語》《孟子》校十之七八，《左傳》《尚書》校十之四五，《周禮》《周易》《公羊》《穀梁》校十之二三，皆未能徧考舊本。唯《儀禮》一經，得專據朱子《通解》爲主，而又附之以楊氏圖、敖氏説、元陳鳳梧、明鍾人傑兩鄭注本，于近賢中又參以吴江沈氏、山陰馬氏諸說，故視他經差可依據。茲特先脫稿本，就正博雅。」又云：「是録標題有脫文、脫句、脫字、異文、異句、異字、誤句、誤字、衍文、衍字、誤倒等名色，類皆先書舊本正文，而附辨今本謬誤于後。」

復旦、上圖、南圖等處藏。

## 禮記纂類三十六卷

清婁縣王鍾毅撰，清抄本，四册。半葉九行，行二十二字，小字雙行，行二十七至二十九字不等，眉欄處注字音。左右雙邊，白口，雙魚尾。卷首有匿名書王鍾毅小傳二則及清康熙十八年（一六七九）王鍾毅自序，述該書分類次第。有目録。鈐有「黄承煊」「養餘山館」白文方印，「心葵」朱文方印。

王鍾毅字遠生，明萬曆丁丑進士明時孫，順治中松江府學歲貢生。居白龍潭，幼爲徐鴻洲所器重，妻以女孫。晚以貢需次爲學官。著有《詩經比興全義》一種，入《四庫全書》存目。傳見乾隆《婁縣志》卷二十五。

是書分析《禮記》各篇，按禮樂、樂、禮、德行、容儀、教學、子道、弟道、教子、君道、臣道、親道、養老、鄉飲酒禮、政令、爵禄、刑罰、國用、朝會、燕禮、聘禮、冠禮、昏禮、喪禮、祭祀、檀弓、賓主、飲食、饋獻、辭命、卜筮、射禮、投壺、御車、田獵、行師三十六類加以抄纂。

上圖、天一閣藏。

## 春秋左傳杜注三十卷卷首一卷

清金山縣姚培謙撰，清乾隆十一年（一七四六）吴郡陸氏小欝林刻本，十二册。半葉九行，行十九字，小字雙行，行二十八至三十字不等。左右雙邊，白口，單魚尾。内封題「華亭姚氏增輯/春秋左傳杜注/小鬱林雕板」。卷首有《春秋左傳》杜氏序並注、清乾隆十一年七月黄叔琳序、清乾隆九年（一七四四）九月姚培謙識並《凡例》八則、《春秋王朝興廢説》、《春秋王朝列國紀年》、《春秋一百二十四國爵姓》。卷端題「華亭姚培謙學」。書末有牌記：「乾隆丙寅夏五月吴郡小鬱林陸氏雕版，王日煥録」。刻工有：咸懷、聖傳、省南、德榮。鈐有「劉承幹字貞一號翰怡」白文方印，「吴興劉氏嘉業堂藏書印」朱文方印。

姚培謙（一六九三—一七八〇）初名廷謙，雍正十年（一七三二）改名培謙，字平山，號鱸香，别號述齋。金山五保人。諸生，勤學好交游，名噪江左。雍正七年（一七二九）、乾隆十二年（一七四七），馬謙益、沈德潛分别薦於朝，均不赴。人以是高之。校刊及編輯書甚富。傳詳姚培謙自撰年譜《周甲録》、黄達《一樓集》卷十七《姚鱸香傳》。

黄叔琳序云：「華亭姚平山氏研精《左傳》，得其要領。其爲書也，以左氏《經傳集解》爲主，而兼引孔《疏》，旁及各傳注，元元本本，疏通證明，不遺餘力，平山蓋不惟杜氏一家之學而已。据經以讀傳，因傳以考經，是非異同之際，三致意焉。凡他説之有裨杜氏而可以並參者，必與《集解》兩存，以俟後人採擇，其詳且慎如此，不可爲著書法歟？……吴門陸闇亭太守自蜀中解組歸田，主持風雅，深喜是書詳核，因爲損貲雕板。」

復旦、上圖、國圖、清華、南開等處藏。

**春秋古今地名考一卷**

清金山縣姚培謙撰，稿本，一册。半葉十二行，行二十五字，小字雙行同。四周雙邊，黑格，白口，雙魚尾。書内無序跋，卷端題「春秋古今地名考，華亭姚培謙學」。

是書於眉欄上方書所考地名，分周、魯、蔡、曹、衛、滕、晉、鄭、吴、北燕、南燕、齊、秦、楚、宋、杞、州、陳、隨、黄、薛、邢、邾、葛牟、巴、莒、虞、小邾、極、許、郕、宿、祭、凡、申、共、東虢、西虢、紀、郭（莊公三十年）、向、夷、羅、賴、戎、貳軫、鄖、息、芮、魏、耿、霍、陽、穀、鄧、梁、荀、賈、郳、譚、遂、蕭、滑、權、黄、江、濟、濮、汾、彭、鄅、欒、溠、乾時、洙泗、涌、濟水、渭汭、滎澤、汶水、艾等地。

上圖藏。

## 四書類

**學庸順文九卷附當湖陸稼書先生弟子答問一卷**

清嘉定縣李實撰，清康熙四十二年（一七〇三）嘉定李氏刻本，二册。半葉十一行，行二十一字，小字雙行同。左右雙邊，黑口，雙魚尾。内封題「當湖陸稼書先生鑒定/李玉如先生學庸順文附當湖問答/本衙藏板」。卷首有清康熙四十二年（一七〇三）張廷樞、陸宸政序，清康熙四十年（一七〇一）茅如頓序及清康熙三十四年（一六九五）李實自序。有目録，卷端題「當湖陸稼書先生鑒定，嘉定李實玉如先生手輯，男錫秦瞻仲、天植深原、天培薇垣較字，同學程里雲萬、金潮來青、茅茹彙吉、吴箴雪臣、程堡翰功合參，門人程鼎鎮岳安、程鼎銓元書、嚴茂功元發、姚邦秦景崇、程鼎鏞宫和仝較」。天頭處附刻陸隴其評語。鈐有「會稽魯氏」「豐華堂書庫寶藏印」「會稽魯氏貴讀書樓藏書印」朱文方印，「貴讀書樓藏書印」白文方印。

李實（一六五〇—一六九七）字玉如，居胡家莊。性仁孝，嘗刲臂療父。從陸隴其精研理學，陸隴其有「無雙」之目。傳詳光緒《嘉定縣志》卷十九。

是書爲評釋《大學》《中庸》而作，卷一至卷三爲《大學》，卷四至卷九爲《中庸》。卷一前附《當湖陸稼書先生弟子答問》。全書以陸隴其《松陽講義》爲宗，章分節解。《答問》則於經傳子史皆有所疏通證明。

李實自序云：「當湖夫子所點定舊本《大全》，久爲學者所尊信。吾友來青金子以《大全》中小注悉以先儒世次爲先後，而夫子所纂《蒙》《存》諸説皆雜録於書之上下，讀之苦無次第，因將《學》《庸》手録二本，諸説悉依文義叙列大注之下，後先不紊，使閲者自然而得其條理。且又於每節各採時下《説約》中順文弁於其首。某愛其書，因語金子云：『既用順文，何不稍變《説約》之舊，使略加條暢。且《學》《庸》與《論》《孟》原不同。《論》《孟》各自提端，逐章起義，《學》《庸》則一書中支分節解，脈絡貫通。若以順文融會而出之，似亦讀《學》《庸》之一則也。』因即以金子原本增廣其間，或輯先儒，或採時説，或得之師友，貫串敷衍，積之成帙。本欲附入金子本中，故每章只有順文，其餘要旨精義所當辨析者，概不之及，以原本中自備也。緣舛錯尚多，未便攙入，姑另自録出而不別立名義。會當湖夫子致政歸，趨謁時同人舉以聞諸夫子。壬申（按，康熙三十一年，一六九二）秋，遂郵致以求正。冬十一月，謁夫子於虞山館舍，夫子言及此書，亦稍稍許可，但謂未免從時文起見，知夫子將必有以教之。何期木壞山頽，即於是年臘底，而此書評閱未竟。嗚呼痛哉！幸《松陽講義》於《學》《庸》獨多，因奉爲宗主，其間稍稍齟齬，輒即遵改，而《講義》未備者，則無從是正。」

清華藏。

## 逸論語不分卷

清婁縣姚椿輯，稿本，一册。半葉九行，白口，左右雙邊，單魚尾。書内無序跋，鈐有「華亭封氏簣進齋藏書印」白文方印。後附《逸周書粹言》《竹書綱要》。

姚椿（一七七七—一八五三）字春木，一字子壽，號樗寮，姚令儀子。道光元年（一八二一）薦舉孝廉方正，辭不就。四年（一八二四），主開封彝山書院講習，十八年（一八三八）後，主湖北荆南書院講習，二十五年（一八四五），歸里，主松江景賢書院講習。少時遍遊各地，博覽群書，務爲有用之學。後從學於桐城姚鼐，遂主程朱之學。著有《通藝閣集》《和陶詩》《晚學齋文録》等，又輯有《國朝文録》。傳詳王柏心《百柱堂全集》卷四十三《姚君春木墓志銘》、沈曰富《受恒受漸齋集》卷二《國子監生貤封修職郎晉文林郎姚先生行狀》。

是書輯録孔子及其門人言論之不列於經書者。按言論内容分學必（趨道之階、學之始事）、美言（論言行）、問孝（論孝弟慈之道）、行己（持身涉世之道）、多貨（論義利）、君子（論出處）、居而（論與人交之道）、成人（論人品心術之不同）、移風（論君道）、以禮（論治民）、賢君（論用人）、王者（論禮樂刑政之事）、忠臣（論爲臣事君之道）、爲吏（論入官臨民）、易者（論易書詩春秋）、昔者（論古帝王）、若有（論門弟子及時人之賢否）、陽虎（論時事得失）、州里（記聖人日用行事之實）、志在（雜論）二十篇，共三百五十二條，各條下注明引文出處。

復旦藏。

## 孟子篇叙七卷年表一卷

清華亭縣姜兆翀撰，清嘉慶七年（一八〇二）潄芳齋刻本，二册。半葉十行，行二十四字，小字雙行同。左右雙邊，白口，單魚尾。卷首有清嘉慶七年六月李保泰、清嘉慶六年沈步垣、清嘉慶五年吴省欽序及《凡例》九則，無目録。首列《孟子年表》，後爲《孟子篇叙》。卷端題「華亭姜兆翀孺山」。

姜兆翀字孺山，乾隆三十五年（一七七〇）恩科中舉，用大挑選舒城縣教諭。於諸經皆有發明，於《孟子》用力尤深，晚年專以郡之文獻爲事，輯有《國朝松江詩鈔》。傳詳嘉慶《松江府志》卷六十。

是書取趙岐亡書之名，叙《孟子》各篇章之大意，融會而貫通之。吴省欽叙云：「《章句》每篇分上下，凡十四卷，序全書之首曰《題辭》，系每章之末曰《章指》，系全書之末曰《篇叙》。《篇叙》者，叙每篇第一章相次之義，頗近穿鑿，不若《題辭》之醇乎醇，而每卷首又各有篇叙。其《題辭》，明嘉靖監本徑佚去，賴常熟毛氏刊汲古閣本取以傳。又錢氏曾《讀書記》謂《篇叙》世罕得見，藏書家宜光其傳。……若《章指》與每卷首之《篇叙》，爲宋孫氏割入《正義》，混淆不真，賴曲阜孔氏繼涵於乾隆間得真定梁氏影寫宋槧本，舉《盡心》後《章指》之祇存『梓匠輪輿』章者悉補其闕，刊而行之，即每卷首之篇叙，不可復辨，而《章句》全書亦以復還故璧矣。……姜子孺山出所撰《孟子篇叙》相示，……蓋叙其章之所以連與篇分而章可合者。叙七篇中所見之人，還之國。叙國之人與事與地，以還孟子之生卒年歲、出處先後。名因其舊，知獲其新。……其他考文辨義，舉正名物制度之繁，猶其易爲者也。」

《凡例》云：「《孟子》七篇，自趙氏《章句》後，專行朱子《集注》，惟漢唐人解經，只逐字逐句解，朱子乃逐節逐章解，而未嘗合通部章數連屬而貫串之。……然此書是孟子手編，則先後位置非必漫然，固當尋其按部就班，自然秩序之處。兹故不揣隅見，用測亞聖編纂是書之條理焉。」

《孟子年表》以年爲經，以國爲緯，叙孟子一生之遊歷生涯。首有著者小序云：「竊謂孟子一生出處，證之本經，可見梗概。至於年齒，即據其家相傳志譜。而由其卒歲上溯生年，亦可測約略焉。因次爲年表，所列梁、齊、鄒、宋、薛、滕、任、魯，以篇中先後爲定。若燕、秦、楚、韓、趙，雖非游轍所至，而事有相涉者，因並次焉。」

國圖、上圖、湖北、中科院等處藏。

## 群經總義類

### 唐石經考異十三卷

清嘉定縣錢大昕撰，清次歐山館藍格抄本，一册。半葉十二行，行二十五字，小字雙行同。四周單邊，藍口，書根處題「次歐山館」。卷端題「嘉定錢大昕著，同邑後學黄鈞校」。末有錢大昕跋，後題「後學黄鈞校」。鈐有「邢生襄印」「南宫邢氏珍藏善本」「石蓮闇藏書印」「春秋七十又八歲」朱文方印，「重熹鑑賞」白文方印。

錢大昕著有《演易》等，已著録，生平參見本編經部易類。

是書以十三經唐石經原本對校各通行本，一經一卷。錢大昕跋云：「唐石經，《舊唐書》譏其字體乖師法，近儒顧炎武尤詆之。不知自開成初刻以後，幾經後人之手：乾符改修，一也；後梁補缺，二也；又有旁注字，皆宋以後人所爲，三也。至明人補刻缺處，則别爲一石，而世俗莊潢者欲經文完具，乃取明刻割裂連綴于下，遂與本文相淆溷。顧氏所舉石經之失，大半出此，蓋爲莊潢本所誤也。因證以宋槧本及陸氏《釋文》，糾顧氏之謬，正今本之譌，著《考異》若干卷。夫讎經籍必求古本，宋元剞劂已足寶貴，況唐賢審定，勒諸堅珉，尤爲信而有徵者乎？學者束髮受書，固當考其得失，不獨窮經之士所宜講也。」

按，該書另有清袁廷檮抄本十三卷，附《御删定禮記月令》一篇，該本經臧鏞、顧千里、瞿中溶諸人批校。《續修四庫全書》已影印該本，《嘉定錢大昕全集》亦以該本爲底本進行整理。而此本末所附錢大昕跋語，則爲上本所闕。其跋語於了解竹汀對唐石經之態度及撰此書之動機頗有裨益。

國圖藏。

## 十經文字通正書十四卷

清嘉定縣錢坫撰，王禔校並識，清抄本，二册。半葉十四行，行二十四字。四周單邊，白口，單魚尾。内封題「十經文字通正書，嘉慶丁巳歲六月，文章大吉樓開雕」。卷首有清乾隆四十一年（一七七六）錢坫自叙，後題「丁巳嘉平月臧棱齋主人徐行可據激素飛清閣臧本照抄見貽。戊午二月朔日，王壽祺福盦氏記，時客鄂渚」。

錢坫（一七四四—一八〇六）[一]，字獻之，一字篆秋，號十蘭，錢大昕族子。乾隆三十九年（一七七四）副榜貢生，補直隸州州判，從畢沅遊陜西，官興平、韓城、大荔、武功知縣，乾州、華州知州。嘉慶二年（一七九七）在華州任時嘗阻白蓮教襲擾。旋以疾歸里。著述宏富，精通小學籀篆。撰有《詩音表》《車制考》《爾雅古義》《説文解字斠詮》《史記補注》《新斠注地理志》等十餘種。傳詳包世臣《藝舟雙楫》卷八《錢獻之傳》。

[一] 關於錢坫的生卒年，詳見陳鴻森、潘妍艷《錢坫事蹟考證》，載於《中國典籍與文化》二〇一一年第四期。

該書以《説文》部首編排各字，每字下以小字援引經文，注明該字在經文中之通假情況。錢坫叙云：「十經者何？一《周易》，二《尚書》，三《詩》，四《周禮》，五《儀禮》，六《禮記》，七《春秋左氏傳》，八《公羊傳》，九《穀梁傳》，十《論語》也。考十經中文字之通假，故曰通正書也。……康成注經，所以有讀如、讀若、當作、當爲、或作、或爲，聲相近、聲之誤諸説。與夫通之言同，爲異文一理；正之言準，乃殊義一宗。假借者，通正之義也。字少用繁，旁通牽屬，依古然矣。至于諸經，經夫子删定，弟子授受，同途異趨，一端百緒，沿襲既久，聽遠傳疑。漢世經異師，師異教，學有專家，分門不一，故多誼一字殊聲，同音别溯。其原雖有主，而歸推其流，恐至嘖或亂。……通正之緣，因聲、因字兩例摠之。何謂聲？則語言是；何謂字？則偏旁是。……又秦隸盛行，篆法漸廢，改易殊體，下筆無常。……凡經所承用，則云『經作』，以示匡救。……其部分一依《説文解字》，崇所本也。」

上圖藏。

## 集緯十二卷

清婁縣殷元正輯，陸明睿增訂，清乾隆間抄本，四册。半葉十行，行二十一字，小字雙行，行二十八字上下。四周單邊，白口，單魚尾。首録法式善《陶廬雜録》一則、清乾隆四十一年（一七七六）倪思寬識、清乾隆五十五年（一七九〇）王寶序識、殷元正《徵助刻集緯啓》、總論、陸明睿《例言》十則、《原輯采用書目》、《增訂采輯書目》，末有佚名跋一篇。各卷前有目録，卷端題「殷元正立卿甫原輯，陸明睿文玉氏增訂」。鈐有「梅花艸堂」白文方印。

殷元正撰有《周易説卦偶窺》，已著録，生平參見本編經部易類。

法式善《陶廬雜録》卷四云：「華亭布衣殷元正《集緯》十二卷，博採遠徵，依文屬義，網羅散失，勒爲一編。其鄉人陸明睿增訂之。《總論》一卷，《河圖》一卷，《易緯》一卷，《尚書緯》一卷，《詩緯》一卷，《禮緯》一卷，《樂緯》一卷，《孝經緯》一卷，《讖》一卷，《尚書中候》一卷，《遁甲開山圖》一卷。庶幾有合聖訓，宜廣神教宜約之旨。惜其書未鏤版，稿本今藏姚春木家。」

王寶序識云：「吾師立卿先生布衣好學，無意進取，食貧灑然自得。與先君交，先君重其人。適先君甲子有北上意，曾屬先生課余並亡兄會初及兩弟，見先生手披目覽，終日不倦。所輯《緯書》若干卷，蓋從群書中網羅放失，日積月累而成之者。先生没而著述無不散軼，獨是書今存。……吾友若璿於數年前即從先生處喜見此書，益爲之訂其舛謁，删其繁複，倍增以所未有，手録而藏之，如鴻寶枕秘，世所未睹。」

該書分《河圖》《雒書》《易緯》《尚書緯》《詩緯》《禮緯》《樂緯》《春秋緯》《孝經緯》《讖緯》《尚書中候》《遁甲開山圖》十二卷。與法式善所云相較，無《總論》，而有《雒書》及《春秋緯》。

上圖藏。

## 集緯十二卷

清婁縣殷元正輯，陸明睿增訂，清青芬書屋抄本，存十一卷，三册。半葉十行，行二十一字，小字雙行，行二十八字上下。四周單邊，白口，單魚尾。版心下方題「清芬書屋」。卷首有清乾隆四十一年（一七七六）倪思寬識、清乾隆五十五年（一七九〇）王寶序識、殷元正《徵助刻集緯啓》、總論、陸明睿《例言》十則、《原輯采用書目》、《增訂采輯書目》。有總目，各卷前各有目録。末有補編、佚名跋及乾隆二十八年（一七六三）陸明睿識。卷端題「殷元正立卿甫原輯，陸明睿文玉氏增訂」。鈐有「南武觀我生齋未蒨士圖書記」朱文長方印。

與上本相校，該本闕《春秋緯》一種。

陸明睿識云：「立卿先生輯緯侯之書，徵刻未遂。睿甫及冠時，從草香師函丈獲批讀焉，私愛其奇環光古，謂有裨詞章之用，亟録一本，祕之篋衍。歲月寖久，間於諸書中見原本蒐采所未及，輒爲增補十四五，再録一過，仍正之先生。先生亦雅喜爲佽助得人也。睿膚末晚學，奚足爲先生助，顧念是書年來又常常有所添注訂正，而先生辭世已三載矣。嗚呼！先生手輯是書，不知歷幾寒暑。睿得校讎而附益之也，亦忽忽幾二十年。回首茫茫，烏能無感？是用書之簡末者。時乾隆二十八年歲次癸未八月下澣同邑晚學陸明睿識。」

上圖藏。

## 緯讖候圖校輯不分卷

清婁縣殷元正輯，陸明睿增訂，陳壽祺、陳喬樅校補，清抄本，四册。半葉十行，行二十至二十一字，小字雙行同。卷端題「殷元正立卿甫原輯，陸明睿文玉氏增訂」，末有清光緒四年（一八七八）周星詒跋。

該書首册爲《易緯》《詩緯》《尚書緯》《禮緯》《樂緯》；第二册爲《春秋緯》；第三册爲《孝經緯》、《後補孝經緯》、《緯書》（凡所見不著某緯集篇，止云緯書者，另輯于此。）、《讖》、《尚書中侯》、《遁甲開山圖》；第四册爲《河圖》《雒書》。

周星詒跋云：「此書世無刻本，丁丑（按，光緒三年，一八七七）春，兒紹寅于陳恭甫太史家中書簏中拾得，并太史與令子喬樅集録經緯殘稿一捆，同爲所棄。因從子乞六千錢買之。予方爲三國文獻會最繙撿，……因並收集緯口補正。」「此書中有朱墨增訂諸條，爲太史父子手筆。予曾見兩先生手跡，能別識之，故表著以示後來。」

國圖藏。

## 經典衍文經典脱文經字到誤考不分卷

清婁縣朱大韶撰，稿本，一册。封面題「實事求是之齋藁」。半葉十二行。首有墨筆題二段，朱筆題一段。鈐有「王大隆」白文方印，「欣夫」朱文方印。

朱大韶著有《尚書字詁》等，已著録，生平參見本編經部書類。

是書考證群經傳本中文字錯謬之處。其衍文含《尚書》二條、《禮記》十六條、《左傳》十八條、

《孟子》一條，脱字含《尚書》二條、《詩經》一條、《禮記》十一條、《左傳》十四條，到誤[一]含《尚書》一條、《詩經》一條、《禮記》六條、《爾雅》一條、《孟子》二條。又於謄清稿之餘多有增删修改處。

卷首題云：「既爲《經字考》一種矣，復檢衍文、脱文、到字而考之，其考證倍難於考一字，安得解事者，爲之共商榷乎？」

又云：「尚有《毛傳翼》一種、《鄭讀考》一種，毛公訓詁古質，不能猝解。孔氏作《正義》，尊鄭而於毛《傳》轉略爲之羽翼焉。俗儒譏鄭好改字，不知鄭之改字，無一不有所本，無一不以形聲求之。俗儒不通古字、古音病之。作《鄭讀考》，所以翼鄭也。其鄭解有未愜者，别見《經字詁》。」

又云：「此書未及分卷，以讀書少，未能徧覽，兼以善本更少，斷不能憑肊妄説，詒誤經典也。」

復旦藏。

## 小學類

### **爾雅釋文補三卷**

清嘉定縣錢大昭撰，清抄本，八册。半葉八行，行十八字。卷首有清乾隆五十五年（一七九〇）錢大昭自序，有目録，分卷依據《爾雅》原書，於卷上「釋親」第四分出宗族、母黨、妻黨、婚姻四門，於卷中

---

[一] 按，「到」與「倒」通，本書寫作「到」。

「四時」第分出四時、祥、災、歲陽、歲名、月陽、月風雨、星名、祭名、講武、旌旗。卷端題「嘉定錢大昭撰，男繹以成、東垣既勤、侗同人謹校」。鈐有「臣光焴印」白文方印，「鹽官蔣氏衍芬艸堂三世藏書印」「寅昉」朱文方印。

錢大昭著有《詩古訓》等，已著録，生平參見本編經部詩類。

錢大昭自序云：「予舊有志作《爾雅疏》一書，參取衆説，擇善而從，期折衷至當，究心者積有年所。然終未底於成也。歲戊申（按，乾隆五十三年，一七八八）之仲秋，餘姚邵太史晉涵《爾雅正義》刻成，郵寄示予，歎其書之精博，不特與邢氏優劣判若天淵，即較之唐人《詩》、《禮》《正義》，亦有過之無不及。蓋蕧乎莫尚已。予舊時所留心識記者，邵書大半已有，此昔人所謂杼軸予懷，他人我先者也。然千慮之得，時或有之。爰裒輯爲三卷，正郭《注》之疏，辨邢《疏》之舛，補陸氏《音》、邵氏《正義》之所未備，審通借之互用，集衆説之異同，名曰《釋文補》者，摘字爲注，例仿元朗也。今本《爾雅》俗最多，飛禽即須安『鳥』，水族則便應著『魚』，蟲屬要作『虫』旁，艸類皆從兩『中』，陸氏《條例》已譏之。又或篇次錯誤，如《釋親》中宗族、母黨、妻黨、婚姻四類，開成石經題識皆列於後，而俗本誤列在前。《釋畜》後題『六畜』二字，《左傳》桓六年、昭二十六年《正義》並云：『《釋畜》於馬、牛、羊、豕、狗、雞之下，題云「六畜」』，而俗本或多脱載。如此之類，不勝僂指。今並考證經籍及唐石經，以求復古焉。異日儻質之邵先生，未知以爲何如。」

是書録《爾雅》原文，凡有疏證者皆於此行低一字書之。

國圖藏。

## 廣雅疏義二十卷

清嘉定縣錢大昭撰，清愛古堂抄本，十二册。半葉十行，行二十一字，小字雙行同。中縫下方題「愛古堂抄藏」。卷首有清乾隆五十八年（一七九三）桂馥序、張楫《上〈廣雅〉表》，有目録。卷端題「嘉定錢大昭誨之甫譔」。鈐有「餘杭南湖人」「書福樓」「任銘善印」白文方印，「任心叔」「天受室」朱文方印，「愛古」朱文長方印。

是書爲疏證《廣雅》全書之作，卷一至卷八爲《釋詁》，卷九、卷十爲《釋言》，卷十一爲《釋訓》，卷十二爲《釋訓》《釋親》，卷十三爲《釋宫》《釋器》，卷十四、卷十五爲《釋器》，卷十六爲《釋器》《釋樂》，卷十七爲《釋天》，卷十八爲《釋天》《釋地》《釋丘》《釋山》《釋水》，卷十九爲《釋艸》《釋木》，卷二十爲《釋蟲》《釋魚》《釋鳥》《釋獸》《釋畜》。

桂馥序云：「今海内治《廣雅》者三家，一爲盧先生文弨，一爲王先生念孫，一爲錢先生大昭，馥幸得同遊，素聞風旨者也。錢先生之《疏義》先成，請而讀之，歎其精審，當與邵先生《爾雅正義》並傳。……昔郭氏注《爾雅》十八年而成，而邵先生且二十年。今先生遲之，三十年始有稿本，其爲專且久，不已至乎？」

上圖藏。

## 學福齋説文温知録一卷

清婁縣沈大成撰，稿本，一册。半葉十一行。書内無序跋。

沈大成（一七〇〇—一七七一）字學子，一字嵩峰，號沃田，貢生。因其父青浦縣令沈喬堂殁後家道中落，遂棄舉子業，屢就幕府，在粤、閩、浙、皖四十年，嘗館於盧見曾、江春家。精小學，長於校勘經部書籍，與惠棟、戴震、杭世駿、王昶等交往密切。傳詳《碑傳集》卷一百四十一汪大經所撰《沈先生大成行狀》、黄達《一樓集》卷十七《沃田居士傳》。

該書爲著者研習《説文》之札記，係隨得隨録，天頭處除增删筆記外，亦録正文。其考證涉《説文》内百餘字，除數條已謄清之外，其餘大都改寫滿紙，尚屬初稿階段。

國圖藏。

## 説文分類榷失六卷

清嘉定縣錢大昭撰，清抄本，四册。半葉九行，行十九字。卷首有甲子十二月公魯識、清乾隆五十五年（一七九〇）錢大昭自序，有目録。卷端題「嘉定錢大昭晦之甫著」。鈐有「劉之泗印」「懽虎」白文方印，「寅白」「公魯」「鎦」「畏道珍藏」朱文方印。

是書據《説文》以糾歷代典籍、學人解説文字之誤。錢大昭自序云：「上古結繩，文明之端未啓；中古造字，書契之象聿宣。峋嶁琱戈，紛紜莫辨。蟲書鳥跡，茫昧難知。迨八體既分，而六書益盛。……古人制作，具有精微，後學迂疏，漸滋謬誤。洎乎隸、楷日興，以至篆、籀失講。沿及陳、隋，迄夫唐、宋，六經家自爲說，三史人自爲書，討論愈疏，乖盭益盛。總而計之，其失蓋三十有四焉。特分類舉之，成爲六卷，命曰《榷失》，以糾謬也。」卷一爲穿鑿之失、轉寫之失；卷二爲委巷之失、隸變之失；卷三爲隱謎之失、造字之失、借用之失、隨俗之失、避嫌之失、妄改之失；卷四爲臆說之失、貪多之失、淺率之失、疑古之失、泥古之失、新附之失；卷五爲新補之失、襲謬之失、顛倒之失、壞字之失、俗別之失、增益之失、減省之失、離析之失、合併之失、立意之失、語言之失、歧義之失、不學之失；卷六爲音訛之失、方音之失、音釋之失、聲急之失、聲緩之失。

公魯識云：「余家藏《説文叙義考釋》二册，郭氏刻《説文統釋叙》一卷，並與是書略同。口殆摘其注文而分類者，據初稿也。」

國圖藏。

## 説文解字斠詮十四卷

清嘉定縣錢坫撰，薛壽校，清嘉慶十二年（一八〇七）錢氏吉金樂石齋刻本，十册。半葉七行，首列《説文》篆字，注文爲小字雙行，行二十一字。左右雙邊，白口，單魚尾。内封題「嘉慶丁卯年鐫/説文解字斠詮/吉金樂石藏板」。卷首有《説文解字序》及錢坫手定《凡例》八條。卷端題「錢坫學」。該本卷十一至十二配抄本。末題「道光戊戌夏五月江都薛壽讀一過」。鈐有「馮雄之印」「南通馮氏」「江都薛氏臧書」「介伯」「薛壽讀」朱文方印，「南通馮氏景岫樓臧書」朱文長方印。

錢坫著有《十經文字通正書》，已著録，生平參見本編經部群經總義類。

該書《凡例》八條爲：斠毛斧扆刊本之誤，斠宋本徐鉉官本之誤，斠徐鍇《繫傳》本之誤，斠唐以前本之誤，詮許君之字只應作此解不應以傍解仍用而使正義反晦，詮許君之讀如此而後人誤讀遂使誤讀通行而本音反晦，詮經傳只一字而許君有數字，詮經傳則數字而許君只一字。

該本有薛壽批校，各篆字天頭處皆書以楷體，各册封面書部首名，亦間有辨析字形、字義之案語。國圖藏。

## 讀説文證疑一卷

清嘉定縣陳詩庭撰，清許氏古均閣藍格抄本。半葉九行，行二十二字，小字雙行同。四周雙邊，版心下方題「古均閣抄本」。書内無序跋，卷端題「嘉定陳詩庭纂，海寧許氏古均閣臧本」。第一册首頁版邊注「十二葉，先寫樣送校」。第二册首頁版邊注「讀説文證疑，接寫第十一葉」。末題「海寧後學許溎祥校字」。

陳詩庭（一七五三—一七九久）字令華，一字妙士。嘉慶四年進士，應聘修《嘉興府志》，未謁選卒。幼工畫，精於山水、人物。又爲錢大昕入室弟子，後究心六書之學。傳詳光緒《嘉定縣志》卷十九。

是書爲著者閲讀《説文》之札記。其所涉有關《説文》之體制者，如云：「《説文》句法簡於《爾雅》，然亦有當如《爾雅》讀者。『標木杪末也』『杪木標末也』，宜以『木杪』『木標』爲句，『末也』二字又爲一句。《爾雅》每以數字訓末一字，《説文》以一句訓首正文一字，一句中亦有當如《爾雅》作數字讀者。……近來讀《説文》者罕諭此旨。」有涉校勘《説文》原本之文字者，如《説文・木部》：「欇，木業搖白也。」詩庭謂：「此『白』字當是『皃』字壞文。謂木業搖皃，亦與善搖義合。《廣韻》二十九葉：『欇，樹葉動皃。』即木業搖皃也。長孫訥言箋此注暗據《説文》義，知唐時《説文》『皃』字猶未壞作『白』也。」皆有資於考證。

國圖藏。

## 篆楷考異一卷字式一卷楷書定譌一卷

清婁縣徐朝俊撰，清嘉慶十三年（一八〇八）刻三色套印本，一册。版框紅印，四周雙邊，白口，單魚尾。《篆楷考異》半葉六行，行十一字，小字雙行，行二十二字。正文一楷一篆相對應，楷體字用黑墨，篆體字用紅墨，天頭處有手書補注。卷首有徐朝俊識、《恕堂暑夜著書圖》一幅並陳希曾題、《部首總目》及《凡例》。徐朝俊識、圖、總目及凡例皆藍印，陳希曾題爲紅印。卷端題「雲間徐朝俊輯，男福、祉校」。《字式》半葉粗四行，細四行，行十一字，小字雙行，行二十二字。卷首有徐朝俊題「欽遵《康熙字典》校體辨聲，砭俗楊正。」版心上方題「家塾字式」，下方以篆文題「恕堂校定」。末有徐朝俊識。《楷書訂譌》半葉六行，卷端題「雲間徐朝俊輯並書」，首有徐朝俊識。鈐有「李口氏印」「楊文益印」白文方印，「九峰三泖一經生」朱文方印,「蕭忠義」朱文長方印。

徐朝俊字恕堂,歲貢生,精天文算學。嘗以意造龍尾車溉田,知府唐仲冕刊其圖,頒各縣。傳詳光緒《松江府續志》卷二十四。

《篆楷考異》徐朝俊識云:「篆爲楷之原,而結字之各不相同者十有四五。仿古家第據楷字偏旁,首尾湊合成文,大失古人體製。是輯一遵《説文》,凡篆與楷同文者,不盡贅述,惟查檢彼此相異之字,編部而録之,不第爲真楷探其原,並爲學篆者贈以簡練而揣摩之一助云。」

《字式》徐朝俊識云:「六書爲小學之一,兹第取日用行文,涉筆相沿譌字,欽遵《字典》,分筆劃而録之。每筆中又分四聲,旁以虚實小圈作識,以便查閲。間有疑混處,略標音注於旁。統計一千餘字。向爲家塾字式,凡初學執筆,先援以第一頁,次授以第二、三頁以至末頁,由疎漸密,令其次第臨摹百遍,習慣自然,舉筆自鮮謬悞。爰附刊於此,聊爲小學之一助云。」

《楷書定譌》分正書、贅筆、缺筆、通用、袪俗、辨似六門。徐朝俊識云:「楷書運筆,有宜聯而不宜斷,或宜斷而不宜聯者。有同此點畫而長短位置之宜審者,有或點或畫,增減一二筆,因而不成此字者。彙爲正畫、贅筆、缺筆三門。又有帖體、俗體之可從者,有市井所沿用,爲館塾中所亟宜改正者。彙爲通用、袪俗兩門。又有形聲相似,形體相似,而音與義大相逕庭者,彙爲辨似兩門。輯是卷時,吴古餘暨祝止堂兩夫子未來書院主講,即《四庫校正文字》一册,亦未刊行。凡吾郡之究心此事者尚尠。甲寅(按,乾隆五十九年,一七九四)秋仲,今藩憲雲夢許公來守雲間,每逢考校,糾繩誤筆,重巽以申。俊曾將是卷呈正於秋巖老師，極蒙獎許，謂不當祕諸家塾間。近緣同學傳抄，稿本損蝕。嘉慶戊辰（按，嘉慶十三年），適《篆楷考異》刻成，又承及門之請，附刊於後。」

復旦藏。

## 韻雅五卷雜論一卷識餘一卷

清崇明縣施何牧撰，清刻本，五册。半葉八行，四周雙邊，白口，單魚尾。卷首有雍正三年（一七二五）施何牧自序、條例十二則、目次、古通。卷端題「古吳施何牧纂輯」。鈐有「桐山張氏藏書」白文長方印，「王培孫紀念物」朱文方印，「篤素堂張曉漁校藏圖籍之章」朱文長方印。

施何牧（一六四七—一七二八）[一]，字贊虞，號覺庵。康熙二十四年（一六八五）進士，授内閣中書，遷吏部考功司主事。四十一年（一七〇二）充貴州鄉試副考官，得人最盛。乞假歸。晚寓居蘇州顧氏園之高酣亭。傳詳乾隆《元和縣志》卷二十六。

是書輯録古籍字義，按韻編排，卷一、二爲平聲，卷三爲上聲，卷四爲去聲，卷五爲入聲。施何牧自序

---

[一] 按，施何牧所輯《明詩去浮》自序後題「乙巳上元一山氏書於臨軒次，時年八十」。此乙巳年當是雍正三年（一七二五），以此上推八十年，則施何牧當生於順治四年。又民國《崇明縣志》卷十二云：「（何牧）年八十三卒。」則其卒年當爲雍正六年。

云：「《韻雅》何爲乎？曰：志崇雅也。崇雅奈何？曰：凡字散見於六經、三傳、諸史、子集、《離騷》、樂府、古詩、歌謡者，皆典，典即雅矣，舍是弗尚也。志者，矢諸己，不敢必之人人也。本將奚自而定？曰：唐韻亡而韻亡矣，又安得所爲定本而折衷諸？沈韻非經耶？其書具在，曷言乎無折衷？曰：經爲不易之典，常若兹者，典常云乎哉？」其韻部編排以《廣韻》爲宗，參考其他韻書。其所收釋義，不載人名、地名、通家、叶聲、轉注等項。

該書末所附《雜論》十五則，論音韻之歷史演變；《識餘》則收録各韻之典故詞語。題下有著者雙行小注云：「《韻雅》者重在韻，故凡不可爲韻者不録。兹則意存備覽，故不厭雜採而注之，貫以韻者，便稽考也。」然其篇幅短小，《四庫總目》謂其「似乎欲爲韻府而不成者」。

上圖、國圖藏。

**增訂韻瑞不分卷**

清青浦縣周士彬撰，稿本，十册。書内無序跋。

周士彬字介文，世居干山。嘗應山東巡撫同郡施維翰聘，助其削減提標兵。後維翰欲薦士彬於朝，以親老辭歸。康熙三十五年（一六九六）中本省乙榜。年七十八卒。傳詳王昶《春融堂集》卷六十四《周士彬傳》。

該書爲著者所編韻書，體例一準《韻府群玉》。其中，上平聲起「東」韻，迄「删」韻；下平起「先」

韻，迄「庚」韻，缺「青」韻至「咸」韻；上聲二十九韻全缺；去聲起「送」韻，迄「陷」韻；入聲起「藥」韻，迄「洽」韻，缺「尾」韻至「屑」韻。

上圖藏。

## 聲類不分卷

清嘉定縣錢大昕撰，清抄本，二册。半葉十行，行二十三字。卷首有錢繹識，卷端題「嘉定錢大昕」。鈐有「舊山樓」朱文方印。

錢大昕著有《演易》等，已著録，生平參見本編經部易類。

錢繹識云：「此書乃世父宫詹公所著，繹於先生卒後就其手稿録出。前半大約以《爾雅》十九篇爲次第，後又分讀異、文異、方言、名號之異、姓之異、聲之轉、古讀、音譌、譯語、同音通用、音近通用、形聲俱遠、字形相涉之譌等類，名曰《聲類》。惜尚未脱藁，而其中聲音之妙，已非淺學者所能窺見矣。」「釋獸類『沐猴獼猴』條下有錢繹案語曰：「自此以前，大約仿《尔疋》爲次第。」

按，該抄本與通行之四卷本《聲類》相較，其編次有諸多不同：一，該本「譯語」一類置於「音譌」類後，而四卷本稱之爲「釋語」，且置於卷一「釋訓」類後。二，該本「釋訓」類置於「姓之異者」類後。三，該本「釋言」類至「放佛也」條止，下接「釋天類」，四卷本中之「封邦也」之下諸條該本置於「形聲俱遠」類後。

國圖藏。

# 史部

## 正史類

### 新斠注地里志十六卷

清嘉定縣錢坫撰，徐松校注，清嘉慶二年（一七九七）岑陽官舍刻本，四册。半葉十一行，行二十二字，四周單邊，白口，雙魚尾。内封題「新斠注地里志一十六卷/嘉慶二年六月岑陽官舍開雕」。卷首有清乾隆五十七年（一七九二）錢坫叙録。卷端題「嘉定錢坫學」。末題「乾隆五十七年壬子歲正月叶譔，嘉慶二年丁巳歲六月開雕」。鈐有「吴興姚伯子覲元鑒藏書畫圖籍之印」朱文方印。

錢坫著有《十經文字通正書》等，已著録，生平参見本編經部群經總義類。

是書爲箋注《漢書·地理志》而作。卷一爲叙録，卷二爲京兆尹、左馮翊、右扶風，卷三爲弘農、河東、太原、上黨，卷四爲河内、河南、東郡、陳留，卷五爲汝南、南陽、南郡，卷六爲江夏、廬江、九江、山陽、濟陰、沛郡，卷七爲魏郡、鉅鹿、常山、清河、涿郡，卷八爲勃海、平原、千乘、濟南、泰山、齊郡，卷九爲北海、東萊、琅邪、東海、臨淮，卷十爲會稽、丹陽、豫章、桂陽、武陵、零陵，卷十一爲漢中、廣漢、蜀郡、犍爲、越嶲、益州、牂柯，卷十二爲巴郡、武都、隴西、金城、天水、武威、張掖、酒泉、敦煌、安定，卷十三爲北地、上郡、西河、朔方、五原、雲中、定襄、雁門、代郡、上谷，卷十四爲漁陽、右北平、遼西、遼東、玄菟、樂浪、南海、鬱林、蒼梧、交趾、合浦、九真、日南，卷十六爲楚國、泗水、廣陵、六安、長沙、風俗。

錢坫序云：「坫資禀愚魯，獨學寡群，猶思于二千年前探頤索隱，惟班氏之書于郡國、縣道而外，凡山川奇異、都邑鄉聚、祠壇雜祀、三代別國、土地來往、世系本末、户口官市、風俗因革，罔不畢聚。論注之體要，在先覈故實，并發新義。輪廣之術，尤爲最宜。約舉大綱，其蓋有八焉：一曰考故城，……二曰考水道，……三曰考山經，……四曰尊時制，……五曰正字音，……六曰改刊誤，……七曰破謬悠，……八曰闕疑。……班書惟郡縣名大書，他皆以細字分注。今則俱進爲大字，其分析語釋，以次降格書之，便于閱也。班書本爲第八卷次上下，今畫一至十六爲卷。創始於乾隆四十三年戊戌之歲，以五十七年壬子之歲汗青始竟。」

該本天頭處録有徐松校注文。

該書於清同治十三年（一八七四）重刻，重刻本卷端題「嘉定錢坫著，大興徐松釋」。末題「乾隆五十七年壬子歲正月譔，嘉慶二年丁巳歲六月開雕，同治十三年甲戌歲十一月重雕（徐氏集釋新坿）。歸安姚覲元、江陰繆荃孫、會稽章貞同校正」。先録《漢書》正文，另行低一格爲錢坫斠注，徐松集釋則雙行小字附於錢坫注文下。將此本與重刻本所録徐松注文相校，嘉慶本所稱引諸家，皆以字號稱之，而同治本則易以本名，如嘉慶本之懷祖先生、百詩先生、辛楣先生、段氏、劉端臨先生、阮伯元等，同治本易以王氏念孫、閻氏若璩、錢氏大昕、段氏玉裁、阮氏元等。

國圖、上圖藏。

## 後漢郡國令長考一卷

清嘉定縣錢大昭撰，清道光二十五年（一八四五）錢師璟刻本，一册。半葉十一行，行二十三字，左右雙邊，白口，單魚尾。内封題「道光乙巳刊/後漢郡國令長考/錢氏藏板」。卷首有清乾隆五十三年（一七八八）錢大昭自序。卷端題「嘉定錢大昭著，孫男師璟謹刊」。卷末題「男繹、孫男師璟、師度校字」。

錢大昭著有《詩古訓》等，已著録，生平參見本編經部詩類。

是書以東漢郡國爲序，考證各地長官之名號。錢大昭自序云：「大昭案：前漢令長見於紀傳者少，故不具論。後漢則本史之外，復有碑碣可證，雖其間亦或有沿革，而東都制度可見一斑。故作《郡國令長考》，注以出處。其所不知，則闕如也。」

國圖、中科院、上圖等處藏。

## 補續漢書藝文志一卷

清嘉定縣錢大昭撰，清道光十二年（一八三二）東武劉氏味經書屋劉雯抄本，一册。半葉八行，行十六字。左右雙邊，白口，單魚尾，無欄綫。版心下方題「東武劉氏味經書屋藏書」，書耳下方題「燕庭校抄」。卷首有清乾隆五十三年（一七八八）邵晉涵序，卷端題「嘉定錢大昭晦之甫學」。卷末題「道光壬辰季春兄雯改名如海書，時年七十有六」。鈐有「燕庭臧書」「曾在周叔弢處」朱文方印。

邵晉涵序云：「范氏《後漢書》本未及撰志，司馬彪《續漢書》有《律曆》《禮儀》《祭祀》《天文》《五行》《郡國》《百官》《輿服》八志，而不及《藝文》，東京諸儒撰述泯焉無聞，良可深惜。嘉定錢可廬先生精通經史，其説經之書，實事求是，得未曾有。其於兩漢、三國有《辨疑》一書。……今復有《補續漢書藝文志》二卷，予受而讀之，蓋取蔚宗本史所載，及書之見存於今代，引證於古書，著録於別史，暨藏書家所録者，輯爲此編，以補司馬氏之闕漏。部分條析，悉依前書。於一代著述固已經搜采無遺，洋洋美備矣。」

該目録匯集東漢人著述，分易類、書類、詩類、禮類、春秋類、論語類、孝經類、經解類、國史類、典章類、刑法類、注解類、讖緯類、子類、詞章類、著述類、集類諸門。與較通行之廣雅書局叢書本相校，該本不分經、史、子、集四大部，無爾雅類、孟子類（《爾雅》《孟子》書目皆併入注解類），而該本之注解類、詞章類、著述類亦爲廣雅書局叢書本所無。蓋該本之注解類，廣雅本散入爾雅、孟子兩類及子部下，著述類所録爲後漢非儒家類著述，亦爲廣雅本子部所包含。而詞章類收録後漢單篇賦頌，廣雅本名之爲別集類。又二本於各類下所收之書目亦多寡不同，如該本易類收書十種，廣雅本收書十七種；該本書類收書二十種，廣雅本僅五種。

國圖藏。

## 三國志辨疑三卷

清嘉定縣錢大昭撰，清道光二十四年（一八四四）得自怡齋刻本，二册。半葉十一行，行二十三字，小字雙行同。左右雙邊，白口，單魚尾。首葉手書「可廬著述十種四册，第一、二册：可廬著述十種叙例，清錢大昭撰；既勤七種叙例，清錢東垣撰，清道光得自怡齋刻；第三、四册：三國志辨疑三卷，錢大昭撰，清道光刻本（編入史部正史類）。」內封題「道光甲辰四月嘉定錢氏藏板」，版心下方題「得自怡齋」。卷首有清嘉慶二年（一七九七）錢大昕序、清乾隆五十八年（一七九三）錢大昭自序。卷端題「嘉定錢大昕晦之撰，孫男師璟賦梅謹刊」。卷一爲《魏志》，卷二爲《蜀志》，卷三爲《吴志》。卷末題「男繹子樂校字，孫師璟、師度覆校」。末有錢師璟跋。

是書主於辨正《三國志》正文及裴注文字之誤。錢大昭自序云：「予舊於兩《漢書》有《辨疑》四十四卷，於地理、官制頗有所得，名儒碩士時或許之。近復於《三國志》輯録得三卷，仍仿《漢書辨疑》例，不敢立議論以測古今，不敢妄褒貶以騁詞辨。而其詳略不能與《漢書》盡同者，蓋史事藉注證而伸，《兩漢》之注簡，簡則易滋疏略。《三國》之注博，博則疑議鮮存，有無待辨證而明焉者也。」

錢師璟跋云：「師璟不幸，生四歲而孤。祖硯一方，父書百卷，時慮不學，廢墜家修。歲舍庚子（按，道光二十年）正月，伯父小盧先生語曰：『徵君著述十種，已刊叙例。全書清本向因伯兄季弟南北宦遊，予爲謹守。今景迫崦嵫，盡捒奉付汝弟師度，以副本歸汝。汝其寶之。若得付梓行世，是予之深願也。』師璟志之不敢忘。甲辰（按，道光二十四年）孟夏，先將此書剞劂，以質海內醇儒碩士喜讀我先徵君書者。」

國圖、上圖、南圖藏。

## 三國志辨疑三卷

清嘉定縣錢大昭撰，清抄本，李鋭校並跋，一册。半葉十行，行二十字，小字雙行同。卷端題「嘉定錢大昭撰」。鈐有「曾藏周叔弢處」朱文方印。該書卷一爲《魏志》，卷二爲《蜀志》，卷三爲《吴志》，共三卷，國圖著録爲二卷，誤。該本於行間多有校改及補入文字。

卷二末有「楊戲傳」一條云：「衛繼拜奉車都尉，大尚書。『大』當作『入』。」爲刻本所無。末有李鋭跋云：「嘉慶三年六月二十八日，元和李鋭依得自怡齋元抄本校。」

國圖藏。

## 東晉南北朝輿地年表十卷首一卷末一卷州郡表不分卷郡縣沿革表不分卷

清嘉定縣徐文範撰，稿本，六册。四周單邊，白口，無魚尾。版心下方題「杏雨書齋藁圃日抄」。卷首有徐仲圃先生像、嘉慶《嘉定縣志》本傳、清乾隆五十四年（一七八九）錢大昕序、清乾隆五十七年（一七九二）王鳴盛序、清乾隆五十四年徐文範撰《凡例》。年表有目録，下題「王欣夫藏書」。目録後題「年表凡三百有六年，合卷首卷末記十二卷，綴言在卷末。州郡表凡四卷，郡縣沿革表凡六卷，世系圖表附各國疆域上下凡二卷，合計二十有四卷，嘉定徐文范學」。卷端題「嘉定徐文范學」。《郡縣沿革表》前有嘉慶八年徐文範自序。

徐文範（一七三四—一八〇三）字仲圃，一字虹坡。國子生。事父孝，撫從子有恩。研究經史，尤精地理。傳詳光緒《嘉定縣志》卷十九。

是書首二册爲年表，每頁列表數列，首列爲按東晉及南朝年號編年，繫以疆域沿革之史事，以下各列分列北方諸國疆域沿革史事。第三册爲州郡表，首列記州名，以下各列記各郡所轄之縣。第四至第六册爲郡縣沿革表，則以一郡各縣爲經，各代爲緯，記録一郡縣在各代之沿革。

錢大昕序云：「同里徐仲圃默而好深湛之思，足跡不出百里，而三條、四列、十道、九域，一一囊括于心胸。乃上溯太安，下訖大業，年經國緯，表而次之。先辨實土，附以僑治，其間分裂并合，參互錯綜，志有滲漏，則采紀傳以證成之。以予亦嘗從事於斯也，每成一篇，輒就商榷，考辯同異，必得其當然後已。」王鳴盛序云：「以年爲經，以國爲緯，旁行書之。而又以晉初所分之二十州爲其緯中之緯，下至隋煬帝罷州置郡而止。」

徐文範《州郡沿革表自序》云：「余三十年前每讀史，病晉永嘉大亂後至隋，幾三百載，南北州郡縣紊更，僑寓眩亂難明，因詳考史志、歷代輿地及《寰宇記》《元和志》等書，凡二十寒暑，編集年表暨郡縣表、州郡表，條分縷析。雖學識愚下，耳目未廣，而自備讀史資用，粗爲繕寫，就正前輩，謬書許可。邇年更爲考校，欲手書一册，而精神耗散，前後遺忘，且病痰瘘，不能備述地理從前置立原委，故概從簡，略存其大要，凡州郡縣沿革，晉以前見於《晉書・地理志》者，舉不詳録。自晉武帝太康以後始。」

該本有多張夾籤及朱筆、墨筆、藍筆校改，其中有對原稿進行修改之體例，如各卷卷首夾籤上書：「凡國號、年號及某帝皆頂格寫，寫完一層，乃令行頂格寫。後倣此。」在部分卷第之末有徐文範所題之謄録時間，則此本當是作者的稿本。

復旦藏。

## 五代史志疑四卷[一]

清青浦縣楊陸榮撰，清康熙五十九年（一七二〇）刻本，一册。半葉九行，行十九字，四周雙邊，白口，單魚尾。卷首有清康熙五十九年梁穆序及同年自序，有目録。卷端題「青浦楊陸榮采南氏閲」。

楊陸榮（一六六九—一七五六）[二]，字采南，號潭西，婁縣諸生。早慧，博通古今，王原妻以女，得其傳，學益進。著有《殷頑録》《三藩紀事本末》等。傳見光緒《青浦縣志》卷十九。

此書糾歐陽修《新五代史》之誤。梁穆序云：「采南於書無所不窺，尤邃於史學。……《志疑》者，其史學之一種，而猶未敢自謂其必然也。……豈以掩其長，務使公之文毫髮無遺憾耳。天下後世之讀史者取《志疑》一册覆按之，庶讀書家之心眼日以細，著作家之風氣日以上，豈獨爲歐氏功臣已哉？顧是刻不應單行，應全刻本史，而以其説附於各條之下，使讀者便於較勘得失，惜乎未之能也。」

---

[一] 該條根據《四庫存目叢書》影印本撰寫。

[二] 楊陸榮《潭西詩集》卷三《乙酉除夕效誠齋體》云：「楊郎酒徒三十七，一囊詩斸青山骨。」乙酉爲康熙四十四年（一七〇五），逆推之，知楊陸榮生於康熙八年。王昶《青浦詩傳》卷二十九云：「楊陸榮……年八十八卒。」知其卒年應爲乾隆二十一年。

楊陸榮自序云：「歐陽公《五代史》，其是非之旨自以爲不謬於聖人，而天下後世從而信之。其事詳，其文簡，變《左》《史》之例，以爲後代史家標準，而天下後世又從而信之。迨今六七百年，固無有人焉起而疑之者也。……而我之於公史也，蓋不能以無疑矣。……且非特我疑之也，即公亦未嘗敢自信也。聖人從心不逾矩，出言爲經，未嘗依傍效法而爲之。惟不能至於是者，則必立之準的，望而趨焉，而恒恐一間之未達幾微，疑似之判而不合也。蓋立之準的，望而趨焉者，其心本不能自信故也。公之爲是書也，言必稱《春秋》，正所謂立之準的而趨焉，其心不能自信之故也。此窮理之所以爲難也。」

是書入《四庫全書》存目，《提要》評該書云「如《梁太祖本紀》謂洹水之戰，擒李克用子落落，而《家人傳》不載其名。唐昭宗遘難以後，不書立昭宣帝，則紀中前後所稱天子，不可辨別。《晉出帝紀》謂馬全節戰於榆林，兩軍俱潰，其一軍不知爲誰，又與附録所載榆林之戰，全不相合。瀛州之戰，書梁漢璋敗績，王清戰死，附録則書漢璋戰死，而不及清。《唐太祖兄弟傳》所載太祖有四弟，克讓、克修、克恭、克寧，而《李嗣昭傳》乃有太祖弟克柔。《唐莊宗諸子傳》謂五子繼岌、繼潼、繼嵩、繼蟾、繼嶢，而《劉后傳》乃多一幼子滿喜。《晉出帝家人傳》漏延煦母楚國夫人丁氏，而《張延澤傳》中乃有之。《漢隱帝家人傳》漏耿夫人，而《楊邠傳》中乃有之。《王景仁傳》以朗王存之子友寧爲梁太祖子。《羅紹威傳》以『兄守文』爲『弟守文』。《白再榮傳》李崧、和凝留鎮州時，契丹已北歸，不應云『隨契丹留』。《安重榮傳》謂其祖父皆爲刺史，不應云『暴至富貴』。《劉昫傳》不應漏修《唐書》，皆頗有考訂。然其餘不過爭文句之繁簡，論進退之當否，毛舉細故，往往失當。大抵惟就本書之中，互相校勘，所引他書，僅茅坤《五代史鈔評》一條，此外更無旁證也」。

南圖藏。

## 宋遼金元四史朔閏考二卷

清嘉定縣錢大昕撰，錢侗增補，清嘉慶二十五年（一八二〇）阮福刻本。一册。四周雙邊，白口，單魚尾。卷首有清嘉慶二十五年阮福序、李富孫識。卷端題「嘉定錢大昕撰，胞姪侗增補」。各卷末題「嘉應吴蘭修校勘」。末有清嘉慶二十一年（一八一六）錢東垣跋及清道光三年（一八二三）錢繹手跋。鈐有「紅稻邨農」白文方印，「欣夫」朱文方印。

錢大昕著有《演易》等，已著録，生平參見本編經部易類。錢侗（一七七八—一八一五）初名東野，字同人，號趙堂，錢大昭子。嘉慶十三年（一八〇八）召試，充文穎館校録。十五年（一八一〇）舉順天進士，議叙知縣，以憂歸。精通《説文》及韻學，助大昕補四史朔閏表，助王昶纂《金石萃編》《太倉州志》諸書。傳詳姚椿《晚學齋文集》卷八《錢同人墓志銘》。

阮福序云：「錢竹汀先生邃於史學，精於推步，倣《遼史》二考之例，著《四史朔閏考》。未成，元和李君尚之爲之增補，錢孝廉同人又博稽群籍及碑版文字以續成之，並推至元以後之閏朔，及明而止。然竹汀先生因四朝時憲甲子不殊，朔閏互異，而作此考。若至元十四年滅宋之後，無所謂互異者矣。且是時用郭守敬授時術，朔閏不忒，何考之有？尚之、同人二君未達此意耳。今删至元十四年以後之朔閏，至宋德祐二年而止。付之梓人，以廣其傳。」

錢東垣跋云：「《宋》《遼》《金》《元》四史甲子不殊，朔閏互異。先世父宮詹公採之正史暨稗官野史，證以金石各刻，並名人詩文集，撰《四史朔閏考》。將及成書，遽捐館舍。弟子李尚之先生精於疇人之學，假抄後時爲增補，共得五十八條。去年夏，臬使李許齋先生屬秦君照實校勘，照實轉屬予季弟同人將正、雜諸史覆加編次，乃博稽載籍，參互考訂，盡家中所有書及近處親知儲藏，復札托青浦王公子蔆溪將尊人司寇公所遺群書數百種、金石中之有關四朝者，凡書數百種，金石二千通，翻閱釐補，十得其七八。……計所增者一千三百十八條。同人卒後，東垣補增及以前後朔推得者，又一百二十六條，而是書已燦然大備矣。」

錢繹手跋云：「此書爲先世父宮詹公未竟之作，經高足弟子李尚之及伯兄亦軒、季弟同人增補乃成。旋又得阮宮保爲之訂定，其弟梅叔刊行。校閱之下，亦據浙中石刻增補二三條。因追憶同人推算此書，致得奇疾而卒，忽忽幾十年矣，不禁泫然。」

復旦藏。

## 明史列傳稿二百零八卷目録三卷

清金山縣王鴻緒奉敕纂，清康熙間敬慎堂刻本，四十册。半葉十一行，行二十三字。左右雙邊，白口，單魚尾。版心中央題「横雲山人集，史稿列傳」，下方題「敬慎堂」。卷首朱刻清康熙三十六年（一六九七）敕命，清康熙五十三年（一七一四）三月十一日王鴻緒《呈明史列傳全藁奏》。卷端題「光禄大夫經筵講官明史總裁户部尚書加七級臣王鴻緒奉敕編撰」。鈐有「茹古軒鑒賞書畫印」朱文方印，「張氏家臧」白文方印。

王鴻緒纂有《欽定詩經傳説彙纂》，已著録，生平參見本編經部詩類。

是書爲清官修《明史》之初稿。王鴻緒奏云：「竊惟臣一介豎儒，毫無學識，蒙聖恩拔擢，濫列詞林。恭遇我皇上稽古右文，特徵宏博之才，爰輯有明之史。臣以現居館職，遴預分編。旋蒙特命，臣湯斌、臣徐乾學、臣鴻緒同充總裁官，偕先總裁臣葉方靄、臣張玉書互相參訂，朝夕編摩，不敢懈逸。祇因明代傳國既久，朝野記載實録蒐討難周，删潤不易，間成書卷，未獲全書。及臣回籍多載，仰荷恩召，重領史局，而前此纂輯諸臣，已罕存者。惟大學士臣張玉書爲監修，尚書臣陳廷敬爲總裁，臣以淺學參預其間，方懼不克勝任，難以上副主知。乃復荷特賜敕諭，勉勵有加，益增愧悚。時公議臣玉書任志書，臣廷敬任本紀，臣任列傳，各專一類，然後會校。臣以食俸居京，比二臣得有餘暇，删繁就簡，正謬訂訛，如是數年，彙分卷次。而大學士臣熊賜履續奉監修之命，徵臣列傳諸稿，即備録以往。仍具陳缺略者尚須撰補，成篇者尚待校讎，後臣賜履具摺進呈。……自蒙恩歸田，欲圖報稱，稍盡臣職，因重理舊編，搜殘補闕，薈萃其全。復經五載，始得告竣。共大小列傳二百八卷，其間是非邪正，悉據已成之公論，不敢稍任私心臆見。但年代久遠，傳聞異辭，臣未敢自信爲是。……第以祇承簡命，前後編纂三十餘年，幸遘昌期，不辭蕪漏，謹繕寫列傳全稿，裝成六套，令臣子現任户部四川司員外郎臣王圖煒恭齎進呈御覽。伏冀萬歲餘暇，特賜省觀，并宣付史館，以備參考。」

上海圖書館藏該本卷一百六十一至卷一百六十五配抄本。鈐有「曾藏沁軒朱梅巖館」朱文長方印。

北大藏。

## 編年類

### 朱子綱目輯略四卷

清金山縣周宗濂輯，清乾隆十五年（一七五〇）竹友草堂刻本，二册。半葉十行，行二十三字。左右雙邊，白口，單魚尾。封面手書「乙亥十有一月中旬安甫重讀」，卷首有清雍正十二年（一七三四）張慧序、清乾隆十四年（一七四九）周宗濂自序、清乾隆十五年謝百源後序，有目録。卷端題「華亭周宗濂簡庵著」。鈐有「張定印」「叔木」白文方印，「張定臧真」「叔木」朱文方印，「叔木金石之印」白文長方印，「張定臧於青松石室」朱文長方印。

周宗濂字簡庵，金山西莒蒲涇人。拔貢生，幼務農，究心理學。銓授潛山教諭，不赴。傳見光緒《金山縣志》卷二十。

該書依《資治通鑑綱目》節略而成，分十七篇，以朝代爲斷，卷一爲戰國、秦、西漢、新莽、東漢；卷二爲後漢、魏、吴、西晉、東晉；卷三爲五胡、南朝、北朝；卷四爲隋、唐、五代。主於串講歷朝興衰，以備童蒙參考。

張慧序云：「簡庵周先生與余爲中表親，嘗受學於陸清獻公之老友周好生。先生躬行心得，學有淵源。曩館寒齋課子姪，已取《綱目》中之有關五倫者類聚抄録，加惠多學。若此本則館予壻單生民表家壯年所著也。篇分十七，合爲四卷。」

周宗濂自序云：「歲丁未（按，雍正五年，一七二七），館秦望山單氏，學徒民表好聚書，得朱子《綱目》善本，請於予曰：『先生嘗教讀朱子《綱目》，第小子質鈍，如七雄、三國、南北朝、五胡、五代，事各繫年，不能悉記。願先生總其始終，撮其大要，庶使小子得其綱領，而後致力於全書，易於見功。』……乃於功課之餘，復取原本熟讀三復，凡一代之始終，一王之本末，必前後貫串於胸中。爰取而類叙之。中間稍參論斷，篇末又加總論，皆採拾先儒之説。或竊附己意，亦紬繹先儒之意而申明之，非敢臆斷也。……前年，漳浦鹿皋王公聞有是書，索而閲之，慫恿付梓，余爲慚謝。今年秋，及門謀授剞劂，余力阻之，業已開雕，不能禁也。」

謝百源後序云：「己巳（按，乾隆十四年，一七四九）秋，金山徐子叔純首倡捐資，于是諸同門踴躍襄事。……因與石友張子旋九互相參訂，自夏徂秋，經半載而畢。」

上圖藏。

## 遼金正史綱目三十卷

清青浦縣楊陸榮撰，清光緒間潘氏笏盦齋抄本，六册。半葉十行，行二十一字，小字雙行同。左右雙邊，白口，雙魚尾，版心下方題「笏盦齋鈔藏本」。卷首有清乾隆十四年（一七四九）徐思靖序及楊陸榮《遼金正史綱目凡例》三十則。卷端題「青浦楊陸榮采南氏編」。卷一至卷十五記遼，卷十五至三十記金。末有清光緒三年（一八七七）潘志萬識語及朱筆題識「光緒戊寅立夏後一日笏庵手校勘畢」。鈐有「古吴潘志萬碩庭印信」「碩庭」「笏盦」朱文方印，「潘志萬印」「潘志萬藏書印」白文方印，「吴興劉氏嘉業堂藏書記」朱文長方印。

楊陸榮著有《五代史志疑》等，已著録，生平參見本編史部正史類。

該書以綱目體記述遼、金二朝之史，以補《通鑑綱目》及《續通鑑綱目》詳五代、兩宋而略遼、金之缺。

徐思靖序云：「余抵青浦學之首月，采南即出其書四種相示。曰《易互》，曰《經學臆參》。其領悟也瀓，其引據也慤，殆深於經者也。曰《殷頑録》，曰《五代史志疑》，即以廬陵之所定，寔能擴其謬疎，殆深於史者也。……既見其四種書，以爲幾窺全豹矣，乃復矻矻孳孳，雖老不倦，又出其所爲《遼金綱目》者凡若干卷，屬余爲序。……常覽其發凡與其紀事顛末，持論謹嚴，考訂詳核，足以補正、續兩《綱目》之疎漏。」

潘志萬識云：「是書采南輯後，未有刊本，世所罕見。抄本流傳，頗多誤字脱句。余從淵古樓借抄，雖間有改正，脱漏錯誤亦所不免。宜取《遼》《金》兩史及《綱目》詳校之，庶成善本也。」按，該本天頭、地脚及行間多有朱筆批語，多據《遼》《金》二史及《契丹國志》《大金國志》增補史實，改正原文謬誤者。

復旦藏。

## 列代建元表十卷附建元類聚表二卷

清嘉定縣錢東垣撰，清道光七年（一八二七）嘉定錢氏刻本，八册。半葉十一行，行二十三字，小字雙行同。四周單邊，白口，單魚尾。内封題「道光七年刊/列代建元表/嘉定錢氏藏板」。卷首有清乾隆五十七年（一七九二）錢東垣自序。有目録，後題「弟繹小廬氏校正，姪男師徵鑑人、師璟賦梅謹校，女壻許文鑣季揚、陸樹薰郁巖、金政藻黼侯覆校」。卷端題「嘉定錢東垣既勤甫」。末有清道光七年外甥金鳳沼跋。《建元類聚表》前有錢東垣自序，末有清嘉慶十年（一八〇五）錢侗跋。

錢東垣（？—一八二三）〔一〕。字既勤，一字亦軒，錢大昭子。嘉慶三年（一七九八）舉人，官松陽、上虞知縣。傳詳光緒《嘉定縣志》卷十六。

《列代建元表》以年爲經，以國爲緯，記録各年中央王朝及諸侯、偏霸諸國之年號。金鳳沼跋云：「舅氏錢亦軒先生博覽載籍，稽古有識，不屑屑記問章句。少承外王父可廬先生庭訓，比長，受學於世父竹汀先生，質疑問難，潛心於根柢，由是經學、小學、諸子雜家之學，靡不淹通，而於史學尤精贍。其《列代建元表》十卷，即史學著述之一種也。是書紀年嬗繼，大都以正史爲斷，間參以稗官野史，注有案語，考證必精詳而後止。年表譜自共和以後，幹枝不載東京以前，尤足徵學識之精密。閱寒暑而書成。嘉慶戊午（按，嘉慶

〔一〕按，該書金鳳沼跋云：「及令上虞，勤於政治，塵牘未遑，越二年歿於官。」光緒《上虞縣志》卷三《職官表》云：「錢東垣號亦軒，太倉州人，舉人，（道光）元年十一月任。」則可知其卒年當在道光三年。

三年）舉於鄉，計偕上京，考充會典館校録，留京師者十餘年，與一時名夙遊，砥礪切磋，學日益邃，著述亦裒然成帙矣。壬申（按，嘉慶十七年，一八一二）得議叙，選浙江松陽令。簿書之暇，猶勤勤於考據。未一載，以憂去，里居授徒自給。時鳳沼隨任粵東，回籍應試，棲止於舅氏家，親炙者數年，朝夕講貫，輒舉前代興亡成敗之故，歷歷不爽。高談雄辯，每至日旰燭跋，無稍勸容。既出《列代建元表》一編，授而讀之。……先生手爲編定，授從學趙君宬覆勘寫定，擬付梓人，旋以謁選不果。及令上虞，勤於政治，塵牘未遑，越二年歿於官。小廬舅氏恐遺墨零落，以是編屬鳳沼校刊，以成先生未竟之志。鳳沼質慚檮昧，謬司校讎，失之疏略，慮不免焉。《建元類聚考》二卷，同人舅氏已刻單行本於青浦寓館，悤促而成，不無魯魚帝虎。鳳沼重加編次，正訛補漏，並將正統年號頂格書之。始卒一建元而屢改元者，各繫以年數。其割據、僭閏、外國等號，並低一字，以符前表之例。附刊於後，與前表可相輔而行。」

《建元類聚表》則以韻爲序，編排歷代所存之年號。錢侗跋云：「伯兄既勤甫博稽載籍，著《列代建元表》一書，凡漢以後正閏、外國建元有年可繫者咸具表中矣。然表以紀年，年湮世遠，則有僭僞、外國之號，僅見於金石史志，而何人何地，不能深悉者，恐後人病其漏失，於是並正統建元彙録之，依韻分隸，爲《類聚考》上下二卷。我朝重熙累洽，景運萬年，建元皆闕不録，志慎重也。書成於乾隆癸丑歲（按，乾隆五十八年，一七九三）。侗嘗録副置行篋，友人數慫叟付梓，因於嘉慶壬戌（按，嘉慶七年）命工刻於青浦寓館。時伯兄客京邸四載矣。既以書來告曰：『余之爲此，非欲遽以問世。比時倥偬奔走，亦無暇寫定。然以聞見所及，尚有原稿譌脱者。……子其悉更正之。且唐、宋以後古錢著號、文獻無徵者日出而不窮，以子好蓄錢幣，其創獲亦爲我補之，用資宏覽。』蓋兄於是書欲然尚不自足，而彌愧侗之校刻疏略，未有裨益吾兄也。年來頗嗜金薤遺文，得大理明政三年石城碑、天開十六年淵公塔銘，……而《滇考》諸書所載，大理楊千真又有光聖、興聖二號，段思英號文經，段思曠又號順德，段智祥號天開，亦皆是書所闕。又侗前後搜得古錢，未詳之品，則有陳公新寶、宣定通寶、祥宋元寶、明宋定寶、金園世寶、金帶通寶、廣和通寶、景盛通寶、治聖平寶、大升元寶、画隆通寶、政定通寶，凡若干種，其上二字或皆建元，故以識於鼓鑄。而大世通寶爲隋末賊劉迦論號，今有大世通寶正書錢，與隋唐時錢絶異，是亦可補所未備也。外如大明爲劉宋太祖及大理楊千真改元，而今有大明通寶錢，則明中葉所鑄，其後魯王以海竄越中，又嘗鑄之。前代錢文，此例甚多。……凡此之類，皆不可據以增入。」

復旦、國圖、大連市圖書館、東北師範大學圖書館藏。

## 紀事本末類

### 三藩紀事本末四卷

清青浦縣楊陸榮撰，清康熙五十六年（一七一七）刻本，二册。半葉九行，行二十字。左右雙邊，白口，單魚尾。内封題「康熙丁酉鐫／三藩紀事本末／本衙藏板」。卷首有清康熙五十六年（一七一六）楊陸榮自序及凡例，有目録。卷端題「青浦楊陸榮采南氏編」。鈐有「麐嘉館印」朱文方印。

楊陸榮著有《五代史志疑》等，已著録，生平參見本編史部正史類。

是書輯録南明諸朝史事，起於順治元年（一六四四）福王之立，終於康熙二十二年（一六八三）鄭克塽降清。楊陸榮自序云：「闖成肆逆，禍及君后，明之子孫臣庶不能討，聖朝念萬古君臣之義，不可不正，共怒興師。逆成西竄，勝朝不共之仇藉以復焉。真人出而大難平，乾坤之位定矣。有明諸藩誠思復仇之大德，痛餘氛之未除，憑藉威靈，共剪殘孽，迨乎罪人斯得，藉土來歸，庶幾上順天心，下從民願，度德量力，計未逾此。……向之以全盛之天下授之群盜，今也以破殘之疆土衡抗天朝，天既厭明德，尚思鋌而走險，豈惟違乎仁，悖乎義云爾哉？抑亦不智甚矣！然猶藩之者何也？曰不没其寔，正所以不予其僭也。……酉春多暇，檢閱遺編，凜大命之莫干，悼王行之自絶。」《凡例》云：「是編雖雜採《劫灰》《浮海》《甲子》《江人》《江難》《也是》《遺聞》《編年》《遂志》等書，然一以王大司農奉旨分編之史傳爲正。」

北大、上圖、復旦、南大等處藏。

## 傳記類

### 殷頑録六卷

清青浦縣楊陸榮撰，清康熙刻本，二册。半葉十行，行十九字。左右雙邊，白口，單魚尾。卷首有清康熙六十年（一七二一）楊陸榮自序及《凡例》。有目録，卷端題「青浦楊陸榮采南氏」。鈐有「玉涵祕藏」「子魚又字可雲」「子魚真賞」「艸廬吴氏」朱文方印，「起潛印信」「讓國王孫」「真趣園主」「臣起潛印」

「吴起潛印」「江上書堂」「子魚」白文方印。

楊陸榮著有《五代史志疑》等，已著録，生平參見本編史部正史類。是書備載明清易代之際抗清諸人事迹，楊陸榮自序云：「真人既出，大命攸歸，有定之天，必非一手一足之所能挽。楚材晉用，亦視其抱負何如耳。即曰死吾分也，顧死之道，亦豈可一例論哉？有以節死者，事非爲名，心期自盡，如劉宗周、祁彪佳、徐汧之屬，上也。有以事死者，在官則死官守，任土則死封疆，如史可法、張國維、萬元吉之屬，次也。苟其事既不集，死復不遑，南八志欲有爲，擴廓蹶而復起，崎嶇險阻，經歷數年，如張肯堂、揭重熙之屬，又其次也。至於本無其事，妄思起事，心殊皎日，勢等歐淵，一夫倡呼，萬姓塗炭，若陳子壯、張家玉而下，蓋可勝歎哉？斯其下矣。由前二者而言，不知命者也，其爲罪猶小。由後二者而言，則上孛聖恩，下殘民命，其爲罪甚大。」全書中所記人物以前二者爲詳。

該本於卷一末以手書補入郭之奇、陳士奇、侯世禄三人之傳，且於其後書「右陳、侯二公不當入此録」。卷三「傅冠傳」末又有手書補傳。

國圖、北大、南圖等處藏。

## 疑年録不分卷

清嘉定縣錢大昕撰，稿本，一册。半葉十行，行二十字，小字雙行同。封面題「錢竹汀先生疑年録原稿本，五硯樓舊藏」。書内無序跋，卷端題「竹汀居士編」。末有朱筆題「歸安吴雲拜讀一過」、黑筆題「繆泰山珍藏」。鈐有「繆超群」「咫進齋」「賡」「颺」「鶴巢」「玉璩校讀」「泰山」朱文方印，「五研樓圖書印」「石契齋」「十六字齋」朱文長方印，「齏菜行人」「文淵閣校閲許玉璩印」「歸安姚繩武藏書」「咫進齋傳書」「滸谿艸堂」「光福許氏珍藏」「玉璩」「且喫茶軒」「超群」「野竹盦」等白文方印。

錢大昕著有《演易》等，已著録，生平參見本編經部易類。

該書考證歷代名人之生卒年，起自後漢鄭康成，終於清代邵晉涵，共二百五十二位。該稿本雖未分卷，但自鄭康成至劉耀遠爲一段，自薛子平至柯敬仲爲一段，自宋景濂至沈景倩爲一段，自王遜之至邵二雲爲一段，蓋已有分爲四卷之意。又該本清代人物一段又有批者題各人之職業，如毛子晉爲「校勘家」、顧寧人爲「史學家」等。

南開藏。

## 疑年録四卷

清嘉定縣錢大昕撰，清抄本，吴騫批校，一册。半葉十行，無格。書内無序跋。

該本吴騫批校，多爲補充竹汀未收人之生卒年，如卷二補王曾、晁説之、韓琦、王珪、孔仲舉、張方平、李延平、王龜齡、陳簡齋、陸象山、岳忠武、韓世忠、蘇遲、虞允文、張南軒、張即之、耶律文正、許文正、党懷英、樓宣獻、李厲湖、郝經、鄧善之、高祖常、孛术魯翀、文天祥、謝疊山、朱德潤、康里子山、劉慎溪、吴立夫、鮮于樞、金仁山、王秋澗、迺易之、吾邱衍、熊勿軒、戴良、貫酸齋、盧熊、范德機、徐良夫、王元章、許白雲、錢良右、歐陽圭齋、鄭明德、劉口伯玉、王叔明、王梧溪、趙古則等人生卒年。又有補竹汀未詳之説者，如元好問條，竹汀謂卒於元憲宗七年丁巳，吴騫云：「陳鱣撰遺山年譜，云卒于七年丁巳九月初四日。」卷末又補吴儆、王昶、錢大昕三人生卒年。

國圖藏。

國圖另藏清嘉慶十五年（一八一〇）黄錫蕃抄本，四卷，一册，九行十九字，小字雙行同，小藍格，白口，四周雙邊，雙魚尾，魚尾下方題「檗荔軒」。鈐有「黄景周家珍藏」朱文長方印，「椒升藏本」白文長方印，「百川」「椒升」朱文方印，「黄錫蕃印」「晉爾」白文方印。其書末有黄錫蕃識云：「《疑年録》四卷，嘉定錢竹汀先生著，蓋取《左氏傳》語也。自漢迄國朝，列其生卒年月，共三百六十二人，學問、事業皆足以垂不朽者。先生博通典籍，能發前人之所未發，嘗語藩曰：『古今碑刻足以訂史之誤，亦足以補史之缺。』而是編參定年月，正復不少，實足以資考證。戊辰（按，嘉慶十三年，一八〇八），藩自閩歸，先生已作古人。先生雍正六年戊申生，嘉慶九年甲子卒，年七十有七。庚午（按，嘉慶十五年，一八一〇）夏五月，借抄于生虚白齋。謹識數于後。椒升黄錫藩書。」

## 疑年録四卷

清嘉定縣錢大昕撰，清嘉慶十八年（一八一三）刻本，一册。半葉十行。左右雙邊，白口，單魚尾，封面題簽「疑年録，癸酉初冬同書題籤，九十有一」，内封題「疑年録四卷/錢辛楣先生編/陽湖孫星衍題」。

卷首有清嘉慶十八年姚鼐序。卷端題「嘉定錢大昕辛楣編，海鹽吴修子修校」。鈐有「丁念口」白文方印，「曾在鮑子年處」「念口之印」朱文方印。

姚鼐序云：「嘉定錢辛楣詹事嘗考求古今名人生卒之年，核其壽數，取《左氏傳》『有與疑年』之意，作《疑年録》四卷。詹事亡後，海鹽吴君思亭得其書，頗增益所闕失，又推廣爲《續録》四卷。夫人之生死，其大者或係乎天下之治亂盛衰與道德之顯晦，其小者或以文章字畫之工名於當世。以年之少長爲藝之進退，亦考論好事者所欲知也。故此編爲世不可少之書，相知者多請思亭雕板以行。維余固亦樂之。維余固亦樂之。獨是余平生獲知於海内賢士君子，遊從之情未厭，而睽離之後繼以凋亡，其生卒舉入此録，而余獨猥以昏耄餘齡，孑然四顧，展讀是編，悲懷悽愴，其亦何能已也！」

復旦、南圖、遼寧藏。

## 莨生子年譜不分卷

清嘉定縣瞿中溶撰，清道光二十二年（一八四二）刻本，一册。半葉十行，行二十字。四周單邊，白口，單魚尾，内封題「道光壬寅冬日鐫/莨生子年譜/内姪孫錢慶曾謹書」。有王欣夫手題「抱蜀廬珍藏孤本」並識。卷端題「嘉定瞿中溶自撰」。末有其子樹辰等識，惜有數行漫漶。鈐有「大隆」白文長方印，「王大隆」白文方印，「欣夫」朱文方印。

瞿中溶（一七六九——一八四二）字鏡濤，一字莨生，號木夫，晚號空空叟，錢大昕婿。庠生，官湖南布政司理問、辰州府通判、安福縣知縣。富收藏，精考證，長於金石之學，又工行隸，著述三十餘種，多未刊行。傳詳光緒《嘉定縣志》卷十九。

是書爲瞿中溶自撰年譜，始於乾隆三十四年，終於道光二十二年。中溶生於乾隆三十四年五月十八日，是日夏至，故弱冠後自號萇生子。長作萇，漢魏六朝人碑刻通用字也。自道光三年（一八二三）四月初十日後題「謹案日記」，則爲其子樹辰所補。王欣夫識云：「劉氏嘉業堂所刻《瞿木夫年譜》亦據章氏四當齋抄本，校此原刻，删去三之二，未爲完善。仲兄蔭嘉先得《奕載堂集》原刊本於馮氏校邠廬，余又在坊間獲此以儷之。雖近刻，皆海内孤本也。一九五三年二月十八日王欣夫識於筑莊。」又王欣夫《蛾術軒篋存善本書録·庚辛稿》卷二云：「昔章式之先生曾從趙惠甫天放樓借本倩繆藝風處寫人傳録，原闕首半葉者即此本。而書名則易爲《瞿木夫先生年譜》，藝風亦自抄一本，後爲劉翰怡丈刻入《嘉業堂叢書》，而跋中未言所據，今校此原刻第一頁，即與此大異。意因原闕半頁，故别據他書補綴。道光三年四月後，節去『謹案日記』四字，遂若全書均爲自訂者，殊輕率。末無樹辰跋，而加『六月初十日卯時壽終。門人補記』一條，則並没其子樹辰之名，而易爲門人矣。其他亦多删節，如每年元旦之朝賀節儀等，然并印賣試卷，領發時憲書，款宴過境貢使，亦删之。則此類掌故，正賴此以存一二，又何可抹去。近纂年譜目録者數家，均無此書。余昔年獲自常熟故家，與《奕載堂文集》皆傳世孤本，竊喜與木夫若有因緣也。」〔一〕按該刻

〔一〕王欣夫《蛾術軒篋存善本書録》，第一一〇頁。

本除王欣夫所舉各條外，其所記涉外諸事，亦頗足參考，如道光十二年（一八三二）記：「聞上海有紅毛夷人入城市買，甚懷作逆之意，並傳言有大船百餘泊茶山，以小船散入沿海各口岸，有至黄浦、吴淞者。」則可見西方勢力覬覦上海，其來有漸。道光二十年（一八四〇）則述其對鴉片戰争之評論云：「予謂夷人所恃者海洋險要，素諳水性，易於往來，未必能入寇。且其梯航萬里，糧食不繼，閩、廣既嚴防其後，來者則雖逞勢猖獗，不能更有接濟。且有武弁大員下海截住上游，無難撲滅。惟勞師費餉，其久暫尚未可料也。」足可見著者對時局之憂慮。以上諸條，亦爲嘉業堂刊本所删削。

復旦藏。

## 地理類

### 滬城備考六卷

清上海縣褚華撰，清寶日閣抄本，四册。半葉九行，行二十一字。卷首有總目，總目下題「寶日閣訂本」。卷一爲核實，卷二、卷三爲補遺，卷四爲訂誤，卷五爲策要，卷六爲雜記。卷端題「上海褚華文洲」，末有清嘉慶十九年（一八一四）梅益徵跋。鈐有「寶日閣」朱文圓印，「吴興劉氏嘉業堂臧書記」朱文長方印。

褚華著有《易藝舉隅》，已著録，生平參見本編經部易類。

該書記録上海縣之軼事，蓋爲補訂康熙年間所修《上海縣志》之闕失而作。

梅益徵跋云：「吾鄉褚文洲先生以詩名重於時，生平著述頗多，有《滬城備考》《海防輯覽》《木棉譜》《水蜜桃譜》諸種。先生没，弟子門人珍藏其遺書，余借得之。原本凡二册，一册名《澤國紀聞》，增删塗抹，則初稿也；一册名《滬城備考》，從初稿分類謄寫，而易其名。然謄寫未半。余乃從初稿細繹其塗改之跡，融會參訂而足成之，又重定目次，得五門，爲卷者六，悉仍其舊。是書實爲邑志訂僞補遺，名『備考』，遜辭也。邑之志蕪闕實甚，是書指摘良多，有足傳者。友人陸秀農亦嘗借録成稿，爲之釐訂，唯改名《上海志備考》，非其原名矣。先生之詩稿已得同邑李氏鐫成《寶書堂集》八卷，而《水蜜桃譜》附於後。《木棉譜》，吴稷堂曾刻入《藝海珠塵》中。惟此編與《海防》一書均未授梓。倘得同志爲刻以傳，俾一方文獻不致失墜，亦甚豐功也。」

該本間有梅益徵之批語。如卷一「崇寧庵」條末批云：「徵按，此《列仙傳》，乃明王元美所輯《廣列仙傳》也。」「强行健」條末批云：「徵按，順之又工鐵筆，所著醫書《痘疹寶筏》《傷寒直指》二種，《痘疹》近已爲李氏刻之，《傷寒》未刻，不皆偏於寒凉，在善讀者耳。」對研究該書之内容亦頗有裨益。

國圖藏。

## 東還紀程一卷贈言一卷

明末清初婁縣許纘曾撰，清康熙間刻本，一册。半葉八行，行十九字。四周單邊，白口，無魚尾。卷首有清康熙十二年（一六七三）顧開雍、王廣心、田茂遇序及董俞、諸嗣郢、張彦之序。卷端題「華亭許纘曾記」。鈐有「璜川吴氏收藏圖書」朱文方印。

許纘曾字孝修，樂善曾孫。順治六年（一六四九）進士，改庶吉士，遷中允，轉江西驛鹽道。理鄖政，除鹺蠹，商民便之。改川東道，從征萬州。擢河南按察使，補雲南按察使，乞終養歸。傳見乾隆《婁縣志》卷二十五。

該書以日記體形式叙述著者辭雲南按察使歸里途中所經。顧開雍序云：「鶴沙先生廉訪滇南甫三月，吏道丕革，苞苴之風息。越明年，請終養，予歸。出關之日，諸父老子弟夾道攀車，釃酒涕泣，傷使君日以遠，風烟日以非也。已各謝去，迺下黔陽，泛沅水，探五谿，浮洞庭，遲江渚，天下之大川在焉。於是俯仰寥廓，浩然吟歎所歷奇勝，夜輒張鐙論述不休。計自冬徂春，始繇楚黄，率淮浦以歸，而《東還紀程》成。先是入滇，有紀矣[一]。是時多山蹟，非鏤岫之文不登。至是鼓枻多水嬉，非淵湍之蹟不著，亦曰山水異軌哉。」董俞序云：「其往也由黔而適滇，故紀黔獨詳；其歸也有黔而入楚，故述楚較悉。文凡二卷，詩有百篇。古核幽峭，奇麗淹博，以韓、歐之法運酈、柳之筆。其間山川氣候之奇，疆域形勝之别，民俗物産之殊，莫不一一臚諸掌。」許纘曾篇首述云：「今日遠歸，見母暮景有依，非國恩深重，願不到此。乃率子姓望闕謝恩。訖於是，國之大夫，鄉之耆老，暨三黨鄰里莫不造纘曾之廬，執手慰勞。少間乃曰：『滇南距京師萬

[一] 按，許纘曾撰有《滇行紀程》一卷，有清康熙十二年（一六七三）刻本。

里，距三吴亦萬里。彼中山川土俗及經年之登涉，道里之往來，其詳細可得聞乎？』乃述三年以來由京至滇者如此，由滇歸里者如此。語言不能盡，更僕不能數，遂集途中雜記，彙成二帙，以代告語云爾。」《贈言》一卷，則録胡國柱、夏國相、朱國治、曹申吉等五十餘人送別許纘曾所作之詩。

國圖藏。

## 政書類

### 文獻通考節貫十卷

清金山縣周宗濂輯，清乾隆間竹友堂刻本，四册。半葉十行，行二十三字。左右雙邊，白口，單魚尾。内封題「華亭周簡庵先生編/文獻通考節貫/竹友艸堂藏板」，卷首有清雍正十二年（一七三四）張慧序、清乾隆十五年（一七五〇）夏益萬序、同年周宗濂撰《凡例》、門人同校姓氏。有目録，目録後有蔣南吉識語。卷端題「華亭周宗濂簡庵編」。鈐有「姚光鑑字秋水」白文方印。

周宗濂著有《朱子綱目輯略》，已著録，生平參見本編史部編年類。

是書爲串講《文獻通考》各部類而作。卷一爲田賦考、水利、黄河、屯田、錢幣考、户口考，卷二爲職役考、征榷考、市糴考、土貢考、國用考，卷三爲漕運、選舉考、考課、學校考，卷四爲職官考、郊社考、宗廟考，卷五爲王禮考、謚法考，卷六爲樂考、律吕，卷七爲兵考，卷八爲刑考，卷九爲經籍考、經史、六書考、韻書，卷十爲封建考、道統考、氏族考、曆法、輿地考。

周宗濂《凡例》云：「昔從曹黼青先生習舉子業，先生爲微之先生之姪，博極群書，於古今典禮每引《通考》以爲證。然余力不能備是書也。後借得三魚堂所藏馬氏本，既館禾中汪氏，又借得王氏所續本。閲未終帙，旋即茫然。因節録其要，每門各爲一篇，欲使事之本末貫串，以備遺忘。藏之巾笥，蓋已有年，友朋暨及門知有是書，轉相傳寫，既而苦筆墨之煩，蔣甥問奇與及門謀欲付梓，余更取原本細爲校對，其中有要而未採者尚多也。有上下不可割者而竟割去也，有必得注而後明者而注不存也。欲重加整頓，而精力已衰耗矣。乃即以草本付之，名之曰《節貫》。所以志初意也。」據《凡例》，該書合馬端臨《文獻通考》、王圻《續文獻通考》二書爲一，存大綱而去細節，並删去《通考》之帝系、象緯、物異、四裔四門及《續通考》之節義、方外二門，又增考課、律吕、經史、韻學、曆法五門，倣《通考》之水利、黄河、屯田、漕運，附於本門之後，皆不書「考」字以别之。

蔣南吉識語云：「吉從遊六載，親授是書。間與朗初、西崑兩表弟質疑問難。先生目指手畫，援古證今，必暢其説而後止。己巳（按，乾隆十四年，一七四九）秋，謀付剞劂氏，復請較勘再三，爰開鐫於洙溪上元堂，越明年夏四月告竣。」

上圖、南圖、湖北藏。

## 頖宮禮樂全書十六卷

明末清初青浦縣張安茂撰，清順治十三年（一六五六）刻本，六册。半葉九行，行二十字，小字雙行同。四周單邊，白口，無魚尾。卷首有清順治十三年秦世禎《禮樂全書序》、同年張安茂自序及《凡例》十六則。有目録，卷端題「欽差巡撫浙江等處地方提督軍務都察院右僉都御史三韓秦世禎瑞寰氏鑒定，浙江等處承宣布政使司左政使新鄉張縉彦坦公氏彙訂，浙江等處提刑按察使司提調學政僉事雲間張安茂蓼匪氏纂輯」。鈐有「包桂生印」白文方印。

張安茂字子美，張以誠第三子。順治四年（一六四七）進士，授工部主事。出管清江牐尋兼七省漕儲，陞浙江按察司僉事，轉陝西布政司，康熙四年（一六六五）致仕歸里。年六十二卒。傳詳嘉慶《松江府志》卷五十六。

該書彙集泮宫禮樂制度之史料，卷一爲學校集略，卷二爲褒崇集略、廟制集略、釋奠集略，卷三爲從祀集略，卷四、五爲祀禮集略，卷六爲祀物集略、釋詁集略，卷七爲釋詁集略，卷八爲祀樂集略，卷九至十一爲樂律集略，卷十二至十五爲樂譜集略，卷十六爲樂舞集略、釋菜集略、啓聖祠議、名宦鄉賢詞議，共十五門。大致採李之藻《頖宫禮樂疏》、王焕如《文廟禮樂書》二書折衷而成。

秦世禎序云：「曩者持斧三吴，得《禮樂全書》。其圖器也精，其釋訓也簡，蓋吴中儒先王仲至所著也。迨建節兩浙，屬學使者謀之梓。學使者造士三載，修舉廢墜，宫牆俎豆，焕然聿新，固已載筆而有成書矣。因參王氏之編卒帙焉。」

《凡例》云：「仁和李振之先生作《頖宫禮樂疏》，吴中王仲至先生作《文廟禮樂書》，誠頖宫功臣也。李博而富，其失也滯；王簡而通，其失也弱。李所徵引，似説鈐書肆，間執迂解，大義亦乖。王則疵少醇多矣。是編之成，咸參二書。其太常、南雍，《闕里志》可采殊鮮，取材出入，兢兢慎之。」

上圖、中科院、故宫等處藏。

**海防集覽存二卷**

清上海縣褚華撰，稿本，二册。半葉十行，行十九字。卷首有清乾隆三十年（一七六五）褚華識。卷端題「上海褚華文洲輯」，有朱文方印「華」。

褚華著有《易藝舉隅》，已著録。生平參見本編經部易類。

是書所集，乃預防海寇之法。原書共四卷，卷一集形勢，卷二集攻戰，卷三集守禦，卷四集儲備。此稿本僅存前二卷。

褚華識云：「予一海上孱弱書生，何敢言辦賊？數年來惟取歷代及前明、國朝諸人之著述有切於海防者，裒爲《集覽》四卷，以備當事之采擇。而或者謂古今事勢不同，彼此機宜各異，所集雖多，如不適於用何？不知用兵若治病，亦若對弈。良醫之於病，不必泥方書；國手之於棋，不必拘成局。而其按脈精微，落子詳慎，終不師心蔑古以自蹈於庸妄者，法在故也。則《集覽》之作，亦猶方書與成局而已。爲將者苟克神而明之，變而通之，其所成就，豈不足與俞大猷、戚繼光輩争烈哉？」

南圖藏。

## 荒政輯要八卷

清南匯縣姚碧撰，清乾隆三十三年（一七六八）刻本，三册。半葉九行，行二十字，小字雙行同。左右雙邊，白口，單魚尾，卷首有王燮序、清乾隆二十一年（一七五六）白山同德序、清乾隆二十六年（一七六一）高象震序、姚碧自序及其子兆蘭、瑞政撰《例言》七條。卷端題「華亭姚碧天璞纂」。末有清乾隆三十三年李炳跋。鈐有「槐廬長者」「泰峰」「郁氏藏書」朱文方印。

姚碧字天樸，以字行，南匯新場人。讀書兼習律，遊浙幕三十餘年。傳見光緒《南匯縣志》卷十四。

是書爲著者遊浙幕時所輯之救荒條例、章程及前人良法。按類分編。卷一爲災賑章程，卷二爲蠲緩章程，卷三爲糶借章程，卷四爲捕蝗事宜、治蟲、伐蛟龍，卷五爲煮賑規條、安頓流民、捐助賑卹、以工代賑，卷六爲清理刑獄等減災防災諸項，卷七爲册結成式，卷八爲水利雜説。其編次大致以辨理之緩急爲序。

姚碧自序云：「碧幕遊浙東西二十餘年矣，所至繁劇之區，公務紛雜，其中猝難措置者，賑災爲尤。客窗餘暇，每見奉行條例、浙省規則及辦過章程，手録成編，以備臨事稽覈。乾隆辛巳歲（按，乾隆二十六年，一七六一），襄平高公象震署禾郡，偕碧勷厥事，見之曰：『是可爲荒政程式也，宜付梓傳。』」

《例言》云：「家君遊幕三十年，每見州郡難辦之事，惟災賑爲最。公餘，因敬録歷奉諭旨及通頒條例，現行章程。或參考前人成説，彙爲一編，名曰《荒政輯要》，凡八卷。」「集中間有載入浙省辦法。因在浙年久，經手助理已有成效，故附載于内。他省地雖不同，而人情物理則一。倣而行之，變而通之，以臻乎至當可也。」「是編所載條例，俱遵照乾隆三十二年以前所頒。倘以後遇有欽奉諭旨及奏准通行、更定章程，容俟隨時録取，依類增刊，以免歧誤。」

上圖藏。

## 目録類

### 續經籍考不分卷

明末清初嘉定縣陸元輔撰，清抄本，盧文弨校，周星詒跋，三十四册。半葉十一行，行二十一字，小字雙行同。四周雙邊，白口，單魚尾。卷首有周星詒跋，卷端題「嘉定陸元輔纂集」。

陸元輔（一六一七—一六九一）字翼王，號菊隱，黄淳耀入室弟子，精深經術。康熙十七年（一六七八）詔舉博學鴻儒，詭不入格，歸而專事著述。傳詳《陸菊隱先生詩文集》卷首陳瑚《練川菊隱先生小傳》、張雲章《樸村文集》卷十四《菊隱陸先生墓志銘》、《清史列傳》卷六十六等。

是書爲繼《文獻通考》《續文獻通考》經籍考後所作，記録明代著述之提要式目録，然原書已爲後人改竄。周星詒跋云：「《續經籍考》十册，爲抱經堂寫本。卷中添注、圈點、識語皆弨弓先生手跡也。予于乙丑（按，同治四年，一八六五）冬得之福州陳氏。書無卷數，莫知其全否。當俟暇日考著之也。」又云：「按嘉定陸翼王先生元輔嘗撰《續經籍考》以補馬氏之遺，而洗王圻之陋，見竹垞太史《經義考》著録門，曰窮年抄撮，積書十册，未經删定而殁。然元、明遺籍，索隱抉微不少。案《經義考》各條下朱引陸氏之語甚多，而此部經類僅寥寥數書，中又有國朝雍、乾人撰述，爲陸氏所不及見者，餘三部亦然。且往往間有弨弓先生案語。通部無序跋、目録、册數，要爲裝治者雜亂，部分舛混，莫從考其原第。所著録諸書詳于明人，而宋、元、國朝爲略。蓋宋以前著述僅十數，疑爲弨弓先生抄録陸氏原書而欲補其遺漏者。然《抱經堂文集》未嘗言有此著，《群書拾補》中補四史藝文志，又與此體例不同。其國朝撰述已見《四庫全書提要》不少。弨弓時已開館纂撰，又不載此書，莫明名意。若欲續四志而補明志，則尤不應及此矣。至陸氏原書，或爲弨弓先生有所删汰，或爲陸氏遺佚，抱經堂抄補各書，或全與否，當求先哲之熟舊聞者詳訊之也。此書中有重葉錯簡，疑原未裝訂，而爲陳氏所得耳。抱經先生生平于古書校訂最詳口，斷無删削陸氏原書之理。陳氏售此于予，頗無賴，疑以原書蛀損，亂其原次，晦其殘缺。爲此當訪求陸氏原書，乃能明也。」

國圖藏。

## 竹汀先生日記鈔三卷

清嘉定縣錢大昕撰，清嘉慶十年（一八〇五）何氏夢華館刻本，劉喜海、李慈銘批注，一册。半葉十行，行二十三字，小字雙行同。左右雙邊，白口，單魚尾。封面題「劉燕庭先生批本，竹汀先生日記鈔」。卷首有嘉慶十年何元錫跋。卷端題「弟子何元錫編次」。鈐有「燕庭睡書」「老茂最得意之物」「夢生庵主人茂南氏過眼書畫之章」「雙鑑樓珍藏印」朱文長方印，「伯寅藏書」「塙經堂印」「江安傅增湘沅叔珍藏」朱文方印，「企驎軒」「李慈銘讀」「傅增湘」「張氏臧書」「忠謨讀書」白文長方印，並有書「潘祖蔭」之夾簽一張。

錢大昕著有《演易》等，已著録，生平參見本編經部易類。

該書爲錢大昕弟子何元錫所摘録之錢大昕日記，卷一爲所見古書，卷二爲所見金石，卷三爲策問。其内容多與版本目録相關。

何元錫跋云：「嘉定錢竹汀先生主講吴郡之紫陽書院，四方賢士大夫及諸弟子過從者殆無虚日。所見古本書籍、金石文字，皆隨手記録，窮源究委，反復考證。於行款、格式纖悉備載，蓋古人日記之意也。自乾隆戊申（按，乾隆五十三年，一七八八），迄嘉慶甲子（按，嘉慶九年，一八〇四），凡十六年。元錫昔日過吴，謁先生於講塾，得見稿本。今先生往矣，單詞片語，悉可寶貴。今年秋七月，晤先生從子繹于長興縣齋，談及遺書，遂假録清本以歸，編成三卷，付之梓版。末卷策問，爲書院課題，皆文集所未載也。」

該書卷一、卷二分别有劉喜海、李慈銘朱筆批注。劉批重書籍版本，李批重學術考訂。

國圖藏。

## 竹汀先生日記鈔三卷

清嘉定縣錢大昕撰，劉喜海批，清潘氏滂喜齋刻朱墨雙色套印本，一册。半葉十行，行二十三字，小字雙行同。左右雙邊，白口，單魚尾。函套題「竹汀日記鈔，滂喜齋刊朱墨本，文勤公手校」，封面題「竹汀日記鈔，燕庭評語坿」，内封題「竹汀先生日記鈔/劉燕庭方伯評語/滂喜齋刻」。卷首有清嘉慶十年（一八

○五）何元錫跋，卷端題「弟子何元錫編次」。鈐有「吴縣潘伯寅平生真賞」「説心堂」「八求精舍」「伯寅臧書」「伯寅經眼」「佞宋齋」朱文方印，「藥蘭」「二蘇仙館」「漢學居」「鄭盦」「小脈望館」「伯寅金石」白文方印。

該本卷一爲所見古書，卷二爲所見金石，無上本之卷三策問。

本書於天頭處以朱墨雙色刊刻批語。朱色者爲劉喜海批語，其内容與上條國圖本劉喜海之批語相應。墨色則當爲該書刊刻者潘祖蔭所批。其内容亦多涉及竹汀所提及各典籍之版本、流傳及批者本人藏書之事。

上圖、國圖藏。

## 可廬既勤著述目録不分卷

清嘉定縣錢大昭、錢東垣撰，清道光間得自怡齋刻本，葛起鵬校，一册。半葉十一行，行二十三字，小字雙行同，左右雙邊，白口，單魚尾，版心下方刻「得自怡齋」。首葉附清道光三十年沈濤《邇言》跋，次爲《著述十種總目》，後有錢大昭識，後題「男繹以成、東垣既勤、侗同人謹校」。錢大昭識云：「右拙著十種，並已成書，久思就正有道，而卷帙紛繁，無力剞劂，因先刊序例若干篇如左。全書梗概略見一斑，所望鴻儒碩彦匡其不逮焉。」鈐有「張惠言印」「泉印惪本」白文方印，「位立父」朱文方印。

錢大昭著有《詩古訓》等，已著録，生平參見本編經部詩類；錢東垣著有《列代建元表》等，已著録，生平參見本編史部編年類。

此書爲錢大昭、錢東垣父子自編之著述叙録。據此總目，可勤著述十種爲《詩古訓》十二卷、《爾雅釋文補》三卷、《廣雅疏義》二十卷、《説文統釋》六十卷、《兩漢書辨疑》四十四卷、《後漢書補表》八卷、《補續漢書藝文志》二卷、《後漢郡國令長考》一卷、《三國志辨疑》三卷、《邇言》六卷。既勤著述爲《孟子解頤》十四卷、《小爾雅校證》二卷、《列代建元表》十卷附《建元類聚考》二卷、《補經義考稿》不分卷、《稽古録辨譌》二卷、《青華閣帖考異》三卷。其正文爲以上各書序跋。據總目所云，《後漢書補表》八卷及《列代建元表》十卷附《建元類聚考》二卷二種，叙例已刊入全書卷首，故該書不録。

按：《後漢書補表》初刻爲嘉慶間嘉定秦氏汗筠簃叢書本，《列代建元表》《建元類聚考》初刻爲道光七年（一八二七）嘉定錢氏刻本，剩餘著作刊行最早者爲《補續漢書藝文志》，有道光十二年（一八三二）劉氏味經書屋劉雯刻本。則該目録當刻於道光七年至道光十二年之間。

又《説文統釋自序》一文有葛起鵬手校，有眉批六十餘條，於錢氏所列誤用文字諸條目多補注實例。文末手題「光緒元黓執涂先立春三日孫婿葛起鵬重讀一過，時年六十有一」。

復旦、國圖、上圖、北大藏。

## 松郡文獻殘本一卷

清上海縣黄烈撰，稿本，一册，存集部。半葉十一行，行二十四字。書内無序跋，末附姚明煇致高燮書兩通，作於戊子夏日，即民國三十七年（一九四八）。首數葉有漫漶，且編次不倫，如第一葉左半《文翰類選》條與第二葉右半不相接，而與第三葉右半相接；第二葉左半《杜詩闡》一條與第三葉右半不相接，而與第四葉右半相接。當係第二、三葉裝訂錯誤所致。鈐有「高氏吹萬樓所得善本書」「吹萬長年」「姚明煇印」白文方印，「格簃劫後藏書」「冒江姚氏珍藏印」朱文方印。

黄烈著有《詩疑辨證》，已著録，生平參見本編經部詩類。

是書著録松江各代著者之撰述，其次大致以總集、明代别集、清代别集、唐至元代别集爲序，惟將清人曹爾堪所撰《堪齋詩存》列於總集之後、明代别集之前。每書名下分别注以江、浙，各書有提要及黄烈按語。

姚明煇致高爕書第二通云：「又《詩經遵義》後附有寫本集部目録一册，每書下著有江、浙字樣，其提要署烈按云云，蓋黄烈遺著之殘本。邑志藝文載烈撰有《雲間文獻》一書，注云：乾隆三十七年詔訪遺書，烈與分校，見《松郡所進書目》，因采舊志所載，故老所傳，略考其行事，附於後云云。其勤搜文獻，亦堪欽敬。此册蓋即松郡文獻之殘本，吉光片羽，殊足寶愛。讀尊藏目録，有舊抄《詩疑辨證》原稿殘册，如與《遵義》《文獻》兩抄出於一手。則年閲二百而其三代故物得重聚一架，亦可樂也。」則該書原附於《詩經遵義》之後，原係姚明煇所藏，後轉贈高爕者。該書目收總集及注釋類書目十二種，明代别集三十種、清代别集二十三種、唐至元代别集十三種。

復旦藏。

## 金石類

### 金石萃編一百六十卷

清青浦縣王昶撰，清嘉慶十年（一八〇五）刻本，李慈銘校注，八十册。半葉十行，行二十一字，小字雙行同。左右雙邊，黑口，單魚尾。卷首有清嘉慶十年王昶自序，有總目，卷端題「賜進士出身誥授光禄大夫刑部右侍郎加七級王昶譔」，末有嘉慶十年錢侗識、朱文藻跋。鈐有「越縵堂藏書印」白文方印，「會稽李氏困學樓藏書印」「慈銘手校」「城西李氏家臧」朱文方印，「李慈銘讀書記」朱文長方印，「西郭紅橋李氏」白文長方印。

王昶（一七二四—一八〇六）字德甫，一字琴德，晚號述庵，又號蘭泉。乾隆十九年（一七五四）進士，歷任内閣中書，刑、吏部主事及郎中，鴻臚寺卿，通政司副使，左副都御史，江西、直隸按察使，雲南、江西布政使，刑部侍郎。晚年主講婁東書院。以博學著稱於時，撰有《春融堂集》，輯有《湖海詩傳》《湖海文傳》《青浦詩傳》《國朝詞綜》等。傳詳管同《因寄軒文初集》卷八《資政大夫刑部右侍郎致仕王公行狀》、秦瀛《小山人文集》卷五《刑部侍郎蘭泉王公墓志銘》、阮元《揅經室二集》卷三《誥授光禄大夫刑部右侍郎述庵王公神道碑》等。

該書輯録上古至南宋金石文獻，詳載其行款、字體、原文，各條下附以歷代題跋，又間附案語以闡發己見，爲清代金石學集大成之作。

王昶自序云：「余弱冠，即有志於古學，及壯游京師，始嗜金石。朋好所贏，無不丐也。蠻陬海澨度可致，無不索也。兩仕江西，一仕秦，三年在滇，五年在蜀，六出興桓而北，以至往來青、徐、兗、豫、吴、楚、燕、趙之境，無不訪求也。蓋得之之難如此。然方其從軍於西南徼也，留書簏於京師，往往爲人取去。又游宦輒數千百里，攜以行，間有失者。失則復蒐羅以補之，其聚之之難又如此。而後自三代至宋末、遼、金，始有一千五百餘通之存。……因吏牘之暇，盡取而甄録之，缺其漫漶陊剥不可辨識者。其文間見於他書，則爲旁注以記其全。秦漢、三國、六朝篆隸之書，多有古文别體，摹其點畫，加以訓釋。自唐以後，隸體無足異者，仍以楷書寫定。凡額之題字、陰之題名、兩側之題識，胥詳載而不敢以遺。碑制之長短寬博，則取漢建初慮俿尺度其分寸，并志其行字之數，使讀者一展卷而宛見古物焉。至題跋見於金石諸書及文集所載，删其繁複，悉著於編。前賢所未及，始援據故籍，益以鄙見，各爲按語，總成書一百六十卷，名《金石萃編》。」

該本有李慈銘校語，於諸家及王昶之考證多有闡發及糾謬，且詳於隋唐前之金石。該書第十三册封面有其題記云：「元魏以後，造像最多，緇流幻惑，文字譌率，凡無所關係者，皆不悉書。唐代以後，山野題名，往往下劣，宋後尤衆。又有題詩及廟牒之類，大率庸陋。此皆石文之累，略而不箸。」則其批校此書之旨趣可見矣。

國圖藏。

## 金石後録八卷

清嘉定縣錢大昕撰，顧廣圻校補並跋，袁氏貞節堂抄本。半葉九行，行二十一字，小字雙行同。四周雙邊，白口，單魚尾。卷首有顧廣圻題記二則，無目録。卷端題「嘉定錢氏收藏」，版心下方題「袁氏貞節堂抄本」。卷末有清嘉慶二十五年（一八二〇）顧廣圻跋。鈐有「顧」「臣光焴印」「東吴」白文方印，「千里」「鹽官蔣氏衍芬艸堂三世臧書印」「寅昉」朱文方印，「楊文蓀臧」朱文長方印。

錢大昕著有《演易》等，已著録，生平參見本編經部易類。

該書爲錢大昕所收藏金石文獻之總目。卷一爲三代、秦漢、魏晉南北朝，卷二爲唐，卷三爲唐、五代十國，卷四至六爲宋，卷七爲遼、金、元，卷八爲元。該本爲顧廣圻校補本，廣圻據他本增加此本中未抄之金石文獻，補於此本天頭處。又於部分條目上注以「甲」「乙」「丙」「丁」四字，分別代表其中錢大昕《潛研堂金石文字跋尾》四集中撰有跋尾的金石文獻。又於瞿中溶刊刻《潛研堂金石文字目録》之謬誤處間有改正。

顧廣圻題記云：「少詹此目，隨得隨録，故傳本多不同。予從袁壽皆索其副，又用別本增改之。擬將有跋者分甲、乙、丙、丁標每題上，而碌碌未果也。」又云：「增入多出潛研堺瞿木夫手，今已付刻，而每有失次及譌字。此略正之，然未能盡耳。」

顧廣圻跋云：「袁綬堦抄此書，與今所刊者多異同。刊本意主增添而未嘗細爲檢照，如增《青田石門洞程閟中題名》一行，在康衢一行下，郭仲辰一行上。不知郭仲辰以後所注之『同上』，抄本不云同上，皆係承褒城縣玉盆二字，若隔此一行，人必誤認矣。予今改乙於前。又如添黄庭堅《題永州淡山巖》詩於崇寧末，不知《題永州淡山巖》詩，黄庭堅作，已載政和六年九月，刻不當兩見也。又校讎大欠工夫，如《張安國書裴坦語》，抄本云在衡州府者最是，刊本改『衡』爲『蘇』，極誤。衡州、蘇州各有此刻，詳見《跋尾》，觀之便知其斷不容改。此類尚夥，無暇悉數。甚矣！著述定本之不易也。」

國圖藏。

## 十六長樂堂古器款識考四卷

清嘉定縣錢坫撰，清嘉慶元年（一七九六）自刻本，一册。半葉十行，行二十二字。四周單邊，白口，無魚尾。内封題「十六長樂堂古器款識考/嘉慶元年九月開雕」。卷首有清嘉慶元年錢坫自叙，有目録，目録後有錢坫記。鈐有「自强齋臧書印」朱文長方印。

錢坫著有《十經文字通正書》等，已著録，生平參見本編經部群經總義類。

該書爲著者對所收藏古器上文字之考釋。錢坫自叙云：「余自少留心斯業，每欲彙輯《博古》等書，遞加匡正，但恐數經傳刻，於形制、筆畫再失再譌，既枉費寠精，又無補實用。乾隆癸卯（按，乾隆四十八年，一七八三）以後，宦游秦甸，至今十餘歲矣。間得商、周、秦、漢器物，必緢其故事、故言，使合於魏顆、孔悝之典。時大府鎮洋畢公得《周曶鼎銘》五百餘字，余爲之釋解，因以入之歌咏。兹索居已久，年過無聞，衰顔荏苒將至。念諸器物中有足證文字之源流者，有足辨經史之訛舛者，皆有裨於學識，因哀其稍異見所藏弆者，剞爲一編。鼎、彝、簋、爵、尊、匜隨手記之，不復次第。至於泉刀小品，有可發明史書者載入，否者不載。魏晉至唐時者並附焉。」目録後記云：「右共四十九器，分爲四卷。其云幾寸幾分者，並用漢建初慮虒銅尺，尺今藏曲阜聖公府。」

國圖、天津、南圖藏。

**十六長樂堂古器款識考四卷**

清嘉定縣錢坫撰，清嘉慶元年（一七九六）自刻本，阮元、丁艮善題簽，許翰校注，丁艮善跋，一册。正文版式與上本同。首葉有阮元題寫書名，下有許瀚書曰「此題蓋儀徵阮太師筆」。題書名兩旁有丁艮善二跋。内封題「十六長樂堂古器款識考／嘉慶元年九月開雕」。鈐有「艮善印信」「丁少山」「丁艮善印」白文方印，「少山所得金石刻辭」「少山」朱文方印。

丁艮善跋云：「許印林師舊臧本，同治七年（一八六八）三月晦日重裝，阮、許二公書標諸卷首，次日識。」此跋爲楷書。「阮書十言，墨筆；許書九言，朱筆。見記。」此跋爲篆書。該本卷二「周癸子鼎」「周立象簋」「周貞簋」天頭處有批校，糾錢氏釋文之闕誤。

國圖藏。

**錢録十二卷**

清上海縣張端木撰，清嘉慶間梅益徵抄本，四册。半葉九行，行二十字。白口，四周單邊。卷首有嘉慶十年梅益徵序，有總目，總目下題「滬城梅益徵復齋手録」。卷端題「雲間張端木敏庵甫著」，卷末題「雲間姜雋杏園校正」，「滬城梅益徵復齋重校并抄」。鈐有「海上寶日閣梅氏藏書」「屯軒」「復齋」朱文方印，「梅益徵印」白文方印。

張端木（一七一六—？）字昆喬，號敏庵，張煜子，張照侄。乾隆七年（一七四二）進士，官浙江金華、諸暨、鎮海、常山、臨海等縣知縣。傳詳嘉慶《松江府志》卷五十九。

該書從歷代史籍中稽考曾經流通之錢幣。卷一至卷七叙次歷代錢，卷八至卷十叙次不知年代異錢、壓勝等，卷十一爲外國品，卷十二附記諸家著録。

梅益徵序云：「《錢録》十二卷，上自太古，下至元明，彙合衆譜，廣引史籍，洵云備矣。其書多憑典册以紀録而不繪圖，然先生之誚亦因之以免。予於是歲之夏，從友人假得抄之，見其與鄱陽洪氏《泉志》、吾鄉陸氏《續泉志》爲體一家，且間有可補充二志之所不及者。又得郡人姜雋杏園氏校訂箋補，即書於額上及更低一格者是也。元本未有總目，予益補之，以便稽考。」

復旦藏。

## 選錢齋筆記十五卷續三卷

清華亭縣吴鈞撰，稿本，二册。半葉十二行，行二十至二十二字不等，藍格，四周單邊，版框外題「玉連環室」。卷首有清道光二十九年（一八四九）姚椿引，清乾隆五十二年（一七八七）吴鈞識，有目録。鈐有「吞墨齋」朱文方印。

吴鈞字陶宰，自號曰玉田生，吴懋謙曾孫。居陋巷，生平不應舉而好讀書，旁通天文、句股、金石、篆隸、刻印之術，而尤自力爲詩歌古文辭。嘗欲輯華亭先人撰述爲一書以爲掌故，未成而卒，年五十四。傳詳王芑孫《惕甫未定稿》卷九《華亭二布衣傳》。

該書記載著者所見歷代錢幣。卷一至二爲古刀布及新莽刀布，卷三爲古錢、漢錢、新莽錢、後漢錢、季漢錢、吴錢，卷四爲南北朝錢，卷五爲唐錢，卷六爲五季諸國錢，卷七至八爲宋錢，卷九至十爲南宋、西夏錢，卷十一爲遼金元錢，卷十二至十三爲明錢，卷十四爲外國錢，卷十五爲各種異錢、銅鑄牌。

姚椿引云：「吾鄉吴布衣鈞字陶宰，居城東委巷中，承先世詩人懋謙之傳，窮苦劬學，綜覽群譜，資其餘力，爲《錢譜》若干卷，校洪譜精密矣。乾隆間金石學方盛行，予所見如張燕昌、翁樹培輩言古錢者猶十餘家。予于此學茫然瞢然，且一無暇日及此，蔑以校其淺深。吾鄉韓孝廉應陛收得此書，爲之考證焉。吴君無後，其書不行於時，長洲王典籍芑孫爲華亭學官，始稱其詩而爲之傳，至此書則罕有言者。孝廉之爲此，可不謂賢哉？……吴書原名《選錢齋筆記》，予嫌其名纖仄小説家，故爲易今名，云《錢譜考》。」

上圖藏。

## 錢幣考殘稿不分卷

清嘉定縣錢侗撰，瞿中溶批注，翁斌孫跋，稿本，一册。半葉十行，行二十字，紅格，四周雙邊，白口，單魚尾。封面題「錢同人原本，劉燕庭鈔藏」，下有翁斌孫識云：「光緒己丑（按，光緒十五年，一八八九）除夕，偶遊隆福寺三槐書肆，得此於故紙堆中。」首葉有夾簽，題云「此册乃從錢侗人稿本録出」。書内無序跋，其所用之稿紙，版心上方題曰「長興縣志」。鈐有「虞山翁韜父珍藏印」「常熟翁斌孫藏」朱文長方印，「翁斌孫印」白文方印。

錢侗補有《宋遼金元四史朔閏表》，已著録，生平參見本編史部正史類。

該書匯集各種錢幣類著述，録其卷數、序跋，並附以解説，蓋欲成一錢幣類著作之提要式目録。國圖藏。

## 漢武梁祠堂石刻畫像考六卷

清嘉定縣瞿中溶撰，清抄本，七册。半葉十行，行二十字，小字雙行同。卷首有清道光五年（一八二五）瞿中溶自序，有目録。卷端題「嘉定瞿中溶」。末題「乙巳二月廿竟，寫書人松江蔣寄亭，右手廢，用左手作書。孔蓮君薦來」。鈐有「吴興劉氏嘉業堂藏」「曾爲孫口珊所藏」朱文長方印。

瞿中溶著有《萇生子年譜》等，已著録，生平參見本編史部傳記類。

該書考證武梁祠堂石刻中之畫像。蓋先前學者偏重此石刻之文字，而於其中之畫像未經留意。瞿中溶自序云：「武梁祠堂僻在山左之嘉祥，其石壁畫像鮮有椎拓者。自宋洪盤州史學齋記録以來，向聞揚州馬氏有所謂唐揚本，已不全。又洪氏謂連帥方務德重刻于郡齋，殆將亂真之本，今亦不傳。乾隆中，予友杭州黄小松郡丞易官山左，癖愛金石，乃親至其地搜訪踪蹟，一一出諸土中，重爲建立。并募善手精拓，以貽同好。較洪氏所見雖又有殘闕，而别得一石，有『顔淑獨處』等十榜，所題百餘字及畫像，則又洪氏所未見而爲小松創獲也者。……翁覃溪閣學、畢秋帆尚書先後以此刻載之《兩漢金石記》及《山左金石志》，皆愛其文字而録之，于畫像多忽而未爲深考。後王蘭泉司寇又以其圖縮刻《金石萃編》中，亦不加一語辨之。予十年來，恒以此圖置之案頭，時時展玩審諦，證以漢人傳記諸書。……因薈萃平昔所記，爲書六卷。……此刻畫像甚精細，人物動作之間皆有神氣，後代畫師蓋無能出其範圍者，實可爲畫學之宗祖。所畫男女容飾，衣冠帶履，及宫室井竈，刀劍車馬，器械雜物等，雖未必盡合於古，而要不外漢代所遺之制。予故摘擇四十圖，别爲一卷附後，以爲考古者之助，而朱文公所論古人危坐，尤足以證明之也。」

國圖藏。

## 集古官印考十七卷附集古虎符魚符考一卷

清嘉定縣瞿中溶撰，稿本，十八册。緑格，半葉八行，行間字數不一。卷首有清道光十一年（一八三一）瞿中溶自序、《采集各家譜録》，《集古虎符魚符考證》末有瞿中溶跋。卷端題「嘉定瞿中溶」。

是書以著者所收藏之官印與古代制度、地理、文字相互參證。瞿中溶自序云：「予自弱冠，留意金石文字之學，因旁及印章，手模古今譜録，又博訪收藏之家，證以正史中官制、地理，爲之分别時代，辨其異同，正其譌謬。三十餘年來，自漢魏迄於宋元，集有官印九百餘種，釐爲十七卷，又附虎符、魚符一卷。展玩之下，於歷代文字之變更與夫制度之因革，皆可一覽而知，庶幾亦考古者之一助歟？」

《采集各家譜録》後瞿中溶識云：「丁酉（按，道光十七年，一八三七）三月，在吴門見滄浪亭六舟上人，得四明范氏《集古印譜》六册，……存秦漢印三千六百有奇，命其子汝桐集爲一部。……其譜卷一爲官印，卷二以下皆私印。……聞六舟行脚至四明所得，恐他處欲求全書更難矣。予亟假讀旬日，并摹補未備者若干印，而於印下注明范氏以識之云。」

瞿中溶《集古虎符魚符考證》跋云：「符與璽印同爲歷代典章法物，設官兼掌其事，皆不可輕忽。而虎符等傳世尤尠。予故輯成《官印考證》後，復集是卷，附於其後云。」

該本印章不全，有僅有考釋而未有印章者。數本卷端未題卷數。

北大、上圖藏。

## 金石葥不分卷

清婁縣馮承輝輯，稿本，一册。半葉十行，行二十字。内封題「金石葥／雲間馮少眉影摹金石拓本上版，栞者金陵繆貢九／時嘉慶戊寅春日印行」。卷首有馮承輝題《凡例》五則。鈐有「華亭封氏簣進齋藏書記」「潘渠之印」白文方印，「雲谷手拓」朱文方印，「吴淞少麋居士馮承輝暨藏金石文字于古鐵齋之鈐記」黑文方印。

馮承輝（一七八六—一八四〇）字少眉，自號「梅花畫隱」。博學好古，敦尚風雅，能書善畫，尤長畫梅。傳詳姚椿《樗寮文續稿·馮少眉墓誌銘》。

是書記録各種鈐於錢幣之文字及跋語。馮承輝《凡例》云：「宋、元金石諸書，大抵漢、唐而止。今又遠隔數百年，由宋、元而溯漢、唐，由今而溯源唐、宋也。故自三代至宋，其器有文字可資考證者，無不搜輯，惟古泉歷代甚夥，兹謹録其刀布之品；諸圖分寸位置，悉仿原本。故所摹皆零星小品，或有巨製，因集隘，姑從割愛；近人跋語有未登梨棗者，則必手録其文，末以某某記别之，若無某某記等字，此系出於鄙意，亦與他人並低一字；是集不分卷次，不計頁數，分年摹刻，彙爲總目，取其易於增訂也。」

上圖藏。

## 貨布文字考四卷説一卷

清上海縣馬昂著，清道光二十二年（一八四二）錢培益蘭隱園刻本，一册。半葉十一行，行二十二字，小字雙行同。左右雙邊，黑口，雙魚尾。内封題「貨布文字攷/道光壬寅秋日雲間錢氏蘭隱園印行」。卷首有清道光十二年（一八三二）方廷瑚序及《凡例》十三則。次爲《説》一卷，次爲《貨布文字考目録》。卷端題「華亭馬昂伯昂考釋，金山錢培益貞吉校刊」。鈐有「延青閣」「舊山樓」「次侯所臧」「非昔元賞」朱文方印，「曾在舊山樓」朱文長方印。

馬昂字若軒，上海顓橋人，居邑之西郭。幼貧，發憤勤讀，多訪求邑中賢人執弟子禮。又鑽研靈素，博通方書，在幕下爲人治病，應手即愈。歸里後閉門著書，精小學，識奇字，兼愛古錢，又習畫。咸豐初年卒。

傳詳光緒《婁縣續志》卷二十。

該書考釋先秦貨幣上鐫刻之文字。卷首《説》一卷共六條，總論貨布文字之意義、體制及相關名義。正文以地編次，卷一爲齊、莒兩地之貨刀文字，卷二爲魏、趙、燕三地之貨布文字，卷三爲秦地之貨布文字，卷四爲錢貨類、貨貝錢，並附録刀筆二器及漢高后八銖半兩錢笵。全書先列貨布原圖，其左方配以文字解説。

方廷瑚序云：「吾友華亭馬君若軒深於古文篆籀之學，其暇日取所藏先秦貨布，一一考正其文字，會通六書，援據經傳，逐畫逐字，探微索隱而出之。……又復因文考地，辨其爲齊莒，爲趙魏，爲燕，爲秦，條分縷析，較若列眉。通編獨抒己見，惟吻合於古人制作之本原，論釋詳明，無一含糊影響之語。」

國圖、上圖、天津藏。

## 史評類

### 垂世芳型十三卷[一]

清婁縣金維寧撰，清康熙五十三年（一七一四）澹秋軒刻本。半葉十一行，行二十五字。左右雙邊，白口，單魚尾。封面題「康熙五十三年/澹秋軒藏板」，版心下方題「賀劾堂」。卷首有鄭重序、清康熙三

---

[一] 該條據《四庫存目叢書》影印本撰寫。

十五年（一六九六）金潮序、《垂世芳型歷朝傳人總目》、清康熙五十三年金維寧《凡例説》。卷端題「華亭金維寧德藩著，年姪孫汪必倬垂章、項昂望如、姪孫壻黄景佳次韓仝較」。

金維寧字淇園，一字德藩，晚號蒓江釣叟，上海籍。康熙五年（一六六六）舉人，官壽州學正，與營弁争學宫地，罷歸。卒年八十一。撰有《詩韻探奇》《秋谷文集》等。傳詳王原《摛抄學庵類稿·金先生墓表》。

該書評論歷代人物，以朝分卷，卷一爲周朝，計五十五人。卷二爲秦朝，計十九人。卷三爲西漢，計六十七人。卷四爲東漢，計一百零三人。卷五爲晉朝，計六十九人。卷六爲南北朝，計七十七人。卷七爲隋朝，計二十二人。卷八爲唐朝，計九十二人。卷九爲五代，計二十人。卷十爲宋朝，計五十六人。卷十一爲南宋，計五十五人。卷十二爲元朝，計二十人。卷十三爲明朝，計一百四十八人。末篇「金綬臣先生傳」則爲其先君之傳記。

金潮序云：「先生曾著《連珠彙校》一書，取歷代名臣碩士、孝子逸民論列之。一人立一傳，始于三代，終于故明，極其詳備，時出己意，加之評斷，精思妙議，獨闢千古。司寇每加嘆賞，欲捐俸五百金付梓，又集都門諸大老各捐己資，刊行傳世。不料甲戌（按，康熙三十三年）冬司寇捐館，事不果行。于是先生復取《彙校》中評斷所加者另録一卷，名曰《垂世芳型》。……全書以至聖先師爲冠者，賢者録之，佞者黜之，因其賢佞别其進退，故曰『芳型』，善善長而惡惡短之旨也。」《凡例説》云：「余於丙辰（按，康熙十五年）春入都，滯跡二十餘年，因建安夫子鄭司寇破格款留，纂成《連珠彙較》一書，彙集古人之言行而較訂之，一人纂一篇，如傳體。夫子謬加鑒賞，欲付刻劂。後遭夫了變，治任南歸，事因中止。《彙較》中不能偏加評斷，評斷所及者僅十之三。今所刊者，又評斷中三之一，《彙較》之義已失，因改名《垂世芳型》。」

蘇州、東北大學藏。

## 十七史商榷一百卷

清嘉定縣王鳴盛撰，清乾隆五十二年（一七八七）洞涇草堂刻本，李慈銘批校並跋，十六册。半葉十行，行二十字，小字雙行同。四周雙邊，白口，無魚尾。内封題「乾隆丁未新鐫／東吴王鳴盛述／十七史商榷／洞涇草堂藏版」。卷首有清咸豐十年（一八六〇）李慈銘手書記、王鳴盛自序，有目録。目録後有清咸豐十年李慈銘跋。卷端題「東吴王鳴盛述」。鈐有「慈銘私印」「長孫長口」「慈銘」白文方印，「城西李氏家臧」「越縵堂」「李慈銘勘定圖籍之印」朱文方印。

王鳴盛（一七二二—一七九七）字鳳喈，號禮堂，别號西莊，晚號西沚。乾隆十九年（一七五四）進士，授編修，官至内閣學士，兼禮部侍郎，典閩試時以多用驛馬降光禄寺卿。博學多聞，著有《尚書後案》《十七史商榷》《蛾術編》《西莊始存稿》等。傳詳錢大昕《潛研堂文集》卷四十八《西沚先生墓志銘》。

是書爲考證十七史之文字，間論史事及史法。卷一至六爲《史記》，卷七至二十八爲《漢書》，卷二十九至三十八爲《後漢書》，卷三十九至四十二爲《三國志》，卷四十三至五十二爲《晉書》，卷五十三至六十四爲《南史》合《宋》《齊》《梁》《陳書》，卷六十五至六十八爲《北史》合《魏》《齊》《周》《隋書》，卷六十九至九十二爲新舊《唐書》，卷九十三至九十八爲新舊《五代史》，卷九十九至一百爲綴言。

王鳴盛自序云：「予束髮好談史學，將壯，輟史而治經，經既竣，乃重理史業，摩研排纘，二紀餘年。……恒獨處一室，覃思史事，既校始讀，亦隨讀隨校，購得善本，再三讎勘。又搜羅偏霸雜史、稗官野乘、山經地志、譜牒簿録，以暨諸子百家、小説筆記、詩文别集、釋老異教，旁及於鐘鼎尊彝之款識，山林冢墓、祠堂伽藍、碑碣斷闕之文，盡取以供佐證，參伍錯綜，比物連類，以互相檢照，所謂考其典制事蹟之實也。……凡所考者，皆在簡眉牘尾，字如黑蟻，久之皆滿，無可復容，乃謄於别帙而寫成浄本，都爲一編。」

該書李慈銘之題記及批語，大多收入王利器所輯《越縵堂讀書簡端記》，然其中尚有闕漏者。如卷一「史記集解分八十卷」條尾批：「案此等語皆淺忮，不脱小説家科臼。王氏此書所訂正處固多，識見亦有獨絶處，然較之同時錢氏《廿二史考異》，尚覺遠不及。而錢氏不輕詆人，王氏則矜己自滿，至劉向、班固皆謂其不通經，此即其學未至之病。予故於此略鉤勒之，以概其餘。」卷四十一「闕傳注多誣」條尾批：「秦宜禄事尤委瑣不根，然英雄本色，自亦不累大德。洪北江謂英雄好色，奸雄或反不好色，因引壯繆此節，言近之腐儒必辨壯繆無此事，爲可笑也。」卷七十一「李昭德來俊臣書法」條尾批：「此真通論，《春秋》書法數語，尤扼要。」卷七十六「文武僖哀皆不書立后」條尾批：「武宗蓋亦未必立后，觀《王才人傳》稱武宗欲立才人爲皇后，宰相李德裕不可而止。帝概以才人寵盛，終不更立后也。」或評王書，或議人物，或論史法，或考史實，皆足資參考。

國圖藏。

## 廿二史考異一百卷

清嘉定縣錢大昕撰，清乾隆四十五年（一七八〇）刻本，李慈銘批校，二十册。半葉十行，行二十一字，小字雙行同。白口，左右雙邊，單魚尾。卷首有清乾隆四十五年錢大昕自序、總目、及門參訂姓氏。卷端題「錢大昕學」。

錢大昕著有《演易》等，已著録，生平參見本編經部易類。

該書爲考史名著，起自《史記》，終於《元史》，《舊五代史》及《明史》不與焉。著者自序云：「予弱冠時，好讀乙部書。通籍以後，尤專斯業。自《史》《漢》訖《金》《元》，作者廿有二家。反覆校勘，雖寒暑疾疢，未嘗少輟。偶有所得，寫于別紙。丁亥歲（按，乾隆三十二年，一七六七），乞假歸里，稍編次之，歲有增益，卷帙滋多。戊戌（按，乾隆四十三年，一七七八），設教鍾山。講肄之暇，復加討論。間與前人暗合者削而去之，或得于同學啓示，亦必標其姓名。郭象、何法盛之事，蓋深耻之也。……以予儜劣，敢云有得？但涉獵既久，啓悟遂多，著之鉛槧，賢於博弈云爾。……桑榆景迫，學殖無成，惟有實事求是，護惜古人之苦心，可與海内共白。」該書主於校訂正史文字，尤詳於輿地、職官、氏族等。

該本首册首頁李慈銘書云：「同治壬戌（按，同治元年，一八六二）十一月，後學李慈銘書首。」其卷十一《陳寵傳》「東平相應順」條尾批云：「順爲東平相，不賄梁冀事，《應奉傳》注引華嶠書已言之。」爲《越縵堂讀書簡端記》所失收。

國圖藏。

## 三史拾遺五卷諸史拾遺五卷

清嘉定縣錢大昕撰，清嘉慶十二年（一八〇七）稻香吟館刻本，李慈銘批注，四册。半葉十行，行二十一字，小字雙行同。左右雙邊，白口，單魚尾。卷首有清嘉慶十二年李賡芸序，後題「江寧吴侍達刻」。卷端題「嘉定錢大昕」，各卷卷末題「稻香吟館栞本」。書末有李慈銘小字跋一通。鈐有「李慈銘勘定圖籍之印」「李慈銘讀書記」朱文方印。

是書爲增補《廿二史考異》而作。李賡芸序云：「先師少詹事錢先生少耽乙部之書，博覽群籍，積數十年之心力撰《廿二史考異》百卷，以乾隆庚子歲（按，乾隆四十五年）五月栞成，自爲序。後續有所得，又撰《史記》、兩《漢書》，爲《三史拾遺》。先師存日，曾以副墨寄示。先師捐館後，又得所撰《諸史拾遺》，則自《三國志》以迨《元史》咸具，皆所以補《考異》之未備，誠足爲讀史者之助也。賡芸郡政之暇，略加校勘，版而行之，用以嘉惠海内同志焉。」

李慈銘跋云：「案此卷多已見《養新録》，蓋先生殁後，諸子搜輯叢稿而成。鄦齋亦不不暇審擇而刻之。雖綜述乙部，宜歸於此編爲當，而一人之書，彼此複出，究以删之爲得要也。」

國圖藏。

# 子部

## 兵家類

### 武備類鈔不分卷

清婁縣姚椿輯，稿本。一册。半葉十二行，行二十三字。藍格，左右雙邊，白口，單魚尾。卷首有「武經七書總目」，無序跋。鈐有「上海嚴氏淵口堂藏書」朱文橢圓印。

姚椿輯有《逸論語》，已著録，生平參見本編經部四書類。

該書抄録《三略》《六韜》《惜抱軒先生讀司馬法》《管異之讀司馬法》《尉繚子》《李衛公問對》三卷，附録《新唐書·李靖傳》。

上圖藏。

## 藝術類

### 天瓶齋題跋不分卷

清婁縣張照撰，張興載輯，抄本。半葉九行，行二十五字。書内無序跋，卷端題「從姪興載坤厚氏謹録」。鈐有「小西谿草堂」朱文橢圓印。

張照（一六九一—一七四五）初名默，字得天，又字長卿，號涇南，又號天瓶居士。康熙四十八年（一七〇九）進士，改庶吉士，授檢討，官至吏部尚書，謚文敏。熟諳音律，乾隆間與允禄共同主持編修《律吕正義》事宜。傳詳《清史稿》卷三百四。

是書爲張照所著之書畫題跋，其中有前人之墨跡名畫，如《跋董尚書書六朝賦後》，亦有自臨書畫名作，如《跋自臨趙文敏書唐律》。其内容與民國間《丙子叢編》本《天瓶齋書畫題跋補輯》同，該本後有民國二十四年張照七世孫張宗祜識云：「七世祖文敏公《天瓶齋題跋》二卷，曲阜孔氏刊本世已罕見，族叔温和公重刊，宗祜敬謹珍藏。近聞杜詩庭先生藏有晦堂公手録《補輯題跋》一册，亟欲一觀，倩封丈庸盦爲介，得以假歸，乃刊本所遺，温和公所未見者也，審係晦堂公手録。展誦數過，如對謦欬，遂敬影寫一通。」

上圖藏。

## 草韻彙編二十六卷

清上海縣陶南望輯，清乾隆十九年（一七五四）南邨草堂刻本，十二册。半葉四行，各行字數不等。四周單邊，白口，無魚尾。卷首有清乾隆二十年（一七五五）莊有恭序、清乾隆十九年沈德潛序、清乾隆十五年（一七五〇）陶南望自序及《凡例》六則、《草韻彙編歷代名家姓氏》，有目録。《凡例》後有清乾隆十九年陶南望子錕識，目録後有陶南望志。卷端題「上海陶南望遜亭手輯，寶山朱桓岡西、金壇虞景星東皋、吴縣錢襄思贊、嘉定侯昌言研雲參論」。

陶南望（?—一七五二）字遜亭，布衣。詩文拔俗，書法出入顔、柳間。傳見嘉慶《松江府志》卷五十八。

該書匯集各字之草書集合而成。各字以韻排列，卷一至卷六爲上平聲，卷七至卷十二爲下平聲，卷十三至卷十八爲上聲，卷十九至卷二十四爲去聲，卷二十五至卷二十六爲入聲。

莊有恭序云：「往余視學江南，上海蔣生愫音等言陶生南望輯《草韻彙編》，積數十年之力，其用心也勤，其於學者爲有助。請一言弁其首。會余口之而書已付刊，未及觀其全也。去冬，其子錕以刊本來請序，蓋陶生僅分平、上、去聲而身没，其入聲二卷，則錕與其父之友重校而續成之。而追惟蔣生言，時已三年。」

《凡例》云：「是集始於康熙壬辰（按，康熙五十一年，一七一二），多有志其名而遺其姓名者，有并失其名者。所借四方法帖，隨即歸趙家，無原本可查。歷年既久，性復健忘，其間不能無註漏云。」「所集草書，每字少或一二體，以盡變態。若怪誕不經，全無牆壁者，雖有此體，不可爲訓，概置弗録。」

陶焜識云：「刻平、上、去三聲將竣，先嚴于壬申（按，乾隆十七年）臘月辭世。其入聲二卷，懇廷表陸姑丈悉遵原輯補摹成編，而通集細加較論，則侯研雲、朱岡西兩先生之力居多焉。」據本書卷二十五、二十六提名，此處的「廷表陸姑丈」，爲陸祖彦，青浦人。

清華、北師大、天津師大、安徽大學等處藏。

## 澄懷堂印譜四卷

清奉賢縣王玉如撰，清乾隆十一年（一七四六）鈐印本，五册。左右雙邊，白口，單魚尾。卷首有黄之雋、楊述曾、李果序，清乾隆九年（一七四四）習寯、吴定璋、沈元禄、葉長揚序，清乾隆十年（一七四五）張煒序，清乾隆十一年（一七四六）凌如焕、沈健行、葉仁鑑、沈健行、葉仁鑑序及王玉如自序，清乾隆十一年葉錦自序。卷端題「洞庭葉錦魏堂氏藏，雲間王玉如聲振氏篆」。

王玉如字聲振，號研山，奉賢南橋人，精繆篆。見光緒重修《奉賢縣志》卷十三。

該書爲王玉如以葉錦澄懷堂所藏宋元舊石所篆刻之妙言佳句〔一〕，共一千餘方。王玉如自序云：「余幼好觀古文奇字，既長，愧學業無所就，輒因性所近模擬金石籀篆，試之以刀筆，聊用以自娱。既又請益于從父曾麓翁，尤得擴所見聞，秦漢以來鐘鼎碑板暨元章、子昂、徐官、吾衍諸所論者，頗有通悟。親友因以朱白圖記見屬，謬爲稱譽。洞庭葉子魏堂采虚聲，招致澄懷堂，以所畜花乳佳石盈數笥，一一畀余鐫之。」

葉錦自序云：「雲間王君聲振自幼承其伯氏曾麓先生家學，素以工詩善書爲名流所咨賞，而又追金琢玉，擅鐵筆之精，能泝流窮源，窺六書之奥窔。……去年春，以與舍姪明遠有舊〔二〕，惠然見臨，因留之下榻澄

〔一〕葉錦字魏堂，葉達之弟。程攸熙《南翔鎮志》卷七《流寓》云：「從吴縣洞庭東山僑居槎上。錦得李緇仲宜之猗園，達即於宅後雜蒔花木，布置泉石，時延詩人觴詠其中。」

〔二〕按，明遠即爲該書撰序之葉仁鑑。

懷堂中，相與把酒論文，分題覓句，相得甚歡。既又出其所刻印譜見示，能撮宣和以來諸家之長，能集腋成裘，釀花作蜜，有會通融釋之樂而無步趨摹擬之苦，心竊好之。因自舉向所擇古人名言雋語與清詞麗句，并出所藏花乳石一笥，俾鐫之印章，凡幾閱月而始言别。今年夏，復邀之至，仍舉予所披閲所得者次第畀之。興會所至，筆法愈工。……因不忍祕，遂并其前後所刻，彙爲若干卷，付之梓人，以公同好。」

上圖、上海博藏。

## 坤臯鐵筆二卷餘集一卷研山印草一卷補遺一卷

《坤臯鐵筆》，清奉賢縣鞠履厚篆刻；《研山印草》，清奉賢縣王玉如篆刻；《餘集》《補遺》，清奉賢縣鞠履厚撰。清乾隆間鈐印本，四册。四周雙邊，白口，無魚尾。《坤臯鐵筆》卷首有清乾隆二十一年（一七五六）沈德潛序、清乾隆二十四年（一七五九）史貽直序、清乾隆十七年（一七五二）胡二樂序、清乾隆十六年（一七五一）姚昌銘《印譜弁言》、同年王景堂序及清乾隆二十年（一七五五）鞠履厚撰《例言》六則，卷端題「雲間鞠履厚」，正文末題「南翔嚴熤雲亭氏釋文，西湖徐觀海匯川氏考訂」及「乾隆乙亥年小春月鐫板」，後附清乾隆十七年鞠履厚自叙、二十八年（一七六三）又叙及書畫册。末有清嘉慶二年（一七九七）王鳴盛跋。《餘集》内封題「鐵筆餘集／乾隆己亥年鐫版」，卷首有清乾隆三十九年（一七七四）鞠坤臯自序，末題「乾隆二十九年甲申夏起，至三十八年癸巳季秋全」。《研山印草》内封題「乾隆辛未年／研山印草／鞠坤臯訂」。卷首有清雍正九年（一七三一）韓雅瞳原序、清乾隆六年（一七四一）黄之雋《讀書十八則印》跋、清乾隆八年（一七三〇）許王猷《讀書樂印》跋、清乾隆元年（一七三六）周吉士《陰騭文印》跋及清乾隆十五年（一七五〇）董邦達書《三橋正宗》。有總目，卷端題「雲間王玉如聲振手鐫，鞠履厚坤皋珍藏」，末題「雲亭嚴煜敬安氏校釋，遜亭鞠履恭映薇氏同訂」及「乾隆二十二年六月鐫板」。《補遺》一卷爲印人姓氏，爲鞠履厚手輯。末有錢庭桂《題研山印艸後》及乾隆十六年鞠履厚《研山印草跋》。

鞠履厚字坤皋，國子生，王玉如弟子，頗得其傳。見光緒《重修奉賢縣志》卷十三。

《坤皋鐵筆》爲鞠履厚所輯之印譜，共收印二百六十方，以《説文》爲宗，間收鐘鼎古文。每半葉二方至九方不等，各印下附以楷書注釋。乾隆二十八年鞠履厚序云：「是編初成，石無論大小，刻兩頭者居多。甚有六面環刻，或製套印，以其易於收藏也。無如前後牽連，艱於次第排列，印時反滋不便。年來疊次更易，細加訂證，費心思于無用，樂此不疲，輒自笑。至其中鈕式精工，石質矜貴者，一概汰去，後人欲得佳石，勢必磨去重鐫，預爲絶之。」

《研山印草》爲王玉如所篆之印譜，共有《讀書十八則》十八方、《四時讀書樂》二十方、《陋室銘》十八方、《桃李園序》二十二方、《陰騭文》六十方。鞠履厚《研山印草》跋云：「表内兄聲振王君静退簡默，能詩工書，與海上曾麓先生爲大小阮，故尤得源於金石印章，每諄諄示余不倦。年四十，賫志以没。……其存諸篋者，若朱子《讀書樂》、王陽明《十八則》及世傳《陰騭文》，朱砂斑斑，白石齒齒，不可謂非琅琅炳炳者，與其最先《陋室銘》《桃李園序》，石半散失，止有印本。予懼其泯没無傳也，白其後人攜歸，彙爲一卷，闕者補之。」其後所附印人姓氏，則參考朱聞《印經》、吴疏《九濬印林》、周亮工《印人傳》、《賴古堂印譜》及《通志》總志諸書而成。

上圖藏。

## 印識一卷歷朝印識補遺一卷國朝印識二卷國朝印識近編一卷

清婁縣馮承輝輯，稿本，一册。半葉九行，行二十一字。緑格，四周雙邊，白口，無魚尾。卷首有清道光十七年（一八三七）馮承輝識、楊秉杷《印識序》、清道光九年（一八二九）馮承輝自序。卷端題「婁縣馮承輝少眉纂」。版心中題「百不如人室藁」。

馮承輝著有《金石莂》，已著録，生平參見本編史部金石類。

該書爲歷代印人之傳記。楊秉杷《印識序》云：「吾友馮子少眉輯篆刻及譜録者名氏、里居，由秦迄明，得百有九十八人，曰《印識》，合璽與印章一之，且埽圖書、圖章諸譌説，遠繼《學古編》，近接《印人傳》，采摭群言爲注，可信可徵。」

馮承輝識云：「余既集自秦至明印人傳爲一卷梓行矣，兹復增輯國朝諸家於後。又以時下鐵書之有名者自撰小傳，别爲一卷，共得三百餘人。嗣後更有採録，容俟漸次續入。」

上圖藏。

## 譜録類

### 硯小史四卷

清金山縣朱棟撰，清嘉慶五年（一八〇〇）樓外樓刻本，四册。半葉八行，行十七字，小字雙行同。左右雙邊，白口，單魚尾。卷首有清嘉慶三年（一七九八）薛體洪序，有總目。卷端題「金山朱棟二垞編，顧璜蘭谷、嚴濟舫漁參」。鈐有「高氏吹萬樓所得善本書」「吹萬藏書」白文方印。

朱棟（一七四六—？）字木東，號二垞，金山干巷人。候選同知。少好學，從父廷芝遊京師，王昶爲之延譽。七試不第，自恨生平無以抒其經濟之才，於是往來柘湖，輯録一方名跡，著成《干巷志》六卷、《朱涇志》十卷，考證明確，時稱簡賅。中年出入關隴間，題詠甚富。傳見光緒《金山縣志》卷二十一。

該書卷一、二叙端州、歙州、青州、唐州等各地石硯，繫以論贊。卷三《論硯十二條》，從色、聲、眼、紋等角度評析石硯。卷四爲藝文，輯録與硯相關之詩賦文詞，並附著者所藏之十三硯圖。

薛體洪序云：「金山二垞朱司馬，余同硯友，亦良史才也。工詩古文詞，早賦壯遊，長安久客，其意氣原欲讀中秘書，其才識不難充左右史。惜以數奇，七試秋闈，再薦不售，僅以詩名儕偶間。雅多著述。且平生有硯癖，得古今十三硯，名其齋曰『十三硯齋』，滴水輕研，清辭滿紙，初不知境遇之窮。暇取古今論硯之書，倣史家例，共成四卷，曰《硯小史》。」

國圖、上圖、南圖藏。

# 藝菊志八卷

清嘉定縣陸廷燦撰，清康熙五十七年（一七一八）棣華書屋刻本，八册。半葉十行，行二十字，小字雙行同。左右雙邊，黑口，雙魚尾。内封題「嘉定陸幔亭手輯／槎溪藝菊志／棣華書屋藏板」。卷首有朱刻「今上御制」《菊賦》一首，《九日對菊詩》一首，後題「康熙五十七年菊月穀旦，福建崇安縣知縣臣陸廷燦熏沐敬録」。後有清康熙五十七年王復禮序、《凡例》七則。有目録。卷端題「嘉定陸廷燦扶照氏輯」。鈐有「吴興劉氏嘉業堂藏書記」朱文長方印。

陸廷燦字扶照，一字幔亭。以諸生貢例選宿松教諭，遷崇安知縣。傳詳光緒《嘉定縣志》卷十九。

是書收羅詩文中有關菊者彙集而成，著者《凡例》云：「是志窮搜博纂，十年於兹。然僻在海隅，耳目弇漏，恐藏書未備，采摭不備，難免遺漏之譏，未敢授梓。因就正草堂王先生，承爲力慫，勉付剞劂。」王復禮序云：「崇安明府陸君，江南疁城人也。嘗於槎溪之上卜築讀書，名花異卉琳瑯滿目，而尤喜藝菊，徧覓奇種，羅植階墀，真可謂繼淵明高躅而不逐時趨者矣。……抑且廣搜博采，集而成志，自經、史、子、集諸書言菊者，則爲考；從來名種流傳、騷人墨客品題者，則爲譜；藝植灌溉，因時得宜，養胎護苗，扶弱除害，則有良法；其自古迄今，或賦或詩，或詞或記，諸體無不窮探，以爲佳友流芳，晚香生色，則有藝文。噫！明府之費編摩，勤考訂，菊之能事畢矣。淵明雖莫逆，其能有此異乎？」

《凡例》云：「是志凡七類，一曰考，二曰譜，三曰法，四曰文，五曰詩，六曰詞，而以《藝菊圖》《題辭》附焉，共成八卷。」其中卷八爲《題槎溪藝菊圖》諸詩詞，《凡例》云：「藝菊本以娱親也，得烏目山人繪圖，樸村徵君作記，更蒙當代鉅公、文人學士瑤華寵錫。不分體，不叙次，隨到隨刊，以光梨棗。今彙爲一卷，貫於志後，爲曲終奏雅。尚望瑶章續寄，以爲《關雎》之亂云。」

復旦、上圖、國圖、南圖等處藏。

## 續茶經三卷附録一卷

清嘉定縣陸廷燦輯，清雍正十三年（一七三五）陸氏壽椿堂刻本。半葉十行，行二十字，小字雙行同。左右雙邊，白口，單魚尾。卷首有《續茶經凡例》七條、陳師道《原本茶經序》、《新唐書》陸羽本傳。首列原本《茶經》上中下三卷，後爲廷燦所續輯三卷。卷端題「嘉定陸廷燦幔亭輯」，各卷卷末題「男紹良較字」。卷上爲一之源、二之具、三之造，卷中爲四之器，卷下爲五之煮、六之飲、七之事、八之出、九之略、十之圖。附録爲茶法。末題「雍正十二年七月既望陸廷燦識」。鈐有「碧琳瑯館臧書之印」朱文長方印，「方功惠藏書印」「方家書庫」朱文方印。

是書爲補唐陸羽《茶經》而作。《續茶經凡例》云：「《茶經》著自唐桑苧翁，迄今千有餘載，不獨製作各殊，而烹飲迥異，即出産之處亦多有不同。余性嗜茶，承乏崇安，適係武夷産茶之地。值制府滿公鄭重進獻，究悉源流，每以茶事下詢。查閲諸書，於武夷之外每多見聞，因思採集，爲《續茶經》之舉。曩以簿書鞅掌，有志未逭。及蒙量移，奉文赴部。以多病家居，翻閲舊稿，不忍委棄，爰爲序次第。」

該書收入《四庫全書》，《提要》云：「自唐以來，閲數百載，凡産茶之地，製茶之法，業已歷代不同，即烹煮器具，亦古今多異。故陸羽所述，其書雖古，而其法多不可行於今。廷燦一一訂定補輯，頗切實用。而徵引繁富，觀所作《南村隨筆》引李日華《紫桃軒又綴》『五臺山凍泉』一條，自稱此書失載，補録於彼。其搜採可謂勤矣。録而存之，亦足以資考訂。」

上圖、國圖、南圖等處藏。

## 灌園漫筆七卷

清嘉定縣王初桐撰，稿本，二册。半葉十行，行二十字。黑格，左右雙邊，黑口，單魚尾。卷首有清嘉慶七年（一八〇二）王初桐自序，卷七末有清嘉慶八年（一八〇三）王初桐識。自序後有清光緒十六年（一八九〇）冬沈瑾朱筆手跋，識後有清光緒十七年（一八九一）三月沈瑾跋。鈐有「虞山沈氏希任齋劫餘」「巏嵍」「曾在沈芳圃家」「竹所」朱文方印，「竹所」朱文橢圓印，「巏嵍山人」白文方印。

王初桐（一七三〇—一八二一）[一]，初名丕烈，字耿仲，一字于陽，晚號竹所，又稱巏嵍山人，諸生。乾隆四十一年（一七七五）召試，列二等，歷任齊河縣丞、署新城、淄川、平陰、壽光、濰縣、甯海州同知。年七十告歸。傳詳光緒《嘉定縣志》卷十九。

---

[一] 光緒《嘉定縣志》卷十九云：「嘉慶乙亥（按，嘉慶二十年，一八一五），年八十六，重游泮宫，又六年卒。」。可知王初桐之生卒年。

是書乃著者歸里後所記田園種植之事。王初桐自序云：「余讀《洛陽伽藍記》有感焉。感我家故園之興廢也。故園爲先王父釣遊之地，其中樓榭亭臺率皆不丹不雘，惟花木之盛，經二百年培護之功，蒼秀甲於一邑。王父著《非圓花木詞》二卷，鏤板行世，大抵皆歌詠園中之所有牡丹異種，有出於舊譜記載之外者，皆曾王父花隱先生所遺，先君子已不及見。至合抱參天之桂、離奇夭矯之梅、璀璨琳瑯之天竹，余童年時猶及見之。惜乎六十年前刬夷已盡，今則詞板亦燬於爨火矣。余年四十始奔走四方，流連燕、趙、齊、魯名區，每遇嘉葩異卉，必購而有之。野塍芳塢，必訪而觀之，亦庶幾不負所好。迨年七十而致仕歸田也，棲遲於荒江寂寞之濱，老屋數椽，空庭草積，欲求裁花之地如庾信之小園者，無有也，買花之資如陶令之俸錢，無有也。但取易生之物數十種，分植於小樓前後，聽事兩墀，手自滋培，花時亦爛漫悦目，而復以弄花餘閒雜綴成帙，凡三十年來所曾購而有之，訪而觀之者，悉參之以老圃之閒談，核之以前賢之緒論，而並著於篇。首論花，次果、木、竹、草，比類聯屬，釐爲七卷，名曰《灌園漫筆》。夫灌園歸田之事，乃無園可灌，而徒以灌園名其書，是可愧也。此余所以重有感於故園也。」

沈瑾跋云：「庚寅（按，光緒十六年，一八九〇）冬日，至學福堂書坊，見架下堆殘册甚多，偶一舉手，即得此書。予性喜花木，以賤值購歸，否則飽蠹魚腹矣。《湖海詩傳》《國朝詞綜》，竹所先生詩詞俱入選，一名人也。」

該稿本頁眉及正文處多經著者增删。其中所增者多爲高士奇之説。

上圖藏。

## 灌園漫筆七卷

清嘉定縣王初桐撰，清趙氏舊山樓抄本，二册。半葉十行，行二十六字。黑格，左右雙邊，黑口，雙魚尾。版心下方題「非昔軒抄書」。卷首有清嘉慶七年（一八〇二）王初桐自序，卷七末有清嘉慶八年（一八〇三）王初桐識。葉眉有朱筆批點。各卷卷末皆有非昔居士朱筆題校閲時間，第一册末有清光緒二十六年（一九〇〇）二月翁同龢《從次公假此精抄本漫題》二首，末有清光緒二十年（一八九四）非昔居士趙宗建墨筆跋。鈐有「趙宗建讀書記」「次侯手校」朱文方印，「非昔居士」「翁同龢觀」白文方印，「同龢」朱文長方印。

趙宗建跋云：「《灌園漫筆》七卷，向沈君公周借抄。此書向無傳本，因屬伯賢録存。」據此跋，該本即據上所述稿本《灌園漫筆》所抄，其增删改動處悉合於稿本，其朱筆批點則趙宗建所作。其中有對正文訂正者，如卷三「紫薇」條處辨紫薇、翠薇實爲一種云：「翠薇即紫薇，在陰處不見日，即作翠色。」有叙親身所見花草者，如卷五「仙人掌」條眉批云：「予於上海張氏園中見一株仙人掌，其高丈餘，重疊如假山，開花極大，亦奇品也。」又有述相關軼事者，如卷三「虞美人」條眉批云：「大學士温公出鎮烏魯木齊時，堦前虞美人一叢忽變異色，瓣深紅如丹砂，心則濃緑如鸚鵡，映日灼灼有光，似金星隱躍，雖畫工設色不能及。公旋擢福建巡撫，蓋話瑞也。」

上圖藏。

## 自鳴鐘表圖説一卷

清婁縣徐朝俊撰，清抄本，一册。半葉八行，行二十字，小字雙行同，紅格，四周單邊，白口。卷首有清嘉慶十四年（一八〇九）徐朝俊自序，有目録。卷端題「松江徐朝俊纂」。末有道光七年（一八二七）陳錦洢跋。

徐朝俊著有《篆楷考異》等，已著録，生平參見本編經部小學類。

該書輯有關自鳴鐘表相關資料，分鐘表名目、事件名目、事件圖、配齒輪法、作法、修鐘表停擺法、修打鐘不准法、裝折鐘表法、用鐘表法、鐘表瑣略諸項。其書圖文並茂，主於實用。徐朝俊自序云：「余既述日晷諸法以測晝時，復述星月儀表諸法以測夜時，而于陰雨晦暝之時尚未之及，因輯是編，所以辨子亥，定支干，非以供陳設玩好也。……余自幼喜作自鳴鐘表，舉業餘暇，輒借此以自娛。近者精力漸頽，爰舉平日所知能，受徒而悉告之。并舉一切機關轉捩利弊，揭其要而圖以明之，俾用鐘表者如醫人遇疾，洞見臟腑，知其受病在何處，去病宜何方，保其無病宜何法，悉其機關，何患觸手輒弊。至於一切矜奇競巧，如指日捧牌、奏樂翻水、走人拳戲、浴鶩行船，以及現太陰盈虚、變名葩開謝諸巧法，衹飾美觀，無關實用，且近於奇技淫巧之嫌。故授之徒者，聊以見其奇；而筆諸楮者，竟或從其略。」

陳錦洢跋云：「丙戌（按，道光六年，一八二六）春，余自都入蜀，於成都市中購得華亭徐先生《自鳴鐘表圖説》一册。繙閱再四，見其於作法、修法、用法靡不燎如指掌，因手録一過，跋數語簡末，置之巾箱。自時厥後，凡吾家鐘表機軸偶有損壞，皆手自修理，毋庸假手他人矣。」

國圖藏。

## 瓨荷譜一卷

清上海縣楊鍾寶著，清道光元年（一八二一）寶廉堂刻本，一册。半葉九行，行二十字，小字雙行同。左右雙邊，白口，單魚尾。内封題「道光元年十月刊／瓨荷譜／寶廉堂藏版」。卷首有清嘉慶十四年（一八〇九）吴省蘭、陸慶循序，楊光輔題詞，清嘉慶十三年（一八〇八）楊鍾寶自序。有目録及校閲姓氏。卷端題「上海楊鍾寶瑶水撰」。鈐有「長樂鄭振鐸西諦藏書」朱文方印，「長樂鄭氏臧書之印」朱文長方印。

楊鍾寶字瑶水，上海人，生平不詳。

該書備列蒔於瓨中之荷花。楊鍾寶自序云：「花之蒔於瓨也，自紅白大種始，然類多習見，人亦不堪珍愛。有賈於揚而歸者，出數小瓷盆示客，翠擎璧月，香泛霞杯，弱態豐容，掩映於筠簾棐几間。人競以銀錢市艷，賈又故昂其值，亦時出其值亦醉客，……久之，種亦漸廣，賣花傭有争致其所無。或謂小種皆子出，故不數年遂得卅餘種，撑夏涉秋，閒庭曲院，粲如流綺。展琉璃之簟，倚水精之枕，露香花韻，沁骨侵肌，不必盪槳泝流，求清涼世界也。因爲之按種徵名，詳品辨色，與夫蒔蕅藏秧，燥溼肥瘦之得法得宜，一一次序而譜之，庶與洛陽之牡丹、廣陵之芍葯並萃其美。」

國圖、遼寧藏。

## 貓乘八卷

清嘉定縣王初桐撰，清嘉慶三年（一七九八）自刻本，一册。半葉十行，行二十字，小字雙行同。左右雙邊，黑口，單魚尾。卷首有清嘉慶三年王初桐自序，有目録。卷端題「王初桐編」，鈐有「程守中」白文方印。

王初桐著有《灌園漫筆》等，已著録，生平參見本編子部譜録類。

該書輯録古籍中涉及貓之典故。卷一爲《字説》《名號》《呼喚》《孕育》《形體》，卷二爲《事》，卷三爲《畜養》《調治》《瘞埋》《迎祭》，卷四爲《捕》《不捕》《相處》《相哺》《相乳》《義》《報》《言》《化》《鬼》《魈》《精》《怪》《仙》，卷五爲《種類》，卷六爲《雜綴》《圖畫》，卷七爲《文》，卷八爲《詩》《詞》《句》。

王初桐自序云：「貓之見於經史者，寥寥數事而已，其餘則雜出於傳記百家之書。南唐二徐競策貓事，或二十事，或七十事，其事皆無可考。我朝錢葆馚舍人製《雪獅兒詠貓》詞，前後和者不一，皆攟摭貓事爲之，極徵幽遴僻之能。余亦有效顰三闋，狡獪伎倆，無當於詞家婉約清空之旨。因復於讎校之餘，指授抄胥採録，積久成帙，取而治之，削繁去冗，分門析類，釐爲八卷，名曰《貓乘》，竊附於《相馬經》《相牛經》《麟經》《駞經》《虎苑》《虎薈》之列。雖無關於大道，亦著略家所不廢也。爰授諸梓人，以貽好事者。」

上圖、南圖藏。

雜家類

## 南村隨筆六卷

清嘉定縣陸廷燦撰，清雍正十三年（一七三五）陸氏壽椿堂刻本，二册。半葉十行，行二十字。左右雙邊，白口，單魚尾。内封題「南村隨筆／壽椿堂藏板」。卷首有清雍正十三年王澍序、同年陸廷燦自序，各卷前有目録。卷端題「嘉定陸廷燦扶照」。鈐有「吴興劉氏嘉業堂藏書記」朱文長方印，「瑞軒」朱文方印。

陸廷燦撰有《藝菊志》等，已著録，生平參見本編子部譜録類。

是書爲著者家居時所録之隨筆雜記。陸廷燦自序云：「余年來以多病家居，杜門息影，茶鐺藥裹間，恒藉書卷以消永日。或可勗我身儀，或可佐人政事，或有關典故，或偶涉新奇，以及考明物理，辨正異同者，輒隨筆掌記，自備遺忘。見聞隘陋，恐於文章經濟無甚裨益，漫置案頭，不敢希附諸名公説部後塵，出而問世也。乃兒輩私意，以爲頌揚君親之恩，感懷師友之誼，纏綿往復，而先哲箴銘時時録及，亦可以警人心而敦風俗。因同陳婿力請，鐫之梨棗，勉以稿本次爲六卷授之。」

復旦、國圖、南圖、湖北藏。

## 説學齋晬録不分卷

清南匯縣葉鳳毛撰，稿本，十四册。半葉十行，行十九字，小字雙行同。書内無序跋。

葉鳳毛（一七〇九—一七八一）字超宗，號恒齋，葉映榴孫，沛臣子。雍正八年（一七三〇）授内閣中書，轉典籍。歷官十年，以病請假，奉母歸里。平生嗜古力學，又工行草。傳詳光緒《南匯縣志》卷十四。

該書收集各部書籍中之要語。各册封面處題書名或内容。其中《尚書》《周官》《禮記》一册，《左傳晬録》一册，《史漢》一册，《史漢》《三國》《晉書》《世説》一册，晉八王、十六國、王謝世系、隋唐之際一册，宋道學、文苑、元儒學、外國一册，明儒一册，《明史》雜録一册，先儒格言、儀禮一册，書畫録一册，《老子》、《莊子》、山谷一册，釋道、物類一册，文詞晬録上下各一册。

上圖藏。

## 此木軒經史彙編八卷

清金山縣焦袁熹撰，清抄本，六册。半葉九行，行二十六字。卷首有徐則所題（據卷四首小注）、清乾隆二十一年（一七五六）徐遠照《此木軒經説彙編例言》《此木軒經説彙編總目》，卷端題「南浦焦袁熹廣期著，後學唐模梧生校」。鈐有「還讀書齋主人唐梧生珍賞印」白文長方印，「常留天地間」「沈慈」「臣模之印」「世璆」「倪元坦印」白文方印，「雲間唐氏」「梧生」「晉卿一字筠齋」朱文方印，「筆花閣」朱文長方印。

焦袁熹（一六六一—一七三六）字廣期，號南浦先生。康熙三十五年（一六九六）舉人，官山西山陽縣教諭，以奉養勤勞辭歸。爲學宗法程朱，著述頗豐，其中《春秋闕如編》《此木軒四書説》被採入《四庫全書》。傳詳其子焦以敬等編《焦南浦先生年譜》。

該書匯集焦袁熹論經史典籍之説。徐則所題云：「先生著書多用碎紙，有所得即書之，不列門類，不第前後。積疊既多，夾入文卷，間或手録一册，則檢前稿棄去。兹《易説》一卷，未經親謄，從碎紙録出者。《詩説》二卷，前卷十八條，統説全詩，先生已脱稿之文也。後卷則數十年零星稿中抽取論詩之言，略依經文先後輯而書之，非一時之作。《禮記説》依經成編，止有《曲禮》《檀弓》《王制》三册，未及終卷，俱先生手録過。」

《例言》云：「此木軒經説，先君編輯居多，跋語云先生著書多用碎紙，有所得即書之，不列門類，不第前後。積疊既多，夾入文卷，間或手録一册，則檢前稿棄去。今按：已脱稿、未脱稿各種，先君分列甚明。兹因頗有增補，不得不重加編次。」按，該書卷一爲《周易説》附《説卦傳集解》、《尚書説》、《詩説》；卷二爲《詩説》；卷三爲《禮記》《周禮》《儀禮》；卷四爲《周易説》、《春秋贅語》、《左傳説》、《春秋公羊傳》；卷五爲《太極圖就正編》；卷六、卷七爲《論圖書》、《潛虚解》、《讀楚辭》、《漢書劉氏同名考》；卷八爲《贅語》。

上圖藏。

## 訂譌雜録十卷

清青浦縣胡鳴玉撰，清康熙五十八年（一七一九）青浦查氏刻本，二册。半葉十行，行二十字，小字雙行同。四周單邊，黑口，單魚尾。卷首有清康熙五十八年七月王原序及同年三月胡鳴玉自序。有目録。卷端題「青浦胡鳴玉廷佩氏述，同里查如塤彦和氏校」。鈐有「姚廷楫印」「緜口」「口西朱桓」「臣桓字覲宸」白文方印，「翰功氏」「覲宸」「潤州吴庠眉孫藏書」「紫陽孟氏」「養高兼養閒」朱文方印。

胡鳴玉（一六八五—一七六七後）〔一〕。字廷佩，恩貢生。工詩賦。乾隆元年（一七三六）召試，以痁疾發報罷。歸里後弟子日進，領袖騷壇者三十年。生平精於讎校。所著另有《三傳傾液》《國語國策搴芳》《老莊取炎》《行飯麗言》《耕餘偶輯》諸書，晚年以蔡顯《閑漁閑閑録》案被誣，家人懼焚不傳，唯《訂譌雜録》已行世，尚存。孫師曾字宗彝，國學生。詩承家學，以和平恬淡爲宗。傳詳光緒《青浦縣志》卷十九。

該書收入《四庫全書》，《提要》云：「是編皆考訂聲音文字之譌，大抵採集諸家説部，而參以己説。」胡鳴玉自序云：「近世小學廢而不講，讀書識字，鮮究本原。承譌襲舛，雖不至如抵授賢良、闖門學士之甚，然能無誤蹲鴟解讀雌霓者，亦未易多覯。予家無藏書，見聞固陋，安敢妄肆雌黄，覼縷訂正，第就日用淺近，紕漏特甚者，隨所記録。日裒月積，絶無詮次。名曰《訂譌雜録》，凡十卷，附於《四書字音砭俗》之後。其間辨證，或創或因，雖皆有依據，不敢杜撰炫奇，以欺耳目，所愧考覈未詳，徵引未廣，飣餖薈蕞之學，

〔一〕據《清朝文字獄檔》第二輯《蔡顯〈閑漁閑閑録〉案》所收乾隆三十二年五月二十一日《高晉等奏查蔡顯呈首審擬摺》云：「胡鳴玉年已八十三歲。」據此逆推，知其生年爲康熙二十四年。

不免見譏大雅。藏弆巾箱，聊以自鏡。而研友查子彦和見而韙之，輒取讎校付梓，公諸好事，予不能沮止。然竊念以予之寡聞，儻斯世有具眼者，不鄙魚蟲之注，指摘瑕疵，教其不逮，庶不負查子校梓之勤。是則予之深幸也夫。」《四庫全書》本當據此康熙本所抄。然其卷十「胼胝皮厚也」條下有漏抄。按，該條正處於此康熙本卷十第二葉末，而四庫本所接「妹喜桀妻」條則處於該本第四葉首。則《四庫全書》所漏抄者爲該本第三頁全葉。

上圖、國圖、北大等處藏。

## 訂譌雜録十卷

清青浦縣胡鳴玉撰，施維藩臨陳鱣校，莫棠跋，清乾隆二十三年刻（一七五八）本，二册。半葉十行，行二十字，小字雙行同。四周單邊，黑口，單魚尾。内封題「沈歸愚先生鑒定/訂譌雜録/戢箴書屋重鐫」。卷首前莫棠黑筆跋云：「湖海嘉慶十八年重刊此書，即謂傳本希少，原刻可貴矣。」卷首有清乾隆二十三年沈德潛序，末有清乾隆四年（一七三九）胡鳴玉識。有目録。卷端題「青浦胡鳴玉廷佩氏述，同里查如塤彦和氏校」。卷末有小字紅筆書「甲戌歲除日，爲欣夫先生度嘉業堂藏本陳仲魚校語。維藩記」。鈐有「獨山莫氏銅井文房之印」「獨山莫祥芝圖書記」「莫棠字楚生印」朱文方印，「莫而麟印」「銅井文房」「秀水王大隆印」白文方印。

沈德潛序云：「青浦胡子亭培，予老友也。舊有《訂譌雜録》一刻，風行藝苑，繼以遠遊版缺，刷印久停，而四方好古之士多向請觀，玆迺聊爲補綴印行。君以予素咨賞其書也，屬一言以弁諸簡端，並深以未遑增入近年所訂若干條爲歉。」

胡鳴玉識云：「曩者是編之成，僅五閱月，緣就正心殷，急付梨棗，未暇點勘精詳。其中有襲前人成説而不必存者，有事近於俗而不足辨者。且字音字畫間未免疵類訂譌而仍蹈於譌。每一展卷，内愧於懷。是以數年來束版高閣，而四方嗜古君子，不敝譾陋，時或詢之書賈，因復自忘狂瞽，印本流通，並續數條於後。竊附愚者之慮，敢矜知者之希乎？若得重加考覈，將前此之未愜於隱者芟汰無餘，一歸諦當，則區區就正之心，庶幾稍慰焉。」按，該本卷十後另有「補撰」二十條，亦辨習用詞語音義之譌，當爲著者後補。又該本前十卷亦有康熙本及四庫本所無者，如卷一「商榷」條後有「清和月」一條，卷三末有「祭天蟠地」一條，卷九末有「乾字音異」一條，又卷六「爛漫」條小字注後尚有「《莊子・在宥》篇有性命爛漫語，此二字之非佳可知」一句。

該本録有陳鱣批語數條，於考訂之誤間有指正，如卷六「處州」條引王勉夫曰：「聞見録謂德宗立，議改括州。」眉批云：「鱣案，括州當作栝州，从木，取栝蒼山多栝柏也。此从手作括，並非。」又有莫棠批校數條，如卷五末批云：「此卷末葉『隱栝』一則，誤入第六卷尾。」卷七「長年」條有眉批云：「吾鄉遵義人家所用顧工，今猶呼爲長年也。」

復旦、南圖、大連藏。

## 蛾術編九十五卷

清嘉定縣王鳴盛撰，清述鄭齋抄本，二十四册。半葉十一行，行二十一字，小字雙行同。黑格，左右雙邊，黑口，單魚尾。首册封面題「王西莊先生蛾術編未刻本」，下記云：「道光間吴江沈氏所刻係迮青厓進士删本，爲諸名人所譏，今已不復刷印矣。」書耳下端題「述鄭齋校録本」，卷首無序跋，卷端題「東吴王鳴盛説」。卷一至卷十四爲《説録》，卷十五至卷三十六爲《説字》，卷三十七至卷五十爲《説地》，卷五十一至卷六十爲《説人》，卷六十一至卷六十二爲《説物》，卷六十三至卷七十四爲《説制》，卷七十五至卷八十爲《説集》，卷八十一至卷九十爲《説刻》，卷九十一至卷九十二爲《説通》，卷九十三至卷九十五爲《説系》。鈐有「鹽官蔣氏衍芬艸堂三世藏書印」「寅昉」朱文方印，「臣光焴印」白文方印。

王鳴盛著有《十七史商榷》等，已著録，生平參見本編史部史評類。

該書集王鳴盛考據研究之大成，其通行本爲清道光二十一年（一八四一）迮鶴壽所刻八十二卷本。較之該抄本，刻本闕卷八十一至卷九十《説刻》十卷及卷九十三至卷九十五《説系》三卷。《説刻》係王鳴盛所撰金石研究札記，《説系》爲王鳴盛所録歷代王氏之傳記資料。迮刻卷首清道光二十一年沈楙德目録後識云：「以編中《説刻》《説系》二門已見《金石萃編》及王氏家乘，因抄《説録》至《説通》八門，爲八十二卷。」按：王氏説刻中所涉金石資料，爲《金石萃編》所收者僅十數條，其卷九十所收元代石刻，更爲《金石萃編》所未涉。其餘八編中亦有抄本有而刻本無者，如卷七十九《説集五》中之「賦命不齊」「程敏政」「吴原博王濟之」條，卷八十《説集六》首之「文與道皆難言」條，卷九十一《説通一》末

「尚書僞孔傳」條，卷九十二《説通二》「抱蜀」條下所涉關於佛道之學者十條等。

國圖藏。

## 潛研堂答問十二卷

清嘉定縣錢大昕撰，孫星衍、莫棠批，莫棠跋，清嘉慶間刻本，二册。半葉十行，行二十一字，小字雙行同。四周單邊，白口，單魚尾。版心上方題「潛研堂文集」。首葉貼夾紙一張，上有莫棠跋一通，下題「潛研堂答問十二卷，二册，原刊文集樣本」。首有莫棠初跋。卷端題「嘉定錢大昕」。鈐有「孫氏伯淵」「莫棠之印」「丁未對策上第」「景鄭藏書」白文方印，「東方廉使」「吴縣潘承厚承弼讀書記」「獨山莫氏銅井文房臧書記印」「獨山莫堂讀過」朱文方印。

錢大昕著有《演易》等，已著録，生平參見本編經部易類。

莫棠跋云：「此于全集爲卷四至卷九，皆經學答問也。此册每卷第一行卷數、標題及每葉中縫卷第、葉第猶作墨丁，蓋是初刊未編完時印本，孫淵如故物。疑當日尚未印文集全本，或先以《答問》一門印行，示同時諸老，皆未可知也。戊戌（按，道光十八年，一八三八）九月露芬閣書坊主人所贈，篇中朱墨皆淵如手迹，眉批三處亦淵如書（七十二頁謬誤雜辨一條非是）。亟重裝訂，口之潛研全書之後。」

又云：「此于全集爲卷四至十五，蓋《答問》一門也。去年書友贈予一册（四至九），應是孫淵如批注，裝而存之。頃後收一册，亦當時初樣，中縫未刻卷第、頁第者（唯十五卷已刻），適以相補，而《答問》一類遂爲完書。特後收本每卷首尾或少一二葉，又于市上得原刻殘本抽補之。道光中江都薛氏傳均嘗贈《説文》一卷，爲疏證，蓋本有可單行之義也。」

按：據莫棠二跋，該本首册爲孫星衍所藏之試印本，第二册爲後訪得之試印本配以《潛研堂文集》而成。莫棠於第二册眉批注以所闕葉數，其所補之頁卷首皆題《潛研堂文集》卷第，版心處亦題卷第並葉第，其卷十一首葉又鈐有「餘杭南湖氏」、「書富樓」白文方印。又《答問十一》版心下方分别題葉第及「十一」。

上圖藏。

## 十駕齋養新録二十卷餘録三卷竹汀先生日記鈔三卷

清嘉定縣錢大昕撰，清嘉慶十二年（一八〇七）刻本，陳鱣批校，七册。半葉十二行，行二十三字，小字雙行同。四周單邊，白口，單魚尾。《十駕齋養新録》内封題「十駕齋養新録廿卷/姪坫謹題」。卷首有清嘉慶九年（一八〇四）阮元序、清嘉慶四年（一七九九）錢大昕自序，有目録，卷端題「嘉定錢大昕」。《十駕齋養新餘録》末有清嘉慶十一年（一八〇六）錢東塾識。《竹汀先生日記鈔》内封題「竹汀先生日記鈔/錢唐何氏夢華館栞版」，卷端題「弟子何元錫編次」，末有清嘉慶十年（一八〇五）何元錫跋。鈐有「海寧陳鱣觀」朱文長方印，「海寧陳氏向山閣圖書」朱文方印，「陳仲魚讀書記」「仲魚圖像」「得此書費辛苦後之人其監我」白文長方印，「簡莊審定」白文方印。

是書爲錢大昕晚年所輯之經史研究札記。錢大昕自序云：「『芭蕉心盡養新枝，新卷新心暗已隨。願學新心養新德，長隨新葉起新知』，張子厚詠芭蕉句也。先大父嘗取『養新』二字榜於讀書之堂。大昕兒時侍左右，嘗爲誦之，且示以温故知新之旨。今年適七十，學不加進，追惟燕翼之言，泚然汗下。加以目眊耳聾，記一忘十，問字之客不來，借書之瓻舊廢。偶有咫聞，隨筆記之。自慙螢爝之光，猶賢博簺之好。題曰『養新録』，不敢忘祖訓也。」

錢東塾識云：「先君子畢生著述，咸賴友朋門弟子傳寫刊行，《養新録》二十卷成書最後，甫脱稿，即爲阮中丞芸臺先生攜去，醵金開雕。以後續有所得，別記一編，名曰《養新餘録》。逮甲子（按，嘉慶九年）冬捐館，共得若干條。……今夏，偕妹倩瞿君鏡濤校先君子詩文集告成，適嘉興李許齋太守書來，索《經典文字考異》《唐五代學士年表》《王深寧年譜》《三史諸史拾遺》等遺稿，將代謀剞劂，因啓舊笥檢尋。念及《養新餘録》未刊，終爲全書缺事，爰取手稿繕録清本，分爲三卷，以授梓人，俾四方好學之士喜讀我先人書者，無或有遺珠之憾焉。」

此本有陳鱣批校，多以目見之書闡發竹汀之説，亦間有糾其考證未精者。如《養新餘録》卷中「耿炳文」條，竹汀據朱竹垞所述《劉三吾集》，謂耿炳文卒於洪武二十七年，疑《明史》所記炳文卒於永樂二年之説未確。仲魚則目驗劉三吾《坦齋文集》原書，謂其中所載乃「耿炳文追封三代神道碑，非炳文墓碑也。其神道碑銘譔刻于洪武廿七年，故自廿七年後事實不載，非謂耿炳文卒于洪武二十七年也」。[二] 可糾竹汀之偶失。其《竹汀先生日記鈔》中之批語皆爲「所見古書」一卷，其所批多涉古書之存藏流動及批書者之收書經歷，當爲研究藏書史之珍貴資料。

上圖藏。

## 小説家類

### 三岡識略十卷補遺十卷續識略二卷續補遺一卷

明末清初華亭縣董含撰，清抄本，十二册。半葉七行，行十七字。卷端題「華亭董含著」。《識略》卷首有清康熙十七年（一六七八）盧元昌序、清康熙十七年董含自序及《凡例》，卷十末有「蓴鄉贅客自述」一則，自叙其身平所遇。《續識略》前有清康熙三十三年（一六九四）董含小引。除卷三外，《識略》各卷前均有目録，《補遺》各卷分别置於《識略》各卷後，《續補遺》置於《續識略》後，均無目録。卷三首葉題「三岡識略卷三」，而中縫處則題作「三岡識略卷三補遺」。按該本《識略》多經點改增删，而《續識略》則少有修改痕跡。此卷三亦少經修改。

[二] 按，該文見於明萬曆六年刻本《坦齋文集》卷上《大明敕賜開國輔運推誠宣力武臣特進榮禄大夫柱國秦王左相兼陝西行中書省右丞長興侯耿炳文追封三代神道碑并序》，陳鱣之説確。

董含（一六二六—一六九七後）[一]，字閬石，一字榕庵，號蓴香贅客，董俞兄。順治十八年進士，以奏銷案被黜，遂歸居鄉里。其生平詳見本書《蓴鄉贅客自述》。

是書所記皆爲明末清初之遺聞瑣事。董含自序云：「甲申、乙酉之際，海内鼎沸。時余年未弱冠，遘亂轉徙，卜居三岡之東（三岡，紫岡、沙岡、竹岡也）。敝廬數椽，足蔽風雨。晝耕夜讀，人事都絶。……厥後奔走四方，三入京洛。既而棲遲里門，自少迄老，取耳目所及者續書於後，凡五年爲一卷，以月繫歲，以日繫月，天道將週，積成十卷，名《三岡識略》。其間或得之邸報，或得之目擊，或得之交遊所稱道，可以備稽考，廣聽覩，益勸戒者，靡不遠諮詳訪。即事屬極微，語無詮次，要旨確有根據，抑亦稗家者之流也。夫《搜神》《冥洞》，其旨近詭；《杜陽》《述異》，其説或誣。取兩者而折衷之，豈敢曰鼓吹前哲，抑以資覆瓿者之一助云爾。」凡例云：「是書始於甲申（按，順治元年，一六四四），終於癸酉（按，康熙三十二年，一六九三），共五十年。」

《續識略》小引云：「予年十八，喜弄鉛槧，顧弱齡多病，父母憐之，禁勿入書館。每遇奇聞異説，夜半起，帳中挑燈以方寸紙記之。積久，縱横敗簏中，因次第彙爲《識略》。私念此事無窮，此身有限，獲成十

[一] 按：該書所記之事直至康熙三十六年，可知是時董含尚在世。又據《續識略》董含小引，《三岡識略》前十卷完成時，其年爲六十八，其時則爲康熙三十二年，逆推之，可知董含當生於明天啓六年。又該書「蓴鄉贅客自述」一條云：「四十一，慈親見背。」按董含有《閔離草》一集爲其替母守孝期間所作詩，其作年起於丙午夏秋之際，即康熙五年，距天啓六年正四十一年。詳見本編集部《藝葵草堂詩稿》條。

卷，幸齒登六十八，老矣，可以止矣。而宿習所纏，猶未能免，今附録數十則，擬爲《續識略》。」按《續識略》及《續補遺》記事始於甲戌（按，康熙三十三年，一六九四），終於丁丑（按，康熙三十六年，一六九七）。

復旦藏。

## 三岡識略十卷續識略一卷

明末清初華亭縣董含撰，清抄本，四册。半葉十行，各行字數不等。卷首有清康熙十七年（一六七八）盧元昌序、清康熙十七年董含自序、《凡例》及沈白題詞。各卷卷首有目録。卷端題「華亭董含著，一字閬石，一字榕城，别號蓴客」。鈐有「武林葉氏藏書印」朱文長方印。

沈白題詞云：「丁丑（按，康熙三十六年）仲夏，小憩東皋客舍，雨窗快讀榕城先生《識略》，未終卷而擊節久之。因嘆史館中二十年來不知撰述若何。頭白有期，汗青無日，安得大手筆爲之裁定，垂千秋信史耶？草野遺民，拭目俟之矣。爲拈二韻志感云：『《輟耕》録自南村叟，《桯史》傳於岳倦翁。身閲滄桑文獻在，《三岡識略》並稱雄。』『從他紀事饒銀管，自有藏書儷玉杯。誰識江都真史筆，謾誇梁苑有鄒枚。』」

該抄本《三岡識略》與上本相較，其文本形式有諸多不同。首先，上本中的《補遺》十卷，該本皆位於《識略》正文中；上本《續識略》二卷中部分條目，亦分别位於該本各卷之内。其次，各卷條目之安排亦不盡相同，如「三吴風俗十六則」，上本位於卷十，此本則位於卷六。故上述二抄本當屬不同系統。

上圖、國圖、中科院、南大藏。

## 摘抄三岡識略十卷續識略二卷

明末清初華亭縣董含撰，清李文田家抄本，一册。半葉十行，行二十字，小字雙行同，緑格，四周單邊，白口，單魚尾。首有李文田跋，卷首有清康熙十七年（一六七八）盧元昌序及凡例九則，《續識略》首有清康熙三十三年（一六九四）董含小引。各卷前有目録。卷端題「華亭董含著」。

李文田跋云：「《三岡識略》十卷，續二卷，係抄本，光緒十七年（一八九一）見之廠肆中。楊鳳苞《秋室集》云，《三岡識略》一名《蓴鄉贅筆》。今以吴震方《説鈴》校之，果即是書，但删去過半耳。兹摘其删去者補抄，以彌《説鈴》本之缺。其《蓴鄉贅筆》已刻者不復抄，以省重複也。」

國圖藏。

## 説夢不分卷

明末清初華亭縣曹家駒撰，清抄本，一册。半葉六行，行二十字，小字雙行同。卷首有曹家駒自叙《説夢叙言》，無目録。卷端題「華亭曹家駒繭庵」。鈐有「梧生」「郎邪寶書珍藏」「姚光劫後所得」朱文方印，「臣模之印」「唐天溥印」白文方印。

曹家駒字千里，諸生。不求仕進，居鄉里，多有惠及鄉民。年八十餘卒。傳詳嘉慶《松江府志》卷五十七。

該書敘述著者所親歷之事，其中多有關松江地區掌故。曹家駒自敘云：「予行年八十，每燕居，深念少時攻帖括，困于公車，不能博一官。又承先人之業，不能積粟帛，廣田園，徒爲鄉里小兒所姍笑。惟是天假之年，偷身長視，使得縱觀夫升沈榮瘁之變態，舉所見脩富貴容而炫赫耳目者，莫不化爲烟雲，蕩爲泠風，而煢煢老儒，猶得抵掌而談其遺事，是若輩之夢境已盡，而吾之聽其告者，猶流連而未去也。夫既能聽之，必能説之，則何不以筆代古，使後人得寓目焉廣其舊聞乎？間有可以備法戒者，是亦後事之師也。」

上圖藏。

## 説夢一卷

明末清初華亭縣曹家駒撰，抄本。半葉十行，行二十二字，小字雙行同。卷首有陳璇序、曹家駒自序，無目録。鈐有「文權校録秘籍」「簣進齋」白文方印。

陳璇序云：「曹繭庵先生天資明敏，博學多才，洵爲儉歲豐年之穀玉，蓋不惟家丞之秋實，亦兼擅庶子之春華。故其文章、經濟卓然可觀。曩玩其《海塘紀略》一書，則先生濟世利物之老謀已見一斑。兹諦觀《説夢》一編，又何其敘述之典雅，機趣之悠揚。至其飛辨騁詞，殊不減馬遷、孟堅之筆法也。」

該本當爲封文權抄本，其天頭處補入與正文相關之史料，如在叙建造松江海塘一條上抄入吴騏《海塘紀略序》，於述清初諸生應科舉條上抄入《堅瓠集》中諷刺諸生之詩等。

上圖藏。

## 説夢一卷

明末清初華亭縣曹家駒撰，抄本，一册。半葉十行，行二十四字，小字雙行同。卷首有僧志瑩序、清康熙二十八年（一六八九）岑琔叙、曹家駒《説夢自叙》、清康熙四十九年（一七一〇）慧峰氏序，無目録。卷端題「雲間繭庵曹家駒千里氏著，楓牖孫芑澧有氏校」。卷末附録《松江府志》曹家駒本傳。

僧志瑩序云：「歲己丑（按，康熙四十八年，一七〇九），避暑曠心丈室，與余暢譚禪旨，深得三昧。謂世人好夢，快心之事爲吉夢，拂逆之遭爲惡夢，區區靈府，被他汩没殆盡，是可哀也。因出《説夢》一書示余。余閲之，援引多松事，志實也。備詳顛末，醒夢也。」

該序上有眉批云：「己丑恐有誤。岑叙是康熙二十八年，若己丑又後二十年。集中載海塘事已有康熙十一、十三等年，則非順治六年之己丑，又可知矣。」

與上二本相校，該本末附《華亭縣均田均役碑記》《擬募建均田均役碑亭小引》《論開國功臣》《論靖難功臣》四則，後題云：「以上四則，原本附録《説夢》之後，未詳繭庵先生所作，有殘闕處，録之仍其舊云。」

上圖藏。

## 奩史一百卷拾遺一卷

清嘉定縣王初桐撰，清嘉慶二年（一七九七）古香堂刻本，四十册。半葉十行，行二十字，小字雙行同。左右雙邊，白口，單魚尾。卷首有清嘉慶二年伊江阿序，有目録及凡例。卷端題「東吴王初桐于陽纂述，松江王昶述庵閲定」。

王初桐著有《灌園漫筆》，已著録，生平參見本編子部譜録類。

該書彙集歷代典籍中有關婦女之文獻，分夫婦、婚姻、統系、眷屬、妾婢、娼妓、肢體、容貌、性情、蠶織、針線、井臼、文墨、幹略、技藝、音樂、姓名、事爲、誕育、術業、衣裳、冠帶、襪履、釵釧、梳妝、脂粉、宫室、牀笫、飲食、器用、綺羅、珠寶、蘭麝、花木、禽鳥、仙佛三十六門。

伊江阿序云：「《奩史》之作，昉於凌義渠，論者稱爲幽艷，然止兩卷而已。蠷堥山人薈萃諸子百家之書而甄綜之，廣爲二百卷，删存一百卷，分爲三十六門，凡若干類。首夫婦，著造端也。終仙佛，志皈依也。大而典章制度，小而一名一物，徽言懿行必録，香麗瑰奇不遺。至纖至悉，浩如秩如。以鄭樵、王應麟之學，行張泌、宇文氏之文，而義渠不足言也。是可傳已。山人工詩，工古文，工長短句，當代名人論之詳矣。予嘗見其群書經眼録，經史子集，浩若煙海，爲種一萬二千，爲卷二十萬。山人之涉獵，可謂廣矣。而擷二十萬卷之精華，爲等身之事業，雜著十七部，識大識小，靡不卓然可觀，《奩史》其一也。山人之纂述，可謂勤矣。……蓋江左固多奇士，自三茅君主籍玉晨，其流風遺韻至今未盡泯也。予是以亟亟焉羅而致之幕下，蒲團與共，香火與共，一時同人咸以《奩史》爲風雅之宗，請予爲序，而校而刊之。或云山人有内記室，博雅知書，是編抄撮之功，半出其手，又粉印青編之餘事也。」

國圖、清華、南圖藏。

# 集　部

## 楚辭類

### 離騷節解一卷離騷本韻一卷離騷正音一卷離騷節指一卷

清青浦縣張德純撰，清康熙間讀書松桂林刻本，一册。半葉九行，行十九字，小字雙行同。左右雙邊，白口，單魚尾。内封題「古郟張松南解解/離騷/讀書松桂林藏板」。卷首有清康熙五十三年（一七一四）張德純自序。正文依次爲《離騷正音》《離騷本韻》《離騷節指》《離騷節解》。離騷節解卷端題「古郟張德純節解」。鈐有「橋川時雄」朱文方印。

張德純著有《孔門易緒》，已著録，生平參見本編經部易類。

該書將《離騷》分爲十三節，節下又分若干解。《節指》一卷，概括各節之大意，《節解》一卷，於每解下注釋字句。

張德純自序云：「小在懷抱時，值先君子晚歲幽屏，於古人文章特嗜此篇，坐諷行吟，曾不蹔舍。不肖爾時便能上口。逮識字後，先子復時有所指授作者何如人，所遭何如境，篇凡幾節，節凡幾解，某語本屬某意，某字當從某音，謹識之而已。集年漸長，出遊文場，見諸名流每有稱引，與曩時所聞不甚契合。徧求自漢以來各家疏注，錯綜觀之，亦離合相半，終覺胸中所懷格格未盡於此也。歲乙酉（按，康熙四十四年），薄遊鄂城，劉君嵩齡相從受經，次及《楚辭》，就洪興祖舊本隨手點定，意所欲言，便旁著數語，於舊解小有異同。大抵小時所聞於先子者是。劉君年少憙事，以爲雋絶，慫恿悉加箋訂，便自成書，余漫應之而未暇也。自抵官常山[一]，益牽於吏事。今歲夏旱，輟訟齋居，偶檢篋中文字，得顥兒録存小本，見大體麤具，棄之可惜，苟意所未盡吐而暢之，亦足以追古人之心曲而備一家之言。故復爲詮次，手抄一通，藏之家塾，以爲他年歸老倦餘吟諷之資，非敢出而示人，令復嗤其無病而呻，不悲而涕也。」

中國人民大學圖書館、中科院、東北師大等處藏。

## 楚辭節注六卷附楚辭叶音一卷

清金山縣姚培謙撰，《楚辭叶音》，清婁縣劉維謙撰，清乾隆六年（一七四一）刻本，二册。半葉八行，行十八字、小字雙行，行二十八字。左右雙邊，黑口，雙魚尾。内封題「乾隆辛酉春鐫／楚辭節注／鱸香居

---

[一] 按，據光緒《常山縣志》，張德純任常山縣令在康熙四十八年。

士讀本」，卷首清乾隆六年張弈樞序、姚培謙《例言》八則。卷一爲《離騷經》，卷二爲《九歌》，卷三爲《天問》，卷四爲《九章》，卷五爲《遠遊》《卜居》《漁父》，卷六爲《招魂》《大招》。卷端題「華亭姚培謙平山節注」。末附劉維謙《楚辭叶音》一卷，卷端題「雙虹劉維謙」，末有小記云：「韻學素未究心，同學劉君友萍研討最精，著有《楚辭叶音》一卷，附刻以便讀者。」

姚培謙撰有《春秋左傳杜注》，已著録，生平參見本編經部春秋類；劉維謙撰有《詩經叶音辨譌》，已著録，生平參見本編經部詩類。

張弈樞序云：「鱸香先生讀書纘言，篤學好古，上自《左》《國》《史》《漢》，下逮唐宋八家，已論列有成書，而於《楚辭》獨宗《集注》，嘗爲余言：『……我於《楚辭》止節取訓詁，不尚議論，正欲使學者空所依傍，熟讀深思，庶人人得真面目耳。』」

該書依據朱子《楚辭集注》，節繁舉要，以爲家塾課本。間録王逸《楚辭章句》之能與《集注》相發明者。

北大、國圖、上圖、天津等處藏。

## 離騷解一卷楚詞九歌解一卷讀騷列論一卷

清南匯縣顧成天撰，清乾隆六年（一七四一）刻本，一册。半葉九行，行二十一字，小字雙行同。左右雙邊，黑口，雙魚尾。《離騷解》前有清乾隆六年自序，《楚詞九歌解》前有清雍正二年（一七二四）嚴文在序、清乾隆六年林令旭序、清康熙五十三年（一七一四）周彝序、清康熙五十二年（一七一三）黄之雋序及清康熙四十九年（一七一〇）自序。《離騷解》卷端題「顧成天稿」，其餘二種卷端題「顧成天小厓著，黄之雋唐堂閲，受業葉源宿河校對」。

顧成天（一六七一—一七五二）字良哉，號小崖。雍正八年（一七三〇）進士，官翰林院侍講。傳詳嘉慶《松江府志》卷五十九。

《離騷解》序云：「孝子不得於親，如窮人無所歸。忠臣亦然，惟其不忍離而不得不離，無所控訴，作此以告天下後世，明臣道之變，故以『離』名篇。從來注疏未免削趾適履，使纏綿懇惻之誠入於模糊影響，雖經朱子表彰藝林，但獵其文采而不求甚解。至於求女爲求君，此王逸以來之謬誤，實非古而背理，乃因仍至今。舊著《九歌解》已梓行世，此篇向欲訂之而未逮。近兀坐小齋，鮮賞奇析疑之友，無聊中正堪與古人晤對。因取而梳櫛其大意，澄澗分沙，血脈流貫，蓋熟復之後宛相告語。若夫蒐羅詮釋，取合舍違，俟我同志。」

《楚詞九歌解》自序云：「自幼嗜《騷》，二十以内誦幾及千。始而不知解，既而求其解，又既則疑其解。然自《離騷》一篇而外，若《九章》，則《騷》之照面注脚也。他如《天問》之故爲荒唐，《遠遊》之託爲玄渺，尋其意緒，俱可沿故得新。唯《九歌》爲事神之詞，舊本於本題之下俱有『祠』字，後人去之，雖瑰譎縹緲，不可方物，而實皆照題抒意，非即意命題。如太一爲神之最尊，其文體則莊而不逸，麗而不流，但陳佩設歌舞之盛而已，不敢旁溢也。雲中君與東君稍殺焉，兩司命與人關切，則重寄其情矣。唯河伯越祠，而山鬼卑微，少涉於諧。《國殤》稱其武勇，《禮魂》誦其聲香，何嘗有一篇不切題者？而舊説但以不合于神爲不合于君，總以『隱寓忠愛』四字了之。他篇猶可，至于《湘君》《湘夫人》兩篇，誤解爲《離騷》求女之意，並爲一談，牢不可破。孰知《離騷》求女，一則爲懷王之惑鄭袖，再則爲懷王之娶婦于秦，三則爲頃襄之迎婦于秦，第眩亂其辭以隱其意耳，未嘗以求女比思君也。況此事神而非寓言之比，豈有典册所載，皇皇聖配，而敢于狎侮若沿襲之解云云，古今天壤無此文章也。比以幽憂之疾，閒居寡接，乃相比而訂之如左。」

上圖藏。

## 別集類

### 杜詩闡三十三卷

唐杜甫著，明末清初華亭縣盧元昌闡，清康熙二十一年（一六八二）刻本，佚名批校，八册。半葉十行，行二十二字，小字雙行同。四周單邊，黑口，單魚尾。卷首有乙未仲冬佚名手書序、清康熙二十一年盧元昌自序。每卷前有目録，卷端題「華亭盧元昌文子氏著」。鈐有「湖海之士」朱文長方印，「長文」「小湖鑑賞」「王培孫紀念物」「楓江」「趙氏墨莊」朱文方印，「臨川南氏」「文然印」白文方印。

盧元昌（一六一六—一六九三後）字文子，居華亭東郊。明諸生，操選政，風行於世。入清，坐逋賦削籍，以著述老於鄉，年七十八尚在世。傳見上圖藏抄本董含《三岡識略》卷十《盧先生》。

是書爲杜詩全注本，各卷以年爲序編排杜詩，各詩下貫串各句注釋，連綴成文，以闡發全詩大旨。其文有長達千餘字者。盧元昌自序云：「世稱少陵詩之難讀也，古今注家奚翅數十，顧有因注得顯者，亦有因注反晦者。一晦於訓詁之太雜，一晦於講解之太鑿，一晦於援證之太繁。反是者，又爲膚淺凡庸之詞，曰吾以杜注杜也，則太陋。況長篇而所發明者只一二言，數首而所發明者只一二首，其衆曉者及之，衆所不曉仍置焉，如是者又太簡。予於雜者芟之，使歸於一；於鑿者核之使確；於繁者約之，使不多指而亂視；於陋者澤之使雅；於簡者櫛比而徧識之，使不罣漏。而又加以鎔鑄組織之功焉。……凡注家所未及者，約千有餘條，名之曰《杜詩闡》，蓋自乙巳（按，康熙四年）至壬戌（按，康熙二十一年），凡十八年矣。」

佚名序云：「近世注杜之善者，無如錢牧齋、朱愚庵，徵引淵博，别裁譌謬，一洗千家注之陋，誠當奉爲金科玉條矣。但少陵命意深奥，注家徒徵引典故，而於作詩之旨俱不之及。淺學之士循文求義，每苦其不能接洽貫通，惟盧氏《詩闡》獨能融會故實，綴以微辭，委婉傳神，口吻畢肖。使讀者無懸空揣度之患，不可謂非草堂功臣矣。然或先立己見，强詩意以就之；或攙入他説，多引時事，本非詩中所有，徒生蛇足；或前後錯綜糾纏，非復原文條理。至于講章迂腐之見，時文熟爛之詞，一味闌入，不脱傖父面目。就其所解，長篇多貼體會得情，五七言律好爲支離之説，如出二手。乙未仲冬初旬閲起，臘月望日卒業。删其繁蕪，抉其瑕疵，耳目爲之一清。但删削處詞氣未能條達，俟明春課誦之暇加以潤色，使詞約而意該，一展卷而詩意瞭然，于讀杜之法豈無小補哉？望後一日午刻對雪書。」該本於注文中多有朱筆删改手跡，書中又多有眉評及夾評，當是此人所爲。

上圖藏。

## 杜工部詩集集解四十卷年譜一卷附録一卷

唐杜甫著，清青浦縣周篆解，清抄本，十二册。半葉八行，行二十二字，小字雙行同。卷首有周篆《杜工部集序》、周篆所撰《杜工部傳》《杜工部年譜》及《凡例》十四則。後爲附録一卷，先列元稹等十餘家評杜之言，次爲《杜詩逸解》，則爲著者注杜之宗旨。各卷前有目録。卷端題「周篆集解」。附録後有乾隆十七年（一七五二）惠棟跋。鈐有「曾居無悔齋」朱文長方印，「璜川吴氏收藏圖書」「季振宜印」「滄葦」「季振宜讀書」「松厓」「紅豆邨藏」朱文方印，「惠棟之印」「張囗唯一又字葦易或曰渭逸」白文方印。

周篆（一六四二—一七〇六）字籀書，號艸亭先生。學窮經史百子，與當時名宿顧炎武、張履祥、王錫闡等交，晚年僑居吴江。生平喜游歷天下山川。傳詳《艸亭先生集》附周廉等撰《艸亭先生年譜》。

該書爲杜詩全集注本，各詩按年編排，周篆自序云：「予不能知李，而于杜詩尤不能知，惟于其顛倒折挫、困頓流離之作，讀之往往如我意所欲出。又嘗南自吴、越，北過燕、趙，經齊、魯、鄭、衛之區，荆、楚之域，極于夜郎、滇僰。復浮彭蠡，泛洞庭，窺九嶷，臨溟海而回。跡還三萬，歲週二星，凡舟軒車騎，旅郵店亭，尤于其詩之跋涉高深，出入夷險者，相須如行資徒侣。苟有不解，則就擔簦問之。窺之既久，時見一班。雖其官拜拾遺，從容朝右，卜居錦水，情事悠悠，與予境遇絶不相謀之所爲，亦莫不心知其意。扃鐍既開，户牖斯在，解釋所及，都爲四十卷。縱使言之無當，僅不能爲公驅除蚍蜉而已，蒼然大樹，固無恙也。」該書注杜，主於「法脉」之説。《杜詩逸解》云：「人知杜詩之善，不知其所以善，相與解杜詩而卒不得其解。非杜詩之不可解與不可知也，不知法脉，則雖終日聚訟而卒不得其解。則雖極口譽之，而終非其所以善。故法脉爲千古詩文要訣，始自風騷，沿于有宋，公尤獨擅其長，窮極其變。彼煦煦之見，盡力于典故、名物、聲訓、字句之間，夫何足以言詩？」

惠棟跋云：「本朝注杜者數十家，牧齋而下，籀書次之，滄柱以高頭説約之法解詩，爲最下矣。籀書名篆，由青浦徙吴江，所著有《草堂詩文集》，又嘗撰《蜀漢書》八十餘卷。乾隆丁卯（按，乾隆十二年，一七四七），予預備府志，采其書入《藝文》云。」

國圖藏。

## 李義山詩解一卷

唐李商隱著，清華亭縣陸崑曾解，清雍正四年（一七二六）金陵劉晰公刻本，四册。半葉九行，行十九字。四周單邊，黑口，單魚尾。内封題「雍正四年鐫/陸圃玉先生解/李義山詩/金陵劉晰公梓」。卷首有清雍正二年（一七二四）陸崑曾自序、《凡例》、諸家詩評、《舊唐書·文苑傳》及雍正六年（一七二八）陸廷燦手跋一則，有目録。卷端題「華亭陸崑曾解，男鉽編次」。鈐有「華亭陸氏藏書印」朱文長方印，「廷」「燦」「陸紹良印」白文方印。

陸崑曾字圃玉，陸閎從子。康熙五十年（一七一一）舉人，官宿州學正。工詩，與黃之雋、焦袁熹、徐是傚齊名。見光緒《重修華亭縣志》卷十六。

是書疏解李商隱之七言律詩。陸崑曾序云：「古人有作，當事迹已亡，典故無考，惟虚字活字可用吾心體度而發明之，此天池生之説也。余嘗以其説解義山詩，竊有得焉。甲午（按，康熙五十三年，一七一四）秋，大司農儼齋王公屬余校閲《明史》列傳，與岾嵐陳子同館賜金園。每值餘閒，出義山詩共讀之，通其語意，間爲疏解。岾嵐謬以余爲知言。一日，司農公見諸案頭，曰：『子所解甚善，盍亟成之？』明年乙未，會余有温陵之役，迄丁酉（按，康熙五十六年，一七一七）遊大梁，旋隨清河中丞入都。己亥（按，康熙五十八年，一七一九）南歸，復留趙司馬淵如署中，歷今十餘年。所至之地皆倥偬牒訴，曾無寧晷。曩稿半遭蠹齧矣。甲辰（按，雍正二年），適淵如委署揚榷，事稍簡，乃得從容卒業焉。自春徂秋，九閲月而此書始成。其事迹、典故備悉前輩朱長孺箋，余惟於虚處活處發明作者之意。計七言近體詩百一十七篇。」《凡例》云：「義山古詩，自魏晉至六朝，無體不有。如《井泥》《驕兒行》《行次西郊》等篇，意在規模老杜，然但得其質樸，而氣格韻致終遜之。即五言律詩亦稍薄弱。惟七律直可與老杜齊驅。其變化處乃神似，非形似也。昔人解杜詩，多以七律專行。余於是編不及別體，正以表義山所長耳。」又云：「是編始於康熙癸巳（按，康熙五十二年，一七一三），成於雍正甲辰。鑒定者大司農王公儼齋。參閲校讎及雕版行世，則明經陳岾嵐、分司張容谷暨吾叔南村先生也。」

陸廷燦跋云：「《錦瑟》舊解，向不信以爲然，□是悼亡之作，詩中詞意甚明。癸未（按，康熙四十二年，一七〇三）之秋，謬記數語于集後，自慚末學，不敢輕以示人，不覺二十餘年矣。今見雲間宗人圃玉所著《義山詩解》，雖意見稍有不同，而亦爲悼亡之作無疑。至斷絃之説，亦不謀而合。疑義于此始析，因援筆志之。」

上圖、南圖藏。

## 李義山七律會意四卷

唐李商隱著，清金山縣姚廷謙箋，清雍正五年（一七二七）刻本，四册。半葉十行，行十九字，小字雙行，行二十九字。黑口，左右雙邊，雙魚尾。全書無序跋，卷端題「華亭姚廷謙平山」，卷末題「吴郡王素軒録，金陵王兆周鐫」。鈐有「帝賜之姓曰董」朱文長方龍邊印。

姚廷謙即姚培謙雍正十年（一七三二）前所用之名，據姚培謙自撰年譜《周甲録》乾隆十年（一七四五）條云：「改名培謙，避祖諱也。」著有《春秋左傳杜注》等，已著録，生平參見本編經部春秋類。

該書爲李商隱七律詩箋釋之作。各句下小字雙行注以典故，詩末大字低一格疏通全詩。該書不避「弘」字（卷四《奉和太原公送前楊秀才戴兼招楊正字戎》「潼關接地古弘農」），故當刻於雍正時。全書内容大致被收入姚氏於乾隆時所著《李義山詩集》卷九至卷十二中。

清華、上圖藏。

## 李義山詩集十六卷

唐李商隱著，清金山縣姚培謙箋注，清乾隆五年（一七四〇）姚氏松桂讀書堂刻本，四册。半葉十行，行二十一字，小字雙行，行三十一字至三十二字不等。左右雙邊，白口，單魚尾。卷首有清乾隆四年黄叔琳序、《新唐書》本傳、《例言》五則，書末題「乾隆庚申二月吴郡王煦谷録」。有目録。目録後手書「五古二十首，七古二十一首，五律一百四十六首，五排五十二首，七律一百十二首，五絶三十五首，七絶二百零一首，共五百八十六首」。卷端題「華亭姚培謙平山箋，青浦王原西亭閲」。版心下方題「松桂讀書堂」。刻工有德昭、俊公、正明、昱昭、聖傳、玉山、省南、竣極、開山、殿一、邱仲先、羽豐。鈐有「憖人負我毋我負人」「吴興劉承幹長生安樂」「劉承幹印」「承幹之印」「臣承幹印」「烏程劉承幹讀過之書」白文方印，「吴興劉氏嘉業堂藏書印」「求恕齋珍藏書畫鈐記」「南潯劉翰怡收藏書畫」「求恕齋藏」「翰儀」「貞一鴻雪」「劉之伯子」「南林劉翰怡收藏書畫」朱文方印，「劉玉」「求恕齋」「吴興劉氏嘉業堂藏」朱文長方印。

該書疏解李商隱詩歌，爲著者《李義山七律會意》之續。全書按體編排，卷一爲五言古詩，卷二爲七言古詩，卷三至卷五爲五言律詩，卷六至卷八爲五言排律，卷九至卷十二爲七言律詩，卷十三爲五言絶句，卷十四至十六爲七言絶句。

黄叔琳序云：「以吾觀於唐人李義山之詩，抑何寓意深而託興遠也。往往一篇之中猝求其指歸所在而不得，奥隱幽艷，於詩外别開一洞天。前賢摸索，亦有不到處，元裕之已有『無人作鄭箋』之歎矣。自石林禪師創爲注，而朱長孺氏繼成之，馳譽藝林數十年於兹。顧釋其詞，未盡釋其意。間有指稱，僅十之二三，則讀者猶不能無遺憾焉。雲間姚平山氏熟觀朱注，惜其未備也，乃更爲箋注。援引出處，大半仍朱，至於逐首之後，必加梳櫛，脉理分明，精神開發，讀之覺作者之用心湧現楮上，洵乎能補石林、長孺之所未備也。……蓋平山此書，本以釋意爲主，發軔於七律，而後乃及其全。然於援引出處，亦多糾正。……平山向有《離騷》《九歌》《招魂》解，又所著經説，於《毛詩》小序、《集注》之兩歧者，確能定其從違，蓋非直窮年用力於義山詩者也。而於義山詩亦可見其博雅該通之大略焉。」

《例言》云：「朱注援引極博，茲所用無慮太半。過繁者删之，間遇缺者補之，譌者訂正一二；先釋其辭，次釋其意。欲疏通作者之隱奥，不得不然。至如《錦瑟》《藥轉》及《無題》諸什，未知本意云何，前賢亦疑不能明。愚者取而解之，一時興會所至，不自量爾；往有《義山七律會意》一刻，友人惜其未備，因成此書，並取《會意》覆勘，十易二三，期於無遺憾而止，顧未能也。」

復旦、清華藏。

## 釋柯集一卷補遺一卷餘集一卷

明末清初金山縣流寓蕭詩撰，清康熙二十五年（一六八六）刻本，二册。半葉九行，行十九字。左右雙邊，單魚尾。白口，卷首有清康熙二十五年王九齡序、吴騏序及清康熙二十八年（一六八九）曹偉謨序。卷端題「雲間蕭中素芷厓譔，同學邵氏詰晴岩、陶爾穟穎儒、錢興諧耕吴、黄廷寵慶臣仝訂」。該集又名「蕭山人集」。内有陳乃乾批校，末有民國八年（一九一九）陳乃乾跋。鈐有「平宜曹」朱文橢圓印，「寄敍」「乃乾」朱文長方印，「漁樵人」白文方印，「兆熊」「陳乾手校」「王培孫紀念物」朱文方印。

蕭詩（一六〇七—？）字中素，號芷厓，以字行。蕭山縣諸生，明亡後由亭林鎮僑寓朱涇鎮，隱於木匠，精詩工書。傳見光緒《金山縣志》卷二十七及本書陳乃乾跋。

王九齡序云：「今丙寅（按，康熙二十五年）爲攬揆辰，年已大耋。而矍鑠如少壯，海内同人爲之泛流霞，鏗金玉，既壽其人矣，又欲并壽其詩，取夙昔著述悉付梨棗。」

曹偉謨序云：「予記甲辰（按，康熙三年，一六六四）初冬，從申浦東還，取道於亭林，訪顧野王遺跡。聞此間有蕭子芷厓，世傳冬官之業而好爲詩，輒停橈訪之。蕭子揖余於將作之坐，出其詩百篇見示。予雖不及竟讀而心異其人。其明年，寄予《見懷詩》一篇，推許過當。予倚歌而報之，迄今三十年矣。蕭子之詩日益工，著作日益富，世所傳《釋柯集》是也。今年秋，復寓書於予：『餘集將竣，先生爲我序之。』」

陳乃乾跋云：「山人工書畫，精音律，而詩尤爲漁洋所稱。著有《南邨近草》《葯房詩草》《釋柯集》等。此册僅《釋柯集》二卷，别從舊抄本及《松江詩鈔》《書臺詩鈔》校補。吾友鍾憪庵與山人同里，博學嗜古，嘗求山人遺詩不可得，則此册雖不備，當比于吉光片羽矣。」

該集一詩多見，如《薙髮》，既見《釋柯集》，又見《釋柯餘集》。各集詩不依年次，又不分體，隨意編排，雜亂無章。《補遺》爲據舊抄本《蕭山人詩集》《松江詩鈔》及《書臺詩鈔》補，係抄本。又《釋柯集》頁眉處又有陳乃乾朱筆所補遺詩

上圖藏。

## 蓼齋後集五卷

明末清初上海縣李雯撰，清順治十四年（一六五七）石維崑刻本，一册。半葉九行，行十九字，小字雙行同。四周單邊，白口，無魚尾。卷首有目録，卷一爲楚詞、樂府、四言古詩、五言古詩、七言古詩，卷二爲五言律詩，卷三爲七言律詩，卷四爲七言律詩、十體詩、七言絶句、詩餘，卷五爲雜文，其中《先君殉難本末》及《先囧卿行實》兩篇闕，而多《犨説贈袁令昭》一篇。卷端題「雲間李雯叔章甫著，後學石維崑輿瞻甫較」，卷末題「男略疇編録」。鈐有「劉承幹字貞一號翰怡」白文方印，「吴興劉氏嘉業堂藏書印」朱文方印。

李雯（一六〇八—一六四七）字舒章，號蓼齋。崇禎十五年（一六四二）舉人。與陳子龍、宋徵輿、宋徵璧等同爲雲間派領袖，與方以智、吴應箕等往來密切。入清，官中書舍人。傳見同治《上海縣志》卷二十。

該集爲李雯入清後的詩文集，與《蓼齋集》合爲一集，書根題「李舒章集」。全書前有順治十四年石維崑序，序云：「後十年所，崑既持斧五凉，復以視鹺得入吴會，而先生夢奠久矣。謁其墓，流涕噓吁者久之。……風流雲散，遺聲滅影，不覺愾乎以悲也。……惟是先生之文章，足以壽日月而貞山川，緝其遺書，訪厥散墜，是余之責也夫。迺蒐其詩文，釐爲五十二卷，而命諸梓。雖在少作，編録弗遺，志不忍，志不敢也。」《蓼齋集》爲李雯於明時所作詩文，《蓼齋後集》則爲雯入清後所作詩文。

復旦、上圖藏。

**三儂嘯旨五卷**

明末清初嘉定縣汪价撰，清康熙刻乾隆補修本，二册。半葉十行，行二十一字，小字雙行同。左右雙邊，白口，單魚尾。内封題「三儂嘯旨初鈔/嘉定秦氏汗筠齋藏板」。卷首有薛所藴序、康熙十八年（一六七九）沈荃序、許自俊引、《三儂嘯旨全集總目》，各卷前又各有目録。卷端題「嘉定汪价三儂氏著，同學許自俊潛壺氏評」。鈐有「守中讀書」朱文長方印。

汪价（約一六〇九—一六七九後）字介人，號三儂。順治末，河南巡撫賈漢復聘修通志。康熙十七年（一六七八）以博學經史薦，辭不應。傳詳本書卷一《三儂贅人自序》。

是書分《七子狂談》一卷，《天外天寓言》一卷，《書帶草堂弄筆》一卷，《上元甲子八百詠》一卷，《半舫詞》一卷。其《書帶草堂弄筆》卷首《三儂贅人廣自序》版心下方有題「乾隆四十六年慎齋補刊」。據卷首《三儂嘯旨全集總目》，三儂氏尚有未刻著作近三十種。

首圖藏。

**半林詩稿三卷**

明末清初華亭縣盧元昌撰，抄本，一册。半葉十一行，行二十一字，小字雙行同。四周雙邊，白口，單魚尾。卷端題「華亭盧元昌文子氏著」，卷首有董含跋。鈐有「八千卷樓藏書記」「善本書室」朱文方印，「嘉惠萬氏臧書之記」白文方印。

盧元昌著有《杜詩闡》，已著録。

該集分甲、乙、丙三集。甲集爲順治十三年丙申（一六五六）至康熙三年甲辰（一六六四）所作。卷末有盧文弨朱筆批：「順治十三年丙申集中詩以是年起，越百十九年，文弨得是集於宗人，信波解元所爲録而傳之。仲春六日。」乙集爲康熙四年乙巳（一六六五）至七年戊申（一六六八）所作。卷末有盧文弨朱筆批：「七古多不合調，獨四誄有同谷之遺音，辭亦新警。甲午二月十三日書。文弨。」丙集爲康熙七年戊申至八年己酉（一六六九）作。卷末有盧文弨朱筆批：「邑有名士而使不免于役，縣官可謂憒憒。二月二十日，文弨閱。」

董俞跋云：「予未弱冠，即與文子兄遊。其爲人廉静寡欲，不騖聲勢。與人交，重然諾，古道照人，一時詞壇彦會，雲興霞蔚，僕所心折，一人而已。獨居文選樓中，常經旬不出，而一字之評，重於華衮。海内之士，無不知有盧先生者。又以其緒餘發爲詩歌，氣雄以沈，格練而老。蓋十餘年來闔户注杜，故落筆便神，似大曆以後，勿屑也。……夫人文之傳世，亦有幸有不幸焉。幸者寥寥數語而垂之百祀，不幸者著述等身而變同蒼狗。或貧賤而常存，或富貴而湮滅。俯仰今昔，何可勝道？然如文子之人與詩，可以傳矣。」

南圖藏。

## 偶存草二卷

明末清初華亭縣彭賓撰，清初刻本，二册。半葉九行，行二十字至二十一字，四周單邊，白口，單魚尾。

卷首有吴偉業序，卷端題「雲間大寂子彭賓著，萊陽如須姜垓、婁水駿公吴偉業仝選」。鈐有「五公山人」白文方印。

彭賓字燕又，一字穆如，號大寂子。崇禎三年（一六三〇）舉人，與陳子龍友善，復社成員，後入幾社。入清後官至汝寧府推官。傳詳嘉慶《松江府志》卷五十六。

該集爲彭賓蒐集其所作散佚之詩稿而得，上卷爲樂府、七言古詩、五言古詩，下卷爲七言律詩、五言律詩、五言排律、七言絶句。

吴偉業序云：「余同年彭燕又刻其詩《偶存草》示余曰：『吾之詩以散佚不及存，以避忌不敢存，故所存止此，以名吾篇也。』……今燕又之詩雖出于亡失之餘，而其言皆發乎性情，繫乎風俗，使後人讀其詩，論其世，深有得于比興之旨，雖以之百世可也。」

國圖藏。

## 彭燕又先生文集三卷詩集一卷彭省廬先生文集七卷詩集十卷

《彭燕又先生文集》《詩集》，明末清初華亭縣彭賓撰；《彭省廬先生文集》《詩集》，明末清初華亭縣彭師度撰，清康熙六十一年（一七二二）隆略堂刻本，六册。半葉十行，行二十一字。左右雙邊，細黑口，雙魚尾。《彭燕又先生文集》《詩集》内封題「康熙六十一年鐫/雲間彭賓著，一字燕又，一字穆如/搜遺稿/隆略堂藏板」。卷首有清康熙六十一年李元復序、同年孫男彭士超《家序》，有總目。卷端題「華亭後學復孩氏李元度評選，孫男士超漢班、曾孫永壽、祖壽編輯，姪孫爲柱黼望、爲棟赤霞、爲栻欽灝、爲梅大庾、爲槎濟川同校訂」。《彭省廬先生文集》《詩集》内封題「康熙六十一年鐫/雲間彭師度著，一字古晉，一字省廬/檢存稿/隆略堂藏板」。卷首有陳子龍序、清順治十五年（一六五八）魏學渠序、清康熙六十一年李元度序、同年彭士超《家序》，有總目，卷端題「華亭肥溪圃者李元度評選，男士超漢班、孫永壽、祖壽編輯，姪爲柱黼望、爲棟赤霞、爲栻欽灝、爲梅大庾、爲槎濟川同校訂」。鈐有「隆略堂」朱文圓印，「一經世德」「汝昭」朱文方印，「周行潛印」白文方印。

彭師度（一六二四—一六九二）字古晉，號省廬，别號肥溪圃者。彭賓子。年十五即席成《虎丘夜宴同人序》，人稱文才。傳見嘉慶《松江府志》卷五十六。

該集爲彭賓之孫、彭師度之子彭士超所編其祖、父之詩文集。《彭燕又先生文集》卷一爲賦、雜文，卷二爲序，卷三爲序、對、論、諫、擬、説、銘；《詩集》分樂府、五言古律、七言古律、五言絶、七言絶。《彭省廬先生文集》卷一爲賦，卷二爲序、頌，卷三爲頌、文、引、記、傳、書，卷四爲書、序、説、題紀、論，卷五爲論，卷六、七爲祭文；《詩集》卷一爲五言排律，卷二爲七言古詩，卷三爲五言律詩，卷四至八爲七言律詩，卷九爲五、七言絶，卷十爲詩餘。

彭士超《彭燕又家序》云：「自先祖故後，家難頻仍。洎乎超生，家益淪替。先君日奔走長安，賣文自給。超弱冠即事浪遊，羈棲幕下。壬申歲（按，康熙三十一年，一六九二），先君見背，力營喪葬畢，即思彙集先祖、先君文集授梓，庶少盡孫子表揚之責。既以鹿鹿未逮，且以播越艱難之後，遺稿已十不存一，況先祖爲時已久，散失更甚。茲就亂帙中所揀得及《壬申文選》中已刊者彙録一册，雖爲文無多，然思古昔賢，或傳其一二篇，或傳其一二語，皆足誌諸不朽，則是集雖無多，正當公之棗梨而盡孫子表彰也。」

彭士超《彭省廬家序》云：「不肖自廿三歲浪遊，是時典籍書册皆先君收藏。即癸酉歲（按，康熙三十二年，一六九三）歸里，喪葬畢，即問遺書，業已散廢殆盡。至於先君遺稿，又杳不可問。蓋先君生平代人應酬，長篇短幅，伸紙疾書，草就即連稿付與，以故録諸册者十不得一。況又從而散失之耶？茲就不肖平時所偶録及亂帙中檢出者彙成一册，以公之當代大人先生，是亦吉光片羽之遺什。覽是集者，亦可想見先君子之流風焉。」

上圖藏。天津市圖書館藏有《彭省廬先生文集》《詩集》。

## 水西近詠十卷

明末清初青浦縣田茂遇撰，清順治十七年（一六六〇）刻本，二册。半葉八行，行十九字。四周雙邊，白口，無魚尾。《佛園詩艸》一卷爲四周雙邊，以下各卷爲四周雙邊，卷首有順治十七年田茂遇《詩刻叙引》，自述其詩歌創作經過，另有王崇簡序、順治十五年（一六五八）傅維鱗《水西近詠八種弁言》、順治十三年（一六五六）魏裔介《將歸草堂詩小引》、嚴沆序、吴偉業《夢歸草堂詩題詞》、龔鼎孳序、韓詩《水西近詠序》、陳祚明序、何竹《水西草堂詩題詞》。卷端題「華亭田茂遇髴淵父著」。版心下方題各集集名。鈐有「曹氏叟南」「是亦樓臧書印」白文方印，「趙氏鑑藏」朱文方印。

田茂遇字楫公，一字髴淵，號樂餓處士。以順治十四年（一六五七）舉人授知縣，不就。康熙十八年（一六七九）據鴻博，辭以病罷歸。傳詳嘉慶《松江府志》卷五十六。

該集凡《佛園詩草》《遊西山詩》《寓庵詩草》《思蓴草》《夢歸草堂詩》《將歸草堂詩》《細論軒近詩》《摯匹偶存》《築言》《北征草》各一卷。《佛園詩草》《遊西山詩》《寓庵詩草》卷端題「華亭田茂遇髴淵父著」；《思蓴草》《夢歸草堂詩》《將歸草堂詩》《細論軒近詩》《摯匹偶存》《築言》《北征草》卷端題「水西村農田茂遇髴淵父著」。

田茂遇《詩刻叙引》云：「余年十有八歲，始學爲詩。時京山鄭澹石先生僑寓泖上，同郡大樽先生過從信宿，觴詠靡間，風雅之事，朝夕商榷，每與聞焉。從此托興榛苓，寄懷稷黍，有唱必和，感慨係之，爰是有《大雅堂》初刻一集。戍、亥間（按，順治三至四年，一六四六——一六四七），我鄉洊罹兵燹，余投筆未能，焚研有志。時則荷鋤春夏，習射秋冬，庶幾混跡樵漁，以老我歲華矣。乃息影荒廬之中，訪道空山之裹，嘯以當歌，百端交集。此《豁工學吟》《舒嘯軒稿》《水西高逸詠》三種所由作也。既而祇遵嚴命，出應省試，旋遭北堂之戚，韻言綺語概置廢閣。越庚寅（按，順治七年，一六五〇）大祥，始一搦管援琴，卜夏未能成聲。覆瓿之餘，間有存者，是名《紅鶴軒初集》。自卯而辰（按，順治八至九年，一六五一——一六五二），南北舟車，幾無寧歲。登山臨水，竊笑大夫之悲；漢苑隋宫，不乏彼都之思。删百存十，用避時諱。是爲《紅鶴軒二集》。午冬（按，順治十一年，一六五四）跋涉，北征板橋。茅店之餘，合存一卷。迨被放式微，因資館穀。然而性本疎放，羞儗碎琴，義謝故人，耻言獻賦。《筑言》《摯匹》之刻，厥有由來。客久矣，季鷹秋風之思，其何能已！《夢歸》《將歸》《思蓴》三刻，皆丙申（按，順治十三年，一六五六）春作。嗣後襆被南來，羈棲入幕。或循陔而望，或停雲以思。《南帆》《越遊》二種，即在是歲秋冬間。里門同學諸子唱和日盛。良朋歡讌，非同金谷之遊；令節傳觴，敢擬蘭亭之彦。《細論軒詩》，作自酉歲（按，順治十四年，一六五七）。都下蕭寺僦居，間與白社緇流根究宗風，微探祖意，所以勉竣闈事，即與同志訂紅螺、白石之遊。朝來爽氣逼人，幾忘此身在客。此戊戌年（按，順治十五年，一六五八）事也。《寓庵詩》外，更有《遊西山詩》。昨歲江海震驚，避寇避兵，不減秦州杜老。今檢篋中諸體詩艸，不下數千百首。大都黄牛白馬之悲，不乏叢菊孤舟之句。嗣容汰去繁冗，以志歲時。」

上圖、國圖、天津、浙江等處藏。

## 蘭雪堂詩稿七卷

明末清初金山縣王廣心撰，清道光二十七年（一八四七）刻本，二册。半葉十行，行十九字，小字雙行同。左右雙邊，黑口，雙魚尾。卷首有清康熙三十一年（一六九二）宋犖序，有目録。是書按體分卷，卷一爲五言古詩，卷二爲七言古詩，卷三爲五言律詩，卷四爲七言律詩，卷五爲五言排律，卷六爲五言絶句，卷七爲七言絶句。卷端題「雲間王廣心農山氏著，五世孫承淮謹刊」。鈐有「王培孫紀念物」朱文方印。

王廣心（一六一一—？）字伊人，號農山。順治六年（一六四九）進士，官御史，屢疏議革明季漕糧弊政。與宋琬、曹溶、田茂遇及釋澹歸等交往。傳詳嘉慶《松江府志》卷五十七。

宋犖序云：「先生已矣！今年春，令嗣嚴齋總憲函先生《蘭雪堂稿》寄來豫章，屬余一言。諦觀諸體，如五言古詩則掇六季之英華，攄平生之懷抱，原本選體者居多。七言長篇有初唐四子之豐贍，餘則嘉州、信陽之間。近體兼衆家之長而沈雄飄逸，無所不有。陸士衡所謂『緣情綺靡』者，先生有焉。」

按，據宋犖序，該集當初刻於康熙三十一年。然該本卷端題「五世孫承淮謹刊」，則該本當刻於道光時。

上圖、南開藏。

## 鶴静堂集十九卷

明末清初華亭縣周茂源撰，清康熙間天馬山房刻本，六册。半葉九行，行二十字，小字雙行同。四周單邊，白口，單魚尾。内封題「雲間周宿來先生著/鶴静堂集/天馬山房藏板」。卷首有清康熙二十年（一六八一）王鴻緒序，無目録。卷端題「雲間周茂源宿來氏著，門人吴家吴非蒙、張世維冰懷校」。末有康熙二十年王奭跋。

周茂源（一六一三—一六七二）字宿來，號釜山。順治六年（一六四九）進士，官至浙江處州知府。嘗入幾社，與陳子龍、李雯等有交。傳詳其子周綸《不礙雲山樓稿》卷二十二《皇清誥封奉政大夫刑部郎中陞授中憲大夫知浙江處州府事崇祀鄉賢先考釜山府君行狀》。

該集卷一爲五言古詩，卷二、三爲七言古詩，卷四至六爲五言律詩，卷七至卷十一爲七言律詩，卷十二爲五、七言排律，卷十三爲五、七言絶句，卷十四爲七言絶句、詩餘，卷十五至十七爲序，卷十八爲序、跋、引、題詞、書後、説，卷十九爲記、表、啓、祭文。

王鴻緒序云：「余方總角時，周子鷹垂自其尊人括蒼郡廨，攜余姊氏歸省外舍，出其橐中詩就正於家大夫，咿唔不稍休。時余甫入家塾，從事帖括藝，不暇爲詩也。又三四年，釜山先生解組歸里門，築室干山之麓，絶意仕宦，日餐雲蒔竹，嘯傲自得，詩古文愈益富。余以周子故，得時從長者游，間吟一二短章，先生輒欣賞諷詠，指示座客，以爲大佳。……無何，萊陽宋觀察荔裳先生爲冤家構，落職，買蚱蜢舟，游江湖間。先生與家大夫皆曩官京曹時舊友也，因家五葺者半載，每流連文酒，握手歌呼，余亦數追隨兩先生杖履側，操翰林鬬捷，一時稱盛事。尋觀察别去，余亦偕周子僦裝應京兆試。不數月，先生竟以病不諱，聞周子麻衣馳赤日中，踉蹌南返。余不獲絜酒几筵，爲嘘嚱悵望者久之。……今年秋，周子復來京師，既被放，益豪於詩，發其抑鬱磊落之氣，而余塵世鞅掌，詩日益落。周子顧以余爲可與論詩，以先生集若干卷，屬余序。」

王奭跋云：「今年秋，鷹垂抵都，哀先生集若干卷視奭，謂：『子雖賤，不可無以表其師。』奭展讀次，不覺涕泗之汍瀾也。」

人大、國圖、中科院等處藏。

## 含真堂詩稿七卷

明末清初華亭縣宋徵璧撰，吴偉業選，清康熙間刻本，四册。半葉九行，行十八字。左右雙邊，白口，無魚尾，無欄線，首有吴駿公先生書，有目録。卷一爲序評，收陳子龍、李雯、宋存標、宋徵輿、彭賓序及王澐、董俞等八人評語及宋徵璧《上吴駿公先生書》。卷二爲五言古詩，卷三至卷四爲五言律詩，卷五爲七言古詩，卷六爲七言律詩，卷七爲五、七言絶句。卷端題「古婁吴駿公偉業甫選，雲間宋尚木徵璧甫撰」。鈐有「吴興劉氏嘉業堂藏書記」朱文長方印，「劉承幹字貞一號翰怡」白文方印。

宋徵璧（一六一四—？）原名存楠，後改名徵璧，字尚木。明天啓七年（一六二七）舉人，崇禎十六年（一六四三）進士。入清官潮州知府。與陳子龍、李雯等往來密切。傳詳嘉慶《松江府志》卷五十六。《上吴駿公先生書》云：「不佞枯槁木訥，凡遇大人先生，輒緘默逡巡。兹獨發其清狂，忘其忌諱，欲與閣下倣高廷禮《品彙》一書，以大復、滄溟、大樽爲正宗，空同、弇州爲大家，餘者概入名家，其羽翼、接武之名，商榷删并，要使耳目清朗。……不佞生平以心痗廢書，既少著述，又衰年多犬馬之疾，恐一旦遂填溝壑，因輯兵火餘燼，凡兒童時作居十之一，少年作居十之三，近年作居十之六。命姪思王、兒祖年編彙爲《含真堂詩稿》六卷，《詞稿》四卷。謹先就正於閣下。……詩以性情、志氣爲主，以自然爲宗，以屢遷其業爲良。淺詣之亦詩，深造之亦詩。轉折而下，不啻如決波；層累而上，不啻如登山。幾幾乎有欲從末由之嘆焉。」

復旦藏。

## 抱真堂詩稿八卷

明末清初華亭縣宋徵璧撰，清康熙間刻本，四册。半葉九行，行十八字，小字雙行同。左右雙邊，白口，無魚尾。卷首有總目，卷一爲序評，收吴偉業、陳子龍、李雯、宋存標、宋徵輿、彭賓、王澐、董俞、張友鴻、錢子璧、張洮侯、吴騏、吴懋謙、彭師度等人序評，並附宋徵璧《上吴駿公先生》。卷二爲五言古詩，卷三至卷四爲五言律詩，卷五爲七言古詩，卷六爲七言律詩，卷七爲五、七言絶句，卷八爲《雪窗詩話》。卷端題「古婁吴駿公偉業甫選，雲間宋尚木徵璧甫著」。卷七末有小字雙行題識，卷八詩話首有張安茂序，卷端題「雲間張蓼匪安茂、范樹侯彤弧定，宋尚木徵璧記」。

該本之《上吴駿公先生書》主體内容與上本大致略同，惟上本「《詞稿》四卷」，此本作「《詞稿》二卷」；上本凡遇「閣下」二字均换行頂格，此本則順文而下；又上本中部分過渡性語句，此本皆無。〔一〕

卷七末題識云：「是集刻于順治九年（一六五二）之冬，自入都後鹿鹿京塵，遂廢吟咏，故十年以後無詩焉。」

張安茂《雪窗詩話》序云：「《抱真堂集》，都人士皆争寶之，抄寫紙貴。同志復同詩話，刻之四明。」

按，該本卷一序評所收較《含真堂詩集》爲多，又增《詩話》一卷，而《上吴駿公書》亦似經修改。

〔一〕如《含真堂詩稿》本《上吴駿公書》中有論唐詩一段云：「夫大造日以高華者予人，而人每取其闇淡者；聖賢日以深永者教人，而人每取其淺近者。詩之有綺麗焉，而或以爲淫；清新焉，而或以爲弱；爛熳焉，而或以爲卑。當其好温、李，不知有錢、劉；及其效錢、劉，而後知温、李之靡也。當其好錢、劉，不知有高、岑，及其效高、岑，而後知錢、劉之薄也。但中、晚、初、盛，體格不一，俱各有傳於後，則亦各有精誠透徹，不可誣也。」在《抱真堂詩稿》中，無「大造」至「淺近者」一段。

則此本之刊刻當在《含真堂詩稿》後。

國圖藏。

## 抱真堂詩稿十二卷

明末清初華亭縣宋徵璧撰，清康熙間刻本，八册。半葉八行，行十八字，小字雙行同。四周單邊，白口，單魚尾。卷首有清康熙七年（一六六八）吴偉業序、王崇簡序。有總目，卷一至卷四爲五言古詩，卷五至卷六爲五言律詩，卷七爲五言律詩、五言排律，卷八至卷九爲七言律詩，卷十爲五、七言絶句，卷十一爲詩評，卷十二爲詩話。卷一至卷十前又有各詩細目。卷端題「雲間宋徵璧尚木著」，末附《抱真堂詩稿》編次及較訂人員。鈐有「何時一尊酒重與細論文」白文方印，「青松白雲處」「望山樓藏書」朱文方印。

吴偉業序云：「吾友雲間宋子尚木刻其抱真堂詩成，君方官嶺表，郵書數千里，問序於予。……當君之未出也，嘗欲倣高氏《品彙》定先朝一代之作，爲正聲，爲大家，續亡友之志以折衷正始，初不以兵火少白假易。……往者余有書與君論詩，期進於古之作者，心壯志得，不自知其難也。」

按，該集所收詩作，又較八卷本《抱真堂詩稿》爲多。吴偉業自序中所謂論詩之書信，正是上二本宋徵輿詩集内所附《上吴駿公書》，其中倣《唐詩品彙》以編寫有明一代詩歌總集以及論詩之宗旨，皆與此本序文相映。可知此本當爲宋徵輿詩集最後之定本。

上圖藏〔一〕。

## 豫章游稿四卷

明末清初華亭縣吴懋謙撰，清康熙間梅花書屋刻本，四册。半葉八行，行二十字，小字雙行同，四周單邊，白口，無魚尾，版心中央題卷數，下方題「梅花書屋」。卷首有題「藥山愚者」題辭，清康熙五年（一六六六）施閏章、周體觀、劉魯檜、周令樹序。卷端題「雲間吴懋謙六益氏著，西昌蕭伯升孟舫氏校」。鈐有「仲魚過目」朱文方印。

吴懋謙（一六一五—一六八七）字六益，號豫章，别號華萍山人。康熙間往來南北，人以謝榛比之。傳見嘉慶《松江府志》卷五十六。

周體觀序云：「雲間吴子六益爲詩垂三十年，海内無弗知者。……來西江，時又秋暮，匡山落木，彭蠡澄波，執手故人，徘徊池館，爲時四閱月，賦詩三百餘篇，可謂富矣。施愚山舟過章江，出其稿共讀之。……又從王印周署中得歲晚諸七言律，……印周又亟稱。」

是書一册一卷，卷一爲五言古、七言古，卷二爲五言律。卷三爲七言律、五言排律，卷四爲五言絶、七言絶。

〔一〕　上圖另藏有該集抄本一種，四册，版式、序跋、内容及書末編次較訂人員與此本皆同，當是據該本而抄。

國圖、中科院、南圖藏。

## 陸菊隱先生文集十六卷詩集四卷

明末清初嘉定縣陸元輔撰，抄本，六册。半葉九行，行二十五字。卷首有吴秋《陸翼王文集序》、清康熙七年（一六六八）蘇淵《陸子翼王文集序》、黄瑚《菊隱説》、陳瑚《練川菊隱先生小傳》、彭師度《陸子菊隱序》。各卷前有目録。末有陳瑚《菊隱先生文集序》。鈐有「舊山樓」朱文長方印。

陸元輔著有《續經籍考》，已著録，生平參見本編史部目録類。

是書爲陸元輔之詩文合集，《陸菊隱先生文集》卷一爲賦、辨，卷二爲考、論，卷三爲解、説、策、像贊、題，卷四至卷六爲書序，卷七爲贈序，卷八至卷十爲壽序，卷十一爲書，卷十二爲記，卷十三爲題跋、書後、引、疏，卷十四爲墓志銘，卷十五爲傳，卷十六爲行略、私謚議。《陸菊隱先生詩集》卷一爲五言古詩、七言古詩，卷二爲五言律詩，卷三爲七言律詩，卷四爲五言排律、五言絶句、七言絶句。

蘇淵序云：「其爲人忠諒敝夷，以科舉業不足竟其讀書之事，硯習經史，於三《禮》、《春秋》又考駁鉤索，極其精粹。至發爲詩歌、古文，所謂茂其實而充其華。仁義之人，其言藹如，不得徒以枝葉駢麗求之。其親炙于陶庵、上谷之緒論者深矣。」

陳瑚《菊隱先生文集序》云：「其讀書也，向夜則燃燈帳帷，擁被匡坐，目治口吟，達旦不寐。其法得之前輩，先朗誦數百通，章句爛熟而義理自出。晝則手抄注疏，條分縷析，鉤貫成編，而一斷以己意。其詩則一本於嘐邑四先生之教，以穩順聲勢爲主，然後吐爲金石之音，江河之氣。其文則上下馳騁，原本六經、兩漢，而斟酌于韓、歐大家之間。」

上圖藏。

## 菊隱詩選三卷附蔚庭詩選一卷

明末清初嘉定縣陸元輔、陸宗濰撰，清乾隆十年（一七四五）刻本，一册。半葉八行，行十九字，小字雙行同。左右雙邊，白口，單魚尾。内封題「菊隱先生詩選」。卷首有清乾隆九年（一七四四）樓儼跋、清乾隆十年王輔銘識、清雍正八年（一七三〇）陳瑚原序。有目録，《菊隱詩選》共古今體詩九十二首，《蔚庭詩選》共古今體詩三十九首。《菊隱詩選》前有乾隆九年四世孫振玉跋。卷端題「嘉定陸元輔翼王」，卷末題「後學戴范雲機又校，孫允恒、四世孫振玉恭閲」。《蔚庭詩選》卷端題「嘉定陸宗濰維水」，版心處題「維水詩附」，末題「後學戴范雲機又、張錫爵擔伯校」。書後附黄淳耀《思誠録序》、陸嘉淑《十三經注疏類抄序》、錢澄之《争光録序》、陳維崧《贈菊隱先生序》、黄瑚《菊隱説》、王晦《公舉陸菊隱夫子鄉賢呈稿》、《江南通志·儒林傳》、王輔銘《國朝練音集小傳》。末題「新安吴家倬石塘氏、汪光鋐練庵氏、汪榮星泉氏參校，四世從孫振玉觀成編輯，五世從孫仙芝紫三録」。鈐有「劉承幹字貞一號翰怡」「觀成陸氏圖書」白文方印，「陸振玉」「觀成」白文龍虎印，「吴興劉氏嘉業堂藏書記」朱文長方印。

該集爲陸元輔及其子陸宗濰之詩歌選集。陸振玉跋云：「高叔祖菊隱公少時即受業侯文節、黄貞文兩先生之門，講求性命之學，孜孜以踐形復性爲己任，雅不欲僅以詩文名世。然即詩文而論，其根柢盛大，文質適均，亦足見其平日耳濡目染，得于兩先生者，豈一朝一夕之故哉？……因其言以知其人，則詩文亦足以見公之大概。而全集之藏于家者，卷帙甚富，未克全刊。同邑前輩曾有精選詩抄，振玉先梓以問世，餘俟將來有力續刊。曾叔祖蔚庭公味道安貧，不愧名父之子，亦附詩數十首，以見其箕裘克紹。至公之大節，具載省志、邑志，自當與侯、黄諸先生並傳，匪獨爲寒門家乘光也。」

王輔銘識云：「生平所譔述不下數百卷，詩乃其餘事，亦幾及千篇。……而其詩文全集猶未之見也。康熙己亥（按，康熙五十八年），輔編次《練音集》，追憶曩所稱述者，思采録其詩，從令似蔚庭世執乞得菊隱詩二帙，披而讀之，各體具備。……顧限於翟氏凡例，止録其詩數首入《練音》，尋以原稿歸其家。未幾，蔚庭丈亦物故。二十年來，遺書之存亡莫必，時往來於懷。客歲，吾友戴君機又攜《菊隱詩選》見示，乃先生之族子振玉捐金剞劂，而曩時張南華先生所手録者，閱之狂喜。」

復旦藏。

## 林屋文稿十六卷詩稿十四卷

明末清初華亭縣宋徵輿撰，清康熙間九籥樓刻本，詩稿配抄本，七册。封面手題「林屋全集，九籥樓藏板」。半葉九行，行十九字，小字雙行同。上白口，下細黑口，左右雙邊，單魚尾。全書無序跋，文稿、詩稿卷首各有目録。卷端題「雲間宋徵輿轅文甫撰，男太麓、太耕較字」。

宋徵輿（一六一八—一六六七）字直方，號轅文，徵璧弟。順治四年（一六四七）進士，官至都察院左副都御史。詩與陳子龍、李雯齊名，爲明末幾社眉目之一。傳見嘉慶《松江府志》卷五十六。

該集爲宋徵輿之詩文合集。文集卷一爲賦，卷二至六爲序，卷七爲記，卷八爲傳，卷九爲墓誌銘，卷十爲行狀，卷十一、十二爲書，卷十三爲江南風俗志、論及祭祀文，卷十四爲策、疏，卷十五爲詩選後，卷十六爲范問，所記爲徵輿向范子問禮之事〔二〕。詩集卷一爲四言古詩，卷二爲樂府，卷三、四爲五言古詩，卷五、六爲七言古詩，卷七、八爲五言律詩，卷九、十爲七言律詩，卷十一爲五言排律，卷十二爲五言絶句，卷十三爲六言絶句，卷十四爲七言絶句。該集除詩集外，文集卷十六末葉亦係由抄本配成。

上圖藏。

## 南詢先生寒香全集存四十九卷

明末清初上海縣朱瀚撰，稿本，二十八册。半葉八行，行十九字。黑格，左右雙邊，白口，雙魚尾。全書無序跋，有目録。封面題「寒香全集」，卷端題「海上朱瀚霍臨甫著」，版心中央題「訒齋手録」，下方題「延陵藏書」。鈐有「學安堂」「修草吾廬」「王培孫紀念物」「坦士氏」朱文方印，「吴旦震」白文方印，「東墅吴氏家藏」白文長方印。

---

〔二〕　題下有小序云：「范子者，吴之知禮者也。徵輿問焉，而識其復以質量當世之君子，曰《范問》。」

朱瀚（一六二〇—一六七八）字霍臨，一字南詢，居嘉定。於書無所不窺，於《左傳》《史記》《莊子》《離騷》及唐宋諸大家集，皆有評注。傳詳王原《西亭文鈔》卷十一《朱南詢先生哀辭并序》。

該集存卷五十八至六十五，卷六十七至七十五，卷七十九至九十，卷九十三至一百一，卷一百三至一百十二。其中卷五十八至六十九爲《周易玩詞》，卷七十爲《六十四卦觀象》，卷七十一至八十三爲《四書發明》，卷八十四至九十爲《左史發明》，卷九十三至一百爲《韓柳歐蘇諸大家文發明》，卷一百一至一百十爲《杜詩解意》，卷一百十一爲《杜詩辨贋》，卷一百十二爲《杜詩闕疑》。

上圖藏。

## 顧頜集八卷

明末清初華亭縣吴騏撰，清康熙間刻本，一册。半葉十一行，行二十一字，小字雙行同。左右雙邊，白口，單魚尾。首葉有民國十一年（一九二二）王培孫題，卷首有王光承、王澐序及吴騏自序。卷端題「華亭吴騏日千著」。鈐有「宋際私印」、「楷庵」、「王培孫紀念物」朱文方印。

吴騏（一六二〇—一六九五）字日千，號鎧龍，别號九峰遺黎。明季諸生，入清遁跡不出。湯斌撫吴，聞其名，將造廬請見，騏作《鳳凰説》以辭。傳詳吴騏《延陵處士集》附録宋際撰《吴日千先生行狀》。

該集分樂府一卷，五言古詩一卷，七言古詩一卷，五言律詩一卷，七言律詩一卷，五言排律一卷，五言絶句一卷，七言絶句一卷。書中王光承序首葉、七言絶句第十一至十三葉爲手抄。

吴騏自序云：「予本短才，不敢望古人百一。年二十餘而遭鼎革，竄身無地，死喪相繼，飢寒困苦，無可告語，時寄情筆墨以宣其哀怨。詩篇初成，亦復慰情。隔日再覽，多不慊意。……迴誦風騷，不勝内愧。故削除草稿，聽其泯滅。而友人袁蘗闌、陳含美、夏山侶、蔣師楚、胡南武諸君輒爲録取，久且成帙，出以示予。雖不能備，亦將及其半矣。」

王澐序云：「乙亥臘月，吴子歿，余賦詩六章哭之。……既而及門諸子裒次其詩將謀諸梓，請余序之。」

王培孫題云：「此册有『宋際私印』『楷庵』兩圖記。查宋際係日千先生同學，曾撰日千行狀，見姚石子兄所刊《日千集》後。則此册流傳有自，至可寶也。民國十一年秋得于李愛椿處。」

上圖、中科院藏。

## 顑頷集八卷

明末清初華亭縣吴騏撰，清抄本，一册。半葉十一行，行二十一字，小字雙行同。卷首有王澐序、王光承序及吴騏自序。卷端題「華亭吴騏日千著」。鈐有「臣蘭光印」「曾在海虞沈氏希任齋」「食民過眼」朱文方印。

該本序文及正文内容與上本大致同，然上本礙於時事而避諱之字，此本有不諱者，如卷一《長溪行》「蠻貊夷狄，莫不稱傳」，「夷狄」二字，上本爲墨釘。又該本多有手批小注，於本集詩歌之創作背景多有發明，如卷一《大馬謡》題下小字注云：「猪，朱也。化龍者弘光。大馬，馬士英也。此南都覆亡時作。」《孤鳳篇爲陸麗京母夫人賦》題下注云：「麗京爲莊氏私史案幾遭不測，後雲遊，不知所終。」卷三《壽蕭芷厓》題下注云：「芷厓隱於木工，善吟詩，有『遼海吞邊月，長城鎖亂山』之句，爲時所稱。」

國圖藏。

## 吴日千先生文集不分卷

明末清初華亭縣吴騏撰，清抄本，二册。半葉十行，行二十字，小字雙行同。首葉題「鎧龍文集二册，無卷數，吴騏撰。騏字日千，江蘇華亭人」。卷端題「吴日千先生文集」。末有清道光九年（一八二九）朱大源跋。鈐有「燕庭」「劉喜海印」白文方印，「嘉蔭簃藏書印」朱文方印。

該書爲吴騏之文集，全書分賦三首、序三十一首、壽序二十八首、記四首、論四首、駁二首、議一首、説三首、札二十七首、啓三首、墓銘三首、塔銘三首、墓表二首、行略一首、行述一首、誄四首、祭文二十三首、題跋二十三首。

朱大源跋云：「吴日千先生名騏，吾松奉賢縣人，明諸生。遭遇鼎革，棄衣巾，遁迹山中。其生平梗概詳今新修《松江府志》，而志第稱其詩，曰著《巓頷集》八卷，未嘗及其文。此抄爲其文集，題曰《鎧龍》，計二帙，不著卷數，蓋文集則曰《鎧龍》，而詩集則曰《巓頷》也。先世父觀白樓中藏書頗富，曾見有《巓頷集》而並未見所爲《鎧龍文集》者。兹僅見於此，知此集即吾松江稀覯矣，良足寶貴。道光九年己丑冬日，燕庭農部屬識此數語。」

國圖藏。

## 延陵處士集三十二卷附録一卷

明末清初華亭縣吴騏撰，清方景文輯録，清韓松校定，稿本，十册。半葉十行，行二十四字。卷首有清乾隆三十二年（一七六七）韓松《延陵處士集序》、清乾隆八年（一七四三）方景文《延陵處士集原序》、王光承《顑頷集序》、王澐《顑頷集序》、張彦之《顑頷集序》、吴騏《顑頷集自序》、蔣郢《吴日千先生詩稿跋》，有目録。卷端題「華亭吴騏日千著，同里後學方景文一邨輯録，韓松雪亭校定」。鈐有「曾存上海李心庵處」「幸易伯氏」朱文長方印，「韓松」白文方印。

該書爲吴騏之詩文合集。卷一爲樂府，卷二至三爲五言古詩，卷四至五爲七言古詩，卷六至七爲五言律詩，卷八至九爲七言律詩，卷十爲五言排律，卷十一爲五言絶句，卷十二至十三爲七言絶句，卷十四爲詩餘，卷十五爲賦、連珠，卷十六至十八爲書序，卷十九至二十一爲壽序，卷二十二至二十三爲傳，卷二十四爲記、議，卷二十五爲論、辨、駁、考，卷二十六爲書牘、啓、引，卷二十七爲銘、説、題，卷二十八爲跋、贊，卷二十九爲祭文，卷三十爲誄、行狀，卷三十一爲墓志銘、墓表、塔銘，卷三十二爲雜文，卷末爲附録。

方景文原序云：「余生也晚，不獲親炙高風，而企慕老成，中情若渴。乾隆己未，偶檢敝笥，得先生遺稿一卷，爲沈弘濟先生手筆。余重爲繕寫，竊欲盡得詩古文詞，編次全集，然無處訪求，每爲耿耿。……雖然，凡此著作，心血精力之所在，即文章品節之所以表見也，何忍聽其湮没？文不揣愚陋，而輯録之願頗堅。……嗣後亦得泗涇大雲上人所藏潘紫霞録本，一得趙天乙收藏本，一得胡嵎賓抄本，一得盛景琦録本，一得王延之借閲本，一得族弟魯瞻從盛氏借本。數見詩文皆此無而彼有。雖聞軼稿尚多，而此可云略備。……余不惜衰年昏眊，朝夕繕書，意甚樂之。得各體詩若干首，文若干篇，詩餘若干首，并以酬贈哀挽詩文附録于後，裝潢十二册，名之曰《延陵處士集》。雖其中不無可汰者，然意在蒐羅廣博，未敢妄加去取。更以隨得隨抄，亦不復次第卷帙先後也。噫！余因之重有望焉。世固不乏有識與有力者，倘源景仰前輩之思，繼宋君剞劂之美，刊其全集，流傳不朽，豈非盛事哉？則余五年來心手勞瘁，録成是編，藉供同志君子披閲而訂完者，余爲權輿，尤所願之大慰者矣。」

韓松序云：「松束髮受經，即聞士林中稱先生之名不置。既得《顑頷詩集》讀之，悲歌激發，慨然想見先生之爲人。惜其所傳有限，而古文、詞賦更未有成集可窺。後授徒李氏，檢其藏書，見有所謂《延陵處士集》者。披而閲之，知爲方子一邨手録先生之著述。凡詩文諸體悉備焉。……但其爲書，隨得隨抄，不特卷帙未分，序次錯亂，亦有立題之誤謬者，有一文而兩見者，有一題兩稿，稍稍異同而並存者，有詩共一題而誤分者，有詩各一題而誤合者。至於魯魚帝虎之譌，尤不可勝數。蓋方子蒐羅借閲之下，似亟于抄謄，未遑校訂耳。松因館課之暇，重爲繕寫，舉前弊而悉去之，而又即方序中所云可汰者稍删一二，于是訂爲三十二卷，附録一卷，以爲先生之成書，題曰《延陵處士集》，仍方之舊也。」

上圖藏。

## 西亭詩六卷

明末清初嘉定吴屯侯撰，清康熙李振裕刻《延陵合璧》本，四册。半葉十行，行二十二字，小字雙行同。左右雙邊，白口，單魚尾。卷首有清康熙十年（一六七一）許自俊《西亭詩序》、蔡方炳《延陵合璧序》、清康熙二十三年（一六八四）徐與喬《無罪草序》及吴屯侯自序。有目録。卷端題「西江李醒齋先生鑒定，嘉定吴屯侯符奇著，同邑許自俊潛壺選，後學朱元度力宣校」。末有清康熙二十六年（一六八七）吴莊跋。

吴屯侯字符奇，一字悔翁。少工詩，程嘉燧奇賞之。弱冠捷武闈，尋棄去，補諸生，投策帥府不遇。年七十卒。傳見光緒《嘉定縣志》卷十九。

該集按體可分爲五言古詩、七言古詩、五言律詩、五言排律、七言律詩、七言絶句。

許自俊序云：「余於符奇向同唱和，因詢其篋中詩，謂遭喪亂，多軼去，然稍能記憶，口授其子叔蘭録出之，與其難弟茂含所著《無罪草》合爲一編，余顏之曰《延陵合璧》。」吴莊跋云：「彌留之際，以所著《西亭詩》見授，謂余：『必傳。』余曰：『吾志欲爲兄付梓，但未知此願得遂與否。』兄曰：『必遂。』荏苒數年，有志未逮，而余亦年逾花甲矣。……方擬典敝路，付剞劂，而力宣朱子乃以兄詩集余《無罪草》呈政督學内閣西江李醒齋先生。先生咨嗟太息，賜序梓行，更搜輯未刊付梓。」

國圖、上圖、山西藏。

## 無罪草不分卷附非庵雜著不分卷

明末清初嘉定縣吴莊撰，清康熙李振裕刻本，三册。半葉十行，行二十二字。左右雙邊，白口，單魚尾。卷首有清康熙九年（一六七〇）徐與喬序、許自俊序、徐與喬總評，有目録。正文首爲吴莊《無罪草自序》。卷端題「西江李醒齋先生鑒定，嘉定吴莊茂含著，鹿城徐與喬退山評，後學歸梁南岑校勘」。《非庵雜著》卷首有徐與喬跋，卷端題「吴曙四一老人吴莊譔，同邑三儂贅人汪价評」。

吴莊（一六二四—？）[一]，字茂含，吴屯侯從弟，諸生，工古文，隱於醫。傳詳本書《非庵雜著》所收之《花甲自譜》。

是書分尚友類、勳業類、文章類、名勝類、亭臺類、窮愁類、時序類、服器類、花酒類、人物類、飛潛類、草木類、艷異類、醜惡類、寓言類、達觀類等十六門，皆係作者讀史所感。《非庵雜著》分《吴鯀放言》《閒評》《花甲自譜》《族譜紀略》。正文之外，又有夾評、眉評及尾評。

吴莊《無罪草自序》云：「我年十五始讀史，見古人行事，至炳炳烺烺於史册者，殆於心之，殆於身之。夫此殆於心之、殆於身之者，豈不以古今人不堪相遠，我今日讀其書而見其人者，異日或不僅付之高山景行哉？乃今而我何如也？世事滄桑，浮生焦鹿，回念三十年前，如閲再世。向之殆於身之者，今且不敢心之矣。……此而不言，誰當言之者？由是而著《無罪草》焉。其間寄慨古今，寓情動植。或正詞爲箴規，

[一]《非庵雜著·花甲自譜》云：「余生於甲子（明天啓四年），今年癸亥（清康熙二十二年），花甲週矣」。

或誕語爲謔浪，則皆偶然念及，忽焉文生，酒闌夢覺之餘，即我亦不知我之情何以如是者也。倘以我爲刺譏而天下無可刺譏之事，若以我爲怨尤而我更無能怨尤之才。我知我言之者無罪耳，遑計夫聞之者足戒哉？

上圖藏。

## 寶綸堂稿十二卷〔一〕

明末清初華亭縣許纘曾撰，稿本。半葉八行，行二十字。卷首有王熙《寶綸堂集序》、清康熙三十七年（一六九八）王日藻《寶綸堂集序》、同年高士奇《寶綸堂集序》、季之騊後序及許纘曾自序。有目録，卷端題「華亭許纘曾鶴沙輯録」。

許纘曾著有《東還紀程》，已著録，生平參見本編史部地理類。

是書爲許纘曾之詩文集，卷一爲賦，卷二、三爲詩，卷四爲詩、頌，卷五爲序、跋，卷六爲記、紀事、傳，卷七爲書啓、文、説，卷八爲《蒭蕘之言》，卷九爲《定舫隨筆》《感應篇事蹟》，卷十爲《日南補稗》，卷十一爲《日南前事》，卷十二爲附録《天台馮甦滇考》。

王熙《寶綸堂集序》云：「歲丙子（按，康熙三十五年，一六九六），鶴沙許公彙輯其生平著述，自詩、賦、序、記以迄見聞雜録，凡十二卷，郵致京師，問序于余。……余讀公集，于玉堂應制諸作，彷佛歌明良賡

〔一〕此條據《續修四庫全書》影印本撰寫。

喜起，知公黼黻之才。于平反欽恤、簿書鞅掌，不廢嘯歌，知公經綸之暇。至解組歸田之後，友朋贈答，登臨寄託，則又知公之塵視軒冕，曠懷高蹈，如鴻飛鳳翥，可望而不可即也。」

南圖藏。

## 尺五樓詩集九卷

明末清初婁縣杜登春撰，清康熙二十五年（一六八六）瀵鹿齋刻本，六册。半葉十行，行十九字，小字雙行同。四周單邊，白口，單魚尾。内封題「康熙丙寅年鐫/杜讓水著/尺五樓詩集/本衙藏板」。卷首有清康熙十九年（一六八〇）王奭序，清康熙二年（一六六三）楊彭齡、七年（一六六八）吴偉業、趙昕、董俞、孟道脉、宋德宜、張琰、何元英、曾清氏、施閏章、沈受宏、張天湜、張彦之、周綸諸人題詞。有目録。卷端題「雲間杜登春讓水撰，撫弟枝毓虬文較字」。參與校閲讀者有杜枝毓、張淵懿、田茂遇、李因篤、杜恒焴、杜念慈、杜淵茂、杜浣育、王奭、徐賓、宋實穎、孫暘、林子威、朱剛、錢金甫、陸祖修、彭開祐、李我郊、嚴士貴等人。鈐有「瀵鹿齋藏書印」「吴興劉氏嘉業堂藏書印」朱文方印，「劉承幹字貞一號翰怡」白文方印。

杜登春（一六二九—一七〇五）字九高，一作九皋，號讓水，又號蘲翁，世籍青浦，後移居太倉。順治八年（一六五一）拔貢，年五十入都授翰林散秩。後官廣州同知。傳詳《碑傳集》卷九十五顧陳垿撰《故處州同知杜公登春墓志銘》。

全書分《遊覽集》《投贈集》《讌賞集》《疇昔集》《慶譽集》《時序題詠》《雜詠補編》《瀛洲小草》《西征酬贈編》諸集，集各自一卷，詩自順治八年（一六五一）迄康熙二十二年（一六八三），多應酬唱和之作。

王奭序引杜登春自述云：「吾生平心有不樂，或大樂，輒寄之詩間，彙而志之。吾好山水則志《遊覽》，喜結納則志《投贈》，遇良會則志《讌賞》，感升沉則志《疇昔》，簡往來則志《慶譽》，覩勝景則志《題詠》，嘆歲華則志《時序》。遊覽之詩，落落浩浩；投贈之詩，勤勤懇懇；燕賞之詩，魚魚雅雅；疇昔之詩，慘慘涼涼；慶譽之詩，雍雍穆穆；題詠之詩，洋洋灑灑；時序之詩，淒淒惻惻。不務爲工巧，期於愜吾志而止，吾之詩如此而已矣。」

沈受宏識云：「壬子（按，康熙十一年，一六七二）春，初放舟躡屐，訪博士周子俶先生于青谿之署。……適杜九高先生至，入門對座，覩其色若不自得者。已而出其詩，讀之，似乎小雅之怨，勞人騷客觸緒興懷，然其忠厚和平之氣終不失焉。」

復旦、國圖、上圖藏。

## 藝葵草堂詩稿一卷

明末清初華亭縣董含撰，清康熙刻本，一册。半葉九行，行十九字，小字雙行同。左右雙邊，白口，單魚尾。卷首有宋琬序。有目録。該集又名「閔離草」，卷端題「雲間董含榕庵著」，首有董含小序一篇。

董含著有《三岡識略》，已著録，生平參見本編子部小説家類。

該集爲董含爲母守喪期間所作之詩。其作年則始於康熙五年丙午，迄於康熙七年戊申。〔一〕

董含小序云：「余弱冠失怙，年方壯，慈闈見背。煢煢藐孤，哀悴理極。……伏處經年，雞骨欲槁。客有告予者曰：『我聞之，三年之喪，諾而不對，言而無文，先王之訓也。然而勢有所不可，事有所不得已。今子既不能返無何有之鄉，而含亡是公之室，乃蝸蟠龜縮，形變神瘠，外患交至，維窅維默，若登隱弁，若置嚴棘，毋亦忤世絶俗而貽親以慼乎？且夫陸機作《思親》之賦，孫綽著《表哀》之詞，爾獨未之聞耶？』予唯唯低回者久之，因深思夫前之所謂不可與夫不得已者。於是强起應酬，慰勞贈答間亦不廢朝祥暮歌，抑亦古人之所笑也。……凡得各體詩三百一十餘首，命子墨客卿彙而録之，客并請付梓。于時節届嚴冬，寒威肅厲，玄雲欲落，淒風襲衣。展鏡之餘，惄焉如擣，蓋愁苦之音多而歡愉之什寡矣。」

國圖藏。

## 樗亭詩稿十二卷

明末清初華亭縣董俞撰，清康熙刻本，十册。半葉九行，行十八字，小字雙行同。四周單邊，白口，單魚

---

〔一〕該集首篇爲《七夕爲先慈修薦樓悽然有懷》云：「去年當此夕，涼飈拂紈扇。瓜果羅前楹，褰幃共歡宴。今年當此夕，清泉夜獨薦，欹枕空躊躕，高堂影不見。」又該集有《先慈一週感賦》二首，置於《丙午除夕》之後，《戊申元日》之前，則知董含之母當卒於康熙五年七夕之前，而該集首篇則作於康熙五年七夕。而《戊申元日》以下則作於康熙七年。

尾。卷首有吴偉業、宋琬、陳維崧序，有總目。卷一爲賦，卷二爲樂府，卷三爲四言古詩、五言古詩，卷四爲五言古詩，卷五、六爲七言古詩，卷七、八爲五言律詩，卷九、十爲七言律詩，卷十一爲五言排律、七言排律、五言絶句、六言絶句，卷十二爲七言絶句。卷端題「雲間董俞蒼水撰」。

董俞（一六二七—一六八八）〔一〕，字蒼水，號樗亭，别號蒓鄉釣客，董其昌從曾孫，董含弟。順治十七年（一六六〇）舉人，以奏銷案除名，康熙十八年（一六七九）薦舉博學鴻詞。傳詳《清史列傳》卷七十。

該集各卷按年爲序，以卷八五言律末首《辛巳上巳飲張蓼匪憲副園呈謝二律兼示張崑遠、持遠、鑑遠》爲最晚，辛巳爲康熙十年，則該集所收之詩當止於是年。

吴偉業序云：「蒼水之所學，尤長於詩。雲間固才藪，而詩特工。在先朝由經術取士，士之致身者廢風雅於弗講，獨雲間壇坫聲名擅海内。至今日零落盡矣，蒼水又起而繼之。其才與地既足自拔，而又使之優閒不仕，藴其骯髒牢落之氣，一發之於詩。故講求益密，而寄托益深。其篇什將爲當世所推，不獨雄雲間也。」

〔一〕關於董俞之生年，《明清江蘇文人年表》《清代人物生卒年表》《清人詩文集總目提要》等書俱作崇禎四年。然該集卷一《述幽賦》云：「歲强圉以單閼兮，實誕余於兹辰。」强圉單閼爲丁卯，當明天啓七年。又卷十七言律詩《丙午生日》：「可憐四十今朝是，逸興春來便不同。」丙午爲康熙五年，從此上溯四十年，亦爲明天啓七年。又董俞《南村漁舍詩草・五十生日》七言律詩自注云：「余於丁卯二月廿二清明日生，今丙辰二月廿二，又值清明，恰當五十初度，亦一異也。」則董俞之生年當以其自述爲是。

上圖、國圖藏。

## 南村漁舍詩草七卷浮湘草一卷度嶺草一卷

明末清初華亭縣董俞撰，清康熙刻本，《浮湘草》《度嶺草》配清抄本，二册。首册爲《南村漁舍詩草》，第二册爲《浮湘草》《度嶺草》。半葉十一行，行二十一字，小字雙行同。左右雙邊，白口，單魚尾。封面題「董蒼水遺詩，共兩册」。《南村漁舍詩草》按體分爲五言古、七言古、五言律、七言律、五言排律、七言排律、七言絶句各一卷，卷端題「雲間董俞蒼水著」。《浮湘草》《度嶺草》卷首有題「丹霞弟今釋」序、康熙十一年（一六七二）錢芳標序。

該三集詩皆作於康熙十年後，其中《浮湘》《度嶺》二草爲董含歸自粤西後所輯〔一〕，《南村漁舍詩草》所收詩約至康熙二十年（一六八一）。

丹霞弟今釋序云：「雲間董子蒼水客珠江，予亦至海幢，相見歡甚，因得盡讀其《浮湘》《度嶺》詩草。其天分如李翰林而人力如杜工部，宜其詞場獨擅也。」

上圖藏。

〔一〕張慧劍《明清江蘇文人年表》康熙十一年條，上海古籍出版社，二〇〇八年，第七六〇頁。

## 歸興集唐一卷

明末清初上海縣周金然撰，清康熙間刻本，一册。半葉九行，行十九字。左右雙邊，白口，單魚尾。卷首有康熙三十一年（一六九二）張英題辭，卷端題「越雪山翁周金然礪巖集，受業蘇蒙存緒長、王灝西園校」。

周金然（一六三一—？）字礪巖，號廣庵。康熙二十一年（一六八二）進士，授左春坊左中允。康熙三十八年（一六九九）典山西鄉試，事畢卸職還。所撰詩文豐富。傳詳嘉慶《松江府志》卷五十七。

該集集唐人詩句爲七律八十首，分《歸興》五十首、《夢家山》十六首、《夢山中舊隱》四首、《别同館諸公》十首。然《歸興》實僅四十九首，又《别同館諸公》末首僅存前二句。

張英題辭云：「礪巖周先生將南歸，集唐人句爲《歸興詩》，得七言近體八十章。予請而讀之，先生高懷逸致，博于學而工于文，羅初盛中晚四唐人之瑰詞麗句，使之絡繹奔會於腕下，以供其擷取，以靈府爲鑪冶而陶鑄之，異苔同岑，無不脗合，絶去畦畛鏤劖之跡，真可謂博而精矣。」

國圖藏。

## 飲醇堂文集二十卷抱㲉廬詩草十一卷娱暉草二卷和靖節集三卷西山紀遊一卷南浦詞三卷和唱谷集一卷

明末清初上海縣周金然撰，清康熙十八年（一六七九）刻本，八册。半葉九行，行十九字，小字雙行同。左右雙邊，白口，單魚尾。首有《汝南行世集總目》，内文部《豫巢制義》《豫巢小品》《詩義新編》三種，經説部《毛詩演注》，史説部《讀史隨筆》，雜説部《無詮録》下注「嗣出」；經説部《春秋詞命釋》，内典部《心經印詮》《六譯金剛解》下注「即出」。《飲醇堂文集》卷首有清康熙九年（一六七〇）周亮工序、康熙十八年黄與堅序，有總目，總目首題「門人石禄天臣、吴子禎瑞徽、潘勃思皇較」，卷一爲賦，卷二爲騷，卷三、四爲序，卷五爲題詞，卷六爲題跋，卷七爲壽序，卷八爲記，卷九爲碑記，卷十爲墓志銘，卷十一爲傳，卷十二爲論，卷十三爲頌，卷十四爲贊，卷十五爲尺牘，卷十六爲啓，卷十七爲解、南華經傳釋，卷十八爲連珠、疏，卷十九爲文，卷二十爲祭文。《抱劄廬詩草》卷首有清康熙三年（一六六四）張一鵠序、清康熙四年（一六六五）涂贄序、清康熙五年（一六六六）周茂源序，有總目，總目首題「門人沈爾祖履安、朱都那濠上、陳颺言際賡較」，卷一爲四言，卷二爲樂府，卷三爲五言古，卷四爲七言古，卷五爲五言律，卷六爲七言律，卷七爲五言排律，卷八爲七言排律，卷九爲五言絶句，卷十爲六言，卷十一爲七言絶句。《娱暉草》卷首有康熙十八年李天馥序。各卷前有目録，詩編年，約止於康熙十六年（一六七七）。《西山紀遊》卷首有王崇簡、許自俊、葉芳靄、趙澐、程玠題詞。《南浦詞》卷首前有喬世埴、李蒸、黄瀓之、康熙九年沈白、王顥、董俞、高層雲、路鶴徵引，各卷前有目録。《和昌谷集》卷首有許自俊序，有目録。各集卷端題「雲間周金然廣庵著」，鈐有「王培孫紀念物」朱文長方印。

李天馥《娱暉草序》云：「雲間周子廣庵刻其詩數種，其一曰《娱暉草》者，以其作於山水之間，取康樂石壁詩句以名之也。……廣庵家海上，獨不喜爲華縟之體。天才特高，無所不規模，卒能自闢門户。

性好山水，每欣然獨往，留連移日。形之詩歌，瀟灑清拔，不減初日芙蓉。生士衡之鄉而爲康樂之詩，可謂大雅不群者歟！」

上圖、南圖、中科院藏。

**東觀草一卷使荆草一卷折柳草一卷奚囊草一卷盍簪草一卷西山紀遊一卷南歸草一卷歸雲洞草一卷據梧閣草一卷津逮樓草一卷**

明末清初上海縣周金然撰，清乾隆十二年（一七四七）刻本，二册。半葉九行，行十九字。左右雙邊，白口，單魚尾。封面有手書「浣華軒主署籤」之「周廣庵詩草」題識及申錫福識，卷首有清康熙三十九年（一七〇〇）史夔序及周金然自題。

申錫福題云：「周廣庵詩五種，計二册，與選抄本《春秋直解》等書均於民國甲子（按，民國十三年，一九二四）中元後一日得於故紙堆中，係灤陽處士童君舊物也。子孫不肖，手澤拋棄，特志之以寄感，並以戒我後人。」

史夔序云：「己卯（按，康熙三十八年）典試山右，勞勩疾作，告歸田里，以養痾歲月，手輯前後詩稿數種，授剞劂氏，乞余一言弁其首。廣庵於詩自漢魏六朝以至唐宋元人，無不穿穴。其性所最近而篤好者，尤其在康樂。雲間爲二陸所產之地，代有詞人。自頃陳大樽諸君以風華綺麗爲倡導，一時翕然宗之，後進師承，寖以靡弱。廣庵家海上，獨不喜爲華縟之體，天才特高，無所不規模，率能自闢堂户。性好山水，每欣然獨往，流連竟日。形之詩歌，瀟灑清拔，不減初日芙蓉。生二陸之鄉而爲康樂之詩，其可謂大雅不群者歟！是稿出，其行遠傳世無疑也。」

周金然自題云：「折旋丹地，無過酬應之篇，絶少性靈吐露。既賦遂初，欲盡剷去之。客曰：『六一公有言，以夸田夫野老可也。』因存《東觀草》若干首。他若《使荆》，若《折柳》，若《盍簪》，各以類次。合廿載來奚囊剩言，凡五種。」

復旦藏。

## 礀巖續文部二十卷二集十三卷

明末清初上海縣周金然撰，清康熙間刻本，四册。半葉九行，行十九字。左右雙邊，白口，單魚尾。《礀巖續文部》有署名「筱刦」手書題詞云：「此書有崑圃黄氏收藏章，初購時亦不知是何人，後閲《昭代名人尺牘小傳》，始悉爲國初名卿，作者、藏者皆屬名人。余以京帙數吊得之，可謂便宜事也。甲午二月購買於廠，擬三月中浣記。」卷首有清康熙二十四年（一六八五）王熙序、清康熙二十五年（一六八六）黄與堅序、清康熙二十四年金德嘉序，有總目。《文部》卷一、二爲序，卷三爲記，卷四爲傳，卷五爲論，卷六爲議，卷七爲説、考，卷八爲策，卷九爲表，卷十爲頌，卷十一爲賦，卷十二爲箴、銘、贊，卷十三爲壽序，卷十四爲書啓，卷十五爲題跋、書後，卷十六爲墓志銘，卷十七爲碑，卷十八爲墓表，卷十九爲祭文，卷二十爲行狀。附較刻門人姓氏：「李登瀛學洲、陳良梓丹書、張玠友白、楊覺德順四」。卷端題「雲間周金然廣庵氏著」。

版心下方刻各篇創作年代，自康熙十七年（一六七八）至康熙二十三年（一六八四）。《二集》卷首有毛奇齡序，有總目，卷一、二爲序，卷三爲文，卷四爲頌，卷五爲賦，卷六爲墓志銘、墓表，卷七爲傳，卷八爲策問，卷九爲史論、説，卷十爲疏，卷十一爲題跋、書後，卷十二爲雜銘、硯銘，卷十三爲記。鈐有「吴興劉氏嘉業堂藏書印」朱文長方印，「崑圃黄氏收藏圖書」「劉承幹字貞一號翰怡」白文方印，「皇象堂」黑文園印。

王熙序云：「編修周子廣庵少以詩古文詞鳴江左，有初集行世。壬戌（按，康熙二十一年，一六八二）登第，讀中秘書官禁近三年，復輯其比來未刻諸作及館課文字，釐爲《續稿》二十卷，而請序於余。余縱閲而諦視之，有若燕、許之鴻鉅者，有若賈、董之醇茂者，有若雒、閩之精粹者，有若班、楊之麗則，韓、蘇之瑰肆者。既有衆體之長，復奄有諸家之美，於以黼黻鴻猷，敷揚盛治，作臺閣之眉目，爲藝林之弁冕，方恢乎有餘，又奚恧焉。」

復旦、無錫藏。

## 鳳阿集不分卷

明末清初嘉定縣侯開國撰，抄本，二册。半葉十一行，行二十一字。左右雙邊，白口，單魚尾。卷首無序跋，有總目，並附夾紙一張，書侯開國小傳。卷端題「嘉定侯開國大年著」。

侯開國初名榮，字大年，一字鳳阿。受業於陸元輔，編訂其詩文集。又私淑陸隴其，編次其書。其學務博覽，文沖和峻潔，詩雄深朴老，爲「疁城八子」之一。傳見光緒《嘉定縣志》卷十九。

該集第一册有序十九、引二、記八、説二、書後十二，第二册有頌三、尺牘四、傳十九、行狀二、墓表、墓碣各一。

國圖藏。

## 紺寒亭詩集十卷文集四卷

明末清初嘉定縣趙俞撰，清康熙間刻本，六册。半葉十一行，行二十一字，小字雙行同。左右雙邊，白口，單魚尾。内封題「嘉定趙蒙泉著/紺泉亭詩文集/本衙藏板」。《詩集》卷首有清康熙三十三年（一六九四）姜宸英序及張雲章序。有總目。《文集》卷首有清康熙三十五年（一六九六）王原序，有目録。卷端題「嘉定趙俞著」。鈐有「王培孫紀念物」「上海王慶勛叔彝氏讀過」朱文方印，「叔彝購藏」朱白文方印。

趙俞（一六三五—一七一三）字文饒，號蒙泉。康熙二十七年（一六八八）進士，以徐乾學案被繫獄。康熙三十七年（一六九八）官山東定陶知縣，在任修繕水利交通，寬刑罰，興文教，多有善政。在任五年，以老歸里。傳詳張大受《匠門書屋文集》卷二十六《定陶知縣趙君墓志銘》、張雲章《樸村文集》卷二十四《文林郎知定陶縣事趙蒙泉先生行狀》等。

該集爲趙俞詩文合集。詩集編年，止於康熙三十七年；文集卷一爲賦、論、序，卷二爲碑記、記、傳、壽序、論文、策問，卷三爲墓志、阡表、壙磚記、祭文、啓、尺牘、跋、述，卷四爲説、檄、文。

姜宸英序云：「嘉定趙文饒成進士，需次家居，赴師友之難，被吏牽連幾殆。既事白，留京師。其同年友唐東江儀部招與同舍，去余寓咫尺。於是余三人者常相過從論詩，無所不盡。要自不與外人同。趙子幼攻詩，晚乃盡汰其少作，獨存近年詩凡數種，名《紺泉集》，屬余論定。趙子之學廣博奧衍，於古人無所不研究，尤得力於老杜，而兼綜韓、白、蘇諸家。其大放於詞，氣渾以醇，溢爲奇怪，如頡文籀篆，三代之敦彝。恣突如崩堤，勁健如屈鐵，一言以蔽之，曰古而已。」

張雲章序云：「乙亥、丙子之交（按，康熙三十四、三十五年），余與先生同客京師。時姜編修西溟、唐考功東江、惠庶常研谿、湯給事西厓、查庶常夏重、編修德尹、侍講聲山、楊編修顥木、顧編修書宣、王舍人赤抒、吴給事西齋、宫貢士友鹿〔一〕、錢編修亮工及同邑孫中允松坪之十數公者，皆當今詩人之豪也。唱酬往復，宫商相宣，風雅互作，而其間氣遒力健，足以追躡少陵者，必推蒙泉，無或異詞。又數年，先生辭官定陶，梓其集問世，而屬序於余。余在諸公間，最爲不材與下乘，顧以游從之久，各能道其所以然，而特於蒙泉斯集，作江河、岱華觀，非過也。」

上圖、國圖、首圖、浙江等處藏。

〔一〕按，張雲章《樸村文集》卷九《趙蒙泉詩集序》作「龔貢士友鹿」，是。

## 金門稿六卷附望廬集句一卷

明末清初華亭縣錢芳標撰，清康熙刻本，二册。半葉十一行，行二十一字，小字雙行同。左右雙邊，白口，單魚尾。卷首有清康熙九年（一六七〇）陳祚明、龔鼎孳序，清康熙七年（一六六八）沈荃、魏裔介序，朱彝尊序及錢芳標自序。有總目，卷端題「雲間錢芳標葆馚著」。《望廬集句》又名《悼亡一百首》，卷端題「蘅皋恨人錢芳標葆馚著」。鈐有「王培孫紀念物」朱文方印。

錢芳標（一六三七—？）〔一〕。原名鼎瑞，字寶汾，一作葆馚。康熙五年（一六六六）順天舉人，官中書舍人，十八年薦舉博學鴻詞，以親喪未與試。傳見嘉慶《松江府志》卷五十七。

該集卷一爲五言古詩，卷二爲七言古詩，卷三爲五言律詩，卷四爲七言律詩，卷五爲五言排律、七言半律、五言絶句、六言絶句，卷六爲七言絶句。其中闕卷一第二葉，卷三第九至十九、第二十一至二十二葉。

沈荃序云：「吾鄉錢葆馚承司寇公家學，英卓不群，夙擅穎慧。古文擬秦、漢，書法宗虞、褚，而詩學尤稱獨步。自髫年時，已蜚聲江左。所著《東溟集》，久矣紙貴五都。今讀書中秘，出入禁廬。花底退朝，柳邊歸院，或草應制之篇，或賦酬贈之什，積久成帙，題曰《紅藥軒稿》，因郵一編示余。」

---

〔一〕錢芳標《湘瑟詞》卷首錢謙益順治十三年（一六五六）序云：「余與司寇元沖公鄉、會皆同榜，二十年已前唁其喪子而戚，賀其得子而喜。……今年復游雲間，得見其子寶汾。」又云：「少陵有言：陸機二十作《文賦》，此吾子之時也。」據此可知，當錢謙益順治十三年游雲間時，錢芳標約二十歲，逆推之，其出生當在崇禎十年左右。

錢芳標自序云：「余自壬寅（按，康熙元年，一六六二）冬北行，僕僕車塵中，所著詩歌、古文辭絶少。卯、辰間數動歸思，稍稍見諸篇章。及備員中秘，遂留索長安米。休澣之暇，杜門作洛下書生詠。或攜襆入直禁近，亦必剪燭微吟。特疎懶成癖，不樂爲世俗屏障無情之言。間有不獲已應酬，脱手輒削草。至若席間刻燭，馬上摇鞭之句，又皆散漫無一存。庚戌秋（按，康熙九年），乞假而南，經歷下，渡大河，登臨有作，積成卷帙。前後垂九年，共得詩千餘首。其間行旅遊覽什之四，朝廟大禮與夫扈從寓直什之三，懷人送別什之二。至於投贈讌集者，不過什之一而已。辛亥（按，康熙十年）上巳，舟次禾中，取濟南王阮亭、武林陳胤倩、南海程周量、山陰家去病、吾鄉宋林屋、周釜山選本輯之，僅存如干卷。」

《望廬集句》乃錢芳標悼念其妻而作，其第二首末小注云：「余以庚戌十月歸，孺人辛亥九月亡。」其詩句皆集唐人七律詩句而成。

上圖藏。

## 蒼霞山房詩意存三卷

明末清初上海縣葉映榴撰，清康熙間刻本，一册。半葉十二行，行二十二字，小字雙行同。左右雙邊，黑口，雙魚尾。卷首有宋德宜序、清康熙二十四年（一六八五）徐乾學序。卷端題「浦濱葉映榴」，版心中央題「蒼霞山房雜鈔」。鈐有「王培孫紀念物」朱文方印。

葉映榴（一六三八—一六八八）字炳霞，號蒼巖。順治十八年（一六六一）進士，官至湖北督糧道，死武昌夏逢龍亂，謚忠節。傳詳曹一士《四焉齋文集》卷四《葉忠節公傳》。

該集爲葉映榴《蒼霞山房詩意》之二集至四集，詩編年，起自康熙十六年夏四月，迄於康熙二十五年。其中卷二（即三集）第三葉爲空白。

徐乾學序云：「雲間葉蒼巖先生之詩，自名『詩意』者，自戊午（按，康熙十七年）秋七月以前者，多其在虔州詩；以後者，多其在秦中。雜以過家及入都諸作，凡若干首。先生自詞館出爲郎署，典試秦中，還司官虔州，會嶺表耿塞，羈棲章貢戎旅，間關來復其所。既而祇命督學三秦，所歷長城羌塞，關隴棧道，篇什之多，視在虔爲倍之也。」

上圖藏。

## 葉忠節公遺稿十三卷

明末清初上海縣葉映榴撰，清康熙間刻本，六册。半葉十行，行十九字，小字雙行，行二十九字。四周單邊，白口，單魚尾。卷首有朱彝尊序。卷一至二爲文，卷三至五爲書，卷六至七爲啓，卷八爲讞語、雜文、表，卷九至十二爲詩，卷十三爲詩餘。卷端題「男芳、旉、子房編輯」。鈐有「葉德輝焕彬甫藏閲書」「潘恭辰印」白文方印，「紅茶」朱文方印。

朱彝尊序云：「蒼巖先生有詩如干篇，曩與李梅崖先生合刻，余既序而行之。既而先生官湖廣布政參議，督糧儲，以死事聞。天子軫惜，贈工部右侍郎，賜謚忠節，廕其一子。又二年，子旉來青除知荆門州事。將行，手一編泣曰：『我父以死勤事，天下莫不聞。先生知我父者，嘗爲序其詩矣，今遺文在，乞爲序之。』……悲夫！公之節不待此區區之文以傳，而其子痛其先父之没也，謀欲刻之，與其詩並傳於世，可不謂孝乎？」

清華、中科院、上圖藏。

## 葉忠節公遺稿十二卷

明末清初上海縣葉映榴撰，清乾隆十年（一七四五）刻本，四册。半葉十一行，行二十一字。左右雙邊，黑口，單魚尾。卷首有朱彝尊序，清乾隆十年葉芳識，《國史列傳》，曹一士撰《葉忠節公傳》，清康熙二十七、二十八、四十二年恩綸，清康熙三十二年（一六九三）御製碑文、畫像及姪孫長馥像贊。有目録。卷端題「男芳輯録」。末有清同治五年（一八六六）六世孫爲璋識。鈐有「吴興劉氏嘉業堂藏書記」朱文長方印，「劉承幹字貞一號翰怡」白文方印。

該集爲葉映榴詩文集之定稿。卷一至卷七爲文，卷八至卷十一爲詩，卷十二爲賦、詩餘。

葉芳識云：「先忠節公遺稿十二卷，一刻於家中，一刻於廣州署内。其在家者，板已散失漫漶。即廣州所刻，因家孟公事倥偬，託友人較訂，每多魯魚帝虎之譌，且缺目録。今春，芳重加校勘，盥手繕寫，又益以《游秦日記》一册，謹付剞劂行世。伏乞當代宗匠先生賜閲，錫以弁言，不特使先君大節益以彪炳天壤，而文章千古事，以藉以傳不朽也。」按：葉芳所補入之《游秦日記》詩六十八首，見於該本卷八，其首有康熙十一年閏七月六日葉映榴小序云：「余弱冠，名玷禁林，拙宦長安，忽經十載，思江南之桂樹，乏隴上之梅花。腸已九迴，憂深百折。今秋，奉命典試三秦，回首鄉園，傷心益切。朝辭楓陛，便深王粲之思；晚渡桑乾，忽憶閬仙之句。口占題壁，以展幽懷。」該組詩止於當年十一月三十日。

葉爲璋識云：「先忠節公詩文集稿刊刻已垂百餘年矣，與高叔祖員外公諱芳號藹園公之《磑小齋集》梨板並存於談藝堂本生祖諱蔭桂處。咸豐十年，余招手民在家刷刻貢卷，因重刷數十部。至十一年冬，陡遭匪擾，家藏書籍字畫及古玩等不及盡攜，僅存者祇有董文敏與先大中丞諱有聲兩親家墨蹟、尺牘，並高叔祖六十壽誕京僚贈言一册。……滿擬此板定付刼灰，豈知同一什襲，是板毫不殘缺，《磑小齋集》之板僅存六片。遭此大刼，仍同趙璧之完，豈祖宗之靈爽真實式憑之耶？因復勉購嚇唬一束，重印數部。謹綴微言，聊序顛末，用以志幸云爾。」

將以上兩種葉映榴之詩文集相校，除葉芳所補入之《遊秦日記詩》六十八首外，其詩類篇目及次序大致相同。而文類之篇數、編次則有較大差異。大體而言，康熙刻十三卷本存文較多，如十三卷本卷三至卷五存葉映榴之書信七十八篇，而十二卷本卷五至卷六僅保留其中之四十七篇。

復旦、國圖、上圖、浙江等處藏。

## 柯齋選稿二十卷

明末清初華亭縣周綸撰，清康熙間千山艸堂刻本，四册。半葉九行，行二十字，小字雙行同。四周單邊，白口，單魚尾。内封題「雲間周鷹垂著/柯齋選稿/千山艸堂藏版」。卷首有清康熙二十年（一六八一）王鴻緒序，有目録，卷一爲五言古詩，卷二爲七言古詩，卷三、四爲五言律詩，卷五、六爲七言律詩，卷七爲五言排律，卷八爲五言絶句，卷九爲七言絶句，卷十爲小令、中調、長調，卷十一爲賦、世家、傳，卷十二爲序，卷十三爲書、記，卷十四爲説、祭文，卷十五至卷十七爲策，卷十八爲策、論，卷十九爲表，卷二十爲表、判。卷端題「雲間周綸鷹垂氏著」。

周綸（約一六三八—一六九四）[一]，字鷹垂，周茂源子。康熙十八年（一六七九）歲貢，廷試第五名，授國子監學正。生平以經世爲志，於康熙二十三年（一六八四）上疏巡撫湯斌，論江南賦税。傳詳王昶《春融堂集》卷六十四《周綸傳》。

按：該書卷首王鴻緒序，實爲周綸之父周茂源《鶴静堂稿》之序，見《鶴静堂集》卷首，此當爲編輯之誤所致。

國圖藏。

## 白華莊藏稿鈔二十二卷

明末清初崇明縣沈寓撰，清乾隆十七至十九年（一七五二—一七五四）沈奕董刻本，存九册。半葉九

[一] 關於周綸之生卒年，參考鄧長風《周稚廉的生平及其家世鉤沉》，收於《明清戲曲家考略全編》，上海古籍出版社，二〇〇九年，第二〇六—二〇八頁。

行，行二十三字，小字雙行同。四周雙邊，白口，單魚尾。其中文集十六卷，詩集六卷。文集前有清乾隆十六年（一七五一）九月沈德潛、清乾隆十五年（一七五〇）程穆衡、王世仁手書序及楊雍建《烟波六十編序》、清康熙五十六年（一七一七）史弘坦、清乾隆十七年王緯《烟波六十編序》、清康熙四十二年（一七〇三）沈寓《烟波六十編·劫存》《又生》兩集自序及其孫丕源、曾孫奕董、奕夔跋。詩集前有清乾隆十五年（一七五〇）程穆衡手書序、清雍正二年（一七二四）蔡永清序、施臧序、清康熙五十五年（一七一六）沈寓自序。有目録。卷端題「崇明沈寓寄廬著作，長洲沈德潛歸愚、鎮洋程穆衡迓亭合定，孫丕源、曾孫奕薦、奕范、奕蘇、奕董、奕夔、奕萬、奕葛校刊」。文集版心下方刻「烟波筆嘯文集」，詩集版心下方刻「烟波筆嘯詩集」「烟波詩嘯劫存集」「烟波詩嘯又生集」。

沈寓（一六三九—一七一七）字右以，號寄廬，亦曰煙波客，初名巳任，後以筮改今名。以布衣能詩古文，獨不屑治舉子業。放浪山水間，行踪無定，登嵩山，踰雁宕，西入巫峽，獨不至京師，倦遊歸，自顔其居曰「白華莊」。沈德潛序謂其晚年「闡天人之秘奥，探經世之本原，皆坐言迄行實有關於政治民物之大」。程穆衡序則云「先生之出處，見於集者斑斑可考。而遏欲存理，希蹤聖賢之方，無一刻不出諸口；移風易俗，整齊民物之思，無一刻不存諸心。」傳見民國《崇明縣志》卷十二。

該書文集卷一爲讀古，卷二爲賦、原，卷三爲論，卷四爲史論、策，卷五爲議、辨，卷六爲解、壽序，卷七爲送序，卷八爲序，卷九爲記，卷十爲碑記、傳，卷十一爲記事、墓志銘、阡表、疏、對、問答、表，卷十二爲書、柬、啓，卷十三爲呈、引、禁約，卷十四爲説，卷十五爲題跋、弔祭文，卷十六爲示孫篇。詩集卷一至三爲《劫存集》，卷四至卷六爲《又生集》，詩編年。該本文集缺卷十一、十二。又卷二原有缺葉，已抄補。

沈寓康熙四十二年自序云：「六十編者，師晉陶元亮甲子之遺意，借平生之所著以編其歲月。……自予年一十有六甲午（按，順治十一年），迄今六十有四壬午（按，康熙四十一年），詩得四十九卷，文得四十四卷，六編一叙，十叙完甲。……不意壬午水火既濟之年，心星失度，臘月東流，使我嘯歌之章子夜一炬，詩文劫灰。劫盡之餘，詩存十三卷，文存十七卷，真劫餘之物耳，名之曰《劫存集》。……今癸未（按，康熙四十二年）以往，歲月遥遥，皆我《又生集》也。」據該序，則沈寓嘗有撰《煙波筆嘯》《詩嘯》各六十編之意，但於康熙四十一年毁於火。該集爲劫後餘存，詩文各篇下皆注明作年。《劫存集》三卷，乃順治十六年至康熙四十一年詩；《又生集》三卷，則康熙四十二年至五十六年詩，凡二百八十五首，附詞七闋。

乾隆十五年程穆衡序云：「自余爲諸生時，即聞崇明沈寄廬先生者醇儒也，著述之富，有《煙波筆嘯》詩文各六十編。……罷官後客是邑，而先生之曾孫眉山殷然來謁，曰：『家藏是稿五十年矣，謀梨諸梓而卷帙繁重，力不能給，將抄其十之二三付剞劂氏，敢栞以請。唯先生義之，靈實寵嘉之。』余竦然登受，肅然啓編。長夏虚堂，涵泳旨趣，窮晷閱月，凡抄得文若干首。」

沈奕董跋云：「歲庚午（按，乾隆十五年），鎮洋程迓亭先生至保鎮，因偕眉出是書，求校定，爲抄得文集十六卷，詩集六卷。於所謂『六編一叙，十叙完甲』者，分摘諸體，各依類從。……蓋依各大家文目編次，以便披讀，而散注其年於題下，俾可考按。唯詩仍以歲編，不分諸體，統於首篇題下注年，如文集例。鳩工次第開雕，以歲之弗登，工始于壬申（按，乾隆十七年），竣於甲戌（按，乾隆十九年）。」

復旦、上圖藏。

## 匠門書屋文集三十卷

清嘉定縣張大受撰，清雍正八年（一七三〇）顧詒禄刻本，五册。半葉十行，行二十一字。左右雙邊，白口，單魚尾。卷首有張雲章叙，卷末有清雍正八年顧詒禄後序，有目録。卷端題「嘉定張大受日容」。鈐有「吴興劉氏嘉業堂藏書記」朱文長方印，「劉承幹字貞一號翰怡」白文方印。

張大受（一六四一—一七二五）字日容，號匠門，張慶孫子。少受知於韓菼、朱彝尊等。康熙四十八年（一七〇九）進士，改庶吉士，官翰林院檢討。五十九年（一七二〇）授貴州學使。傳詳《碑傳集》卷四十七鄭方坤《張學政大受小傳》。

該集卷一至卷十爲古今體詩，卷十一爲詩餘，卷十二爲賦、表，卷十三爲啓，卷十四爲啓、序，卷十五、十六爲序，卷十七爲序、記、檄，卷十八爲引、書跋，卷十九至二十一爲序，卷二十二爲壽序、書後，卷二十三爲題辭、跋、書、論、策問，卷二十四爲頌、贊、銘、記，卷二十五爲記、傳，卷二十六、二十七爲墓志銘，卷二十八爲墓表、哀辭，卷二十九爲祭文，卷三十爲奏疏。

張雲章叙云：「匠門之詩，或直抒胸臆，或引物連類，或爲舒和高暢之音，或爲慷慨激昂之節，或屈曲排奡以發揮其怪奇，無非古忠臣孝子之至情，愛民憂國之實意，纏綿委篤，流連詠歎而不能自已。……其於四六，久矣獨擅當代，語則駢儷而流麗清便，緯以深情，與古文散體不異。至於古文，早年猶雜六朝體，晚而益變，亦緣根本出之，深厚而鬱盤，雖古大家不殊其氣體也。……課士之暇，曾手定其詩文三十卷，外孫顧詒禄患其遺佚，付之剞劂。且平生不自收拾，散失者多，詒禄於先生身後遍加搜訪而繕録之，俟將來刻爲外集，續於後，詒禄可謂有功於外祖矣。」

顧詒禄後序云：「右外大父《匠門先生文集》三十卷，先生所自定也。先生少奉外曾祖曾餘先生指授，十餘歲即肆力於詩古文。及長，從前輩汪堯峰、韓慕廬兩先生諮訪典故。庚午（按，康熙二十九年，一六九〇）成孝廉，公車南北，更交當世名賢，以廣聞見。累舉進士不第，退而築室清溪之旁，顔曰『讀書亭』。秀水朱竹垞先生來吴，常居其間，相與上下今古。己丑成進士，入翰林，侍直之暇，惟事著述，碑版歌詩，歲積常數百首。時詒禄隨侍在都，嘗請之先生：『盍鏤板以惠後學？』先生曰：『古人讀萬卷書，行萬里地，乃可落筆爲文。吾烏足以問世哉？』不許。庚子（按，康熙五十九年）典試蜀中，過連雲棧，登武擔山，遊浣花草堂，拜少陵像。凡所經歷，皆有題記。歸即奉視學之命。山川跋涉，弔古詠懷。至黔中，四方以文章請者無虚日，較之蜀中爲益富。課試餘閒，舉平生全集，自加簡擇，彙爲三十卷，寄書詒禄曰：『歲科兩畢，皮骨空存，寸心無愧，獨居清暇，删削篋中所作，僅留什之二三，繕録成帙，恨不得與汝輩共證之。』蓋七月中扎也。是冬即捐館。明年柩歸，詒禄首問遺集所在，抱持來家。朝夕兢守，惟恐散佚，因思勉付剞劂，訂之外舅蘅圃先生。先生謂詒禄曰：『匠門先生一生愛子，子能謀爲先生壽世，不負先生矣。』隨於乙巳（按，雍正三年）秋始事雕鐫，至己酉（按，雍正七年）冬告竣。其選餘稿中尚多傑作，然非先生自定，不敢入也。」

復旦、上圖、南圖等處藏。

## 杕左堂集詩六卷詞四卷

清嘉定縣孫致彌撰，清乾隆元年（一七三六）金惟駿、程宗傳刻本，二册。半葉九行，行二十字，小字雙行同。左右雙邊，黑口，雙魚尾。詩集卷首有清雍正十年（一七三二）朱厚章序、康熙三十三年（一六九四）汪霦原序、乾隆元年樓儼序、雍正十年張鵬翀序。無目録，卷端題「嘉定孫致彌愷似著」，卷末題「後學金惟暌叔良、外孫程宗傳説巖校」。詞集卷首有樓儼、吴秋序，卷端題「嘉定孫致彌愷似填」，卷末題「外孫程宗魯繼肅、孫壻王夢蘭香祖、孫敬禮雅傳校」。

孫致彌（一六四二—一七〇七）字愷似，號松坪。早年嘗赴朝鮮試詩取士。康熙二十七年（一六八八）進士，選翰林院庶吉士，三年後坐事去官，幾瀕於危，卒以無辜得白，終翰林院仕讀學士。傳詳光緒《嘉定縣志》卷十六。

該書詩集部分爲孫致彌詩歌之選本，大致按年編排。詞集則分《别花餘事》一卷、《梅沜詩》一卷、《衲琴詞》一卷。

朱厚章序云：「往時余嘗侍匠門張先生，聞其論孫學士松坪先生詩才華富有，格調工絶，惜其集未刊佈，所刊者《未申集》近百首，皆在非口所作，一斑而已。外間所見，多晚歲酬應之詞，非其佳者。身後寥落，孰有能定而傳之者乎？爲之三歎。越十餘年，學士之子大令罷官里居，家益貧，余數與相見，問之，知家有藏稿。余欲借而抄讀之，未暇也。後聞學士有門人觀察樓公官於粵，大令將往而謀剞劂焉。中道病，至粵遂不起，家人崎嶇以其櫬歸。故第摧頹，大樹蕭瑟，宿息縑緗，半淪麵肆。稿之歸於觀察與否，不可得而詳也。余友戴君機又獨有全詩，蓋尊人南邨先生向所輯訂，文獻足徵，用心可謂勤矣。南華太史，匠門先生族孫也，今年春，假沐歸里，暇日呼余共卒讀之，遴尤佳者録爲二册，敢云定而傳之哉？亦推本匠門先生之意，不以泛濫酬應者掩其真性情，使世知學士詩飛騰綺麗，力追古人工者如是，不必取名位、進年壽，崇爲準的也。」

張鵬翀序云：「學士詩，聲調格律以盛唐爲宗，而雄放揮灑，時出東坡、放翁之間。吾邑婁、唐諸公而下，殆不多見也。平生不自收拾，散佚良多。南邨戴丈集而藏之，獨得其全。令子機又攜抄本示予，且請選定。予與朱子以載共披讀之，掇其尤可愛者，另爲六卷，以便諷詠焉，非敢删學士之詩也。然其性情流溢，筆墨飛動之概，亦略具於是矣。」

首圖、北大、社科院文學所藏。

**華黍樓詩稿一卷索笑檐詩稿一卷紫芝山館詩稿一卷賜詩樓詩稿一卷清峙堂詩稿一卷**

清金山縣王頊齡撰，清康熙間刻本，二册。半葉十一行，行二十字，小字雙行同。四周雙邊，黑口，雙魚尾。《華黍樓詩稿》卷首有汪懋麟序及田茂遇、陳維崧題詞。卷端題「谷水王頊齡瑁湖著」。鈐有「王培孫紀念物」朱文方印。

王頊齡纂有《欽定書經傳説彙纂》，已著録，生平參見本編經部書類。

汪懋麟序云：「癸卯（按，康熙二年，一六六三）之秋，與王子瑁湖舉省試，觴宴於中山舊園，即驩如平生。明年試禮部下第，並馬南歸，止頓舍，與喬子石林解鞍脱帽，卧酒壚，看濟南東蒙諸山，談諧詼浪，相顧自豪，未嘗幾微有行旅放廢之色也。又五年，余與石林羈縻京師，瑁湖又兩試禮部不得意，輒相與對酒欷歔，而昔時意氣都落落矣。丙辰（按，康熙十五年，一六七六）春，瑁湖成進士，官太常。時余再入京，以親老歸，不得與瑁湖握手叙晨夕。又三年，瑁湖與御試，改史官，余亦復來。因念自舉省試時，三人齒俱二十餘，余差長，石林次之，瑁湖又次之。忽忽十有八年，合而離，離而復合，中間南北之阻闊，歲時之飄疾及人事之遷變，有欲語而不能盡者，則有相視而歎耳。二子方以詞賦睥睨相如、揚雄，馳驟闕下，而瑁湖之詩則日多且工，出入開元、大曆。即戊午、己未（按，康熙十七、十八年）兩年之作，鋪張摹刻，已備岩廊林壑、友朋文酒之盛。余反覆讀，莫能釋。自顧荒蕪衰瑟，了無毫髮之長，足以側身二子，不重爲慨然乎？」

按，此諸集爲王頊齡詩集之單刻本。《華黍樓詩稿》後收入王頊齡之詩歌全集《世恩堂詩集》卷五、六，爲康熙十七年至十八年（一六七八—一六七九）所作；《索笑檐詩稿》後收入《世恩堂詩集》卷三，爲康熙十三年至十四年（一六七四—一六七五）所作；《紫芝山館詩稿》後收入《世恩堂詩集》卷四，爲康熙十五年至十六年（一六七六—一六七七）所作；《賜詩樓詩稿》後收入《世恩堂詩集》卷七、八，爲康熙十九年至二十五年（一六八〇—一六八六）所作；《清峙堂詩稿》後收入《世恩堂詩集》卷一、二，爲康熙三年至十二年（一六六四—一六七三）所作。單刻本較之全集本，尚保留多首應酬性詩歌，如

《華黍樓詩集》之《壽掌院葉夫子》《送少司馬孫先生歸里》，《索笑檐詩稿》之《壽玉峰徐太夫人六十》《賀楊玉符新婚》，《紫芝山館詩稿》之《題尚封翁畫像》《壽少司馬孫先生》，《賜書樓詩稿》之《壽徐健先生三十韻》《壽閣學李厚庵前輩慈吴太夫人》，《清峙堂詩稿》之《得安士書》《贈傅石漪别駕》等。此類爲全集所删削之詩共四十餘首。

上圖藏。

## 畫舫齋詩二集二卷

清金山縣王頊齡撰，清康熙三十六年（一六九七）刻本，二册。半葉十行，行十九字。四周單邊，黑口，單魚尾。卷首有康熙三十六年任丘龐序。卷端題「雲間王頊齡瑁湖」，鈐有「楊氏菌口山房收藏圖書」白文方印。

該集爲王頊齡詩集之單刻本，爲其丙子（康熙三十五年，一六九六）仲冬至丁丑（康熙三十六年，一六九七）季冬所作之詩詞，後收入《世恩堂詩集》卷十三、十四。與之相較，除《聖駕征嘎而丹蕩平凱旋恭進鐃歌四十章》收入《經進集》、詞作收入《詞集》外，尚多《壽袁嘯庵閫司七十》《題陳元帥眠雲卧月小照》《壽祝母深孺人八十》《壽合肥李相國夫人五十》《送雷岸從母郭孺人七十》《壽東昌侯太守任庵》諸首。

任丘龐序云：「余辱先生通門弟子之列，比年以還，居處相近，唱和尤多。然終愧才力不逮，亦步亦趨，而瞠乎後也。茲刻其近詩如干首而屬序於余。」

上圖藏。

## 畫舫齋詩六集二卷

清金山縣王頊齡撰，清康熙間刻本，二册。半葉九行，行十九字，小字雙行同。左右雙邊，白口，單魚尾。卷端題「雲間王頊齡琯湖」。

該集爲王頊齡詩集之單刻本，爲其癸未（康熙四十二年，一七〇三）九月至乙酉（康熙四十四年，一七〇五）十二月所作之詩詞。

上圖藏。

## 世恩堂詩集三十卷詞集二卷經進集三卷

清金山縣王頊齡撰，清康熙間刻本，十二册。半葉十行，行十九字，小字雙行同。左右雙邊，黑口，雙魚尾。《世恩堂詩集》卷首有清康熙三十七年（一六九八）龐塏序、清康熙四十年（一七〇一）張豫章序、清康熙四十二年（一七〇三）汪霦序、同年勞之辨序、清康熙五十五年（一七一六）張雲章序、清康熙九年（一六七〇）周茂源原序、清康熙十二年（一六七三）田茂遇原序、汪懋麟原序、清康熙十八年（一六七九）曹禾《遊西山詩》原序、原題、朱彝尊《西征草》原序、許纘曾原序。有目録，卷端題「華亭王頊齡琯湖」。《經進集》

卷首有高士奇序。鈐有「吴興劉氏嘉業堂藏書記」朱文長方印，「劉承幹字貞一號翰怡」白文方印。

該《世恩堂詩集》爲王頊齡詩歌全集，集内詩編年，卷一、二爲《清峙堂稿》，卷三爲《索笑檐稿》，卷四爲《紫芝山房稿》，卷五、六爲《華黍樓稿》，卷七、八爲《賜書樓稿》，卷九、十爲《含暉堂稿》，卷十一以下爲《畫舫齋稿》。收詩自康熙三年至五十九年。

《經進集》王頊齡在朝所作賦頌詩。高士奇序云：「余同年王琄湖學士久侍講幄，每有撰著，進達御覽，未嘗不霽顔稱善。今彙刻其所作，屬余爲序。余三復讀之，質實而不浮，風美而不陋，敷籲而不窘，典重而不薄，卓然矜貴以去佻，妙於持擇以去雜，奥而無詭，勁而非悍。」

《詞集》則按調編排，卷一爲小令、中調，卷二爲長調。

復旦、國圖藏。

## 蓴香堂詩稿八卷

清金山縣王九齡撰，清康熙四十年（一七〇一）自刻本，一册。半葉十行，行二十字。四周單邊，白口，雙魚尾。卷首有康熙四十年王九齡自序，卷端題「雲間王九齡薛澱」。

王九齡（?—一七〇九）字子武，號薛澱，廣心仲子，頊齡弟。康熙二十一年（一六八二）進士，官至左都御史。傳詳嘉慶《松江府志》卷五十七。

該集分五言古詩、七言古詩、五言律詩、五言排律、七言律詩、七言排律、五言絶句、七言絶句各一卷。

王九齡自序云：「余自甲戌（按，康熙三十三年，一六九四）仲夏抵都，迄今辛巳歲（按，康熙四十年），屈指星紀八易矣。日在東華軟紅中求閑居一室，嘯歌之樂未易多得，然與趨朝推食之餘，友朋文酒之會，或登高覽勝，尋花弄月之辰，景物所觸，微吟寫志，積而計之，得詩若干首。……爲是帙者，不過識年月，表一時之興會云爾。至丙子（按，康熙三十五年，一六九六）奉使告祀畿内古帝園陵，己卯（按，康熙三十八年，一六九九）扈從鑾輿南幸，並有紀述，另爲一編，兹不復載。」

國圖、南圖藏。

## 王儼齋遊西山詩稿一卷

清金山縣王鴻緒撰，稿本，經折裝，一册。封面題「王儼齋先生自書詩稿」。卷端題「遊西山詩」。卷末題「壬辰九月望後二日書遊西山舊作，王鴻緒」。鈐有「王鴻緒印」「儼齋」「祉文題跋」「芷孫鑒賞」「芷林曾觀」朱文方印。

王鴻緒纂有《欽定詩經傳説彙纂》等，已著録，生平參見本編經部詩類。

該詩稿内有《訂萬季野王崑繩錢亮工諸子同遊西山》《馬上望西山》《摩訶庵》《香山》四首、《卧佛寺》《退翁亭》《碧雲寺》四首、《度嶺至清涼寺》《盧師祠》《望寶珠洞》《板橋》《宿戒壇》四首、《度盧溝橋》諸詩。後皆收録於王鴻緒《横雲山人集》卷十七。

上圖藏。

## 山暉稿不分卷

題王度撰，清康熙十年（一六七一）刻本，二册。半葉九行，行十八字。四周單邊，白口，單魚尾。卷首有龔鼎孳序、清康熙九年（一六七〇）田茂遇序、康熙十年吴懋謙序。卷端題「雲間王度季友譔」。

該集按體分樂府、五言古詩、七言古詩、五言律詩、七言律詩、五言排律、五言絶句、七言絶句八部分.

龔鼎孳序云：「己酉（按，康熙八年，一六六九）夏，季友以應舉入都，投余以詩文一卷。余燃燭讀之，爲之輾然色喜。」田茂遇序云：「（季友）昨歲遊成均，舟車所經，登泰山，涉長湖，題詠一出，人競相傳寫，都人士與海内之能言者無弗知右軍之有子矣。歸里，梓其稿，問序於余。」

按，該集之作者，卷端題王度，然其中之詩皆爲王鴻緒詩歌全集《横雲山人稿》中所有。王鴻緒字季友，原名度心。此處題「王度」即是王鴻緒。

該集共收入各體詩歌約一百七十首。而《横雲山人稿》卷一至卷八之《山暉集》則以年爲次編排詩歌，且數量大幅增加。所增之詩當係後來加入。

上圖藏。

## 横雲山人集三十二卷

清金山縣王鴻緒撰，清康熙間遞修本，八册。半葉十行，行十九字。左右雙邊，黑口，雙魚尾。卷首有清康熙九年田茂遇序、清康熙七年周茂源序、清康熙九年宋琬序、清康熙十年吴懋謙序、清康熙八年龔鼎孳序。該集首爲《颺言集》五卷，後二十七卷分《山暉集》八卷、《望雲集》五卷、《谷口集》二卷、《還朝集》三卷、《淮干集》一卷、《還朝集》四卷、《谷口續集》二卷、《還朝續集》二卷。詩按年編排，卷端題「雲間王鴻緒儼齋撰」。鈐有「劉承幹字貞一號翰怡」白文方印，「吴興劉氏嘉業堂藏書印」朱文方印。

該集爲王鴻緒詩歌全集。《颺言集》五卷，爲其在朝所獻賦頌，自康熙十二年至五十八年。《山暉集》以下爲其編年詩，亦止於康熙五十八年。

復旦、上圖、南圖、中科院等處藏。

## 學庵類稿三種

明食貨志十二卷

茂名公牘七卷

銅仁公牘六卷

清青浦縣王原撰，清康熙間刻本，四册。半葉十一行，行十九字。四周單邊，上白口，下細黑口，單魚尾。《明食貨志》前有朱書序，《茂名公牘》前有清康熙三十五年（一六九六）魯超序、王瑛序，《銅仁公牘》前有清康熙四十三年（一七〇四）程文彝序。卷端題「青浦王原深一字令詒」。鈐有「吴興劉氏嘉業堂藏書記」朱文長方印，「劉承幹字貞一號翰怡」白文方印，「劉世絢印」朱文方印，「彭城」朱文圓印。

王原（一六四六—一七二九）初名深，字仲深，一字令詒，晚號西亭。康熙二十七年（一六八八）進士，由廣東茂名、貴州銅仁知縣官至工科給事中。以陳汝弼案受誣，罷官歸田。傳詳王昶《春融堂集》卷六十四《王原傳》。

《明食貨志》備叙明代食貨制度。朱書序云："友人青浦王子令詒志明食貨，爲目十二，曰農桑，曰户口，曰田制，曰賦役，曰漕運，曰倉庫，曰鹽法，曰錢鈔，曰茶礬，曰課税，曰上供採造，曰會計。其爲書不屑屑追擬前史，而序事有法，贍而不穢，要而能舉，誠良史也。"

《茂名公牘》《銅仁公牘》分别爲王原官二地知縣時所作之公文。《茂名公牘》卷一爲文移，卷二至卷四爲教令，卷五至卷七爲讞案，後附録康熙三十六年（一六九七）正月二十一日《廣撫題請開復疏》、同年三月二十八日《吏部議覆廣撫開復疏》、閏三月二十一日《吏部查覆本部堂司錯議處分疏》。《銅仁公牘》卷一爲文移，卷二爲教令，卷三至卷六爲讞案，後附録康熙四十一年（一七〇二）七月二十八日《貴撫會題行取疏》、同年九月初九日《吏部議覆貴撫行取疏》。

復旦藏。

## 學庵類稿四十八卷

清青浦縣王原撰，清康熙間刻本，十二册。半葉十一行，行十九字。四周單邊，版心上方白口，下方細黑口，單魚尾。卷端題「青浦王原深一字令詒」。

該本爲《學庵類稿》之詩類，分《短檠集》四卷，《北鄉集》五卷，《閩海集》二卷，《寒竽集》五卷，《小草集》三卷，《過嶺集》二卷，《潘州詩集》三卷，《惠陽集》二卷，《岫雲集》五卷，《銅江詩集》十卷，《鸞臺集》三卷，《滄江集》四卷，爲王原各部詩集之彙編。各集前有原序：《短檠集》前有王原自序，《北鄉集》前有高士奇序，《閩海集》前有李良年序，《寒竽集》前有王原序及《西江集》、《紅雨廡》集王原舊序〔一〕，《小草集》前有王原序，《過嶺集》前有周在浚序、康熙三十五年（一六九六）王原自序，《潘州詩集》前有黄淲序、康熙三十五年（一六九六）王原序，《惠陽集》前有王原自序，《岫雲集》前有康熙四十一年（一七〇二）王原自序，《銅江詩集》前有張尚瑗序，《鸞臺集》前有張雲章序、康熙四十五年（一七〇六）王原自序，《滄江集》前有康熙四十七年（一七〇八）王原自序。各卷前有目録。詩始於康熙八年（一六六九），終於康熙四十七年。

上圖藏。

## 摘抄學庵文集不分卷

清青浦縣王原撰，清抄本，四册。半葉十一行，行十九字，無格。卷端題「青浦王原仲深一字令詒」。卷首無序跋，有總目。

---

〔一〕王原《寒竽集序》云：「舊分第三卷爲《西江集》，第四、五卷爲《紅雨廡集》，今總爲《寒竽集》云。」

該書選録王原所著文章，分奏疏十九，議三，册六，論十九，説一，辨一，解二，書五，賦三，頌五，序十六，傳五，贊一，記八，學規二，箴三，銘一，文三，墓誌銘一，表一，行狀一。其所摘抄之文大半爲現存王原文集之通行本《西亭文鈔》所未收。

國圖藏。

## 芝雲堂雜言一卷芝雲堂詩稿一卷詩餘一卷

清華亭縣徐賓撰，清康熙間凝紫山房刻本，二册。半葉九行，行二十二字。左右雙邊，白口，雙魚尾。内封題「雲間徐虞門著/芝雲堂雜言/凝紫山房藏板」。卷首有王廣心序、清康熙十八年（一六七九）林子卿序、清康熙十七年（一六七八）盧元昌序、同年周綸序。有目録，卷端題「華亭徐賓虞門氏譔」。

徐賓字虞門，居南橋。康熙二十七年（一六八八）進士，授臨城知縣，官至吏科給事中。傳詳嘉慶《松江府志》卷五十七。

該集《雜言》按體分爲賦、序、引、策、文、志銘、啓、傳、疏、碑、贊、連珠各類。《詩稿》按體分爲五言律、七言律、七言絶句，詩餘按體分爲小令、中調、長調。

林子卿序云：「戊午（按，康熙十七年）嘉平之月，虞門徐子以其所著詩古文詞示予，予受而讀之。賦則規模徐、庾，六代綺靡之製也；詩則出入錢、劉，三唐爾雅之音也。其他銘贊之屬，結構以就裁；疏序諸篇，淋漓而盡致。連珠擅俳偶之勝，詩餘升秦、晏之堂，非少年傑出之才，無以幾此。」

上圖藏。

## 芝雲堂詩稿四卷

清華亭縣徐賓撰，清康熙間刻本，四册。半葉十一行，行二十一字。白口，左右雙邊，單魚尾，卷首有清康熙四十三年（一七〇四）王原序，其首葉前半有漫漶。各卷前有目録。卷端題「華亭徐賓虞門」。鈐有「吴興劉氏嘉業堂藏書記」朱文長方印，「劉承幹字貞一號翰怡」白文方印。

該詩集按年編排，起自康熙十八年（一六七九），終於康熙四十三年，共收詩五百餘首。

王原序云：「君養痾邸舍時，裒其前後所作之詩，排纘成若干卷，屬余校定，且命爲序。余惟《詩》三百篇，皆古人達性言情之作。夫必有詩人之性情，而後有詩人之格律。君素有詩名於公卿間，其工穩穠秀，綽有三唐、三明之遺風，不俟余序而重也。余特道君篤於友生之一節，其性情有如此者，君之詩其所由來，亦可以知之矣。」

復旦、陝西藏。

## 濟陽詩鈔不分卷

清南匯縣蔡湘撰，清抄本，一册。半葉八行，行二十一字。卷首有陸錫熊序、《南匯縣志》蔡湘及其妻周氏傳、民國三十二年（一九四三）王欣夫跋，有目録。卷端題「澧溪蔡湘竹濤氏著」。有白文長方印

「大隆」，白文方印「王大隆」，朱文方印「欣夫」。

蔡湘（一六四七—一六七二）字竹濤，南匯周浦人。年二十入都，與朱彝尊、李良年、潘耒諸名流往來，客死交城。傳詳周篔《采山堂遺文》卷上《蔡湘傳》。

該集按體編排，分五言古詩十六首、七言古詩四首五言律詩十七首、七言律詩二十九首、七言絶句二十一首、五言長律四首。其末首《送翰舟南還二十韻》闕末一韻。

陸錫熊序云：「國朝當康熙初交，文教大興，一二宗工宿老以風雅倡導于上，于是海内鴻儒碩士懷瑰抱璧，咸集于京師。時則有若秀水朱竹垞、嘉興李武曾、吴江潘稼堂諸公，以沉博絶麗之才雄視壇坫，文場酒市，交唱迭和，翰墨流傳，極一時之盛。我里竹濤蔡先生以年少走京師，一旦出其詩與諸公角，諸公莫不折節卑下之。當是時，蔡先生之名籍甚鉅。公長者，争招致相酬唱。嘗在合肥宗伯席上聽柳敬亭説隋唐遺事，先生詩先成最工，座客皆相視閣筆。宗伯大喜，厚贈遺之，其見推重如此。其後竹垞、稼堂以博學宏詞徵，天子親試之體仁閣下，自布衣擢入翰林，皆得出其才以摛雅研頌，黼黻治平，而先生則已不幸短命死矣。先生殁時，嗣子才六歲，先生之妻趙孺人矢節鞠養，終以有後，獨其遺詩散落不完，存者僅數十篇，又多叢雜無次。先生曾孫枚登翁克念厥祖，發其所藏，釐訂殘缺，將刻以行之。」

王欣夫跋云：「竹濤詩，據陸序，似有刻本。然藏書家均未見。上海嚴君載如昌堉留心鄉邦文獻，輯有《海藻》一書，披羅甚富有，然亦未見竹濤詩文全帙。曾借此遴選，則其罕傳可見。此爲去歲返蘇時無意得諸書店，抄手甚舊，宜珍藏之。」

該集詩間有一題兩稿者。王欣夫云：「詩分體，往往一題而並録初改二稿，僅字句小異，有墨筆抹去其一，意亦耳山所審擇歟？」〔一〕

復旦藏。

## 竹濤先生遺稿四卷

清南匯縣蔡湘撰，清乾隆五十七年（一七九二）刻本，一册。半葉九行，行十九字。左右雙邊，白口，單魚尾。内封題「乾隆壬子春鐫/竹濤先生遺稿/元孫士英、士秀藏板」。卷首有清乾隆五十年（一七八五）陸錫熊《竹濤先生遺稿序》、清乾隆五十七年馮金伯《竹濤先生遺稿序》。卷端題「上海蔡湘竹濤著，同里後學陸錫熊耳山選，馮金伯冶堂、朱清滎雪鴻編次，朱鳳洲南田鈔葺，曾孫陛枚登校録，元孫士英時彦、士秀茂三謹梓」。有目録及附録，收同人投贈及感懷之作。

該集詩歌以年爲序，止於康熙十一年（一六七二）。集中各詩下間附以同人投贈之詩。上本一體兩稿之詩，該本僅《送潘次耕遊太原》一首保留二稿，其餘皆擇一刻之。

上本陸錫熊序「先生曾孫」至「將刻以行之」一段，該本易爲：「先生元孫士英、士秀克念厥祖，純孝性成，因發其所藏，釐訂殘缺，將刻以行之。」據此可知該序當是該書刊刻之時所新作。

〔一〕　王欣夫《蛾術編箧存善本書録》，第六三四頁。

馮金伯序云：「竹濤先生與予節孝曾大母爲再從兄妹，故先生之曾孫枚登猶以中表相呼。枚登嘗述先生年十九，偕同塾兩人應童子試，先生獨未售，遂棄制舉業，刻意詠歌。明年遊京師，輦下群公皆與並轡聯吟，相得歡甚。不料《鵩鳥》遽賦，殘編零落，先澤未彰。言之輒嗚咽泣下。閱數餘年，枚登令嗣士英、士秀仰承父志，將梓先生遺稿問世，既請於陸耳山大理，而以編次校讎之役屬予。予素嗜先生詩，遂攜往吴門居停。楊君仁山藏古今書籍甚富，因於架上撿得愚山、漁洋、竹垞、稼堂、秋錦諸集，爲之參互考訂，乃知聖祖朝四方碩彦群集燕臺，於庚戌、辛亥（按，康熙九年、十年，一六七〇—一六七一）兩年爲最盛，而先生之詩亦於此二年爲獨多。庚戌以前似多遺失，壬子（按，康熙十一年）兩篇遂成絶筆。於是即向所傳抄本經大理所選定者，合之南田朱子所藏，共得詩百有餘首，分爲四卷，而以同人投贈哀挽之作附焉。其於先生之詩，不敢謂纂排悉當，然於大理所云叢雜無次者，亦庶乎其可免矣。……先生遺稿多硃墨點竄，或自爲增損，或係朱、李諸君酌定，均未可知。其謂先生師董君節所改者，誤也。」

復旦藏。

## 樸村文集二十四卷樸村詩集十三卷附冷吟集一卷

清嘉定縣張雲章撰，清康熙五十三年（一七一四）刻本，八册。半葉十三行，行二十五字，小字雙行同。左右雙邊，黑口，單魚尾。《文集》卷首有清康熙四十九年（一七一〇）陳鵬年序、助刊者姓氏、清康熙五十三年張雲章自序、胞弟雲蔚、雲揚、雲從、雲縉識及猶子慎方識。有目録。《冷吟集》半葉十一行，行二十一字。左右雙邊，白口，單魚尾，前有宋犖序、康熙三十八年（一六九九）張雲章自序。卷端題「嘉定張雲章漢瞻」。鈐有「劉承幹字貞一號翰怡」白文方印，「吴興劉氏嘉業堂藏書印」朱文長方印。

張雲章（一六四八—一七二六）字漢瞻，一字倬庵，號樸村。監生。早年喜好陽明之學，至京師後從陸隴其學，改宗程、朱。嘗館於徐乾學家參與編輯《通志堂經解》，並以七年之力整理李清《南北史合注》。雍正初以孝廉方正被舉，以老不能行。詳方苞《方望溪文集》卷十《張樸村墓志銘》。

該集爲張雲章之詩文合集。文集卷一、二爲雜著，卷三至六爲書，卷七至九爲序，卷十爲壽序，卷十一爲記，卷十三爲傳，卷十四爲墓志銘，卷十五、十六爲神道碑、墓表、塔銘、哀辭，卷十七爲行狀，下注云「爲陸御史稼書先生作，已載《三魚堂文集》中，兹緩刻」[一]。卷十八爲祭文，卷十九、二十爲述先，卷二十一至二十四爲補遺。詩集卷一至四爲古詩，卷五至十一爲律詩，卷十二爲《橘舍唱和》，注云「别見」[二]，卷十三目録中未注體裁，據其内容，亦當是律詩。

張雲章自序云：「雲章不自諒其力之不足，妄有志於斯文。平生所作，積久漸漸多，委置篋笥，本無鏤

---

[一] 按，正文中亦無該卷。

[二] 按，集内亦無該卷。

板問世之意。自念吾説無足存，雖汗牛馬無益，吾説如可存，必其竭畢生之力，於道有所見，於世有所係，則必不致棄置埋没，當俟後之君子論定可也。以此絶無意耗費簡札，非惟食貧自苦，不遑謀及此也。自己丑歲（按，康熙四十八年）搜篋中數十篇，生紙寫之，報太守長沙陳公，閲數月而公忽以序文下頒。因念陳公之賢，天子命守此土，歷數百年乃一遇者，斯文之賜，不可虚辱。遂稍稍動念，或即以此數十篇者付之梓，以志下采之意。又大中丞儀封張公以程、朱之學興其教於東南，雲章亦贄以數十篇之文，公猥有褒獎，以純正目之，且謂其曾奉教於陸稼書先生，故能不悖於道如此。雲章於純正之稱不敢仰承，然見許於大賢君子意者，其或有可取乎？自是不敢終匿。而朋儕輩皆憐其貧老，必然不能自謀剞劂，行將汨没，慫恿之者不一，而梁溪華君尤首囑雕工，以開雕之資委之而去，余雖謝不敢當，弗顧也。嗣是而元功、扶照、東華諸君繼之，吾家匠門、吟樵、籲三、漢昭各相佽助，而籲三舍我於此，尤時時補其闕乏。至郡司馬韓城梅崖使君以虚聲素相欽挹，署縣事於吾邑，尤虚懷咨訪。既而知其有此舉，必欲割清俸以稍資之。力却而不能，遂不敢虚賢長上之意。以此卷帙日以增廣，始事癸巳（按，康熙五十二年）之八月，至今年十月，而共得文與詩若干卷。」

《冷吟集》爲康熙三十八年（一六九九）張雲章遊覽杭州時所作及之後追懷此遊所作之詩。其自序云：「今春上南巡，由蘇至杭，少司空興化李公扈從，余得因公以至湖上。湖上在故明時有李公祠，杭人立之以奉司空之從祖者。祠前有樓，俯臨於湖，湖光山色，蕩漾几格間。司空舊有詩，所謂《湖樓雜詠》者以此，余於司空從弟松嵐寓焉。曉夕之間，煙靄百變。司空侍上左右，得間，與余輩相尋逐，又期相國京江公同遊南北諸山者連日。披歷巉巖，搜尋洞壑，策杖攀緣，而上下窮山之幽與日之力而止焉。……是集也，得之陪遊者半，歸而次第其詞，得之追摹者復半。題曰《冷吟集》者，樂天詩且云『且向錢塘湖上去，冷吟閒醉兩三年』，取此以標吾集，庶幾其名之稱，而又以見山水之志爲不衰云。」

復旦、國圖、上圖等處藏。

## 春藻堂嘯廬稿四卷春藻堂滌雪稿四卷

清婁縣彭開祐撰。清康熙春藻堂刻本，五册。半葉十行，行二十二字。四周雙邊，白口，無魚尾，無欄綫。《春藻堂嘯廬稿》内封題「雲間彭孝緒著，一字念韋，又號椒巖／嘯廬稿／春藻堂藏版」。卷首有清康熙十九年（一六八〇）張若羲序、清康熙十五年（一六七六）王光承序、清康熙十六年（一六七七）吴騏序、清康熙十九年表兄夏虹漢序、受知鑒定姓氏、先達評定姓氏。鈐有白文方印「孝緒一字念韋號芣巖」白文方印，「歗廬」朱文橢圓印。《春藻堂滌雪稿》内封題「雲間彭孝緒著，一字念韋，又號椒巖／滌雪稿／春藻堂藏版」。卷首有清康熙二十二年（一六八三）宋德宜序、清康熙二十年（一六八一）葉芳靄序。鈐有「孝緒一字念韋號芣巖」白文方印，「滌雪稿」朱文長方印。卷端題「雲間彭開祐孝緒著」，版心下方題「春藻堂」。

彭開祐（一六四八—一七二六）[一]。字孝緒，號椒巖。康熙十五年進士，官至武岡州知州。傳見嘉慶《松江府志》卷五十七。

此二集皆爲彭開祐之文集。《春藻堂嘯廬稿》卷一爲序，卷二爲記，卷三爲書，卷四爲文。《春藻堂滁雪稿》卷一爲論，卷二爲策，卷三爲傳，卷四爲略。

夏虹漢序云：「春藻堂者，先舅氏侍御韋齋公以顔其居者也。……今念韋，侍御公次子也。少工制義，克紹家學，登進士高第，家貧一如諸生時，惟讀古著爲事。其以『春藻堂』名集，志不忘先也。」葉承靄序云：「今年春，孝緒從故鄉緘其諸生時留心當世之作曰《滁雪稿》者，屬予爲序。……今觀孝緒所著，傳論策略諸作，則遷、固之謹嚴，董、晁之精粹，廬陵、眉山之排宕，奔赴絡繹，若運斤成風。」

上圖、中山大學藏。按，中山大學圖書館另藏有彭開祐之《春藻堂澹雲稿》六卷、《橐丸稿》三卷、《一螺稿》五卷、《游琴稿》四卷。

## 深秀亭詩集二十一卷

清華亭縣潘鍾麟撰，清康熙間深秀亭刻本，八册。半葉十一行，行二十三字，左右雙邊，白口，單魚尾。

---

[一]《清代人物生卒年表》據《康熙十五年丙辰科會試同年齒録》考得彭開祐生於順治五年。又據嘉慶《松江府志》卷五十七，彭開祐年七十九卒，故其卒年當是雍正四年。

内封題「王阮亭先生評定，諸同學名家續選／雲間潘層峰詩集／深秀亭藏板」。卷首有清康熙三十七年（一六九八）王士禛序、清康熙四十一年（一七〇二）任奕鏊序、清康熙三十六年（一六九七）錢二白序。各卷前有目録。卷端題「雲間潘鍾麟層峰」。鈐有「王崐之印」白文方印，「和中」朱文方印。

潘鍾麟字霄客，號層峰，官縣丞。與孔尚任友善，康熙三十五年（一六九六）在京嘗與蔣鑨等聚於岸塘過花朝。見《清人詩文集總目提要》卷十二。

該詩按年編排，詩自康熙三十四年（一六九五）至五十四年（一七一五）。

任奕鏊序云：「向聞雲間有潘層峰先生者，敏才豐學，著述等身，且豪宕慷慨，延攬英俊，明卿鉅公争爲倒屣，羅而致之幕府。然以因緣未合，正恐交臂而失焉。及乎一行作吏，承乏衝疆，皇華絡繹，疲於戴星。……乃不虞層峰先生之惠然肯來也。握手拜起，彼此道企慕之情，冰雪聯吟，瀛臺弔古。急詢先生曰：『珠璣滿篋，許俗吏一開茅塞否？』先生躍然曰：『實獲我心也。』因撿十年藏稿，出以授予曰：『古人之詩集莫妙於編年。蓋其經歷興會，歡愁窮達，山川人物，悉於詩焉寓之。讀其詩可以論其世，論其世可以知其人。公真知我者，我何敢自匿？』遂於退食之餘逐年展卷，次第而讀之。……先生之詩，閎中肆外，造之極深而出之極顯，無體不備，無妙不臻。」

錢二白序云：「余乙亥（按，康熙三十四年，一六九五）與層峰共客金臺，風雨晦明之下，無夕不聚，無聚不談，無談不酒，無酒不詩，無詩不累累數十首不止。層峰定得句先成，跴履叩門狂笑，余即披衣急讀。比鄰有目我兩人爲狂，層峰則夷然不顧，其風流拓落如此。余與層峰周旋久，故知層峰獨深。先是，層峰

《澄秋書堂稿》已刻者若干首，别後不踰年，又有積成若干首。今層峰不遠二千里郵寄，屬余論定。」

上圖藏。

## 十峰集五卷

清華亭縣徐基撰，清康熙刻本，四册。半葉九行，行十九字，小字雙行，行二十九字。左右雙邊，白口，雙魚尾，版心處刻「集赤壁」。卷首有清康熙四十五年（一七〇六）十月陳元龍集《聖教序》帖中字書序，清康熙四十年（一七〇一）吴三省序，張李定、朱應麟、徐基、沈中星、路徐來諸人序，又有清康熙四十三年（一七〇四）徐基識。卷端題「雲間徐基宗項氏」。鈐有「江上清風山間明月取之無禁用之不竭」朱文長方印。

徐基字宗項，號十峰，又號後坡，自號閒閒道人，官浙江蕭山訓導。傳詳嘉慶《松江府志》卷五十八。該集前四卷爲集蘇軾前後《赤壁賦》中句而成，卷一爲賦及古文，卷二至四爲詩，卷五爲别集，各卷前有目録。各篇之後間有楊芑園、朱黄輿等人評語。

徐基識云：「東坡先生曾集《歸去來詞》字，爲詩十首，集字爲詩，昉此乎？又嘗和陶詩，謂古人有擬古之作，無追和古人者，追和自吾始。予謂集字亦然。兹倣其步趨，誠不自量也。」

上圖、國圖、南圖等處藏。

## 景蘇閣集句四卷

清華亭縣徐基撰，清乾隆四十年（一七七五）墨花齋重校本，一册。半葉十一行，行二十一字，白口，左右雙邊，單魚尾。内封題「乾隆乙未重校／影蘇閣集／墨花齋藏板」。卷首有清康熙四十八年（一七〇九）徐大生序、清康熙四十九年（一七一〇）徐基自序。各卷前有目録。卷端題「雲間徐基十峰集」，各葉版心中央題卷數。卷四後有《夢遊景蘇閣圖》並附《題詩》四首，末有康熙四十九年徐基跋。鈐有「吴興劉氏嘉業堂藏書記」朱文長方印，「劉承幹字貞一號翰怡」白文方印。

該集中詩皆集蘇軾詩句而成，於每篇詩後以小字注明所集蘇詩之名。卷一、二爲五言，卷三、四爲七言。其中卷四自四十四葉起又題作「景蘇閣集句續編」，詩止於康熙五十四年。

徐大生序云：「上古製字，一畫是也。鐘鼓集字，十六字是也。此集字之祖也。葩經『先民有言』『人亦有言』，孔孟『詩云』『故曰』，則皆集句矣。此集句之祖也。嗣是而漢而唐而宋、元、明，文風漸變，格律相仍，皆㪷獵千家，網羅百代，以聚茵成翠者也。若夫名章麗語搜求限《赤壁賦》中，前已梓行兩集。兹則彙蘇詩諸體之全，擷其成句，畦徑各别，寄託亦殊，如斷章取義。然問諸詞客騷人，蓋戛戛乎難之。我家雲間後坡先生氣可勝今，志惟追古，而遇不酬才，僅鐸龍城，偶借不合時宜之大蘇以發舒其鬱勃無聊之冷，況不及一載，匯成卷帙，其神功天巧，自迴越尋常學問之外矣。」

徐基自序云：「予居龍城，設教三載，官冷於冰。嘗枕蘇詩而卧，覺則倚梧而吟，泚筆而綴，錯亂成什，盛以篋衍而歸。今乃老於田，歌於田，吁！蘇之戕賊也，以自揚其醜也，而且災其梨，不亦甚乎？」

復旦、國圖、南圖藏。

## 商榷集三卷

清華亭縣高不騫撰，清康熙三十五年（一六九六）刻本，一册。半葉十行，行十九字，小字雙行，行二十九字。左右雙邊，白口，單魚尾。卷首有清康熙三十八年（一六九九）張大受序、王澐序、吴騏序及清康熙三十五年高不騫自序。有目録。卷端題「華亭高不騫查客」。鈐有「積學齋徐乃昌藏書」朱文長方印，「潤照堂」朱文方印，「松玗書屋」白文方印。

高不騫（一六五七—一七四三，一説一六七八—一七六四）字查客，一作槎客，號小湖，晚號蕁香釣魚師，高層雲子。按《吾友于齋詩鈔》卷首有清乾隆六年（一七四一）高不騫序，文末題「華亭八十五翁高不騫查客」，又本集卷二《南橋夜泊》二首其二有小注云：「余生甫一歲，從先君太常徙居郊園。今年過三十，再至其地，蓋故廬已不可問矣。」本集清康熙三十五年自序云：「至於是集之成，不過四、三年。」則高不騫之生卒年當以前説爲是。傳詳黄之雋《唐堂續集》卷三《翰林高待詔傳》、沈大成《學福齋文集》卷十五《翰林院待詔小湖高先生墓表》。

是集爲高不騫吟詠華亭山水所作。皆五言律詩。其自序云：「昔豫章左克明編次《古樂府》十卷，其注《吴趨行》曰：『舊説吴人以歌其地，陸士衡「楚妃且毋歎」是也。』不騫不敏，乃生於内史之鄉，竊見山水具在，井社孔多，釣游所至，歌詠時作。唯是去古既遥，不復學爲五言古詩，聊引杜子美《登兖州城〉、韓退之《宿龍宫灘》體例，共成小律百餘首。題曰《商榷集》者，原本士衡之義，自明窮紀之難也。噫！此地自晉迄今，以文物財賦擅名寓内數百餘年，而求其所在城郭村聚，山陬海隅之概，約略集中亦已過半。至於是集之成，不過四、三年。其間旱潦之殊，光景之異，已非一端，深恐自兹以往，或又歎此時爲難得。遂因王澐、吴騏二子之言，付諸剞劂以傳於世。世之君子覽是集者，亦因詩以思其地，有感於予言也乎！」

上圖、國圖藏。

## 從天集一卷

清華亭縣高不騫撰，清康熙五十四年（一七一五）刻本，一册。半葉十行，行十九字，小字雙行，行三十字。左右雙邊，白口，單魚尾。卷首有清康熙五十四年顧嗣立序，卷端題「予假葬母翰林院待詔華亭高不騫查客著」。

該集爲康熙五十四年高不騫辭官回鄉葬母途中所作，共一百二十四首，起自六月二十四日出東安門，迄於九月十三日抵家。顧嗣立序云：「康熙乙酉（按，康熙四十四年，一七〇五）春，上南巡江浙，高待詔查客時以布衣被召入内殿，纂注《方輿路程》《御選唐詩》《月令輯要》諸書。九年，特授今職。今年夏，以葬母請，天子嘉其孝，暫假歸里。時余亦浮舟南下，從潞河水次，舳艫銜尾，而前至揚州始别。查客集其塗中所作詩一百二十餘首示余，名曰《從天集》，蓋取少陵《秦州詩》『聞道尋源使，從天此路回』

也。……觀此則查客之胸次恬静，寄尚高遠，可想見矣。」

南開藏。

## 嬾迂詩稿十二種共十五卷

清金山縣姚廷瓚撰，清乾隆間刻本，二册。半葉十行，行二十字，小字雙行同。左右雙邊，白口，單魚尾。鈐有「重赴鹿鳴」朱文方印。

姚廷瓚（一六五八—？）字述緗，號嬾迂，性豪邁，工詩，嘗構别墅於所居西，徧積書萬卷，蒔花灌竹，邀諸名士結詩酒社，語輒驚人。晚年後僑寓當湖。傳見乾隆《金山縣志》卷十八。

該集分《鷗水偶吟》二卷，首有康熙四十八年（一七〇九）朱彝尊序，卷一末有陸奎勳跋，卷二首有焦袁熹序，末有于東昶、陸奎勳、楊九雲跋；《鸎湖花社詩》一卷，爲康熙五十七年（一七一八）所作，首有康熙六十年（一七二一）陸琰卓序；《賦物贈行詩》一卷，爲康熙五十八年（一七一九）送别陸奎勳赴江西幕府時作；《嬾迂小稿》一卷，爲姚廷瓚應詩友所請而梓行之近作，首有雍正二年（一七二四）陸琰卓、陸奎勳序及康熙六十年自序；《十九秋詩》一卷，爲和陸南香而作，首有雍正元年（一七二三）翁嵩年序、于東昶序，末有雍正元年元璟跋；《詠花餞别詩》一卷，爲雍正元年八月餞别陸南香赴都時所作；《十四影詩》一卷；《八聲詩》一卷，爲雍正八年（一七三〇）於詩會中所作，末有姚廷瓚記云「庚戌（按，雍正八年）夏日，漁滄招集輶痦軒，此雅坪先生舊宅，昔賢觴詠之地也。吾輩今聚于斯，因用揭曼碩《過何得之故居》三首韻」〔一〕；《十二春閨詩》一卷，爲雍正九年（一七三一）初春作；《塵瓿草》一卷，作者小注云「余詩拙甚，瓿且不堪覆也，適以污之，遂名之曰《覆瓿》」，此編蓋爲姚廷瓚之詩選；《鼠穴餘》二卷；《吟豔初編》《吟豔續編》各一卷，爲姚廷瓚吟詠其所植諸花之詩，《初編》首有陸奎勳序，末有雍正十年（一七三二）姚廷瓚記二首，《續編》末有雍正十年姚廷瓚記及瀞和南、智和南、葉之溶、張符、張雲錦、姚培和、姚培謙諸人題。

上圖藏。

## 空明子全集六十六卷

清華亭縣張榮撰，清康熙謙益堂刻本，十二册。半葉十一行，行二十一字，小字雙行同。左右雙邊，綫黑口，雙魚尾。卷首有參訂諸子姓名，内分同學先後進姓氏、門人姓氏、同宗先後進、異姓至戚姓氏、本宗同祖父兄弟子姪、續刊參訂姓氏，參訂諸子下有注云：「自康熙甲寅年（按，康熙十三年，一七六四）起，至康熙庚子年（按，康熙五十九年，一七二〇）止，中間請益者甚多，不及備載。」後有《空明子全集總目》。卷端題「練川兄張樸村先生選，華亭張榮景桓著」，鈐有「劉承幹字貞一號翰怡」「鎦承幹印」白文方印，「吴興劉氏嘉業堂藏書印」「南林劉氏求恕齋藏」朱文方印。

---

〔一〕按，該記末署「七十三叟嬾迂併記」，知雍正八年姚廷瓚爲七十三歲，逆推之，其生年當在順治十五年。

十九。

張榮（一六五九—？）字景桓，號玉峰，又號空明子。官崇明縣訓導。傳詳嘉慶《松江府志》卷五十九。

是書一至四册爲《空明子初集》，内封題「嘉定張樸村先生選，空明子初集，謙益堂藏板」。分詩集十卷，文集二卷，雜録一卷。詩集前有清康熙五十三年（一七一四）張雲章詩集序、錢柏齡詩集序、焦袁熹題辭及清康熙五十五年（一七一六）自序。張榮自序云：「共得古文雜作六百餘首，詩三萬餘首，詩餘一千五百餘首，歌謡三百餘首，《四書》經文三千餘首。甲午年（按，康熙五十三年）偶爲檢出，託故人子朱式士爲我俱付祖龍，僅存三十分之一。適漢瞻兄號樸村到舍，極爲激賞，力贊授梓，逡巡未果。乙未（按，康熙五十四年）春，漢瞻被召史館，特來促之者再，不得已付之梨棗。」文集前有李如泌序、清康熙十九年（一六八〇）符兆昌序。雜録末有清康熙四十五年（一七〇六）朱秉《空明先生詩文後序》、鍾吴來《空明先生全集序》。五至八册爲《空明子續集》，内封題「婁村李節珊先生選，空明子續集，謙益堂藏板」，分詩集八卷，文集六卷，詩餘二卷，附《挹青軒稿》。詩集前有李如泌《空明先生續集序》、清康熙五十二年（一七一三）吴文炎《空明先生詩集序》、清康熙五十四年（一七一五）俞楷題辭。文集末有清康熙五十七年（一七一八）王鑄《讀空明子集書後》、姪師實《空明先生續集後序》。詩餘前有李如泌題辭，末有朱嵒《空明先生續集後序》、清康熙五十七年季駿《空明先生全集序》。第八册後半所附《挹青軒稿》爲張榮選其妾華浣芳詩文，包括《挹青軒詩稿》《挹青軒詩餘》《挹青軒自怡録》，前有清康熙五十七年張榮序。九至十一册爲《空明子後集》，内封題「壽春張鐵崗先生選，空明子後集，謙益堂藏板」。分詩集八卷，文集二卷，雜録不分卷。首有清康熙五十八年（一七一九）張鐵岡題辭、清康熙五十九年其姪張棠《空明先生詩文序》。末册爲《茸城賦注》《崇川節孝録》。

復旦、國圖、華東師大等處藏。

## 丙寅集一卷伊想集一卷

清青浦縣陶爾燧撰，清康熙間刻本，二册。半葉十行，行二十一字，小字雙行同。黑口，左右雙邊，單魚尾。《丙寅集》卷首有徐覽序，《伊想集》卷首有杜濬、孫枝蔚、陸慶臻、汪懋麟、倪燦、張彦之、陸嘉淑、蔡方炳等人題詞。卷端題「五茸陶爾燧穎儒」。

陶爾燧字穎儒，始居青浦珠街鎮，晚年徙居浙江嘉善縣。康熙三十年（一六九一）進士，選上虞知縣，康熙四十年（一七〇一）任陝西葭州知州。四十二年（一七〇三）乞歸。聖祖南巡，令扈從回京，入直内苑。旋以葬親乞歸，後數年卒。在都中與顧書升、湯右曾、史申義等往來唱和，尤受知於高士奇。傳見王昶《青浦詩傳》卷二十三。

該二集所收，均爲陶爾燧早年所作之詩。其中《丙寅集》當作於康熙二十五年（一六八六）。徐覽序云：「歲在攝提，時方讀禮。王褒逢諱，詩廢《蓼莪》；庾信傷心，賦成《枯樹》。偶游江上，只爲驅饑，載過蕪城，非因攬勝。……日與同學諸君子互商風雅，迭奏莖韶，酒傾翡翠之樽，句剪鴛鴦之綺。……乃屬蛟門汪先生細加評騭，竚付剞劂。不意歸途適遭水厄，千雙白璧，深藏龍女之宫；萬斛明珠，偏散鮫人之室。

爰于破簏零紈之上，紙屏畫笥之間，網羅放失，廑獲二三，今所援梓者是也。……茲以丙寅名是集者，蓋不欲多洩造化之秘藏，以干鬼神之畏忌。」

國圖藏。

## 賦清草堂詩鈔六卷

清婁縣張棠撰，清乾隆二十四年（一七五九）張卿雲刻本，一册。半葉十行，行十九字，小字雙行同。左右雙邊，細黑口，雙魚尾。卷首有清乾隆二十四年沈大成序、清康熙二十六年（一六八七）張棠《耘書樓詩稿》自序、清康熙五十二年（一七一三）張棠《江上吟》自序。有總目，各卷前又分别有細目。卷端題「雲間張棠吟樵」，卷末題「男卿雲、景星恭校」。鈐有「劉承幹字貞一號翰怡」白文方印，「吴興劉氏嘉業堂藏書印」朱文方印。

張棠（一六六二—一七三四）字南映，號吟樵，張集子。康熙三十五年（一六九六）舉人，官户部員外郎，遷刑部郎中，出知桂林知府，多有惠政。在任三年，乞終養歸。嘗捐資助西北用兵，雍正間濬吴淞江，又出資助工役，加太僕寺少卿銜。傳詳乾隆《婁縣志》卷二十五。

該集卷一爲五言古詩，卷二爲七言古詩，卷三爲五言律詩、五言長律，卷四至五爲七言律詩，卷六爲五言絶句、七言絶句，附賦三首。

沈大成序云：「今年夏，養痾潭東，先生之伯子棲静將校刊先生之詩，過而問序，此故後生末學宿昔之志也。」按，該序又收入乾隆三十九年刻沈大成《學福齋文集》卷五，題作《張太僕賦清草堂詩鈔序》，惟「先生之詩，浸淫卷軸，留連山水，描摹景物，善寫情事」之後有「其於古體，尤長五言，削去凡近，思力追於古人，其《擬江文通雜體》三十首可見也。其近體五律，音節諧而比偶工，才情富而風骨秀。七律以下，希踪隨州、劍南之間」一段，稿本《學福齋詩文殘稿》存，刻本則删去。

按，《四庫全書總目》云：「是編原分五集，曰《白雲吟》，曰《一肩吟》，曰《獨宜吟》，曰《江上吟》，最後所作曰《雪蓬吟》。今存者惟《江上吟》及《雪蓬吟》，餘俱散佚。」

復旦、上圖藏。

## 秦中遊草一卷

清松江府杜天鑑撰，稿本，一册。半葉六行，行二十字，小字雙行同。卷首有清康熙五十八年（一七一九）沈宗敬、汪士鋐手書序文。卷端題「雲間杜天鑑稿，三原弟坦、金鄉弟天培、無錫弟詔、封丘弟藻、涇陽弟苞仝校」。鈐有「雙鶴老史」白文長方印，「大興趙氏鑑臧金石文字印」「沈宗敬印」「很谷」「樊川」朱文方印，「窓庭氏」「汪士鋐印」「天鑑」白文方印，「汪」朱文圓印。

杜天鑑生平不詳。

沈宗敬序云：「樊川杜子能詩善書，胸襟最高曠，不以榮辱得喪攖其心，故詩與書日益進。雖名重公卿間，而終屈於下位。樊川泊宦秦中，得詩若干首，纏綿清婉，有風人之遺音。」

該集爲著者任職陝西時所作，詩編年，起自康熙五十一年（一七一二），止於康熙五十五年（一七一六）。其中有《我生》一首云：「我生五十長安市，欲遣窮愁方出仕。」據此可知著者生年當爲康熙初年。

上圖藏。

## 香屑集十八卷卷首一卷卷末一卷

清華亭縣黄之雋撰，陳邦直箋注，清雍正十二年（一七三四）遂初園刻本，八册。半葉十行，行二十一字。左右雙邊，黑口，雙魚尾。内封題「唐堂集唐／香屑集／遂初園藏板」。卷首有焦袁熹序、清康熙四十六年（一七〇七）《詩話》八則、《自題香屑集卷末》十二首、清雍正十二年陳邦直跋，有目録。卷端題「唐堂集唐，古愚校注」。鈐有「王守耕珍藏」朱文長方印。

黄之雋（一六六八—一七四八）字石牧，又字若木，號唐堂。康熙六十年（一七二一）進士，改庶吉士，官至右春坊右中允。傳詳其自撰年譜《冬録》。

該集爲《四庫全書》收入，係彙集唐人詩句，成香奩體詩九百三十餘首。其卷一自序亦集唐人四六句爲之。《四庫全書總目》贊此書云：「雖取諸家之成句，而對偶工整，意義通貫，排比聯絡，渾若天成，且惟第二卷《無題》五言長律中重用杜甫二句、陸龜蒙二句，餘雖纚纚鉅篇，亦每人惟取一句，不相重複，且有疊韻不已，至於倒押前韻，而一一如自己出，可謂前無古人，後無來者。」

焦袁熹序云：「《香屑集》古今諸體分類爲若干卷，合九百餘首，俱集唐，冠以自序偶體文一篇，亦集唐及五季人文句成之，每句各注出處，宮允唐堂先生少壯時所爲。自以此集爲可傳代，凡我同人得寓目者，無不驚嘆慴伏，以爲自古未有之盛製，其必傳於後無疑也。今海昌陳太史刻之，則又以昕愚昧無知如余者，而許系一辭，得挂名氏卷中。」

《詩話》云：「香屑集係己卯歲（按，康熙三十八年，一六九九）以前所作。黄子屢應鄉試，連輒斥。卯秋背瘍，不應舉，窮愁外侮，百感紛至，則每用艷體爲集句，寓美人芳草之言，以爲憂而寄思。積而計之，約有千首。《列朝詩集》載《集句》一卷，八十餘首。唯莆田陳山人言諸體俱佳，餘子無全璧。或一首中用一人二三句，則隘；或雜用唐、宋、元、明人句，則濫；或以一句對此句，復移對彼句，則複。《香屑》千首中句無重出，每一首中人無疊見。其波及五代，闌入詩餘者，皆沿《全唐詩》例爲之。」又云：「黄子僻居華亭之陶宅，藜藋柱逕，唯一二同學過從，集唐詩句秘不示人。既稍稍出之，同學謂：『盍集唐人文句爲駢體自序，弁其首？』黄子欣然搆思，選辭數日而無所就，則廢然曰：『是愚我也。十里步障，非遊絲可織；五丈阿房，詎散木可搆耶？』乃久之，忽然湊泊，得三千餘言，以示同學，自謂庶幾致光之序《香奩》，人謂突過孝穆之序《玉臺》也。今以冠於集之首。」

陳邦直跋云：「唐堂夫子粹然儒者，而不講學，尤不言禪悟。然當少壯時，淪落未遇，乃寓情《離騷》芳美以消塊壘。仿王介甫、孔毅父體，拆截唐詩，集爲《香屑》，多至千首。……則是綺靡之情，儒者以之講學，釋者以之悟道，而先生方修文章經國之業，悔其少作，委棄抄本，垂三十年，傳寫題注，間有訛脱。予近得之，……不敢秘惜，爰於奉親之暇，悉爲校定，而付之梓。」

復旦、中科院藏。

## 唐堂集五十卷補遺二卷續八卷附冬録一卷

清華亭縣黄之雋撰，清乾隆間刻本，十二册。半葉十行，行二十一字，小字雙行同。左右雙邊，白口，單魚尾。内封題「唐堂集」，卷首爲總目附王永祺識。《唐堂集》前有清乾隆六年（一七四一）黄之雋自序，《唐堂集補遺》前有清乾隆九年（一七四四）黄之雋自序，《唐堂集續》前有清乾隆十二年（一七四七）黄之雋自序，《冬録》前有清乾隆六年黄之雋序，各集前均有目録。卷端題「華亭黄之雋石牧」。鈐有「劉承幹字貞一號翰怡」朱文方印，「吴興劉氏嘉業堂藏書印」白文方印。

《唐堂集》爲黄之雋所自編之詩文合集，其所收止於乾隆六年。黄之雋自序云：「予業儒，誦聖賢之言，俯仰時物，流行昭著，咸性情所繫。屬習藝文，知語言文字，古人之所以用心。湛溺數十年，久而猥積。蓋嘗屢證益友，參裁己見，删爲五十卷，卷分體，體各次歲時爲先後。附《冬録》一卷，前目一卷，曰《唐堂集》。當湖從子法請以梓存，而予已老矣。」該集卷一、二爲賦，卷三爲頌、騷，卷四爲制草，卷五至九爲書序，卷十爲送序，卷十一爲壽序，卷十二、十三爲記，卷十四爲遊記，卷十五爲傳，卷十六爲論、議、説，卷十七至二十一爲雜著，卷二十二爲書，卷二十三爲題辭，卷二十四爲跋、箴、贊、銘，卷二十五、二十六爲墓表、墓志，卷二十七爲行述、祭文，卷二十八至三十爲四六，卷三十一爲古樂府，卷三十二至三十五爲五言古詩，卷三十六至三十九爲七言古詩，卷四十至四十二爲五言律詩，卷四十三、四十四爲七言律詩，卷四十五、四十六爲五言排律，卷四十七爲七言排律、五言絶句，卷四十八爲七言絶句，卷四十九、五十爲詞。

該集之《補遺》及《集續》分别於乾隆九年（一七四四）、十二年（一七四七）由黄之雋手自編定。黄之雋《唐堂集補遺》自序云：「童子雕篆，焚如棄如。弱冠而後，敝帚積焉。歲辛酉（按，乾隆六年）所删而集之者，文遺什之二，詩遺什之四。嘗憶某地曾遊覽，某人曾倡酬，某題某事已遺之，則耿耿若失。及見所删□□有存者，稍擇而録焉。又鄉會試二三場文，書啓外有尺牘，前人或入集，亦擇而録焉。名之曰《補遺》。」卷一爲雜文、尺牘，卷二爲古今體詩、詞。

黄之雋《唐堂集續》序云：「編集而又補遺，可以止矣，無强忍之力，屏棄筆硯，因循六稔，稿紙又積。爰就己意删存，續爲八卷。天實以斯事勞我生，體貌枯瘠，引鑑而興大耋之嗟。甫度生辰，寒疾幾殆，遂斷墨爲誓，而後乃止於此也。」卷一爲賦、頌、序，卷二爲序，卷三爲記、傳、論，卷四爲書、雜著、題辭、跋，卷五爲贊、銘、墓志銘、墓表、祭文，卷六爲五言古詩、七言古詩，卷七爲五言律詩、七言律詩，卷八爲五言排律、七言排律、五言絶句、六言絶句、七言絶句、詞。

《冬録》爲黄之雋自撰年譜。其自序云：「《冬録》者，冬而録之也。自始生至逾冠如春，壯强至艾如夏，五十外至七十如秋，耄耋冬矣。冬至而録之，可包春夏秋而録之也。……之雋幼善病，四十後精神稍長，至五六十頗有肌肉。視四十以前畫像，何癯也。俄逾七十矣，其時則冬矣。心血日耗善忘，因録所憶一生梗概，用備家乘。餘散見集中，可考。」

復旦、國圖、中科院等處藏。

## 潭西詩集二十一卷存十六卷

清青浦縣楊陸榮撰，清雍正間刻本，四册。半葉九行，行二十一字，小字雙行，行三十二字。左右雙邊，白口，單魚尾。内封題「潭西詩稿初刻」，卷首有清康熙六十一年（一七二二）王原序、清康熙六十年（一七二一）潘肇振跋、清康熙六十年陸晟題、清康熙六十年楊陸榮自題。卷端題「青浦楊陸榮采南氏著，同學陸晟扶桑、潘肇振毅老、胡鳴玉廷佩選訂」。

楊陸榮撰有《五代史志疑》等，已著録，生平參見本編史部正史類。

該集爲編年詩集，各卷皆有集名，詩起於康熙四十二年（一七〇三），迄於雍正七年（一七二九）。

陸晟序云：「辛丑（按，康熙六十年）首夏，相與會萃編纂，付諸刻工，潭西命余覆閲裁汰。余展示彌月，訖無删削，潭西怒而持去。余少時亦嘗學爲小詩，詩成，必請益於潭西，潭西輒爲點竄塗改，不少假借，或全首不録一字。豈余之所以視潭西者，不若潭西愛余之誠乎？顧自三十年來，風晨月夕，蓬窗旅邸，長箋短幅，墨瀋淋漓，余一一寶護而珍藏之。日積月累，以至於斯。如善作家者，一絲一粟，仰取俯拾數十年，愛惜收貯，一旦欲裁別去取，往往忍而不能割也。」楊陸榮自序云：「余少坎坷，家貧落魄，饔享朝夕之計，惘然不知所措。中年奔走四方，以苟衣食。相須非殷，枘鑿乖忤。以今所見，參昔所聞，俯仰之間，良深感蓋。若乃風凄雨暗，灰冷香消，一燈熒熒，四壁沈寂。迺浮白以讀《漢》，或研丹而注《騷》，叫天不聞，淚血盈把。意有所觸，輒形篇章。十餘年來，積成卷帙。……少作荒蕪，稿多遺棄。斷自癸未（按，康熙四十二年）至今，共得古今體詩如干首，類爲一十二卷〔一〕。至於慶輓、題贈、應酬之作，概削不存。」

國圖藏。

## 東浦草堂課餘文集十二卷闕餘别集四卷文後集二卷

清南匯縣顧成天撰，清抄本，十册。半葉八行，行二十字，小字雙行同。黑格，左右雙邊，白口，無魚尾。卷首有清雍正七年（一七二九）顧成天《課餘文集》自序及《闕疑别集》自序，有目録。卷端題「南匯顧成天著」。有朱文長方印「桐城姚伯印氏藏書記」、「九峰舊廬藏書記」。

顧成天著有《離騷解》等，已著録，生平參見本編集部楚辭類。

《東浦草堂課餘文集》卷一爲論，卷二爲記，卷三、四爲序，卷五爲書，卷六爲傳、書事、墓表、墓志，卷七爲説、解、辨、議，卷八爲書後、題、祭文、引、對，卷九爲語，卷十爲賦、仿、擬、贊，卷十一爲問、策，卷十二爲四六文。《闕疑别集》卷一爲《泉村謹箽》，卷二爲《九歌解》，卷三爲《讀騷列論》、《讀莊例言》、《王學芻言》，卷四爲《客窗詩話》。《文後集》卷一爲序、記、書、跋、墓志，卷二爲《離騷解》。

顧成天《課餘文集》自序云：「課餘文者，别於古文也。予不能爲古文，然今學者自經義而外有所

〔一〕按，「一十二卷」或爲「二十一卷」之譌。

作，人輒以古目之，已亦以古命之，是則予所耎然深恥者，莫古于得古人之意，浹古人之氣，區區體裁，因時通變，寄焉而已。太史、唐宋諸家豈更古於堯、舜、禹、湯、文、武、周公、孔子哉？予不敢以抒臆之言論尚於經義，謂之曰『餘』，而好古之士可以無哂已。明年爲六十，謀梓未遑，不可無繕本，汰其繁蕪，凡若干首，列於左。」

上圖藏。

## 金管集一卷燕京賦一卷

清南匯縣顧成天撰，清雍正七年（一七二九）刻本，一册。半葉十行，行二十一字，小字雙行，行二十八字。左右雙邊，黑口，雙魚尾。内封題「雍正己酉年/蔡中峰先生録本，姚聽巖先生鑒定/金管集/聞子紹梓」。《金管集》卷首有清雍正六年（一七二八）蔡嵩序、清雍正九年（一七三一）姚弘緒序。卷端題「鶴沙小厓顧成天著，中峰蔡嵩閲」。《燕京賦》前有清雍正二年（一七二四）張照題詞、清雍正元年（一七二三）嚴民法題詞。卷端題「雲間顧成天良哉著」。末有清雍正元年凌如焕跋。鈐有「南匯顧克紹耐圃敬觀」白文方印。

《金管集》爲顧成天之詩集。蔡松序云：「生平愛誦小厓文章，微獨其詩也。顧詩之衣被詞人者，正亟循新城之矩度而學以充之，識以空之。……丁未（按，雍正五年，一七二七）公車後復得交手京華，屈指懽聚時，遠則十五年，近則已八年，人生幾何而不眷眷也。投示詩草二千餘首，予無能甲乙。昔梁元帝遇聖賢忠孝懿行，以金管書之。因擇其中顯助風教者，呼善書人録出，别爲一帙，題之曰《金管集》。爲篇四十五，爲章八十三。」

《燕京賦》爲顧成天所賦京城盛景。正文首有其小序曰：「雍正元年五月，予以公車入國門。客有以燕京屬賦者。旅館書艱，羈人興索，聊强應之。」

上圖、國圖、浙江藏。

## 四焉齋詩集六卷附梯仙閣餘課一卷拂珠樓偶鈔二卷

清上海縣曹一士撰。《梯仙閣餘課》，清上海縣陸鳳池撰；《拂珠樓偶鈔》，清上海縣曹錫珪撰。清乾隆十五年（一七五〇）刻本，一册。半葉十行，行二十一字。左右雙邊，白口，單魚尾。卷首有乾隆十五年沈德潛序、黄文蓮序及「黄門正容」畫像，有目録。卷端題「海上曹一士濟寰著，男錫端菽衣、壻葉承子敬、姪錫黼誕文同校」。卷六尾題「崑山門人王之醇學舒校字」。末有壻葉承、從子錫黼跋，及《上海縣志》名臣傳。《梯仙閣餘課》首有清康熙五十年（一七一一）陳鵬年序、儲大文序、清康熙五十年曹一士序、清康熙五十一年（一七一二）焦袁熹序。卷端題「秀水山人陸鳳池著」，末有清乾隆十三年（一七四八）曹錫黼跋。《拂珠樓偶鈔》首有清雍正十二年（一七三四）陳以剛序、清乾隆十三年葉承點題詞。卷端題「海上葉曹錫珪采蘩著，華亭曹王芸香窗較」。末有飛霞閣主人雪暉後序、清乾隆十四年王芸跋。

曹一士（一六七八—一七三五）字諤庭，號濟寰。雍正八年（一七三〇）進士，官至兵科給事中。爲官敢言，詩文亦慷慨磊落。傳詳全祖望《鮚埼亭集》卷二十五《工科給事中前翰林院編修濟寰曹公行狀》。

《四焉齋詩集》卷一爲五言古詩、七言古詩，卷二爲五言律詩，卷三、四爲七言律詩，卷五爲五言排律、七言排律，卷六爲五言絶句、七言絶句。

曹錫黼跋云：「舊有《夢白草》《沔浦詩鈔》及《城北》《城西》《筍里》《毗陵》《閩燕》諸編，顧皆攜之行篋。黄門殁京師，捆載而歸，類多殘缺，庚戌（按，雍正八年）以後作皆零紙斷簡，兼多塗注。今共輯爲六卷。其間歲月之淆、帝虎之訛，誠恐不免，願識者有以教我。」

陸鳳池字元宵，自號秀林山人，陸振芬女，曹一士繼妻，卒年三十三。傳見光緒《青浦縣志》卷二十三。

曹錫黼跋云：「今年夏，編訂黄門遺集，從陳笥中得而讀之。……黄門所録，僅得之壁間案頭，什無一二。四十年來風雨朽蠹，又多殘缺。黼恐其愈久而愈失也，因與菽衣兄、企男弟、芝涇妹壻重加較輯，共得詩五十五首，詩餘十一首，附刊黄門《四焉齋集》後。」

曹錫珪字采蘩，號半涇女史，曹一士女，常山知縣葉承妻。傳見光緒《青浦縣志》卷三十。

王芸跋云：「拂珠樓主人，……夫子姊也，而實爲家君同年松亭先生淑配。芸幼時侍先夫人歸寧石筍村，與拂珠樓密邇，夙耳主人名。自隨宦於燕雲嶺海間，卒卒未得一觀。癸亥歲（按，乾隆八年），家君爲芸相攸譙國，始得親領懿訓。其後夫子出一册示曰：『此姊所著《拂珠樓詩》。』吟諷再四，但覺唾盡成珠，章皆爲錦。於是裹以緗囊，藏之枕中。近夫子較鍥先集，屬繕寫成帙，公之絮庭。芸其敢秘諸？」

上圖藏。

## 四焉齋文集八卷

清上海縣曹一士撰，清乾隆十五年（一七五〇）刻本，四册。半葉十行，行二十一字。左右雙邊，白口，單魚尾。卷首有清乾隆十五年嚴源燾序、清乾隆十四年顧棟高序、清乾隆十五年焦以敬序，有目録。卷端題「海上曹一士濟寰著，姪錫黼誕文編訂，壻葉承子敬、内姪張熙紳赤垂、男錫端菽衣、錫圖起男同校」。卷末有壻葉承、從子錫黼跋，及清乾隆十四年曹錫黼《石倉世纂》書後。

該文集卷一爲賦、頌，卷二爲奏摺、策、論，卷三爲議、序，卷四爲序、記、傳，卷五爲書、啓、薦狀，卷六爲小簡、題詞、書後、贊、世譜，卷七爲碑、墓志銘、祭文，卷八爲行狀、遺事、附呈示。

顧棟高序云：「曹子濟寰既歿之十有三年，其子錫端等刻其遺文若干卷，介其友王子學舒郵書，屬余爲叙。……曹子當世宗朝，固多侃侃直陳。逮今上即位，益勸上廣德意，滌煩苛，與天下更始。……他所建白甚衆，懇懇乎如蕩除之藥石，洞中膏肓，如補益之參苓，力扶元氣，無一切紛更煩擾及迂緩不急、龍肉療飢之語。準以前世，漢之汲黯、唐之陸贄豈遠哉？」

曹錫黼跋云：「黼既梓先黄門詩集，乃發篋搜遺文，讀之頗缺佚。向所耳熟，如《與焦徵君論文》二首，《開方辨》《請明彰黜陟劾摺》《漕米條奏》諸篇，或不見，或未全。由黄門歿京邸，菽衣兄、起南弟方幼，且在籍。僕從倉猝擕歸，未盡收拾，故存者僅得五六，殊可惜也。兹就所存，一文而數稿，或一稿而數改，每至不可辨，乃益歎吾黄門用心之勤也。……尚有《詩經説攢筆録》、批點《左傳》《離騷》《莊子》《文章軌範》及諸缺佚，則俟他日次第搜輯而從事焉。」

上圖、首都、復旦等處藏。

## 玉屏山人詩集五卷

清婁縣徐槱撰，清乾隆四年（一七三九）刻本，二册。半葉十行，行二十一字。左右雙邊，版心上方黑口，下方白口，單魚尾。卷首有清乾隆四年黄之雋序。卷端題「華亭徐槱醒齋」。詩編年，止於乾隆四年。

徐槱（一六八〇—一七五八）字醒齋，又字聖功，號玉屏山人，明徐階四世孫。年近五十始授江西星子知縣，服政六十日遂罷歸。詩學陶。傳見嘉慶《松江府志》卷五十九。

黄之雋序云：「（雍正）五年，復詔天下學校生員可任民社者，郡邑以名薦，大吏考驗等差以聞，大廷召見而登用之，奉賢學生徐君惺齋繇是試江西星子令。君，明太師文貞公元孫，仕宦其世業也。……至是始膺辟，撫藩交獎，遂引見乾清門，授一官。計是時年及艾矣。服政六十日，遽罷歸。……則益伏邱園，攻歌詩，謳吟太平以自樂。會顧氏醉白池有風雅之聚，乃亦闖東軒，狎主倡和。……聚必請數題，問某體某韻。衆方吮毫覃思，已簌簌滿紙，先座客起，頗不能飲，觴政交作，則鼓勇拍浮，抵掌扼腕，憤世嫉俗，淋漓酣嬉，倦而枕石卧矣，風止殆似古人云。……詩間亦學陶，而精悍之氣不掩，則人各有真性情也。……于是刻詩若干卷，索予序者屢矣。久稽之，故詳次之，俾見其詩者可考。」

上圖藏，又廣東、南開藏有該集十二卷本。

## 松下吟一卷戊辰遺草一卷

清華亭縣徐穎柔撰，乾清隆間刻本，一册。半葉九行，行二十一字，小字雙行同。左右雙邊，黑口，單魚尾。卷端題「華亭徐穎柔則所著」，《松下吟》卷末題「受業張三燮仲理、張繼昺叔明仝校」，《戊辰遺草》版心處題「風溪吟」，或是該集又名，卷末題「受業陳廷輔協君、沈承焕文濤仝校」。

徐穎柔（一六八六—一七四八）[一]。字仲嘉，號則所，宗泌子。歲貢生，師事焦袁熹，爲其門下四子之一。舉鴻博，以兄疾不赴。工書善畫，黄之雋有詩題其畫。傳見嘉慶《松江府志》卷五十九。

《松下吟》爲著者坐館時所作詩歌，其首葉有作者小序云：「寅、卯之歲（按，乾隆十一、十二年，一七三三—一七三四），館于清河一松齋，與主人談諧甚歡，興至賦詩，倡詶松下，遂以名集。」《戊辰遺草》則當

[一] 按，《松下吟·家牡丹盛開感賦》四首之三：「憶年十五侍親闈，把盞閑追手種時。小記漫書呼我讀，幽懷難訴信伊知。」下小字注云：「庚辰春，先人獨酌花下，作記一篇，述壯時手植。四十年來，花爲知己。」此庚辰年爲康熙三十九年（一七〇〇）。又《戊辰遺草·乙丑元旦》云：「鏡中休訝形顔老，已是平頭六十人。」此乙丑年爲乾隆十年（一七四五）。合上二條觀之，徐穎柔當生於康熙二十五年。又據嘉慶《松江府志》，徐穎柔「年六十三卒」。則其卒年當爲乾隆十三年。

爲著者新逝後其門人所刊。此二集内之詩皆按年編排。

上圖藏。

## 敦信堂詩集九卷

清金山縣姚培和撰，清乾隆二十七年（一七六二）刻本，二册。半葉十行，行十九字。左右雙邊，細黑口，雙魚尾。卷首有清乾隆十九年（一七五四）陳世倌總序、清雍正十三年（一七三五）黄叔琳《出關稿》序、清雍正十二年（一七三四）姚培和《出關稿》自序。有目録，目録後有其子姚惟邁識，卷端題「雲間姚培和鈞風」。鈐有「華亭封氏簣進齋藏書記」「改琦」白文方印，「世經堂珍藏」「小埜」朱文長方印，「北口珍藏」朱文方印，「曾臧華亭顧鐘蘭所」白文長方印。各卷卷末題「男惟邁校字」。

姚培和（一六八一—一七四一）[一]。字鈞風，號調圩，姚弘緒子，姚培謙三兄，康熙五十二年（一七一三）進士，由太常博士歷官河東鹽運司，改漢興道。傳詳乾隆《金山縣志》卷十二。

---

[一] 按，該集雍正十二年姚培和自序云：「庚戌春，行年已五十矣。」庚戌爲雍正八年，逆推之，其生年當是康熙二十年。又姚弘緒《松風餘韻》卷末嘉慶十年姚湘識云：「曾王父聽巖公……慮夫鄉先生之嘉言懿行久而湮没，爰是旁搜博采，上自晉、唐，下訖明季，閱十六寒暑，成《松風餘韻》若干卷，未謀梨棗而曾王父捐館。時先祖官漢興觀察，奉諱歸，心傷手澤，獨力開雕。迨予祖殁後二年而剞劂甫竣。」姚湘當是姚培和之孫。《松風餘韻》初刻於乾隆八年（一七四三），則姚培和約卒於乾隆六年。

該集卷一爲《調圩舊稿》，卷二爲《椿莊殘稿》，卷三至五爲《出關稿》，卷六至七爲《酒泉寓稿》，卷八爲《漢南賸稿》，卷九爲《一亭存稿》。版心中題各集名。

姚惟邁目録後識云：「先君子纘承世學，康熙癸巳特科聯捷，由太常博士、兵部郎官出爲河東鹺使、漢興副使，以克舉其職，受世宗憲皇帝深知。生平吟咏甚富。惟邁生六歲而孤，及長，甫能蒐輯一二，爲家集如左。然自《出關稿》全帙外，餘皆從零紈斷楮得之，蓋散軼已過半也。」

國圖、上圖藏。

## 南華山房詩鈔六卷賦一卷南華山人詩鈔十六卷

清嘉定縣張鵬翀撰，清乾隆間刻本，六册。半葉十一行，行二十一字。左右雙邊，白口，單魚尾。内封題「南華山人雙清閣詩鈔」。《南華山房詩鈔》前有御製詩，有目録。卷端題「翰林院侍講臣張鵬翀」。《南華山人詩鈔》前有清乾隆五年（一七四〇）史貽直序、清乾隆四年（一七三九）張照序，有目録。卷端題「嘉定張鵬翀天扉」。鈐有「劉承幹字貞一號翰怡」白文方印，「吴興劉氏嘉業堂藏書印」朱文方印。

張鵬翀（一六八八—一七四五）字天扉，號抑齋，又號南華山人。雍正五年（一七二七）進士，官至詹事府詹事，兼翰林院侍講學士，以詩才畫技受知於乾隆帝。傳詳沈德潛《歸愚文鈔》卷十八《起居注詹事府詹事兼翰林院侍讀學士加二級張先生行狀》。

《南華山房詩鈔》爲鵬翀在翰林時唱酬詩作，卷一爲《進呈詩稿》，卷二爲《賡韻集》，卷三爲《金蓮榮遇集》《二集》《三集》，卷四爲《傳宣集》，卷五爲《雙清集》，卷六爲《雙清閣集》。詩編年，自乾隆四年（一七三九）至乾隆十年（一七四五）。《賦》一卷，亦爲其在京供職期間所作。《南華山人詩鈔》分《海螺集》二卷、《海螺剩稿》一卷、《楚遊集》一卷（詩自康熙六十至六十一年，一七二一—一七二二）、《紀遊集》二卷（詩自雍正四年至八年，一七二六—一七三〇）、《北遊集》一卷（雍正八年詩）、《春歸集》一卷（詩自雍正九年至十年，一七三一—一七三二）、《紀遊後集》一卷（詩自雍正十年至十一年，一七三二—一七三三）、《使滇集》一卷、《鶴天集》一卷（詩自雍正十三年至乾隆二年，一七三五—一七三七）、《落葉詩》一卷、《接葉亭稿》一卷、《清真倡酬集》一卷（詩自乾隆二年至六年，一七三七—一七四一）、《奉使紀恩詩》一卷、《消寒集》一卷（詩自乾隆五年至六年，一七四〇—一七四一）。又《海螺賸稿》後有世弟宗萬識及乾隆三年（一七三八）張鵬翀後序。《楚遊稿》前有康熙六十年（一七二一）「蒼崖楙」序，《春歸集》前有黄叔琳序，《使滇集》前有乾隆四年（一七三九）倪國璉序，《落葉詩》前有張鵬翀小序，後有乾隆五年（一七四〇）沈德潛後序。全書末有乾隆七年馬榮祖後序。

張鵬翀《海螺集》後序云：「余少好吟詠，有《海螺集》數百首，詠物之作頗多。蓋居貧奉親，藉以博一笑之歡。或賓筵實捷，用資嘔劇而已。壯悔雕蟲，不復措意，補袍覆醬，任其散佚。今秋京邸屬和落葉、憶梅諸作，偶檢賸稿，前輩諸公歎爲絶倫，慫恿鍥之，遂合《海螺集》，共成三卷。」

黄叔琳《春歸集》序云：「辛亥（按，雍正九年，一七三一）秋，南華太史詣寓園，告以將爲黄山之遊。……泝江而上，過采石，尋敬亭、北樓諸勝，憑眺題詠又數日，遂由太平入黄山，從者一稚子及兩奚僮耳。徧探文殊臺、天都蓮華峰諸靈區奥蹟，經月而歸，歸則已冬杪，而心志甚愜，每向人言天都之奇。間繪諸圖畫，筆墨逾高雋，昔人所謂得江山之助也。壬子（按，雍正十年，一七三二）七月，余北歸，南華送余，江上阻風，出所爲紀遊詩相示，諷咏循環，宛如千巖萬壑，獻奇貢秀，置身於窈窱之區域而采神草之葳蕤，且沃以靈泉而塵襟俗慮之胥捐也。」

復旦、國圖、中科院等處藏。

## 春暉堂詩鈔四卷附賦鈔一卷存樸齋詩鈔二卷存一卷

清婁縣王丕烈撰；《存樸齋詩鈔》，清婁縣王芳撰。清乾隆間刻本，三册。半葉十行，行十九字，小字雙行同。左右雙邊，白口，單魚尾。卷首有莊有恭序、清乾隆十六年（一七五一）葉承序、清乾隆二十三年（一七五八）沈大成序、清乾隆十六年王芳跋及《皇華草自序》《望雲草自序》，蓋二草爲本集之主要材料。有目録。卷端題「華亭王丕烈東麓」，葉芳跋及《賦鈔》末均題「男均、芳、城校字，孫嵩孫、嵩萬仝校」。《存樸齋詩鈔》卷首有清乾隆三十二年（一七六七）葉承序及清乾隆三十一年（一七六六）王芳自叙，卷端題「華亭王芳悦亭」。鈐有「劉承幹字貞一號翰怡」白文方印，「吴興劉氏嘉業堂藏書印」朱文方印。

王丕烈（一六八八—約一七四九）[一]，字述文，號東篚，又號木齋。雍正五年（一七二七）進士，官河南按察使，乾隆十年（一七三一）以憂免，卒於家。傳詳乾隆《婁縣志》卷二十六。

王芳字吹和，丕烈子，乾隆九年（一七四四）舉人，官荆溪縣教諭。

王芳跋云：「先大夫平生喜爲詩，嘗謂芳曰：『我詩非專家所恃者，一點性靈，一枝筆耳。』蓋詩本性情，性惟靈，故情以之動而筆所以達其情也。是二者固作詩之本矣。人心不游於道德之林，外誘奪之，性靈遂汨。先大夫襟期高曠，實有處窮困而不憂，臨艱大而不懼者。……顧家素貧，館於外之日多。即通籍後猶不能免，所作不自編輯，隨手散逸。惟使粤時手録一帙，題曰《皇華草》，後官閩，官中州時又一帙，題曰《望雲草》。竊思一器一物，前人手澤所存，猶寶惜勿遺，況詩文乎？用是搜羅篋笥，復得前後存稿若干首，緝而録之，而名曰《春暉堂詩鈔》。蓋先大夫以兩祖母年高，久思終養，而聖恩深重，不敢固請，固取孟東野詩『誰言寸草心，報答三春暉』之意以顔堂，今即以名是集，先大夫之志也。然詩甚少，尚待訪求，而親友知先大夫之喜爲之也，從芳索觀，且勸亟付梓。後有增益，不妨續成。因請業師暨諸君子爲之序，而並述過庭時所聞于右。」

王丕烈《皇華草自序》云：「雍正癸丑（按，雍正十一年，一七三三）冬十月，奉命典學東粤。乾隆

---

[一] 本集卷四《戊辰元旦和幻花先生韻》：「依然跧伏聽雞興，甲子重看一歲增。」下小字注云：「時余廬居，年六十有一。」據此可知王丕烈於乾隆十三年丙辰時爲六十一歲，逆推之，當生於康熙二十七年。又該集乾隆二十三年沈大成序云：「於乎！先生歸道山十年矣。」從乾隆二十三年逆推十年，爲乾隆十四年，王丕烈當卒於是年。

丙辰（按，乾隆元年，一七三六）春正月，蒙恩留任，凡在南中者五載。菲才重任，惟以隕越是懼。校閲事殷，無暇寄情吟咏。或值公餘，與内幕諸子間有唱酬，脱稿後每多散軼。戊午（按，乾隆三年，一七三八）冬，試事已竣，偶檢篋衍，因裒集所存，彙爲若干首，蓋以志年華、述時事云爾。」《望雲草自序》云：「己未（按，乾隆四年，一七三九）仲秋，聞興泉之命，以道遠親老，乞終養。蒙上霽顔慰勉，諭以忠孝不能兩全，移孝作忠，本無二理。且便道歸省，亦可稍展汝烏鳥之私。要地需人，勿執己見。聞之不勝感激涕零，遂俶裝就道。自舟中以至任，所聞有吟咏，題曰《望雲草》。」

按，該集編年，卷二首篇《出都》作於癸丑初冬，則該卷當爲《皇華草》，卷三首篇爲《己未重九後一日從潞河赴任興泉便道歸省》二首，則該卷爲《望雲草》之詩。卷一爲王丕烈赴粤前之詩，卷四爲王丕烈乾隆十年歸里後所作，當爲王芳所輯之剩稿。

《存樸齋詩鈔》王芳自叙曰：「詩非余所能也。憶少時侍先大夫於京邸，既而隨宦古粤、閩、豫間，足歷數千里，見當世名人雅儒，莫不言詩，圭臬兩漢，馳驟三唐，鏗訇炳曜，震耳炫目，心竊艷之。顧時爲諸生，方攻舉子業，未暇以爲也。甲子（按，乾隆九年）舉於鄉，偕計吏，往來南北，遇有所感，輒寄之吟詠，間至於屋梁落月，灞岸將離，尤復不能自已。久且成帙。壬申（按，乾隆十七年，一七五二）夏五，舟覆宿遷，篋中攜稿竟作唐氏詩瓢，隨流而去，豈河伯亦爲余藏拙耶？家居多暇，猶記憶其什一，雜以近作，得如干首，命兒繕寫，藉以自娱。」

復旦藏。

## 吾友于齋詩鈔八卷

清嘉定縣張錫爵撰，清乾隆間寫刻本，二册。半葉十行，行十九字，小字雙行，行三十一字。左右雙邊，白口，單魚尾。卷首有清乾隆六年（一七四一）高不騫序、清乾隆五年（一七四〇）沈德潛序、清乾隆六年朱稻孫序及清雍正三年（一七二五）張雲章原序。無目録，卷端題「嘉定張錫爵擔伯」。鈐有「吴興劉氏嘉業堂藏書記」朱文長方印，「劉承幹字貞一號翰憶」白文方印。

張錫爵（一六九二—一七七三）字擔伯，號中巖，晚年又號鈍閑詩老。吴江縣生員，中年以後絶意仕進。傳詳錢大昕《潛研堂文集》卷四十八《鈍閑詩老張先生墓志銘》。

該集爲張錫爵編年詩集，詩止於乾隆初年。該本天頭地脚處間有朱筆批語，對詩中佳句多有簡評。如卷一《秦淮口號》之一批云「瓣香漁洋」，卷五《閶門舟夜》批云「運化前人意，情景宛然」等。

高不騫序云：「嘉定張上舍擔伯爲東吴詩家。余先於是邑交清河之漢瞻、日容於中歲，時猶未邂逅擔伯。至去年秋來遊壽夢亭，訪余東塘之白鷗池上，相與論文，若交深於謀面之前者。解囊投酒貲，惜余寡飲，莫能明鐙相留，傾盍簪之樂也。今冬建子月，伻來，把似《吾友于齋古今體詩》若干卷問序以傳同好。」

沈德潛序云：「徵君張樸村先生自辭官歸，每相遇，稱宗子擔伯能以詩鳴。後南華張檢討亦云然。最後朱徵君葯亭述之尤詳。酒闌鐙灺時，朗吟佳句，鏗鏘發金石聲也。庚申歲（按，乾隆五年），余乞假歸，息影湖濱，擔伯以詩抄寄，屬爲序。」

朱稻孫序云：「去年春，同學陸君者山遠館嘉定，寄示戴君機又《楊溪書圃圖詠》，有擔伯詩，余爲擊節者久之。今冬者山歸，攜擔伯詩鈔示余，屬爲序。讀之，原原本本，格調高古，非得力於漢魏、六朝、三唐者不能。君之詩信可傳，宜昔時樸村、匠門兩先生歎賞之不已也。」

張雲章序云：「間歲，始與以載、族子天扉、吾子揆方結爲友于之集。每集或古體，或今體，或分韻，或合韻，或疊韻，唱予和汝，若金石之考，絲竹之奏，聲不同而樂文同，此所以比音合律而得其和也。擔伯於其間尤搜奇抉異，競秀爭妍。……近出其《吾友于齋詩》示余，余讀之終卷，曰：『嗟乎！擔伯固括羽簇礪，入之深乎？』……其所謂『吾友于齋』者，雖取少陵『山鳥山花』之句，實以天扉、以載及余小子數集而名也。」

復旦、華東師大藏。

## 多師集八卷

清嘉定縣流寓朱厚章撰，清乾隆間刻本，四册。半葉八行，行十九字，小字雙行同。左右雙邊，白口，單魚尾。卷首有清雍正三年（一七二五）張雲章序、清乾隆六年（一七四一）沈德潛序、清乾隆四年（一七三九）張鵬翀《題朱徵士葯庭多師集後》詩一首。卷端題「崑山朱厚章以載」，各卷卷末題「受業金惟駿昂千、惟騤叔良較」。鈐有「劉承幹字貞一號翰怡」白文方印，「吴興劉氏嘉業堂藏書印」朱文方印。

朱厚章（一六九三—一七三五）字以載，號葯亭，江蘇崑山人，寓居嘉定。諸生，雍正十二年（一七三四）徵召博學宏詞，未與試而病卒。傳詳張揆方《米堆山人文鈔》卷十五《朱徵士葯亭厝誌》。

張雲章序云：「葯庭朱君，崑産也，僑居吾嘉，名曰厚章，字曰以載，葯庭其别自號也。……以載既世其家業，又能篤志嗜古，進而不止。其詩出語甚雋，吾宗漢昭間以一二示余，余固知其必有成也。迨余應詔入都而歸，閲數年矣。漢昭不幸已没，而以載出其所作，益奇，才益濬發，行益修飭，方且沖退自詘，日磨礲淬礪，與吾家天扉鵬翀、擔伯錫爵及小子揆方誼均塤篪，有唱斯和。揆方雖瞠乎後，亦賴以不廢，往往成卷帙焉。去年冬，手録葯庭吟稿數百篇，屬揆方求余序。余覽其詞，反覆其旨，皆麗而有則，鍊而有要，穎異而不傷佻巧。托物起興，藴藉而多風；叙事鋪陳，斐亹而多致。其或出以怪奇而不詭於正，範吾馳驅而不拘於法。其唱和之作，韻以屢疊而愈新，才以相引而益出。信乎其能以詩鳴者也。」

沈德潛序云：「葯亭没後四年，嘉定戴子機又篤友誼，謀鐫刻其詩。門下士金子昂千、叔良任其事。相與裒集若干卷，郵寄京師，屬前輩張南華檢討及余論定。因共商榷，存十之三四。其才華發越者，如時花佳木之應時而榮，如驚濤奔湍之逾險而下；其安和整飭者，意有餘於匠枝，不傷其本，而一切蕭索坎壈、冰澤堅凍之狀，無自而中之。洵乎爲才人之詩，而不解其中道摧折之何由也。」

復旦、北大藏。

## 自知集二卷

清金山縣姚廷謙撰，清雍正間刻本，二册。半葉十行，行十九字。左右雙邊，線黑口，單魚尾。卷首有雍正元年（一七二三）五月杜詔序及陸奎勳序，有目録，共古今體詩一百九十八首。該集又題「松吹吟」。卷端題「華亭姚廷謙平山著，無錫杜詔雲川、平湖陸奎勳坡星選」。刻工有王兆周、伯茂、孔口、豹文、天培。鈐有「劉承幹字貞一號翰怡」白文方印，「吴興劉氏嘉業堂藏書印」「泉塘耀松楊祉昌經眼」朱文方印。

姚廷謙即姚培謙，著有《春秋左傳杜注》等，已著録，生平參見本編經部春秋類。

杜詔序云：「吾友姚子平山以名家子沈潛嗜古，年富而才麗，學博而志專。庚寅（按，康熙四十九年，一七一〇）仲冬，偶遇雲間，下榻於其北垞别墅，因出所著近詩《自知集》如干卷，殷勤商確，且屬序之。」按康熙四十九年培謙方十七歲，此時即有詩集，略嫌過早。該集卷二《潮生日》云：「莊叟談秋水，枚生賦濤氣，風湍盪心胸，筆墨聊托寄。伊昔當髫齡，讀之喜不寐。輒欲乘靈槎，狂覽豁奇思。……爾來二十年，多難頗更事。滄桑或改更，咫尺分軒輊。」則此詩當作於著者三十歲左右。據《周甲録》康熙六十年（一七二一）條：「冬，錫山杜太史雲川詔艤舟相訪。」又雍正二年（一七二四）條：「刻近詩《自知集》。適雲川來選定，並作序。」則詔之探訪培謙，當在康熙六十年冬至雍正二年。則原序所云「庚寅」，蓋康熙六十年「壬寅」之誤。培謙後重編之詩文集《松桂堂讀書集》收該序云：「比過茸城，信宿平山之北垞，因出所著近詩曰《自知集》如干卷，屬予點次而並爲之序。」下題年月爲雍正甲辰春，即雍正二年。

復旦藏。

## 看山閣集三十二卷

清婁縣黄圖珌撰，清乾隆間刻本，九册。半葉十行，行十九字。左右雙邊，黑口，單魚尾。是集分古體詩八卷、今體詩十六卷、詩餘四卷、南曲四卷。古體詩卷首有清乾隆五年（一七四〇）黄圖珌自序，詩餘卷首前有清乾隆五年黄圖珌自序，南曲卷首有清乾隆十年（一七四五）黄圖珌自序。卷端題「峰泖黄圖珌容之著」。各卷前有目録。鈐有「劉承幹字貞一號翰怡」白文方印，「吴興劉氏嘉業堂藏書印」朱文方印。

黄圖珌（一六九九—？）字容之，號守真子，别號焦窗居士，自署「峰泖人」，雍正間官杭州同知，改衢州同知。其生平參見鄧長風《明清戲曲家考略三編・十三位清代戲曲家的生平材料》[一]。

黄圖珌自序云：「看山閣者，在三衢分守官廨中，吞僊嶺之層霞，枕江郎之巨石，蒼翠羅於前，清泉環於後，春明秋爽，晴好雨奇，置身其上，儼若圖畫。遊能消塵俗氣。于是鳴琴叶衆山之響，放鶴舞萬里之雲，脩竹梅花，結我山中之友朋也；清風明月，寫我閒中之情懷也；漁笛樵歌，答我詩中之音韻也；天光雲影，現我醉中之形骸也。余宦遊十載，奔走不暇，未嘗拈韻吟詠，維前此遊覽唱酬之作，久貯篋中。今從容寄傲於斯閣，檢而出之，删存□□[二]卷。噫，余慕古人之學，未登古人之堂。其爲詩文，得於何手，宗於何家，不自知也。所謂巴里之言，愧非明堂之淞，自歌自樂，聊佐看山之興，爲鶴之餘唳，琴之餘聲可乎？遂以閣名而自爲之序。

[一] 載於《明清戲曲家考略全編》下册，第一一二〇—一一二二頁。
[二] 按，原文空二格。

詩餘序云：「余弱冠時，三餘之下，好爲風雲月露之詞，以佐琴酒山林之樂。今宦遊十載，遂漸荒廢。庚申（按，乾隆五年，一七四〇）長夏，偶檢囊篋，得詞數章，喟然嘆曰：『昔年風景，于此概見，信乎古人筆墨遊戲爲雕蟲之末技矣。』因爲增删，不求工于文采，維取叶于聲調。手録一函，附於《看山閣詩稿》後云。」

南曲序云：「余既謬託知音之末，想見古人苦心，何敢以雕蟲末技而置之不問也。乃審於五音，叶於六律，集同宫之錦，尋合調之聲，采襲成編，《易》曰：同聲相應，同氣相求。氣合聲和，得混元自然之氣，發先天自然之聲，何待紅笛紫簫，銀箏檀板佐其風騷，形其跌宕哉？則是編也，詞雖未如義仍之工，而調頗得東嘉之協。付之剞氏，以待後之留心於斯道者廣其博采焉。

復旦藏。

## 看山閣集三十二卷

清婁縣黄圖珌撰，清乾隆十年（一七四五）刻本，八册。半葉十行，行十九字。左右雙邊，黑口，單魚尾。該集分文集八卷，今體詩十六卷，古體詩八卷。文集卷首有《看山閣圖》並黄圖珌題「奇觀三片石，清體一林泉」十字及清乾隆十年黄圖珌序。各卷前有目録，卷端題「峰泖黄圖珌容之著」，鈐有「黄裳藏本」白文方印，「來燕榭珍臧記」朱文長方印，「黄裳小雁」朱文方印。文集末有一九五九年三月黄裳手書跋文。該集今體詩、古體詩二部分與上本同。

該集文集分賦二卷,序二卷,記二卷,文一卷,雜文一卷。黄圖珌自序云:「余居鄉時,窗明几静,開卷常與聖賢對語,得以消塵忘俗。今宦遊十五年矣,奔走不暇,雖有書,亦置之高閣,誦讀之日既少,而春腮花畔,夜月樓頭,揮毫作賦,即景成文之時,尤不可多得。庚申歲(按,乾隆五年),幸值大有,而看山閣始建。既成,獨樂其中,出諸舊作。披閲之下,不覺悠遠空清,有湘靈鼓瑟之境。故因乎昔時,常於書卷中與聖賢對語,因而臨文,其致所以幽也。」

黄裳跋云:「七年前,余收得《雷峰塔傳奇》二卷于言言齋,周氏絶秘之册也。惜華假之去,覆印行世,更出所密《看山閣集》見示,意極珍重。其書爲後印,而風霜頗甚,不耐觀也。余著意訪求,終未更覯。今日過市觀書,無意中于架上抽得此八册,尚是初印原裝,大是快事。此爲初印之本,文八卷,詩古體八卷,今體十六卷。當尚有續刻續集八卷、詩餘四卷、南曲四卷、閒筆十六卷,今却不可見矣,當仍旦暮遇之。此卷首有圖一葉,鐫刻精好,似碧蕖館本亦無之也。己亥三月初十春夜漫書。」

上圖藏。

## 學福齋詩文集殘稿存十卷

清婁縣沈大成撰,稿本,八册。半葉九行,行二十一字,小字雙行同。封面題「學福齋集,清雲間沈大成手稿本」,下有「景鄭心賞」白文方印。卷端題「雲間沈大成學子」,鈐有「吟白華生閲過」朱文橢圓印。末有民國二十七年(一九三八)、三十七年(一九四八)潘景鄭二跋。

沈大成著有《學福齋説文温知録》，已著録，生平參見本編經部小學類。

該集爲沈大成之詩文殘稿，其所存相當於乾隆三十九年（一七七四）刻本《學福齋詩集》之卷十二至十六前半、卷十九至二十一前半、卷二十五後半至二十六、卷三十一至三十五，以及《學福齋文集》卷五、卷十至十四。該稿本内多有著者删改手跡。

潘景鄭跋第一通云：「雲間沈學子先生《學福齋全集》刻本流傳不廣，予求之十餘載不可得。去歲，友人王君佩諍爲予輾轉以重值購諸同邑顧巍成家，匆匆藏諸篋笥，倭難驟作，僕以奔命，未暇細讀。此稿本八册，客歲於無意中得諸賈人之手。爲文二册，爲詩六册。文不著名目、卷數，詩分爲《竹西詩鈔》《百一詩鈔》，爲卷十五，次第亦不倫。其爲初稿未具之本無疑。全書經先生手自删定，以朱筆標明應選、應删等語，所删太半蓋出於刻本之外者無慮數百章。又眉端别有墨筆評語，不知出於何人之手。偶讀先生所爲《項貢甫畫梅短歌》有句云：『我聞冬心老狂客，一幅一縑索畫直。豈知皆出兄手中，可憐贋鼎無人識。』自注云：『金臺門在日，常倩兄畫梅而自書其上。』今集中此詩已删去，世珍冬心畫梅，而不知都出項氏之手，是亦可添藝林故實矣。先生删而不存，蓋篤於友誼而諱之也。稿本之足貴，即此一篇可見矣。又所爲文多注年月於版心，删改塗抹，皆出先生手筆，每册前有『吟白華生閲過』朱文橢圓印，疑墨筆評語即出其手。是本亂紙中得，未散失，攜來滬，常反覆數過。家有刻本，經掠不知存亡，校勘之業，當待何時？展對此册，誠不禁其唏噓流涕矣。」

第二通云：「友人姚君石子以此稿爲其鄉邑文獻，曾屬代輯佚文，刊爲補遺。笈中未攜刊本，遷延至今，忽忽又寒暑十易矣。石子墓有宿艸，此願未償，有負故人。偶拾此册，爲識數語於後。」

上圖藏。

## 學福齋文集二十卷詩集三十七卷卷首一卷

清婁縣沈大成撰，清乾隆三十九年（一七七四）刻本，十册。半葉十行，行二十一字，小字雙行同。左右雙邊，黑口，單魚尾。卷首有惠棟序，清乾隆三十六年戴（一七七一）震序、清乾隆三十五年（一七七〇）程晉芳、張鳳孫、任大椿序，清乾隆三十九年江春詩文合集序。詩集卷首有清乾隆三十一年（一七六六）杭世駿序。每卷前有目録。卷端題「雲間沈大成學子」。鈐有「劉承幹字貞一號翰怡」白文方印，「吴興劉氏嘉業堂藏書印」朱文方印。

該集爲沈大成詩文集之定本。《文集》卷一爲論説及書信，卷二至七爲書序，卷八爲贈序，卷九爲壽序，卷十至十一爲記，卷十二爲辭銘贊偈，卷十三爲書後，卷十四爲書引、題跋，卷十五爲碑集墓表，卷十六爲墓志銘，卷十七、十八爲傳，卷十九爲書事，卷二十爲祭文雜著。《詩集》卷首列《花朝》《月夕》二賦，卷一曰《策衛詩鈔》，卷二曰《修門詩鈔》，卷三至八曰《啖荔詩鈔》，卷九曰《西泠詩鈔》《浣江詩鈔》《藝蘭詩鈔》，卷十、十一曰《近遊詩鈔》，卷十二至十八曰《百一詩鈔》，卷十九至三十七曰《竹西詩鈔》，共一千五百六十一首。

戴震序云：「彊梧赤奮若之歲（按，即乾隆二十二年，一七五七），余始得交於華亭沈沃田先生。……

今隔别六載，聞素重先生所爲文曁學於先生者，爲裒聚成集，先生乃馳書二千里，屬余撰序。」

張鳳孫序云：「老友沈學子先生與予交三十年，各以貧故，奔走于外，東背西馳，中間僅一再把臂，未暇論文也。今年夏，邂逅邗江，先生出《學福齋集》二十卷，問序于予。」

江春序云：「主予家數十年，行笈稛載多至數千卷，丹黄甲乙，幾遍間出。……然沃田年老善病，病益加，讀書愈不懈。……至辛卯（按，乾隆三十六年，一七七一）十月，竟以病歸，歸未幾，遂返道山矣。先是，先生嘗手訂其所著《學福齋詩集》三十七卷，賦一卷，文集二十卷，付之梓，並囑予爲之序。工未竣，予序亦未遑作，而沃田訃至。又二載畢工，予始爲之序其大概如此。

復旦、國圖、上圖、南圖等處藏。

## 晚晴樓詩稿四卷詩餘一卷行略一卷

清上海縣曹錫淑撰；《行略》，清上海縣陸秉笏撰，清抄本，一册。半葉八行，行二十字，小字雙行同。卷首録《欽定四庫全書提要》該書提要，清乾隆四十六年（一七八一）梁國治序、黄之雋題詩、清雍正十年（一七三二）蔣季錫序、清乾隆三十五年（一七七〇）陸秉笏序、清乾隆十一年（一七四六）陸秉笏題詩。卷端題「申江女史曹錫淑采荇」。末有乾隆九年曹錫端跋、「佩珊歸懋儀」題詩。

曹錫淑（一七〇九—一七四三）初名延齡，字采荇。曹一士次女，同里舉人陸秉笏妻，陸錫熊母。傳詳細本書末附陸秉笏所撰《行略》。

該集爲曹錫淑卒後其夫陸秉笏所編，卷一爲古詩，卷二爲五律，卷三爲七律，卷四爲七絶、五絶。後附詩餘六闋。

梁國治序云：「遺詩數百篇，先生手掇其尤者，釐爲三卷，其中大都思親懷姊之作，纏綿往復，至性藹然，深有合於温柔敦厚之旨。而五言古詩沖淡和雅，直入古人堂奥，尤閨閣所難。」陸秉笏序云：「亡内幼頗聰慧，性好讀書，尤熟習《昭明文選》及徐孝穆文集。女紅之暇，專事吟詠，積稿甚夥。後有自定繕本，删存四百餘首，宫允黄厓堂先生序其端，而宗伯沈歸愚先生亦稱歎之。抄録凡數帙，俱爲遠近友人攜去。邇者都門索寄，無以應，爰就篋笥中遺賸者隨手裒集，僅得古今體二百四十餘首。此外散軼者尚多，行將搜羅補入。至駢體雜著，亦有殘稿，俟薈萃成卷，並質當世也。」

國圖藏。

## 野庵詩鈔四卷翡翠蘭苕集五卷排悶集四卷

清嘉定縣金惟駿撰，清乾隆間刻本，四册。半葉九行，行十九字，小字雙行同。左右雙邊，黑口，單魚尾。《野庵詩鈔》卷首有清乾隆九年（一七四四）沈德潛、清雍正十年（一七三二）張鵬翀序、清雍正八年（一七三〇）朱厚章序。《翡翠蘭苕集》卷首有清乾隆八年（一七四三）高不騫序。《排悶集》卷首有清乾隆十三年（一七四八）沈德潛序。各集前有目録，詩編年，共收古今體詩四百三十七首，附詩餘八首。卷端題「嘉定金惟駿」。鈐有「吴興劉氏嘉業堂藏書記」「蟫隱廬所得善本」朱文長方印，「劉承幹字貞一號翰怡」白文方印。

金惟駿（約一七一一—一七四八）〔一〕，字昂千，一字野庵，國子生。學詩於朱厚章。傳見光緒《嘉定縣志》卷十九。

此三集爲金惟駿之編年詩集，《野庵詩鈔》收其雍正七年（一七二九）至乾隆三年（一七三八）之詩，《翡翠苕蘭集》收其乾隆四年（一七三九）至乾隆八年（一七四三）之詩，《排悶集》收其乾隆八年以後之詩。

《野庵詩鈔》沈德潛序云：「吾友朱子葯庭應博學宏辭詔，時來吴城，每相見，則道從遊士金子昂千詩，謂一日置酒高會，同作《羅龍文墨歌》〔二〕。龍文，歙人，墨題署『爲東樓主人造』者，時共賦數人。……時甲寅夏月也（按，雍正十二年，一七三四）。後得與昂千會合，風裁俊上。未幾，葯庭没，予往來南北，後羈留燕京，回憶道昂千時歲月，倏忽而葯庭墓草久宿矣。甲子（按，乾隆九年，一七四四）春，昂千郵寄《詩鈔》九卷，屬草序。披而讀之，波瀾意度，宛然葯庭，而《龍文墨歌》縱横開宕，洵所云誅奸諛於既死

〔一〕《翡翠蘭苕集》卷二有《三十生日》一詩。該集卷一首篇爲《戊午除夕》，次首爲《三月十一日隨大父遊後園》，則是作於乾隆四年。又該卷後有《元日用昌黎人日城南登高詩韻》一詩，則是作於乾隆五年。又第三卷有《雍正壬子得端石，藏之十年，芷岩爲製湧泉研》一詩。雍正壬子爲雍正十年，則此詩當作於乾隆六年。據此可推斷金惟駿三十歲生日在乾隆五年至六年之間。今姑以乾隆五年上溯三十年，定其出生之年爲康熙五十年。又據《排悶集》乾隆十三年沈德潛序，當時金惟駿已卒。則其卒年至遲不晚於該年。

〔二〕此詩見於《野庵詩鈔》卷二。

者，益信葯庭之不輕許人，而昂千之詩之得所傳授者非一日也。」

張鵬翀序云：「金子昂千，家本新安，世席豐盛而恂恂自好如寒素，不喜他業，而獨好吟詠。清才雋思，語必拔俗。嘗請業於葯庭，而間亦來質於余。余爲評定近作，掇其尤工者數十首，而並叙予與葯庭論詩之旨意告之。」

《翡翠蘭苕集》高不騫序云：「嘉定金惟駿昂千興於詩，輯己酉（按，雍正七年）至戊午（按，乾隆三年）十年篇什，曰《野庵詩鈔》四卷，已經元晏製序，爲藝林職志矣。歲在癸亥（按，乾隆八年），季春之月，續編己未（按，乾隆四年）以來古今體詩，曰《翡翠蘭苕集》五卷，揚舲過二俊故里之悠悠園，把似海查八十七翁不騫屬定正之。」

《排悶集》沈德潛序云：「予序昂千壬戌（按，乾隆七年）以前詩，許其高出輩流，而又望其溯源於三唐以上，知其進而不已，行與古人爲徒也。丁卯歲（按，乾隆十二年），令弟叔良裒集其癸亥[一]（按，乾隆八年）以後詩，復命點定，知昂千已委蛻塵世矣。」

復旦藏。

---

[一]「癸亥」原作「辛亥」。按，辛亥爲雍正九年，該年以後詩已輯爲《野庵詩鈔》，而其乾隆八年癸亥前之詩又已輯爲《翡翠蘭苕集》，則此集當是乾隆八年以後之詩，因據改。

## 幽蘭室詩草一卷

清上海縣趙婉揚撰，清乾隆間刻本，一册。半葉九行，行二十五字。四周單邊，白口，無魚尾。卷首有清雍正十三年（一七三五）曹一士序、清乾隆四年（一七三九）陸瀛齡序、清雍正九年（一七三一）曹錫淑序及清乾隆八年（一七四三）曹錫淑題詩。卷端題「申江女史茀芸趙婉揚著」。鈐有朱文方印「吴興劉氏嘉業堂藏書印」。

趙婉揚（一七一三—一七三一）[一]，字茀芸，趙旭生長女，字教授徐秉哲，未嫁而卒。見同治《上海縣志》卷二十六。

該集分五言詩草三十二首，七言詩草一百五十四首，詩餘十六首。

曹一士序云：「茀芸，余表弟趙充寓長女子也。……充寓行將光大先業，顧不早得男，先得女。邑中傳有五歲攻書史，九歲善吟咏者，即茀芸。余初未睹茀芸詩，余女采蘩、采荇與唱酬，成莫逆，適庭梅花爛漫，姊妹相邀索題，纚纚立就，語不繁而意頗清曠閑雅，觀者咸歎驚。乃録平日所爲詩，莫不爾。年來余匏繫一官，久不誦茀芸作。去秋充寓便郵至，并寄茀芸卷屬删，始稔茀芸已下世，甚悲之。既而覆其詩，覺静

---

[一] 該集曹錫淑雍正九年序云：「嘗語余夢一異人授句云：『瓊肌玉骨掌書仙，謫下人間十六年。』語竟淚下曰：『斯兆予非永者，不幸具此慧性，終爲造物所忌。第念母無兄弟，承歡奈何？』余竟爲寬慰久之。至前歲，余私慶曰：『表妹初度後，兆期過矣。』不意越三載，處遭斯變。嗟哉！……回思昨事，相逢祝壽之堂；忽駭今秋，獨向修文之闕。」可知婉揚卒於雍正九年，卒年十九。逆推之，其生年當爲康熙五十二年。

氣凝然如其人，又如對芝蘭，香遠益清，翩翩乎步虛凌風，縹緲欲絕。」

該集末有朱筆評點云：「統觀諸作，膚淺平庸，殊乏佳句，偶録一二首以存其人。壬辰七月中浣谿莊閲後識。」

復旦藏。

## 一樓集二十卷

清華亭縣黃達撰，清乾隆刻本，六册。半葉十行，行二十一字。左右雙邊，白口，單魚尾。卷首有周龍官、阮學浩、夏之蓉、張永貴、沈大成等人序。有目録，目録後有受業校閲姓氏。卷端題「雲間黃達上之」，末題「男宗振校字，維揚湯鳴岐鐫」。鈐有「王培孫紀念物」朱文方印。

黃達（一七一三—？）字上之，號鳳儔，又號海槎。乾隆十七年（一七五二）進士，官淮安府教授。傳見嘉慶《松江府志》卷六十。

該集卷一至十爲古今體詩，按年編排，卷十一至十四爲賦，卷十五至二十爲雜文，詩文迄於乾隆三十八年（一七七三）。

沈大成序又見諸《學福齋文集》卷三，題爲《黃上之海查集序》，蓋爲達早年之集。阮學浩序曰：「歲壬午（按，乾隆二十七年，一七六二），予持服家居，屏謝一切。聞雲間黃先生海槎以名進士來司郡鐸，未之識也，心竊韙之。逾年，先生偶造荒徑，以詩文集二帙見投。讀之油油然，洒洒然，挹仙露而握明珠，諷詠迴環，移日不能去手。」此序蓋撰於乾隆二十八年。夏之蓉序曰：「辛卯（按，乾隆三十六年，一七七一）之春，予莅止淮陰，館於麗正書院，得晤雲間黄君上之。時共襄院事，朝夕論心，見其品質端醇，胸無城府，心竊重之。既而讀其所著文集，精通博贍，卓乎可傳，而古今體詩尤其矯然獨出者。」周官龍序云：「本朝鉅公漁洋、歸愚兩先生後先相望，其神氣格韻亦復相肖。先生瓣香王、沈之間，繪景寫物，心有化工，自然流露而藴藉沖和，盡得風人之旨，誠滄浪所謂漢魏之詩，詞理意興，渾然無迹者也。」

上圖、國圖、南圖等處藏。

## 古雪齋詩八卷

清上海縣曹錫寶撰，清乾隆刻本，四册。半葉十行，行十九字，小字雙行同。左右雙邊，白口，單魚尾。卷首有清乾隆九年（一七四四）黄之雋、清乾隆十二年（一七四七）葉鳳毛《劍亭初稿序》，清乾隆十四年（一七四九）凌鷹曾《丁戊詩存序》，清乾隆十七年（一七五二）顧棟高《木蘭草序》序，清乾隆十七年沈德潛、清乾隆十八年（一七五三）畢誼、清乾隆十九年（一七五四）吴光裕、清乾隆二十一年（一七五六）王鳴盛《容圃吟稿序》。有總目。卷端題「上海曹錫寶劍亭」。末題「古吴金子良刊行」。鈐有「吴興劉氏嘉業堂藏書印」朱文方印，「劉承幹字貞一號翰怡」「雲間沈氏」白文方印。

曹錫寶（一七一九—一七九二）字鴻書，又字劍亭，晚號容圃，曹一士從子。乾隆二十二年（一七五七）進士，改庶吉士，授刑部主事，升郎中，充山西學政，官至陝道監察御史。因疏劾和珅家人劉全，被革職。嘉慶四年（一七九九）和珅敗，追贈左副都御史。傳詳朱珪《知足齋文集》卷五《掌陝西道監察御史特恩贈副都御史曹公墓志銘》、《清史稿》卷三百二十二。

該詩集卷一至卷三爲《劍亭初稿》，卷四爲《丁卯詩存》，卷五爲《木蘭草》，卷六至卷八爲《容圃吟稿》。共收詩五百二十七首。

黄之雋《劍亭初稿序》云：「劍亭生負異禀，吾友給事濟寰，其從父也，雅器之。舞象遊庠，即走京師，入雍登賢書，禮闈呈薦試中書，中選，甫弱冠耳。歸而罹父喪，讀禮之暇，投予詩先後兩册，涉百里而來，問序焉。」

凌鷹曾《丁戊詩存序》云：「丁卯（按，乾隆十二年，一七四七）春，劍亭服闋上都，時《花灣詞》刻新成，劍亭命余題後，故余送劍亭亦以詞。然劍亭自入都後，益研精詩律，絶筆不爲長短句。此如漁洋先生行波詞例，以見才人無所不可耳。閲今三載，尺素往來，風雅外獨無別語。近寄示《丁戊詩稿》，且郵書曰：『子知我者，其爲我序之。』余維劍亭需次長安，居大不易。戊辰南宫之役，當元復失，疑其中有不自得者。今讀其詩，才力益富健，波蘭益老成，而温柔敦厚，一唱三歎，渢渢乎太瑟之遺音。」

顧棟高《木蘭草序》云：「乾隆歲辛未（按，乾隆十六年，一七五一），余入京師，與曹子劍亭相見，示余《木蘭草》，蓋己巳（按，乾隆十四年，一七四九）秋扈駕時作也。」

畢誼《容圃吟稿序》云：「曹子劍亭世傳儒學，有淵源。工文能詩，聲播館閣。予與之共事内廷，於兹五載矣。内廷爲樞機重地，報章紛沓，政事殷繁，手披目覽，日不暇給。入則侍直，出則扈從，風霜雨雪，寒暑晝夜，鮮有休假。予以衰老疎慵廁其間，固事事居人後。而劍亭膂力方剛，不辭況瘁，顧能留意篇什，時有顒歌。兹編皆己巳直内廷以來所作也。」

吴光裕《容圃吟稿序》云：「友劍亭舍人之詩，予蓋讀焉而未盡也。兹合其十年來删定成帙者示余，因識其所向，雖不名一家，大約典而不俗，切而不浮，無張脈僨興之習，無膩香春粉之陋。於漢魏步子建，於初盛近蘇州，間出入於中晚、北宋，以盡其致。」

復旦、北大、四川藏。

## 最樂堂文集六卷

清上海縣喬光烈撰，清牛運震評，清乾隆二十一年（一七五六）刻本，四册。半葉九行，行十九字，小字雙行同。左右雙邊，白口，單魚尾。卷首有莊有信序，清乾隆二十一年周景柱序、牛運震序、張憲渠序、胡天游序、沈樹德序、雷鐸武序、李宗潮序，皆手書上版。各卷前有目録，卷端題「上海喬光烈潤齋氏著，山左牛運震真谷氏評，受業雷鐸武貫一氏校」。各篇末有牛運震評。鈐有「吴興劉氏嘉業堂藏書記」朱文方印，「劉承幹字貞一號翰怡」白文方印。

喬光烈（？—一七六五）字敬亭，號潤齋。乾隆二年（一七三七）進士，授陝西寶雞縣知縣，調渭南，歷任乾州知州、同州府知府、山西河東道、河南布政使，官至湖南巡撫。罷再起，授甘肅布政使，卒於任。傳詳《清史列傳》卷二十。

該文集卷一爲書、啓，卷二爲議，卷三爲贊、考、序、跋，卷四爲記，卷五碑文、壽文、祭文，卷六爲賦、詩。胡天游序云：「游往居京師，過兵部裘侍郎，侍郎謂公度優而略宏，兼備體用，乃百城長。而方乾隆丁巳（按，乾隆二年），公始登進士，以雄文瑋嗣爲衆誦服，聲溢都輦，心識者久矣。歲癸酉（按，乾隆十八年，一七五三）來河東，因獲見公。接儀度，聞言論，既莊且和，諄然儒者。退而尋其治行，則荀卿所云『古之吏』也。又明年，以事復至，公刻其《最樂堂集》適成，以授於游而使爲之序。……顧集所録者，十之七八皆作於在官。……至於其文，華而無靡，質而尚雅，意束諸理，篇協於矩。議論核而當，計事練而詳，及於詩賦，典而不流，準乎麗則。」據此序，則該集刻成於乾隆十九年左右。其作大多爲其官陝西時所作，止於乾隆二十一年。

復旦、上圖、清華等處藏。

## 竹素園詩草三卷日下集一卷

清嘉定縣王鳴盛撰，清乾隆十四年（一七四九）求野堂刻本，二册。半葉十行，行二十一字，小字雙行同。左右雙邊，白口，單魚尾。内封題「嘉定王鳴盛撰/曲臺叢稿/求野堂藏板」。卷首有清乾隆十四年沈德潛、李果序。無目録。卷端題「嘉定王鳴盛鳳喈」。鈐有「吴興劉氏嘉業堂藏書記」朱文長方印，「劉承幹字貞一號翰怡」「散叟遺興」白文方印。

王鳴盛撰有《十七史商榷》等，已著録，生平參見本編史部史評類。

該書爲王鳴盛早年詩集。從收詩數量、詩歌編次及文本内容等方面均可反映王鳴盛早年詩歌的原始面貌。〔一〕

沈德潛序云：「己巳（按，乾隆十四年）夏，予乞身歸里，卿大夫士皆有詩寵其行，而嘉定王孝廉鳳喈贈五言百韻一章，排比鋪張，才情繁富，而一歸於有典有則，予心焉重之。既讀其《竹素園詩》及《日下集》若干卷，知其平日學可以貫穿經史，識可以論斷古今，才可以包孕餘子，意不在詩，而發而爲詩，宜其無意求工而不能不工也。」李果序云：「嘉定王孝廉鳳喈以絶異之姿，志在著述，十餘齡即徧誦五經，泛覽史鑑。逾弱冠，纂次已數百卷。……觀其所爲詩，風調高華，詞旨超遠，渢渢乎大雅之遺音。文亦理明辭達，一惟宋元作者爲歸。信能摭其華，食其實，有兼人之材者矣。鳳喈居瀕海，雅負高氣，世鮮知者。一旦扁舟過吴門，好古之士咸奇其才，思盡出其所藏讀之，鳳喈不肯多出也。無已，其學人則先以其詩鋟諸版，世之審音者諷詠之，胥知其陶冶性靈，而又本之於學，進於正始以追逐古人於千載之上，異乎剽掠者流也。」

復旦、國圖藏。

## 西莊始存稿三十九卷

清嘉定縣王鳴盛撰，清倫明校，清乾隆三十年（一七六五）自刻本，八册。半葉十行，行十九字，小字

〔一〕 詳見拙作《曲臺叢稿初探》，載《理論界》二〇一一年第十一期。

雙行同。左右雙邊，白口，單魚尾。卷首有清乾隆三十年夏張燾序、乾隆三十一年（一七六六）二月蕭芝序。有目録。

該書爲王鳴盛首次編定之詩文合集。卷一爲頌、賦，卷二爲律賦、恭集詩、試帖詩，卷三至卷十八爲古今體詩，卷十九至卷二十爲《洪範後案》，卷二十一至卷二十三爲《周禮軍賦説》，卷二十四至卷二十六爲序，卷二十七至卷二十八爲記，卷二十九爲書、論、考，卷三十爲辯，卷三十一至卷三十三爲題跋，卷三十四爲制草、春帖子，卷三十五爲疏、劄子、表，卷三十六爲策問、策，卷三十七爲墓志銘，卷三十八爲塔銘、行述、像贊、哀辭、祭文，卷三十九爲傳，卷四十家傳四十一首及卷附長短句四十七首下注云「嗣刻」，故正文爲三十九卷。然卷十八《謝橋集》實爲長短句。

張燾序云：「先生之學邃於經，而平生精力尤在《尚書》，所著《後案》六十卷，表微存逸，截斷衆流。其他雜著又不下十餘種，略皆具稿，可繕寫。……予小子承乏詞垣，于先生爲後進，因得從遊門牆之列。茲先生文稿初刻方竣，故舉膚言，挂名末簡。」據此序可知此集當初刻於乾隆三十年，乾隆三十一年蕭芝之序當爲後加。

該本目録下有倫明小字批注，「總目」行下注曰：「後定本三十卷，書簽署王西莊先生詩文集」，其餘各卷下皆注明所對應後定本之卷數。另有夾紙一張，書「受業門人同編校」之名單，後題「後定本有此頁」。按：此所云之後定本，當爲乾隆三十一年重修之三十卷本，其卷次安排與此處注文相合。

國圖藏。

## 西莊始存稿三十卷附一卷

清嘉定縣王鳴盛撰，清乾隆三十一年（一七六六）重修本，六册。半葉十行，行十九字，小字雙行同。左右雙邊，白口，單魚尾。卷首有清乾隆三十年張壽序，清乾隆三十一年蕭芝序，受業門人同編校姓名。有總目，目録後有王鳴盛自記。鈐有「丁福保校讀印」朱文方印。

該集爲《西莊始存稿》之修訂本，其中删去經學專著《洪範後案》及《周禮軍賦説》。卷一至卷十四爲古今體詩，卷十五至卷十七爲序，卷十八至卷十九爲記，卷二十爲書、論、考，卷二十一爲辯，卷二十二至卷二十四爲題跋，卷二十五爲傳，卷二十六爲疏、劄子、表，卷二十七爲策問、策，卷二十八爲頌、賦，卷二十九爲墓志銘，卷三十爲塔銘、行述、像贊、哀辭、祭文，附録爲長短句（《謝橋集》）。

王鳴盛自記云：「右斷自癸未（按，乾隆二十八年，一七六三）以前，合少作及宦稿，共詩九百二十七首，文二百十八首，釐爲三十卷，目曰《始存稿》。癸未之歲，予四十有二，奉母諱南歸。自服闋後所作，别爲《晚拙稿》。會坊人堅請《始存稿》刻諸木，勉狥其意付之。此外已刻者《周禮軍賦説》，未刻者《尚書後案》，皆各自爲書，不在稿中云。」

國圖、中科院、上圖、南圖等處藏。

## 娵隅集十卷

清上海縣趙文哲撰，清乾隆五十四年（一七八九）刻本，四册。半葉十行，行二十一字，小字雙行同。

左右雙邊，白口，單魚尾。内封題「乾隆己酉年鐫/娵隅集」。卷首有吴省欽《贈奉政大夫光禄寺少卿前户部河南司主事趙公墓碑文》、清乾隆三十八年（一七七三）王昶序。卷端題「上海趙升之」。末有清乾隆三十七年（一七七二）馮應榴跋。鈐有「秋根書堂」「臣承幹印」「慶善字叔美印」白文方印，「吴興劉氏嘉業堂藏書印」「晚聞行尺」「貞弌鴻雪」「冶山某叟」朱文方印，「赤美經眼」朱文長方印。

趙文哲（一七二五—一七七三）字損之，又字升之，號璞庵。乾隆二十七年（一七六二）舉人，授内閣中書，直軍機處，擢户部主事。乾隆三十八年從討金川，死於果木果之難。傳詳本書卷首吴省欽所撰墓碑文及王昶《春融堂集》卷五十三《卹贈光禄寺少卿户部主事趙君墓志銘》。

該集爲趙文哲編年詩集，各卷卷末題「男秉淵恭校」，並注校勘時日。卷十末題「己酉閏端午男秉淵恭校於錦城旅館」。

王昶序云：「趙君升之與余生同郡，長同學，先後同官於朝。君顧喜爲詩，有所作，則以眎余。故知君之詩之工者，惟余爲深，而能言君之詩之工，亦必以余爲最。乾隆戊子（按，乾隆三十三年，一七六八），君與余又均因口語被吏議。頃之，以阿大司馬奏請，均從軍於滇。舟車戎馬，所至輒爲詩以自陳寫。庚寅（按，乾隆三十五年，一七七〇）秋，駐永昌幕府，無事，君乃總其所作，編爲一集，名之曰《娵隅》，又屬余爲序。」

馮應榴跋云：「昨冬暮余視學蜀中，先生亦隨温相國幕府來川。……比奉先生手書云：有《娵隅集》三册，存渝州守朱子穎處，屬取讀之。因於校閲餘暇，反復咀吟。……朱太守先爲抄得前兩册，以匆匆北歸，未竟其事。余乃命小胥補寫第三册，因致書先生，乞留副本，而以原稿寄還，謹書數言於册尾，以識步趨飢渴之意。」

復旦、北大、清華等處藏。

## 亦間草一卷

清南匯縣顧昉撰，稿本，一册。半葉十行，行十八字，小字雙行同。書内無序跋，卷端題「古吴耕雲稿」。鈐有「聲在樹間」白文長方印，「界嚴」白文方印，「直方」「耕雲」朱文方印。末有朱筆題「乾隆丙子冬至日無菻借閲，時在滬上雲望軒」。

顧昉（一七二七—？）字日方，一字元史，號若周，又號晚皋，别號耕雲，南匯新場人。嘗遊京師，王翬稱其筆無纖塵，墨具五彩，爲時所重。傳見光緒《南匯縣志》卷十四。

該集按年編排，共有甲戌、乙亥、丙子三年（即乾隆十九至二十一年，一七五四—一七五六）詩。據其丙子所作《三十初度述懷》五首可知其生年爲雍正五年。該本各詩多有朱筆夾批、尾評及眉評。

上圖藏。

## 職思居詩鈔二卷

清青浦縣張佛繡撰，清乾隆三十二年（一七六七）刻本，二册。半葉十行，行十九字，白口，左右雙邊，單魚尾。卷首有王永祺《吴興張孺人傳》及清乾隆三十二年姚惟邁序。卷端題「雲間張佛繡著」。鈐有「劉承幹字貞一號翰怡」白文方印，「吴興劉氏嘉業堂藏書印」朱文方印。

張佛繡（約一七三三—一七六六）〔一〕，字抱珠，青浦張梁女，適金山姚培和之子姚惟邁。傳詳本書卷首王永祺《吴興張孺人傳》。

該集爲張佛繡歿後其夫姚惟邁所纂輯。姚惟邁序云：「余體素弱，時慮疾至，春怯花風，秋卧窗月，岑寂之中，互披卷相遣，不言而愁思共安。幸静好之得偕也。……或喜余疾止，輒輟女紅，呼小姑拈題分韻，相與賦詩。每一篇成，便授余閒屬和焉。……歲月既多，積稿成帙，已録者曰《職思居草》。亡後累月，偶檢左右舊篋，見針凿與故紙猶叢雜宛然，其漫滅不全，或蠹侵題字，不可辨憶者，姑置之，抄得二卷，爲重校一過。……生前重王孝簡先生品學，嘗質以詩。既亡，而先生爲之傳，且嗟賞其詩，謂不失《芣苢》《雞鳴》之遺，異於尋常矜咏絮才者。無何，先生亦歸道山，許益以序，未果，爲尤可感也。新秋病起，適剞劂工竣，余因撫簡含淒，撮綴數語，不復求序於他友云。」

該本間有朱墨二色批點，論其詩作。如卷一《梅花》之一黑筆眉批云：「賦性孤高，見其詩如見其人。」《閒坐》朱筆眉批云：「後半一氣揮洗，妙極自然。」

〔一〕王永祺《吴興張孺人傳》云：「一亭與大木公同年友善，遂締姻焉。年二十歸吴興，而一亭公已先十二年辭世。」按，姚培和號一亭，約卒於乾隆六年（見上「敦信堂詩集」條），則張佛繡之適姚惟邁，當在乾隆十八年左右，逆推之，其生年約在雍正十一年。該文又云：「乃年僅三十有三以卒。」則自卒年當在乾隆三十一年左右。

復旦、上圖、清華藏。

## 北居詩稿二卷

清上海縣曹錫辰撰，清乾隆間刻本，二册。半葉八行，行十九字。白口，左右雙邊，單魚尾。卷首有曹錫辰自序，末有葉抱崧識。無目録，卷端題「海上曹錫辰北居」。詩歌按年編排，起自乾隆十一年丙寅（一七四六，年十一歲），終於乾隆二十六年辛巳（一七六一）。鈐有「劉承幹字貞一號翰怡」白文方印，「吴興劉氏嘉業堂藏書印」朱文方印。

曹錫辰（一七三六—？）〔二〕，字北居，曹一士從子、錫寶從弟，諸生。纂有《國朝海上詩鈔》。傳見同治《上海縣志》卷二十一。

曹錫辰自序云：「辰幼孤，多幽鬱之疾，思有以陶其情，厥惟言志永言之道，和平養恬，庶以却疾忘憂，得一樂也。歷覽古今作者以爲師，間嘗學製一二，示同志，不以爲惡。夫不惡即善矣，其果然乎？遂付諸剞劂氏。」

葉抱崧識云：「吾舅落筆雲烟，少標英雋，解衣盤礴，夙具才華。時以雅懷作爲詩句，遠宗漳水，近接

〔二〕 施潤之編年體詩集《居敬堂詩稿》卷六於乾隆乙酉年（按，乾隆三十年）有《寄和曹北居三十自述擬白香山狂吟十四韻》詩，據此知曹錫辰當生於乾隆元年。

石倉。深寄託於筆墨之餘，竊留冰雪；露性情于流覽之暇，齒有芬芳。隨風則珠玉横生，擲地而金石成響。詩争一字，珠從象罔之求；韻就八叉，敘妙江郎之擊。蓋伯氏已推驍將，而閨中亦有慧才。識弦指之無聲，風懷澄淡；授縷衣而堪繼，機杼清新。崧也自愧效顰，音乏雄雷之迅；强將學步，字同雌霓之訛。盡可投瓢，却供覆瓿。技實等于拾慧，豈有錦囊；癖胡類于嗜痂，猥尋狗尾。即一言爲嗤矢，方將藏之山中；用斯集爲乘葦，行看倚之天外。」

復旦藏。

## 徐岳瞻遺稿一卷

清寶山縣徐崧撰，清乾隆間刻本，一册。半葉八行，行十八字，小字雙行同。四周雙邊，白口，單魚尾。卷首有清乾隆三十七年（一七七二）林大中序、同年浦翔春所撰傳、評閲姓氏。卷端題「寶山徐崧岳瞻著」，後附吕步瀛詩三首，詩後有梅花村人後序，末有胡光旭跋。

徐崧（一七三九—一七七二）字岳瞻，號水鄉，國學生。傳詳本書卷首浦翔春所撰傳。

該集又名「百删小草」。林大中序云：「吾友寶山徐子岳瞻弱冠以後好爲詩，予十餘年前授徒寶山，其弟荆良從予游，因識岳瞻。以所作質予，予爲陳説詩之所以然，岳瞻首肯予説，偶以執筆，冥心孤詣，務抉精剔微而後已。詩成後，閲幾，時諦視之，不愜意，則仍删去，閲幾，時諦視之，幾微不愜意，則又删去。集名《百删小草》，見世人酬應草率，無心精筆力，或良楛雜陳，不肯一割愛者，則輾然笑也。……余門浦鷀天、胡蘊明與岳瞻交厚，謀梓其遺詩，謂予知之深，乞予序。予嘉其意，不欲辭。岳瞻詩二帙，約三百首。殁後其尊人德長丈痛甚，手取一帙付祝融，曰：『兒心血在是，今死矣，安用此爲？焚之以伴汝泉路！』時蘊明送含殮，急趨前以護其餘，近體獲存，古音已焦灼無餘焉。予聞之，爲拊心頓足者累日。既知無可奈何，復强慰藉曰：是非不幸中之幸乎？」

浦翔春《傳》云：「水鄉著有《百删小草》，分古今二卷。予往取之，祇得其今體詩。乞嘉定林厚堂師選若干首序之，前輩諸名流評閲之，與同里胡文學蘊明謀付梨棗，恐遲之，又久負良友于冥漠中也。」

吕步瀛，字升萃，號仙客，寶山南關外人。

梅花村人後序云：「吕子仙客未弱冠，遭失怙，廢書歸農，後復發憤應童子試，連不售。刻苦益甚，病怯症殁。年三十餘歲，無子，詩文亦散佚，迄今鄉人士無復有齒及者。音沉響絶，良可嘆也。予搜得遺詩三首，述其梗概，附水鄉詩末，聊慰仙客于地下云尔。」

上圖藏。

## 嗇生居文集不分卷删餘文稿一卷駢體文稿一卷詩集剩稿一卷

清寶山縣李保泰撰，清抄本，七册。半葉十行，行二十一字，四周雙邊，白口，單魚尾。鈐有「筱林居士」白文方印，「吉人」朱文方印，「歗林」朱文長方印。

李保泰（一七四二—一八一三）字景山，號嗇生。乾隆四十五年（一七八〇）進士，官揚州府教授，官揚州三十餘年，與修《江都縣志》《甘泉縣志》，後改官北京國子監博士。傳詳本書附邵淵耀撰《國子博士李嗇生先生家傳》。

該集編纂於咸豐年間重修《常熟縣志》時，首册封面題「嗇生太夫子文集目録，計抄本四册，門下晚學生何長治敬求選正并賜序言」。首册目録共收文四卷，後附《嗇生先生小像》及顧翃《像贊》。

第二册封面題「嗇生居文集目録」，首有《嗇生居文集總目》，計序八十一首、記二十二首、傳十九首、墓銘八首、跋三十二首、書九十九首、壽文三十六首、祭文二十六首、疏三首、啓二十二首、雜著二十七首。各類文體下分别注「季選」「邵選」之篇數。目録後有李保泰之曾孫李寶生志云：「咸豐二年十二月，乞季松雪先生甄録，越明年四月畢，所入選者目上拈一墨圈。四年四月，介叔戊舅氏倩邵環林先生抉擇，歷一月而讀竟，所入選者以硃圈標之。」後爲文集細目，各篇上下有朱墨二色圈畫手跡，當即爲季、邵二人所爲。目録後又有清咸豐十一年（一八六一）李寶生志云：「先博士集，曩曾倩婁東季菘雲、虞山邵環林兩先生甄録，所選不無互異。兹將兩先生入選之篇另書一目。其邵選而季不選者，以墨圈標之；季選而邵不選者，以墨點標之，俾觀者易於校核也。」此後又爲一《嗇生居文集》目録，當即爲李寶生據季、邵二人所選而重新整理之目録。後附季錫疇後序一篇及《與李吉人書》一通及門人題詩數首，末爲李寶生跋語。

第三册首又爲一《嗇生居文集》目録，目録後另補「此卷中未選者」之篇目，後附清道光七年（一八二七）姜臯撰《國子監博士外舅嗇生李府君遺集後序》。之後又有一「嗇生居文集目録」，下題「南滙張文虎嘯山選本」，共收文五十九篇。之後爲張文虎選本之正文。後附咸豐七年邵淵耀撰《國子博士李嗇生先生家傳》及季錫疇後序（與第二册季之後序同）。

自第四册始爲季錫疇之校本，天頭處多有其校語。第五册爲《嗇生居删餘文稿》，首有目録，後爲清同治元年李寶生識云：「先博士古文集爨經邵環林、季松雲兩先生甄録，既將定本編成二十卷。其未入選諸作，釐爲兩册，列目一通。駢體之文則别自爲編，裝訂粗竟，用誌謹誌之。」按，該删餘文稿所收之文，與第四册大體可對應，惟次序有異。

第六册爲《嗇生居駢體文稿》，首有嘉慶十八年（一八一三）李保泰自記云：「代人壽祭文，一切删去，存稿而已。此内可用世者甚少，後人别白之爲是。」後又目録，分序、祭文、啓、雜著諸體，文稿内亦有季錫疇校語。

第七册爲《嗇生居詩集賸稿》，首有清光緒十一年（一八八五）李寶生識云：「先曾大父博士府君古今題詩，乾隆乙卯（按，乾隆六十年，一七九五）止，爲陽湖趙甌北先生所訂；嘉慶丙辰（按，嘉慶元年，一七九六）起，爲錢塘張仲雅先生所訂。嗣經姜小枚祖姑丈就所訂，選存八卷。向藏從姪貫孫處。庚申（按，咸豐十年，一八六〇）寇亂，貫孫被難，詩遂失去。寶生處叢殘稿本亦俱亡逸。先人遺著不善，寶獲罪無可逭，夫復何言！今僅幼時所抄入同宗酬唱録者數十首，益以二十年來各處訪得一二，謹彙繕一册，恭志數語，用諗後昆。」卷端題「寶山李保泰嗇生」，末有清道光二十一年（一八四一）顧禊《李邃庵蜀道吟跋》、任棟《李邃庵先生遊蜀集跋》。

按：李保泰之詩文集自其生前已開始編纂，至其曾孫李寶生始集張文虎、季錫疇等人之成稿，然亦未能付梓。其間經歷然亂紛擾，文獻散佚。故該稿先後編次殊爲散亂，諸人之編次尚未經統稿。然此未竟之底稿正可考見當日編訂之經過，亦可見前人保留文獻之苦心。其中季錫疇所撰後序及《與李吉人書》，頗可見其編訂該集所花之功。後序云：「咸豐二年，吾郡修志之役，錫疇分纂人物諸傳，亟訪寶山李啬生先生事行于其曾孫吉人茂才，吉人抱先生文集示余，并諈諉甄録，以待梓。留數月，校訂粗竟。」《與李吉人書》云：「賜讀國博公大集，一慰廿年嚮往之私。深荷雅誼，盥誦之餘，妄加標識，略加參校，夾签在內，乞轉呈令伯先生賢金昆裁之。鄙意儻付刻，不取多，以精擇爲要，而字句間有小疵，亦必淘洗浄畫，所謂良工不示人以樸也。僕之譾劣，所見尚未能自信，乞再倩邵盅友先生一閲，囑其嚴加決擇，以爲定本。公之文章，才雄氣盛，語有關係，固是必傳。微嫌當時振筆疾書，有士衡多才之累，惜未經姚惜抱、袁實堂兩公訂定耳。近推盅翁于此事最深，其自作文，下字下句，選擇不苟，經其校定，可無遺憾矣。并可乞其序言，必有闡發獨到處。翁之文得自家學，而公與松阿舍人本有交誼。此段因緣，似乎不可失，未知尊意以爲何如？拙草一首附上，聊申景仰，實不足存也。他日附刻，或作後跋，附諸簡末，榮幸多矣。」

國圖藏。

## 湖山到處吟不分卷

清金山縣朱楝撰，清乾隆五十七年（一七九二）十三硯齋刻本，二册。半葉八行，行十七字，小字雙行同。左右雙邊，白口，單魚尾。內封題「乾隆壬子春鐫／湖山到處吟／十三硯齋藏板」，旁鈐有「朱二垞」白文方印。卷首有錢大昕手書二絶句，爲《潛研堂詩集》所未收，時年七十五。又有同學程超、陳文光、東林灑掃漪雲達邃題。達邃題下有小字雙行注云：「此稿爲丁實夫子香昆季及張六花、黄栞友、丁筠莊諸公所刻」。另有徐祖鎏序及朱棟自記。無目録。第一册爲古體，第二册爲今體。卷端題「金山朱棟二垞著」。鈐有「吴興劉氏嘉業堂藏書印」朱文方印，「劉承幹字貞一號翰怡」白文方印。

朱棟著有《硯小史》，已著録，生平參見本編子部藝術類。

錢大昕題詩云：「湖海留題到處傳，廿年比馬又南船。長安不少陳驚坐，誰賦春城銜柳篇？」「才名不減小長蘆，百里鴛湖接泖湖。欲仿張家評主客，選君好句入新圖。」

徐祖鎏序云：「吾友二垞朱子，真詩人之窮者也。幼侍尊公虹橋先生遊京師，師事鹿泉趙總憲、筠心褚學士、遲舟孫太史，才名大噪。使即掇巍科，登顯要，彯纓纂組，得意前進，其所造就能有此耶？不幸顛躓場屋，頽然自廢，無名山大川以發揮其志意，又無名公卿蓄道德、能文章者與爲交遊，安在窮者之必皆以詩見耶？然則二垞雖窮，其取材于天地人物之勝以成其追唐軼宋之技，而相待于天下後世之久者，皆造物者有意于其人之才、之氣、之詩，若非窮，轉無以成吾二垞也。……至其生平著作甚富，詩稿亦盈千，而所刻僅如干首，且索窮人如余者爲之序，此尤窮而又窮，而不一窮者夫！」

復旦藏。

## 奕載堂文集不分卷

清嘉定縣瞿中溶撰，清道光十一年（一八三一）刻本，一册。半葉十行，行二十字，小字雙行同。四周單邊，白口，單魚尾。内封題「道光辛卯開雕/奕載堂集/版藏家塾」。前有一九五三年王欣夫跋及鈐印「王大隆」「欣夫」「大隆」。卷首有「奕載堂集總目」。卷端題「嘉定瞿中溶」。鈐有「王氏二十八宿研齋祕笈之印」「殷泉」朱文方印。

瞿中溶著有《萇生子年譜》等，已著録，生平參見本編史部傳記類。

據該書卷首總目，《奕載堂集》分詩集、文集，詩集有《金昌稿》《練祁稿》《楚遊吟》《歸田園居鈔》《古泉山館唱酬集》。文集有辨二十，考十四，説七，記十九，銘二十一，贊二，序十，自序三十，題跋十五，書十六，壙志二，行述一，行略一，祭文三，官書十七及雜著五篇。該本僅存辨二篇，説一篇，記一篇，序三十二篇，書一篇，記一篇。該書一至十四葉版框下方刻葉數，以後諸葉則爲墨釘，惟《劉河記》附康熙二年《松江府志》内《三江水利全圖》處兩葉，版心下方刻「九」「十」二字。

王欣夫跋云：「按《萇生子年譜》，是集編訂於道光十年庚寅，開雕於明年辛卯。又明年壬辰刻成，分送親友。然則世間應有全集流傳，而藏書家均未之見。此册雖不全，竟成孤帙矣。幸附總目一頁，得考其篇目大較也。章式之文曾手抄一本，江陰繆藝風借刻入《煙畫東堂小品》中，改題《瞿木夫文集》，以校此册，缺《唐石經考異補正序》《古玉圖録序》《泉志續編序》《宋搨十七帖考證序》《姹女數錢畫軸記》五篇，《管蔡皆非周公兄辨》篇末附注、《劉河記》後附圖亦缺，知非同出一源。此册於廿年前得諸馮氏校邠廬，仲兄蔭嘉據校繆刻，兄弟欣賞，詫爲秘籍。今仲兄墓有宿草，此樂不可復得，思之能無泫然？一九五三年二月十八日王欣夫偶記於復旦大學之筑莊。」

復旦藏。

## 瞿木夫文集一卷

清嘉定縣瞿中溶撰，王蒼虬校並跋，民國九年（一九二〇）紅印本，一册。半葉十二行，行二十一字，小字雙行同。四周單邊，細黑口，單魚尾。該書名作「瞿木夫文集」，旁用黑筆寫作「奕載堂文集卷一」，卷端題「嘉定瞿中溶」。鈐有「王氏二十八宿硯齋藏書之印」朱文方印。末有民國十八年（一九二九）王蒼虬跋。

該本爲民國九年繆荃孫所刻《煙畫東堂小品》之紅印樣本，較之上本，該本缺《唐石經考異補正序》《古玉圖録序》《泉志續編序》《宋搨十七帖考證序》《姹女數錢畫軸記》五篇，已由王蒼虬依道光原刊本補録於該本天頭處。蒼虬又據道光本校改該本之誤字，並補入其所缺之原文小注。

王蒼虬跋云：「瞿木夫先生承其外舅之學，經史考據，咸具卓識，於古錢辨證尤精，遠出翁、鮑之上。遺書之歸我者不少。惜其著作雖富，流傳絶少，僅《集古官印考證》之書爲藝林圭臬耳。此《奕載堂集》原刊本一册，向不經見，予近獲之校邠廬遺藏中，重價易之。書葉『道光辛卯開雕/版藏家塾』摹其手蹟。首葉總目列詩集五種，文集分類，皆數十篇，而寥寥一帙，較繆氏新刊亦只溢五篇耳。觀其版心號數作墨釘，蓋其試刊未成之書，宜其傳本罕矣。爰就繆刻録副，以貽同好，庶幾流播耳。己巳十一月十一日殷泉識於二十八宿研齋。」

復旦藏。

## 總集類

### 陶謝詩集十三卷

清金山縣姚培謙輯，清乾隆二十九年（一七六四）刻本，翁同龢批校並跋，三册。半葉六行，行十四字。左右雙邊，白口，單魚尾。卷首有清乾隆二十九年姚培謙自序，各集前有總目。卷端題「雲間姚培謙、王鼎點閱，男姚鐘鳴校字」。

姚培謙著有《春秋左傳杜注》等，已著録，生平參見本編經部春秋類。

該集分《陶彭澤詩》四卷、《謝康樂詩》三卷、《謝法曹詩》二卷、《謝宣城詩》四卷。前三集有翁同龢録各人傳記及評注，《謝宣城集》則有翁同龢過録何義門校《謝宣城集》校語。

姚培謙序云：「憶年十九，避暑南邨小築，讀少陵《江止》詩曰『焉得思如陶謝手，令渠述作與同遊』，輒神往不置。課餘，手抄二編，計日而讀之，謂是少陵所宗尚爾。至其風旨沖淡，神明逸麗，則茫未有得也。……讀是編後，次第以盡六朝諸製，極之沈、范、徐、庾，無難各第其淄澠流别耳。馬齒就衰而詩學不加進，欲如文通《仿古》諸作，且未必肖其貌，況求神似耶？顧少時肄業所及，皮篋宛然，不忍零散。因偕王了條山羅列舊本，重爲編訂，授剞劂氏，公同好云。」《陶彭澤詩》末有翁同龢跋云：「戊辰（按，同治七年，一八六八）八月，扶護南還，舟中點閲。龢記。」《謝宣城詩》末有翁同龢跋云：「於龍威閣見何義門手校《謝宣城集》，當時從宋本出，卷末有題記，爲俗字割裂。假歸一讀，而書賈索之亟，又無別本可口，因書此本上。此本卷一無賦，又先後次序迥異。初更尋檢，漏三下，姑盡。咸豐辛酉二月初十日，同龢記。」

國圖藏。

## 唐宋八家詩五十二卷

清金山縣姚培謙輯，清雍正六年（一七二八）遂安堂刻本，十二册。半葉九行，行十九字。左右雙邊，黑口，單魚尾。内封題「韓昌黎、柳河東、歐陽永叔、蘇老泉、蘇東坡、蘇欒城、曾南豐、王臨川／唐宋八家詩／沈歸愚先生鑒定，遂安堂藏板」。卷首有清雍正六年王原序、清雍正五年（一七二七）姚培謙《例言》。又《東坡詩鈔》前有清康熙六十年（一七二一）姚培謙自序及凡例。卷端題「華亭姚培謙平山手訂，青浦王原西亭、長洲顧嗣立俠君參閲」。鈐有「蓴菜鱸魚」「張京堃印」白文方印，「東海翁士世孫」「張仲」「煙波新徒」朱文方印。

該書分《昌黎詩鈔》八卷，《河東詩鈔》四卷，《廬陵詩鈔》八卷，《老泉詩鈔》一卷，《東坡詩鈔》十八卷，《欒城詩鈔》四卷、《南豐詩鈔》三卷、《半山詩鈔》六卷。各集前附本傳及詩評。

王原序云：「八家之文，元人素有定論，茅鹿門合而抄之，言古文者宗焉，固無異辭。獨于詩，世但知重韓、蘇而次歐、柳，餘子概置之『自鄶無譏』之列。至謂少陵不能文，子固不能詩，非通識也。吾郡姚子平山既刻蘇公分體詩，余謂其何不並刻諸家，以破流俗一隅之見。蓋諸家詩各有面目，韓、蘇而外，向以文掩，不知其詩皆可美而傳如是也。平山固有曠世之識者，聞余言而然之，遂並刻之。書成，屬余爲序。余故略爲論次，以曉世之讀八家之文者。退之、老泉而外，頗有芟落，殆患簡帙繁重，仿茅氏《文鈔》之例。世有好古博覽之士，全集具在，取而讀之，刪次者之意一可考見云。」

姚培謙《例言》云：「往余有《東坡分體詩鈔》一刻。給事王西亭先生見之，寓書勸余準茅氏《文鈔》之例，並及諸家。暇日因各據全集，遴選付梓，遵前輩之教也。」「是刻始康熙辛丑（按，康熙六十年），至今秋告成。」則姚氏先有東坡詩集之刻，後遍及八家之詩。該集於昌黎、老泉之詩全數抄入，柳州詩存十之八九，廬陵、欒城、南豐、半山則去取獨嚴。全書分體編排各家詩。

姚培謙《東坡詩集序》云：「余幼喜讀杜詩，涉獵未得其藩籬。既又艷坡詩而誦習之。顧杜集或編年，或分體，皆有刊本，獨蘇詩舊刻，如王氏《集注》，如辰翁評本，及近所行施注補本，篇什既倍於杜，而學者之苦望洋，亦甚於杜。且各本或以類分，或以年次，古今雜出，苟非博識通才，彌增眩霧，勢固然也。余不自揣，爰取先生集中古今體，劃然分列，其排次則仍考年譜，細加審定，頗有訂前人之所沿譌者。集中所登，在全詩已什之七。」

復旦、國圖、上圖等處藏。

## 雲間二韓詩

石秀齋集十卷　明莫是龍撰　附采隱草一卷　明莫秉清撰

小庵羅集六卷　明顧斗英撰　附拾香草一卷　明顧昉之撰

清上海縣曹炳曾輯，清康熙五十五年（一七一六）曹氏城書室刻本，六册。半葉十一行，行二十一字。四周單邊，白口，單魚尾。版心下方題「城書室」。卷首有總目、清康熙五十六年（一七一七）唐孫華、清康熙五十五年曹炳曾序。卷一卷端題「華亭莫是龍廷韓著，海上曹炳曾巢南輯，姪曹一士諤廷、男曹培廉敬三校」。末有康熙五十五年曹一士、曹培廉書後。鈐有「馮氏辨齋藏書」「龜勉氣格」「玉壺仲子藏書印」「吴興劉氏嘉業堂藏書印」朱文方印。

曹炳曾字爲章，號南巢，曹垂燦從子。居鄉，厚人倫，多賑濟三黨貧乏者，有名門之風。傳詳同治《上海縣志》卷二十。

此集輯録明代上海詩人莫是龍、顧斗英二人之詩。二韓者，莫是龍字廷韓，顧斗英字仲韓也。

曹炳曾序云：「雲間二韓詩者，莫公子廷韓、顧公子仲韓之所作也。二公子生明隆、萬之世，相去百里而近，並承藉家世，以文學氣誼相高，有聲舉場間甚久。又並精書法，通繪事，刻意爲詩歌，揮毫落紙，流傳遠近，目爲二韓，以字不以姓，異於唐之皮陸、錢劉云者。既並不得志於場屋，侘傺失職，鬱鬱窮愁以死。其繪事世罕得見，獨莫以父子善書，有崇蘭館緬默齋帖之刻，顧無傳焉。所並存者詩耳，則僅掇拾於虞山之選，寂寥數篇而已。……余少時雅慕二公子名，與顧又世相好也，嘗從其家搜得杜公袁度所刻詩二卷暨未刻草本，蟲食將半，盡乞以歸。每以未見莫集爲恨。越數年，始獲覩所謂《石秀齋集》者，定自吾鄉張長輿先生，而莫之外孫潘太學所刻也。亟購而藏焉。于是二公子之詩復完。……他日從子一士見之，請曰：『是二集者，幸入叔父手，忍使終判，以虛二韓名？』余曰：『然。』遂命廉兒互相校訂，併授開雕。莫集一仍其舊，顧則益以所未刻，倍杜選之三，釐爲《小庵羅集》六卷，仲韓所自名也。既竣，合題之曰《雲間二韓詩》，並傳朋好，以釋余悲。」

復旦藏。

## 詩原五集二十五卷

明末清初華亭縣顧大申輯，清順治和鶴堂刻本，八册。半葉十行，行二十一字，小字雙行同。左右雙邊，白口，無魚尾。卷首有清順治十七年（一六六〇）顧大申《詩原序》，序下題「冬官大夫華亭顧大申撰」，有總目，總目下題「雲間顧大申編輯」，總目末有「雲間顧氏鶴巢藏書」小字二行。卷首版心下方題「鶴巢藏書」。鈐有「雲間第八峰周氏臧書」朱文方印，「秘本」「是書曾藏自强齋」朱文長方印。

顧大申字震雉，一字見山，號堪齋。順治九年（一六五二）進士，授工部主事。官至陝西洮岷道僉事，卒於官。傳詳嘉慶《松江府志》卷五十七。

是書分爲五集，一集爲《毛詩》四卷，二集爲《楚詞》五卷，三集爲《選詩》五卷，四集爲《選賦》四卷，五集爲《唐詩》七卷。《選詩》、《選賦》輯自《昭明文選》（卷首有《文選序》及《梁書·昭明太子傳》)，各篇以作者時代爲序。唐詩則輯自李攀龍《唐詩選》(卷首有李攀龍序)，按體分卷。各集前各有序及目録。

顧大申自序云：「古詩三千餘，自仲尼定爲三百五篇，而四始六義之文以著，前此里巷歌謡以暨婦孺樵牧，情發於中，辭暢於外，莫不含葩結撰，自成國風。揆諸正則蓋多偏岐，故存焉者寡。自兹以降，屈宋代興，原本風詩而縱情騷怨。賈誼、東方朔、王褒、嚴忌之徒，遞相祖述，引物托興，歸於忠誠。蘇、李未起以前，要皆繼續風雅之極規也。若乃《大風》倡爲七言，而《柏梁》《四愁》廣其傳；《河梁》五言贈答，而建安、黄初盛其緒。上溯曹、王，下迄江、沈，遥遥乎其閎衍而靡竟者，已六義之中獨標一體。賦自名家，肇於宋玉，而司馬相如、楊雄繼之，蓋亦《離騷》托諷之遺與？班、張、左思鋪揚京輦，王、曹、潘、陸感寓性情，而傅玄、馬融、嵇康、張華後先輩出。或托一物一器以振越心靈，圖繪時序。然則賦者古詩之流，雅頌之亞，孟堅所稱同條共貫，不其然與？唐之聲律，沿於陳隋，而七言原本樂府，律體工擅，後代所宗，若七言古詩，洋洋灑灑，窮想極致。初唐之渾厚肅穆，開、寶之發揚蹈厲，取材於班、馬，結軌於屈、宋，可謂緬四始而無慙，對騷賦而罔媿者矣。披華啓秀，豈止萬家，三百在前，難爲繼起。若叔師之撰序《楚辭》，昭明之編次詩賦，文而不縟，綺而不靡，質任自然而變化各當。學士留意篇章，雅當奉爲繩尺也。有明歷下李于鱗懼唐聲之失傳，撰述《唐詩》七卷，凡四百四十八篇，簡而該，嚴而合法。雖鎔金搜寶，未盡英華，若其玉振金聲，繁響易聽，直使廷禮卻步，豈直竟陵奪席而已哉？余閒居無事，採集藝文，奉此良書，裒爲五集，名曰《詩原》，編成二十五卷，音釋撰次，庶備雅宗。」

國圖、山東、中科院藏。

## 娱暉堂聲畫録二卷

明末清初上海縣周金然輯，抄本，二册。半葉十行，行二十一字。無序跋，各卷前有目録，卷端題「上海周金然廣居輯」。

周金然著有《歸興集唐》等，已著録，生平參見本編集部别集類。

是書輯唐至明之題畫詩，分類編排。卷上爲天文類、地理類、山水類、名勝類、古蹟類，卷下爲故實類、閑適類、古像類、寫真類、行旅類、仕女類、仙佛類。其所選詩以元明爲多。

上圖藏。

## 此木軒删後録三卷

清金山縣焦袁熹撰，稿本，三册。半葉九行，行二十一字，小字雙行同。内封題「此木軒删後録/光緒丙戌七夕頌鶴重裝署首」。卷首無序跋，有總目。鈐有「文山琴客」「焦袁熹印」白文方印，「廣期」朱文方印。

焦袁熹著有《此木軒經史彙編》，已著録，生平參見本編子部雜家類。

是書輯録上古至南北朝詩歌。卷一爲上古至東漢古詩，卷二爲漢樂府，卷三爲魏晉南北朝古詩，共二百餘首。部分詩體下繫以解題，述其創作背景。

焦以恕等編《焦南浦先生年譜》康熙四十五年（一七〇六）條云：「是年，定《删後録》，至六朝止，選次曹魏，曰：『以情味論，則魏文勝陳思多矣。』」

上圖藏。

## 古文斵前集十六卷後集十八卷

清金山縣姚廷謙輯，清康熙六十一年至雍正元年（一七二二—一七二三）遂安堂刻本，十六册。半葉九行，行二十一字，小字雙行同。左右雙邊，黑口，雙魚尾。内封題「康熙壬寅年新鐫／華亭姚平山評注／古文斵／遂安堂藏版」。《前集》首葉内封題「左國史漢文斵／北垞讀本」，卷首有康熙六十一年姚廷謙序及《讀左國史漢例言》。有目録，卷端題「華亭姚廷謙平山評注，同里朱霞初晴、錢唐張麟玉田參閲」。《後集》内封題「唐宋八家文斵／北垞讀本」，卷首有清雍正元年姚廷謙序及《讀唐宋八家文例言》，有目録，卷端題「華亭姚廷謙平山評注，同里朱霞初晴、張昆仲友參閲」。鈐有「遂安堂印」白文方印。

姚廷謙即姚培謙，著有《春秋左傳杜注》等，已著録，生平參見本編經部春秋類。

該集爲姚培謙所輯之古文選本，《前集》卷一至卷四爲《左傳》，卷五爲《國語》，卷六至卷七爲《戰國策》，卷八至卷十二爲《史記》，卷十三至卷十六爲《漢書》。《後集》卷一至卷四爲韓愈文，卷五至卷六爲柳宗元文，卷七至卷九爲歐陽修文，卷十爲蘇洵文，卷十一至卷十三爲蘇軾文〔一〕，卷十四爲蘇轍文，卷十五至卷十六爲曾鞏文，卷十七至卷十八爲王安石文。其内容含本文、評注及尾評。正文大字，評注雙行小字，尾評大字低一格。

康熙六十一年姚廷謙序云：「世有不能讀盡之書，而有不可不亟讀之書。五經以後，可以指數也。其書曰《左氏》内外傳、無名氏《戰國策》、司馬遷《史記》、班固《前漢書》。……余不揣譾劣，於四家書窺測有年，輒敢彙成一編，大約舊注之繁蕪者芟節之，譌謬者考正之，迂曲而難通者疏鬯之，使讀者誦習之功差便。至每篇評論，則皆從再三熟復之餘自攄管見，不敢片語涉膚，片語涉臆，片語涉附，務求脉絡貫通，精神振動，使讀者思索之勞少省。如是而已。」

雍正元年姚廷謙序云：「余於《左》《國》《史》《漢》文之後，復抄録唐宋八家之文如干首，而疏櫛其字句篇章之法，附以管窺之見。非謂八家之文觀此已足，從此引而伸之，上窺《左》《國》《史》《漢》文之堂奥而不悖乎六經，下統唐、宋以來歷代著作而補益於制舉義，庶不至眩瞀於鞶帨之華，餖飣之陋，而忘布帛菽粟之不可以一日而或廢也。」

北大、福建藏。

---

〔一〕按，該本目録卷十至卷十三目録下小字題著者名爲「蘇文定公」，「文定」蓋「文忠」之誤。

## 硯北偶鈔十二種十七卷

清金山縣姚培謙、婁縣張景星編，清乾隆二十七年（一七六二）草草巢刻本，六册。半葉六行，行十五字，小字雙行同，左右雙邊，白口，單魚尾。内封題「乾隆壬午鐫/硯北偶鈔/草草巢藏版」。卷首有清乾隆二十七年王永祺序，有總目。卷端題「雲間姚培謙述齋、張景星西圃録」，鈐有「長樂鄭振鐸西諦藏書」朱文方印。

張景星字二銘，張棠之子，候補主事。居城南之梅園，喜與名流交。傳見嘉慶《松江府志》卷五十八。

是書分任昉《文章緣起》一卷、陳懋仁《續文章緣起》一卷、鍾嶸《詩品》三卷、吴兢《樂府古題要解》二卷、司空圖《二十四詩品》一卷、沈伯時《樂府指迷》一卷、陸輔之《詞旨》一卷、郭忠恕《佩觿》一卷、庾肩吾《書品》一卷、謝赫《古畫品録》一卷、姚最《後畫品録》一卷、葉樾《端溪硯譜》一卷。

王永祺序云：「述齋徵君癖於書，經史百氏，類皆採剥其華實，咀嚌其膏味。……比者綜攬彌富，凡昔人零星著撰，《説郛》《津逮》等刻所已載、未載者，都欲爲之搜擇考訂，勒一書以公同好。兹《硯北偶鈔》之刻，特托始焉爾。然自《文章緣起》以下各種，匪惟辭章之源流體要具見乎斯，而《佩觿》尤有功六書，《書》、《畫品》亦足旁資游藝。……部曹西圃於倡酬風雅之暇，廣羅群帙，標籤析疑，往返日恒數四，藝林勝事，相與有成。」

國圖藏。

## 刪訂唐詩解二十四卷

清金山縣吴昌祺撰，清康熙四十年（一七〇一）誦懿堂刻本，十二册。半葉九行，行二十一字，小字雙行同。左右雙邊，白口，單魚尾。内封題「雲間吴綏眉評定/刪訂唐詩解/誦芬堂藏板」。卷首有清康熙四十年吴昌祺《刪訂唐詩解自序》，陳繼儒、陳所藴、黄汝亨原序，清康熙四十一年（一七〇二）吴昌祺《例言》二十則。有目録，卷端題「雲間唐汝詢仲言選釋，同里吴昌祺綏眉評定，同學查象瑛西載、吴鯤幼飛參訂」。

吴昌祺字綏眉，號樊桐，原籍華亭，徙金山朱涇。康熙二十六年（一六八七）應省試，以目疾未售。生平於百家諸子之書靡不通貫，尤究心詩學。傳詳乾隆《金山縣志》卷十二。

《唐詩解》爲明華亭唐汝洵所編訂之唐詩選本，原五十卷，初刊於明萬曆四十三年（一六一五）。此書按體分卷，於各詩下分正注、互注、訓注三項。正注注釋典故，互注采他書以相證，訓注疏解字詞之義。於篇後又有評解，闡發全詩大義。《四庫全書總目》評此書「所注實多冗蕪，不盡得古人之意，亦不盡得其所出」[一]。吴氏此本則刪繁就簡，卷一至卷五爲五言古詩，卷六至卷十爲七言古詩，卷十一至卷十二爲五言絶句、六言絶句，卷十三至卷十五爲七言絶句，卷十六至卷十八爲五言律詩，卷十九至卷二十一爲七言律詩，卷二十二至卷二十四爲五言排律。其正文節録唐注，又於眉欄間附以己意，其中對原本評注多有斧正。如

[一]《四庫全書總目》卷一百九十三總集類存目三。

卷一陳子昂《感遇詩》第三首，原本譏子昂未能巢居，終不免破琴以沽名。該本則删之，並評云「伯玉沽名，猶勝後人百倍，故删之」。

吴昌祺《删訂唐詩解自序》云：「甲辰歲（按，康熙三年，一六六四），館尤氏，……嗣後獲鄉先民西陽唐君《唐詩解》一書。見其句考字徵，分疏詳密，益歎爲寔獲吾心矣。然注則繁而複，解或鑿而支，善讀者藉爲津梁，不善讀者且苦其猶河漢而無極。思得一二説詩之士相與汰蕪存英，易謁表熾，爲先生功臣，即爲唐人羽翼。而二十餘年以來，役之大小試，雅俗雜沓，紛如猬毛，事竟不果。邇者絶意名場，尠所嗜好，惟一吟一詠不能去心。時與及門諸子旁権離合，剖論是非。諸子請予選定歷朝詩篇以爲繩準，予曰：『是將使吾爲劉季緒耶？恐爲陳思者且比之也。無已，其即《唐詩解》删訂之，以酬夙願乎？』諸子曰：『善。』于是購原本，加裁酌焉。詩從因也，解或革也，注則損也，評皆益也。閲數月而成。……是集也，諸子與兒肇稑互相考訂，而陳生修夏獨任剞劂之貲。」

北大、清華、北師大、南開等處藏。

## 元詩自攜七言律詩十六卷七言絶句五卷

清金山縣姚培謙輯，清雍正四年（一七二六）刻本，十册。半葉九行，行十九字，小字雙行同。左右雙邊，黑口，雙魚尾。首册外封題「元詩自攜，華亭姚平山選輯，南扶山房珍藏」。是書分《七言律詩》《七言絶句》兩部，内封分别題「華亭姚平山選輯/元詩自攜/遂安堂藏板」「元人七言截句選/北垞定本」。

《七言律詩》卷首有清康熙六十一年（一七二二）姚培仁序、同年姚培謙自序及《發凡》八則；《七言絶句》卷首有清雍正四年姚培仁、姚廷謙序。有目録。卷端題「華亭姚培謙平山選輯，錢塘張琳玉田、同里朱霞初晴參閲」。

《七言律詩》姚培仁序云：「余弟平山雅善詩，於古人詩無不瀏覽。謂近體七言，歷代皆有選，何獨元獨闕如？爰采摭名集洎諸選本，與夫山經、地志之所傳者，商榷論次，芟其繁蕪，録其雅正，編爲一集，薦揚於唐、宋之後而期無失乎風雅頌之旨。曰『自攜』，志所好也。」

姚培謙自序云：「余家頗有元人遺稿，每恨網羅不廣。既讀顧太史俠君先生所抄十集，歎爲鉅觀。顧卷帙浩繁，卒業未易，而諸體並陳，猝欲尋其涯涘，望洋者往往致歎。至於七言近體，古今作者所難，尤爲學者諷誦所急，則於顧本中撮其精華，並篋中所録咿唔舊本，縮成一編，名曰『自攜』，非敢云選，備行笈中物而已。」

《七言絶句》姚廷謙序云：「元人近體詩於唐、宋人外别具一種雋味。余前有《元詩自攜》一刻，僅登七律，截句未遑也。客謂余曰：『凡截句於諸體中最便吟諷，而感動人亦最捷。即以雋味論，餚胾以外佐以飣餖小品，江瑶右砝，坐客流涎，不盡麟肝脯也。』余曰：『然。』甲辰（按，雍正二年，一七二四）冬，園居多暇，遂摭諸集中名篇刻之。」

復旦、上圖、北大等處藏。

## 明詩去浮四卷

清崇明縣施何牧輯，清雍正間施氏臨霞軒刻本，二册。半葉十一行，行二十一字，小字雙行同。左右雙邊，白口，單魚尾。内封題「施一山録次/明詩去浮/臨霞軒藏板」。卷首有雍正三年（一七二五）施何牧《卮言》十則及同年施何牧自序，有總目。卷端題「古吴施何牧録次」，末題「表姪孫彭啓豐校訂」。該本避諱至「胤」字，又目録中剜去陳子龍之名，亦是避時忌故也。

施何牧著有《韻雅》，已著録，生平參見本編經部小學類。

該集爲明詩選本，該集以人繫詩，卷一爲洪武、建文、永樂、正統、景泰、天順年間五十人之詩，卷二爲成化、弘治、正德年間四十四人之詩，卷三爲嘉靖年間四十七人之詩，卷四爲隆慶、萬曆、天啓、崇禎年間七十二人之詩。乾隆《元和縣志》卷二十六云：「（何牧）生平論詩，必宗盛唐，一語及宋詩者必斥之，有前七子李、何遺風。」該集選入李夢陽詩二十七首，何景明詩二十首，李攀龍詩三十九首，王世貞詩三十一首，其選他人詩歌數量皆未過此四人，可見何牧論詩確承七子一派。

施何牧自序云：「明詩之選不一家，有過於繁蕪者，有過於簡略者。……兹録也，斟酌於繁簡之間，或因人以存詩，代不數人；或因詩以存人，人不數詩。豈必無遺，亦聊冀其不亂耳。顔曰『去浮』，此物此志也。至第其先後者，所以資論世系；其官爵予奪者，所以感遭逢。獨寐寤歌，可群可怨，未必非性情之事也。若乃馳詩壇，騁選席，弋虚譽，要無窮，則已之真先失，又安在其去浮哉？」

國圖藏。〔一〕

## 皇清詩選三十卷

清青浦縣孫鋐輯，清康熙二十七年（一六八八）鳳嘯軒刻本，十六册。半葉九行，行十九字，小字雙行同。四周雙邊，白口，單魚尾。内封題「進呈御覽皇清詩盛初編」，版框下方題「盛集初編」。卷首先列御製詩及清康熙四十四年（一七〇五）孫鋐《恭進皇清詩選初編奏章》《恭紀》及《徵刻皇清詩盛二編啓》，以上皆紅印。後有清康熙二十七年汪琬序、清康熙二十六年（一六八七）徐乾學序、清康熙二十七年陸慶臻序及孫鋐《盛集初編刻略》。無目録。卷端題「雲間孫鋐九思輯評，黄朱芾奕藻編校」。鈐有「吴興劉氏嘉業堂藏書記」「聞蘭」「涵經一字石渠」「曾在上海郁泰峰家」朱文方印，「沈聞蘭圖書記」朱文長方印，「劉承幹字貞一號翰怡」「沈景文印」「孫師泳印」白文方印，「沈氏聞蘭珍藏」白文長方印。

孫鋐字思九，附貢生。從汪琬、徐乾學等遊，卒年六十八。傳詳光緒《青浦縣志》卷十九。

本集選録清初詩歌，按體編次。卷一爲四言詩、古樂府，卷二至卷五爲五言古，卷六至卷十爲七言古，

〔一〕 按，有關此刻版本，法式善《陶廬雜識》卷三云：「刻於康熙四年。」《中國古籍善本書目》亦云康熙間刻本。此皆誤以施何牧自序中所題「乙巳年」爲康熙四年之故。然據施何牧之仕旅，此乙巳年當以雍正三年爲是。又此刻避雍正諱，不避乾隆諱，則此書當刻成於雍正間。

卷十一至卷十六爲五言律，卷十七至卷二十四爲七言律，卷二十五爲五言排律，卷二十六爲七言排律，卷二十七爲五言絶，卷二十八、二十九爲七言絶，卷三十爲雜體。

孫鋐《徵刻皇清詩盛二編啓》云：「鋐於戊辰（按，康熙二十七年）里居之歲，業有《皇清詩盛》之鐫。是鐫也，詩幾萬首，人約千家。顔曰『初編』，原徐搜夫琬琰；兹標『盛集』，蓋博覽乎蓀荃。」《盛集初編刻略》云：「是役也，始於庚申（按，康熙十九年，一六八〇）之秋，竣事於戊辰之夏，得諸家善本二十餘種，專集雜稿數百部，其他或自郵筒，或因酬倡，逮至壁間扇頭，悉供採擇。蓋歷九寒暑而後成。奕藻較讎參訂之功，實居其半。中間稍涉圈評，皆昔年捧讀之時聊快一時，管窺之見，殊不足齒也。至如濃圈極贊，幾同闈牘，非惟不敢，抑且不暇。」又云：「詩人目次，各聚一省。但鋐索居寡與，千里之外，足跡限焉。兼以困於諸生，不能專心蒐集，故所得獨吴越爲最富，非有所徇勢則然也。」

復旦、上圖、人大等處藏。

## 苔岑集二十四卷附二卷

清嘉定縣王鳴盛輯，清乾隆三十二年（一六九三）三槐堂刻本，四册。半葉十行，行十九字，小字雙行同。左右雙邊，白口，單魚尾。内封題「王西莊先生選，後附閨秀、方外/苔岑集/隨到隨刊不拘爵齒佳作祈即郵寄以便續登，三槐堂梓」。卷首有清乾隆三十二年王鳴盛序，有目録。卷端題「東吴王鳴盛西莊采録」，末有王鳴盛啓一通。鈐有「揚州汪喜孫孟慈父印」「汪字喜孫」朱文方印，「經盧氏寶鳳樓藏書印」

白文方印。

王鳴盛著有《十七史商榷》等，已著録，生平參見本編史部史評類。是編所收，皆爲與西莊交遊之故舊同好。王鳴盛序云：「予自三十以後，覃思經術，刊落詞章，迄今經雖確通，而業猶未竟，老將至矣，何暇及對偶聲律事？然默計平生宦游所至，幸遇雅人勝流，過從投贈，韻語居多。行篋朋箋，遂如束筍。洎乎服闋里居，杜門掃軌，而汝南之車騎，魯國之諸生，不以予朽鈍而鄙夷之，顧辱送抱推襟，眎之新什。……自顧野夫樸學，參錯其間，方用内愧，輒擷彼佳製，録而藏之，懸圃積玉，閬風蒸霞，時一循披，如傾情愫。昔者唐元次山之《篋中集》、段柯古之《漢上題襟集》、元魏仲遠之《敦交集》、明岳東伯之《今雨瑶華集》，並戢舂朋舊見貽篇詠，以成一編。聊仿前規，勒爲斯帙，取前賢『異苔同岑』之語，名曰《苔岑》。」其所收之詩，多爲文人雅會，憑弔投贈之作。王鳴盛謂：「茉莒小草，豵豝一物，王化之美，於兹肇焉。吾儕生長昇平，優游熙洽，立言固宜爾爾。孰謂閑適之文無與於論世之助，必無病呻吟乃係名教哉？」

該集有王鳴盛啓一通，爲其訪求文獻之通告，其文云：「盛侍養餘閑，不揆檮昧，采録當代詩人之作，都爲一編，名曰《苔岑集》，現已經刻過若干卷，并附閨秀、方外各一卷，先行刷印，在蘇州閶門月城灣三槐堂、學正堂兩坊發兑。但見聞有限，未免固陋，貽譏四方君子。倘有佳咏，希即惠寄蘇寓，以便陸續登入，合成鉅觀。至刻資一項，坊間業任大半，其不敷處，亦有朋好見助，共襄盛舉。如果詩好而無力者，即無資亦可，惟祈勿吝德音，益光雅道，庶堪潤色鴻業，丕振宗風。」其所徵集之詩體例有四：一爲隨到隨刻，不拘爵齒先後。一爲每人名下略注表字、別號、籍貫、履歷。一爲詩不論樂府、歌行及五七言，古今各體俱收，惟試帖不載。一爲專録現在之人，已故不録。

按，北大藏此書二十卷附二卷，其版式與二十四卷本同，其卷首王鳴盛序爲抄配，二十四卷本啓中「現已經刻過若干卷」一句，該本作「現已刻過二十卷」，餘皆同。足證此集確是「隨到隨刊，不拘爵齒」。

首都、湖北藏。

## 燕臺文選初集八卷補遺一卷

明末清初華亭縣田茂遇輯，韓詩評，清順治十三年（一六五六）松筠山房刻本，五册。半葉九行，行十八字。四周單邊，白口，單魚尾。卷首有清順治十三年魏裔介《燕臺文選叙》、同年王崇簡序、田茂遇《燕臺社集徵詩古文序》及《凡例》五則、清順治十三年喬鉢引例。有目録，卷端題「雲間田茂遇鬍淵父選定，西京韓詩聖秋父參評」。鈐有「王培孫紀念物」朱文方印。

田茂遇著有《水西近詠》，已著録，生平參見本編集部別集類。

是集選清初京師文士各體文。卷一爲賦，卷二爲記，卷三爲序，卷四爲傳，卷五爲詔、教、疏、議、制詔，卷六爲策、表、書、啓、論，卷七爲評、説、銘、贊、頌、檄、碑文、箴、書後，卷八爲題詞、雜文、行狀、祭文、志銘，《補遺》爲賦、序。文後附有點評。

王崇簡序云：「未、申之際（按，順治十二、十三年），文士之集輦下者多選今人詩，雲間田鬍淵孝廉復有今人古文詞之選。鬚淵與魏石生中丞雅相善，朝夕討論，其于古今文之變，揆之盡矣。」《凡例》云：「乙未（按，順治十二年）夏秋之交，余下第，留滯長安。鄗城魏先生以所選詩集屬余較正，且命少增定焉。因而輦下諸先輩及同人有以詩見投，并及古文辭者。余授讀之，體製略備，其間有經專刻，有未經專刻者。念專刻既不足以行遠，而未有專刻更易至漫滅而弗傳。用是裒輯成軼，爰付梓人，聊存管見。」又云：「是集始於未之季冬，成於申之初夏，凡四閱月。適周子子俶從中州來，相與商榷。……及余將南旋，丹鉛未竟，屬喬子文衣爲之卒業。……蓋茲集之成，始之者余與子俶，終之者文衣也。」

該本卷首、卷三之半、卷四、卷六之半、卷七爲上版前之謄清本。

上圖、國圖、故宮、福建師大藏。

## 雲間棠溪詩選八卷

明末清初華亭縣陶愫、董黄等輯，清初刻本，二册。半葉九行，行十八字。四周單邊，白口，無魚尾，版心下方題「初集」。卷首有陶愫序及王宗蔚、董俞所撰《凡例》，有目録，卷端題「同學田茂遇鬚淵、盧元昌文子、陶愫冰修、董黄律始、王宗蔚崍文、董俞蒼水仝選」。

陶愫字冰修，嘉善籍。順治十一年（一六五四）舉人，官至天台教諭，卒於任。董黄字律始，號得仲，華亭人，隱居不仕。俱見於嘉慶《松江府志》卷五十六。

該集爲清順治間雲間詩人相與唱酬之合集。除編者外，入選之人尚有王光承、吴懋謙、王烈、金是瀛、吴騏、蔣平階、王澐、張彦之、盧元昌、彭師度、周綸等知名詩人五十餘人。其詩按體編次，卷一爲樂府，卷二爲五言古詩，卷三爲七言古詩，卷四爲五言律詩，卷五爲五言律詩及五言排律，卷六至卷七爲七言律詩，卷八爲五七言絶句。收詩近七百首。

陶愫序云：「昔之雲間，繫之大樽，今之雲間，繫之吾鄉數人，此同學諸子因有棠溪之役也。棠溪以地名，諸子風雅之集必于棠溪之草堂，倡予和汝，繼美元康故事，雖所造不一家，要其微言相感，稱詩喻志，無不含玉吐金，爛然成章，是詩學之又一振也。」《凡例》云：「諸子生同里閈，少賤無事，偶有唱和，聊當萱蘇，彙爲一編，以備採問。其諸作者家珠人玉，或先入金閨之籍，或久懸咸陽之市，嗣有專選，兹不概登。」又云：「棠溪，志時也。越自丙申（按，順治十三年，一六五六）之春興詩會，一時群彦徵商刻羽，導揚古業。予二三人實推首庸。兹集原訂，止擬一十六人，嗣承瑶華之投，遂進雲璈之響。」

該本已有殘缺，卷一缺第八、第九葉。卷二缺第七、十五、三十一葉。

國圖藏。

## 于野集十卷

清青浦縣王原輯，清康熙六十年（一七二一）遂安堂刻本，四册。半葉十行，行十九字。四周單邊，黑口，單魚尾。内封題「王西亭先生選／于埜集／遂安堂刻本」。卷首有康熙六十年顧嗣立序及同年王原自序。有目録。卷端題「青浦王原西亭選」。鈐有「遂安堂印」「吴興劉氏嘉業堂藏書記」朱文方印。

王原著有《學庵類稿》等，已著録，生平參見本編集部别集類。

是集所録乃康熙六十年身居松江之文人集會唱和所作之詩。其詩按題排列，各人所作分别繫於各題之下。

王原序曰：「《于野集》，吾郡朱、張諸子賡唱之作也。諸子居郡城之西郊，並擅才美，懷奇未試，寄之詠歌，唱予和汝，動盈卷軸。一日郵書見投，屬爲點定。……竊意諸子名編之意，取之《同人》。……諸子負用世之才，處曠遠之地，區區與騷人逸客弄柔翰，抒素懷，吾不知將以是爲處否之貞乎？抑亦深惟涉川之故，爲應乾之貞乎？吾意斯吉也，非徒推激夫風騷，殆將假是以通志而亨貞，斯真得于野之道矣。……是集之作，昉於朱子耕方霞、姚子平山廷謙、陸子圃玉崑曾、陳子咸京崿、董子閎輔杏燧、張子玉田琳，而聞風繼響者如徐子景予是傚、姚子翼扶翱、霑扶培枝、朱子芳垂奕、何子尚愚默、胡子澄麓映嶐、陸子式如鉽暨家益存集思。日以益廣，姓氏篇什備見集中，不能以悉數云。」

按，參與是集唱和，除王原所提及外，尚有莫繩宗、姚弘啓、陳宏謨、蔣培轂、陸奎勳、徐南溟、陶淑、朱鎮、趙宏烈、陸瀛蕁、曹一士、周銓、陸瀛齡、劉夢金、王之醇、陸瀛亮、葉愚、程王臣、陳貞、陸閎、姚培益、徐懋績、柴潮生、張光謙、馮敦宗、范仁霑、廖崑暘、焦袁熹、胡二樂、沈德潛、宋顧樂、釋性標諸人。

復旦、國圖藏。

## 松風餘韻五十卷末一卷

清金山縣姚弘緒輯，清乾隆八年（一七四三）寶善堂刻本，十册。半葉十一行，行二十一字，小字雙行同。左右雙邊，白口，單魚尾。内封題「乾隆癸亥年鐫／松風餘韻／寶善堂藏板」。卷首有《欽定四庫全書提要》，末署「舉人臣姚湘恭録」。後爲清雍正十二年（一七三四）姚弘緒自序、清乾隆元年（一七三六）姚弘緒又序、《凡例》、清乾隆九年（一七四四）姚培謙識，有總目，各卷前又各有目録。卷末爲閨秀及方外。卷端題「胥浦姚弘緒聽巖編次」。卷末後題「孫張斿、式曾、慕曾、法祖、學勤、僴祖、惟邁、懌曾、念曾校字」，並附清嘉慶十年（一八〇五）姚湘識。鈐有「北平孔德學校之章」朱文方印。

姚弘緒字起陶，金山五保人，姚培謙伯父。康熙三十年（一六九一）進士，授編修，充《明史》纂修官，俸滿假歸，閉户纂述。傳詳乾隆《金山縣志》卷十二。

是書搜羅西晉至明末松江作家詩作。姚弘緒乾隆元年序云：「崑山谷水，夙號風雅之藪，固靈秀之所鍾也。隋唐而上，季鷹倡道於咸寧；宋元以來，大樽起衰于明季。遥遥一千四百餘年，作者代生，不知凡幾矣。兹輯佚而未之亡，傳而未之盡之詩，名曰《松風餘韻》，得五十一卷。言乎詩皆習見之餘，人亦習聞之餘也。或因詩而存其人，則殘膏賸馥，散者聚之；或因人而存其詩，則潛德幽光，晦者發之。其間大而德業足徵，小而言行有述，悉附以傳焉。雖春華秋實，未克兼收，尺短寸長，不無並取，要使先正之殘篇斷什與當年之文采風流稍存千百之什一，不盡化爲泠霧寒煙，庶幾登古邱而憑弔，覩流水而溯洄，誦詩可以知人，徵文因而考獻。」

該集卷一爲晉、唐作者，卷二爲宋代作者，卷三、四爲元代作者，卷五以下爲明代作者。明以後作者按家族排序。《凡例》云：「海叟而後，聞人接踵，自縉紳、文學以至藝士、逸民，年世莫能細考，故詩以姓叙，姓以韻分。若風雅萃於一門者，即按本家世次挨列。雖前後稍舛，而支系庶乎有徵。」

該集之成，姚氏家族具有力焉。卷首《凡例》云：「余之初有事於是編也，纂輯之役，原令諸兒均任之。既而風塵奔走，輟多于作，日侍一室者，惟厚兒獨耳。甫及脱稿，而兒以十示棘闈不得志，憤懣病狂，束之敝篋，荏苒五年。去夏僮輩曝書，偶一寓目，不覺淚濕紙背。因念兒聰明好學，生平睛光腕力，惟此略存。因稍爲增訂，重録而藏之。」其中所言之「厚兒」，當爲姚弘緒之長子姚培厚。

姚培謙識云：「先伯父手輯是書，未及開雕，旋捐館舍。一亭兄從漢興解組回，感念遺編，恐年久散失，命培謙與宅安、坳堂、巽齋兄校訂付梓[一]。中間歷寒暑數載，一亭先逝，宅安、坳堂繼之。勝事不常，雁行零落，此足悲矣。嗟嗟！先伯父闡揚風雅，具有盛心。諸兄克承先志，殫力鳩工。今剞劂告成，校閲之次，琳瑯觸目，如遊群玉之府，而伯父與三兄俱不及見矣。能不與巽齋兄同爲掩卷悽愴也哉！」

姚湘識云：「曾王父聽嚴公在詞館七年，與修《明史》洎《淵鑑類函》，奉旨唯謹。嗣以高王父春秋已高，乞養退休，侍膳之餘，殫心箸譔。慮夫鄉先生之嘉言懿行久而湮没，爰是旁搜博采，上自晉、唐，下訖

〔一〕按，一亭兄爲姚培和，官漢興道。宅安爲姚培仁，弘緒次子。巽齋爲姚培益，康熙五十三年舉人，官刑部員外郎。坳堂未詳何人，俟考。

明季，閲十六寒暑，成《松風餘韻》若干卷，未謀梨棗而曾王父捐館。時先祖官漢興觀察，奉諱歸，心傷手澤，獨力開雕。迨予祖歿後二年而剞劂甫竣。從組輩先已相繼殂謝，校讎之役，獨五叔祖及族祖平山先生任焉，是可哀已。乾隆甲午（按，乾隆三十九年，一七七四），兵部職方司郎中新安汪君啓淑以是書進秘閣之品題，益臣家之榮寵。文籍異數，殆非偶然。湘敬承先志，藏弆是版，珍若珙璧。時一展卷帙，恍乎挹前人之清芬。因補鋟《欽定四庫全書總目提要》一則，以弁卷首。後之采風者掇其一二，於以闡幽而表微，是書或不無小補云。」

首都、北大、南開等處藏。

## 國朝海上詩鈔六卷

清上海縣曹錫辰輯，清乾隆三十三年（一七六八）刻本，四册。半葉十行，行二十字，小字雙行同。左右雙邊，白口，單魚尾。内封題「國朝海上詩鈔／乾隆戊子冬校定／曹錫辰北屋選刻」，並用朱筆寫有「凡刻差詩字及名號、里爵均祈閲者指示，俾得改補。戊子以後已故之人，詩稿乞同志者搜羅，付選續刻」。卷首有乾隆三十一年（一七六六）曹錫辰識及《凡例》。有總目，各卷卷尾題「仝里曹錫辰北居輯」。

曹錫辰撰有《北居詩稿》，已著録，生平參見本編集部别集類。

該集收録清代上海縣詩人之作。按總目，該集分卷首、卷末及正文八卷。其卷首爲搜羅詩稿之作者姓氏，共三百三十人，又有開示姓名，屬搜羅詩稿而未得者二百三十五人。卷末爲工技、閨門、妓、僧、道士、仙、鬼。

曹錫辰識云：「吾上海爲吴之一隅，憑海貫浦，計當聖人時，非爲波淵，即螺蚌之墟。漁蠻獵子未能言冠，安知比興？以是知吴之本無詩矣。自元置邑，已四百年，其間名賢碩儒著於一郡者，吾上海率居其半。東阡西陌，户有詩人。雖世運剥復，盈虚之理當然，亦由十國之風漸摩熏染，日引月長，以際斯盛也。姚氏選《松風餘韻》，録一郡明以前人。今辰專録吾邑國朝人，號曰《國朝海上詩鈔》。有詢故老，則以徵焉；有令采風，則以獻焉。表先世之美，壯吾邑之色，謂吾爲好事可也；遺四海之英，拾百里之瀋，謂吾爲牛羊之眼可也。」

復旦藏。又浙江藏此書八卷本。

## 明練音續集十卷卷首一卷卷末一卷

清嘉定縣王輔銘輯，清雍正間爾雅堂刻本，八册。左右雙邊，白口，單魚尾，半葉十一行，行二十一字，小字雙行，行三十字。内封題「明練音續集/嘉定王翌思輯/爾雅堂藏板」，並刻有「國朝練音嗣出」一印。卷首有清雍正二年（一七二四）趙向奎序、清康熙五十八年（一七九三）唐孫華序、清雍正元年（一七二三）張雲章序、清康熙五十八年王輔銘引，及《凡例》《同校助刊姓氏》，有總目。卷首爲官師，卷末爲方外。卷端題「嘉定王輔銘翌思采」。該本「允」「貞」缺筆，「弘」不避諱，當刻於雍正間。鈐有「吴興劉氏嘉業堂藏書印」「墨田」「在原」朱文方印，「南圃草堂」「雇鴿」白文方印，「埽雪亭」朱文橢圓印。

王輔銘（一六七三—一七五四）字翊思，一字如齋，王晦之子，王鳴盛從叔。貢生，工詩。傳見光緒《嘉定縣志》卷十九。

是集爲補明翟校《練音集》而作。翟著收宋天聖以後至明弘治間嘉定詩人之作。是書則續之而作，收正德至崇禎年間嘉定詩人之作。

王輔銘引云：「《續練音》十二卷，自正、嘉至啓、禎，計三百餘家，詩一千二百首有奇，予踵先外祖蘇惕庵先生所輯而增補之者也。前此有翟氏《練音》，頗稱詳核。先生仿爲《續集》七卷，天不假年，蒐羅未竟，益不免闕略之憾焉。要其所表章，功固偉矣。昨歲，李侯炳齋命予從諸君子後補緝邑志〔一〕，因檢查舊稿，有關志乘者始手編而讀之。竊歎前賢流風餘韻，沾被後人，先生纂述苦心，不可使没而無傳也。不揣固陋，妄爲增補，寢餽於是者三年，乃告竣。視舊稿益幾過半。雖然，敢謂遂無闕略哉？予生也晚，遺老凋謝，家鮮藏書，是編所采，或詢其子孫，或訪諸邨塾，或購之賣漿賣餅家。以今日而較之先外祖，相去不五十餘年，纂輯已倍難，脱更經百年，則殘編斷簡，有渺不可問者，不禁輟簡三歎也。倘若有博雅君子，留心志乘，廣蒐而嚴輯之，用以補我不逮，庶練川文獻不致終湮也夫。先外祖名瀜，字眉涵，與兄孝廉齊名，時謂二蘇先生云。」

復旦、北大、人大、社科院文學所等處藏。

〔一〕按，此處之李侯炳齋，當是李士甄，字繡紫，榮澤人，清康熙五十六年任嘉定知縣。見光緒《嘉定縣志》卷十三。

## 國朝練音初集十卷卷首一卷卷末一卷

清嘉定縣王輔銘輯，清乾隆八年（一七四三）飛霞閣刻本，二册。左右雙邊，白口，單魚尾，半葉十一行，行二十一字。小字雙行，行三十二字。内封題「嘉定王翌思采、寓瞿金翰枚校/國朝練音初集/飛霞閣藏版」。卷首有清康熙六十年（一七二一）張尚瑗、清雍正六年（一七二八）張鵬翀、清乾隆七年（一七四二）沈德潛序及清雍正二年（一七二四）、清乾隆八年王輔銘引。有總目，卷首爲官師，卷末爲方外。目録後題「蘇州城隍廟橋西塊南首劉文斗鐫刻書籍局」。卷端題「嘉定王輔銘翌思采，寓瞿金尚柬翰枚校」。鈐有「吴興劉氏嘉業堂藏書記」朱文長方印。

該集選清代嘉定詩人之作。王輔銘雍正二年引云：「歲己亥（按，康熙五十八年，一七一九），《明練音》甫竣，就正於吾師唐考功。一見許可，並弁以大文，並囑予采録本朝詩，彙爲初集。無何，予遘大故，草木餘生，杜門謝客，因念先君子一生苦心著述，而鼎興以來，吾邑以詩名家者，亦多卓然可傳，不總萃焉，則將散佚之是懼。乃復窮極蒐羅，合家藏遺稿，次第編纂。凡十有二卷，悉如前集。其詩稿見投稍後者，倣錢虞山補人、補詩之例，分附各卷，非敢有軒輊也。自愧寡聞渺見，挂漏良多，但就隻字單詞，采掇成集，用以補一邑之文獻，志一家之緒言，而並副東江師之屬望云爾。」乾隆八年引云：「是集脱稿後，藏弆已久。會《練音補》鋟版，尋以是請正於西園先生，過蒙獎許，慨然任剞劂，併語予曰：『君之爲是集也，於邑之前哲搜討無疑，採擇固盡善矣。凡例悉依翟氏，見存不録。第瞿邑人材輩出，當今風雅，如南華太史以下諸君子，詩文烺烺炳炳，不讓前哲。倘必俟異時論定，其有力者自足以傳世行遠，而布衣窮老之士，吟嘯於荒江寂寞之濱，一字一句，及身猶自寶惜，久則篇章斷爛，日就散亡。後即廣事蒐羅，僅從鼠齧蠹蝕之餘，存什一於千百，不且與補輯前編同其愾歎乎？君盍變通其間，俾存亡兩無遺憾，而是集益成鉅觀。』予聞之唯唯，因就見聞所及録其詩，標其姓氏，叙其目前出處彙置。第八卷尚有闕遺，續當訪求補入，以塞西園之請。」

復旦、北大、人大等處藏。

## 國朝三槎風雅十六卷

清嘉定縣朱掄英輯選，清嘉慶十六年（一八一一）刻本，四册。半葉十行，行十九字，小字雙行，行二十四字。左右雙邊，白口，單魚尾。内封題「嘉慶辛未年鐫/國朝三槎風雅」。卷首有清嘉慶十四年（一八〇九）萬承風序、清嘉慶十五年（一八一〇）朱掄英自序。有目録。卷端題「里人朱掄英竹尹輯選，同里葉長春芳林、江萬泉民山、褚英茜溪、程攸溪謏堂參訂」。末有程芝筠、朱淞跋。

朱掄英字舜鄰，一字竹尹，嘉定人。受學錢大昕，通經義，乾隆四十五至四十六年（一七八〇—一七八一）聯捷進士，改太平府教授，調鎮江。入爲翰林院典簿，充實録館分校官、内廷宫史收掌官，題詩圖册，屢蒙賞賚。傳詳光緒《嘉定縣志》卷十九。

是書輯録清代南翔鎮作家詩作，「三槎」者，南翔一名槎溪，與其古蹟鶴槎山、仙槎橋，合稱三槎。其中卷十三、十四爲流寓，卷十五爲名媛，卷十六爲方外，於作者名下繫以小傳及評語。共選詩一千八百七十八首。

朱掄英自序曰：「吾南翔里舊有上槎、中槎、下槎之名，統名曰三槎，生斯土者，恂恂自好，類多通儒碩彦，爲邦家光，即爲閭里榮。自國初迄今，百五六十年，推著作手者不乏人，而潛德幽光，揚芳摛藻，蔚然含和而吐氣者，正未易更僕數，不獨《練音集》所收録也已。……近見王大司寇述庵夫子《湖海詩傳》及阮大中丞芸臺先生《輶軒録》，採擇宏富，取材博雅，私心竊慕之。邇年給假歸田，忝主愛山講習，家居偶暇，與及門程子霞壇蒐羅桑梓流傳，諸同人共爲商榷，選定《三槎風雅》十二卷，流寓二卷，名媛方外二卷，共十六卷，聊備一方之吟詠，庶文獻亦於是乎可徵，匪獨土音是操已也。同年萬和圃先生爲督學使者，曾披閱一過，樂爲之序，且屬余宜付剞劂，諸君子又慫恿而成之。爰公諸同志，幸進而教其所不逮焉，則是編庶幾與三槎之水相映帶也哉。」

程芝筠跋云：「此選始于嘉慶戊辰（按，嘉慶十三年，一八〇八）五月，卒業于己巳（按，嘉慶十四年，一八〇九）八月，又復重加删補，至十一月之朔始克付梓，共得人若干，得詩若干，分卷十有六。」

復旦、上圖藏。

## 同音集七卷附清素堂詩集一卷

清青浦縣王昶、許寶善編，乾隆間刻本，四册。半葉十行，行十九字。左右雙邊，黑口，單魚尾。卷首有王鳴盛、鮑之鍾序，末有石鈞志。卷端題「王述庵、許穆堂兩先生選定，男嘉吉編次」。鈐有「曾藏丁福保家」朱文長方印，「丁福保鑑藏經籍圖書」白文方印。

王昶著有《金石萃編》等，已著録，生平參見本編史部金石類。許寶善（一七三一—一八〇三）字斆虞，號穆堂。乾隆二十五年（一七六〇）進士，授户部主事，歷官員外郎中，擢福建道監察御史。傳詳許宗彦《鑑止水齋集》卷十八《浙江道監察御史許公墓誌銘》。

是書選編丹徒七子之詩集。分別爲吴樸《簾波閣詩鈔》、應謙《澹雅山房詩鈔》、顧鶴慶《偉雲堂詩鈔》、張學仁《青苔館詩鈔》、鮑文逵《舞鶴山房詩鈔》、錢之鼎《醉春堂詩鈔》、王豫《鍾竹軒詩鈔》，並附吴縣石鈞《清素堂詩鈔》。

王鳴盛序云：「予師沈文慤公論詩，以復古爲己任，一洗穠艷纖巧、淫哇飣餖之習，至今海内知有詩，公之力也。……公刻吴中七子詩，以予齒長列諸首。後予亦有江左十子之選，繼有練川十二子之選，去年有宛陵三子之選，俱已流播藝林，可謂彬彬盛矣。邇年予瞽目重開，竊深自幸。所纂《蛾術編》尚未卒業，昨任子心齋、家柳村攜詩見過，則京江七子吴朴莊、應地山、顧弢菴、張寄槎、鮑野雲、錢鶴山暨柳村也。」石鈞志云：「西沚先生欲彙京口七子詩，梓行未竟，時述庵、穆堂兩公命予刻《同音集》。予與七子交最厚，因取入集，先將七子詩撿寄而予作附諸末，亦以見同音之意云爾。」

復旦、黑龍江大學藏。

## 雲間杜氏詩選七卷

清南滙縣杜世祺輯，清康熙十五年（一六七六）自刻本，二册。半葉九行，行十八字，小字雙行同。四周雙邊，白口，單魚尾。卷首有清康熙十五年沈荃序、清康熙十三年（一六七四）張錫懌叙、清康熙十二年（一六七三）徐允哲叙、清康熙十四年（一六七五）董俞序、清康熙十四年吴懋謙序、清清康熙十四年杜世祺小引、《紀問》十則，《同郡評閱姓氏》及《雲間杜氏詩選目次》，卷端題「同郡莫秉清葭士氏、吴懋謙六益氏、徐允哲西崖氏選閱，京兆後裔杜世祺以介氏編輯」。末有清康熙十五年朱在鎬、清康熙十三年吴三省後序。鈐有「長樂鄭振鐸西諦藏書」「雲間第八峰周氏臧書」「長樂鄭氏臧書之印」朱文方印。

杜世祺生平不詳。該集輯録自明宗原公杜隰至清初雲間杜氏家族所作之詩。全集按體編次，卷一爲五言古詩，卷二爲七言古詩，卷三爲五言律詩，卷四、卷五爲七言律詩，卷六爲五言絶句，卷七爲七言絶句。其目次中詳列入選該集之姓名，共九十三人，所收之詩共六百餘首。

杜世祺序云：「余家自祁公以來，代有聞人，然世久年遠，不可殫述。明初給諫宗原公以詞科首擢，號稱作者。嗣後風雅代興，彪炳宇内。……莫不人號能詩，詩各專集。三百年來未易勝數。則詩雖性情所寄，即謂祖宗世系之可由傳可也。獨念星移物换，歲月愈湮。昔日之黄緗奚囊，半付于荒胡蔓草之中。嗚呼！是豈作者之故耶？抑傳之者無其人耶？況經兵燹，頗散失。祺不揣譾劣，苦心搜輯，垂三十年，或訪殘編于口故，或求緣要於斷丸，凡一吟一詠，足以傳不朽者，必録而藏之。又取近今子姓所著附于後，彙爲成編。自宗原公以下凡若干人，宗原公以下諸詩凡若干篇，冀以昭示來兹，俾後之子口孫獲見祖宗之學問文章，猶祺少日獲見前人之流風懿範也。會吾友徐子西崖讀書草堂，尊酒之餘，時出所藏相證。……乃細加校輯，按次剞劂，幾越歲而集乃成。每一披覽，凡是宗吾族之音徽，宛如日星河梁，長留天地間矣。是杜氏之詩，即杜氏之史也。」

國圖藏。

## 嘉定金氏五世家集十一卷

清嘉定縣金望編，清康熙間詒翼堂刻本，六册。半葉九行，行十八字，小字雙行同。左右雙邊，白口，單魚尾。内封題「嘉定金氏五世家集／詒翼堂藏板。」卷首有康熙三十五年（一六九六）王掞總序。全書分金大有詩集一卷、金起士《蘭揚草》一卷、《鷃化草》一卷附樂府一卷、金埶《貞恒草》一卷、金德開詩集三卷、金兆登文集三卷。各集前均冠以「詒翼樓集」。金大有詩集前有明萬曆四十六年（一六一八）唐時升序、同年婁堅《書金氏世德後》，卷末題「康熙戊寅仲春曾孫望重較梓」。《貞恒草》前有康熙三十四年申修來、李聖芝小引、侯開國《文學金君家傳》，末有康熙三十四年（一六九五）金望題辭及小傳。金德開詩集前有順治十二年（一六五五）錢謙益、王泰際二序。金兆登文集卷末題「戊寅仲春孫望較梓」並有同年金望《兩世遺集跋》。鈐有「吴興劉氏嘉業堂藏書記」朱文長方印。

金望原名熊士，字渭師，金德開子，諸生。傳見光緒《嘉定縣志》卷十八。

王掞總序云：「《詒翼堂集》者，嘉定金氏一家之詩文也。詩一卷，爲孝廉豫石公作。文三卷，爲都事子魚公作，合其孫若曾孫之詩，而五世之家集始備。……孝廉公既負才中折，都事公起而讚述之，年躋大耋，然亦數困公車，退而嗜無言之旨，以孝友廉讓訓率鄉黨里閭間。平居手不釋卷，間有纂述，都不自珍惜。

蓋欲以功業讓之徐、侯諸公，以文章讓之唐、婁諸老，而躬行實踐，不居其名。……迨遘兵火，兩世之遺稿盡失。公之曾孫渭師訪求數歲，久而得之，殘編斷簡，蓋十不存其一二矣。乃手加較録，謀壽之棗梨。……爾宗先生詩三卷，懷節詩二卷，南美詩一卷，既已前刻，例得附後。其詳具載錢公牧齋序中，故不復贅云。」金望《兩世遺集跋》云：「先曾祖孝廉公詩一卷，向曾鋟版，而燬于兵燹，流傳絶少。迨先祖都事公，一生好學，老而彌篤，所著攸好諸録，隨手散佚，其不傳者尤多。望嘗恫于懷，竊念少遘閔凶，不能稍自樹立以光先業，若使遺言數卷又置之湮没弗彰，其爲罪𠍪也滋甚。故向刻先父兄之詩，曾乞虞山錢公訂定而爲之序，序中述吾祖之生平甚備，固已風行四國，□□□□□□惟是孝廉、都事兩世公之集搜訪未□□□□□□忽焉及耄，倘不亟爲哀刻，更復何待乎？今年春，與侯表姪大年商及此事，因撿都事公遺文見貽，復遍詢孝廉公詩，久而得之唐氏，大喜過望，謹重加較録，莊誦數次，而益歎我祖宗世澤之遠也。」

復旦藏。

## 詩文評類

### 此木軒論韓文説略一卷

清金山縣焦袁熹撰，清咸豐九年（一八五九）抄本，一册。半葉十二行，行二十四字。卷端題「金山焦袁熹廣期」，末有清咸豐九年（一八五九）韓應陛跋。鈐有「應陛」「价藩宝此過於明珠駿馬」朱文長方印，「价藩韓熙珍藏」白文方印，「雲間韓氏考藏」朱文方印。

焦袁熹著有《此木軒經史彙編》等，已著録，生平參見本編子部雜家類。

此書爲焦袁熹論韓愈詩文之作，有《石鼎聯句》《代張籍與李浙東書》《三上宰相書》《與邢尚書書》諸篇。

韓應陛跋云：「咸豐九年七月七日，婁後學韓應陛手録。原抄本題『論文雜説』，中有論韓文幾條，録爲一書，不能仍用原題，乃師其意，作《論韓文説略》云。」

上圖藏。

## 蒲褐山房詩話一卷

清青浦縣王昶撰，清道光元年（一八二一）鄭喬遷抄本，一册。半葉九行，行二十四字。卷首有清道光元年鄭喬遷題詞，有總目。卷端題「青浦王昶撰」。鈐有「藏密廬」「耐生所録」白文方印，「餘姚謝氏永耀樓藏書」「慈溪王氏柜柳山館珍藏」「耐生」朱文方印。

王昶著有《金石萃編》等，已著録，生平參見本編史部金石類。

鄭喬遷題詞云：「詩話之作，本朝尚矣。其盛行於世者，漁洋一於正始，隨園雜以夸誕，惟述庵先生此編，可謂極其能事矣。先生洊登朝宁，歟歷四方，交遊滿天下，吞雲夢之氣，傳湖海之詩，自名卿材大夫，以及布衣、韋帶、緇衣、黄冠，凡三百餘人，間摘其佳句，述其遺聞，綴爲詩話。雖溢詞、微詞不無偏袒，而繽紛藻采，摛艷春葩，涓子琴心、王子巧心，美矣哉！如入五都之市，令人徘徊而不忍去也。嘉慶庚申、辛酉間

（按，嘉慶五年、六年，一八〇〇—一八〇一），先生以司寇致仕，主講敷文。予時年已踰冠，困於童子試，不獲渡江請謁，至今猶爲憾事。讀其詩話，儼然親炙其人坐我於春風中，尋繹含咀，不能自已。里中厲疫盛發，不出户庭，彙而録之，爲消夏計，且嘗鼎一臠，亦足飽於枵腹焉。」

按，王昶之《蒲褐山房詩話》，原繫於《湖海詩傳》各位作者下，作爲述評材料。此書即將這些詩話從中抄出，單獨成編。

上圖藏。

## 罨畫樓詩話八卷

清青浦縣廖景文撰，清乾隆三十六年（一七七一）刻本，四册。半葉八行，行二十字，小字雙行同。左右雙邊，上白口，下黑口，單魚尾。卷首有清乾隆三十六年廖景文自序、古檀小像、張嘉猷題，版心上方題「清綺集」，卷數題於版心内。函套外書名下題「郁氏蔚齋珍藏」。鈐有「翰墨緣」白文長方印，「四痴主人」「秋華書屋」白文方印，「運齋鑒賞之章」朱文長方印，「盧木齋藏書」朱文方印。

廖景文（約一七一三—？）字覲揚。婁縣籍，乾隆十二年（一七四七）舉人，官合肥知縣。晚居清浦，築檀園，又往遊閩粤等地。傳見光緒《青浦縣志》卷十九。

該書又名《清綺集》，輯録著者當代名家詩話十餘種，配以著者自撰之《古檀詩話》而成，於著者之生平及創作活動多有反映。

廖景文自序云：「憶自壯歲以還，挾策京華，一行作吏，宦轍所至，板輿所經，東臨泰岱，北遊邊徼，西歷人行，南極武彝，人海花場，比肩接跡。或偶見口占，或遥爲倡和，或得之目覩耳談，凡諸零紈片羽，無不手自抄撮，即一生殘毫剩墨，亦當留之小市金箱。蓋所摭拾，亦良富矣。辛卯（按，乾隆三十六年）春，抵鷺門官署，舊雨星辰，吟情如覩，不禁感今追昔，取而彙之。年姪黄君長汀請付棗梨，爲名之曰《清綺集》，蓋欲合和平之旨、香艷之章，筆之簡端，以供海内風雅互爲心賞。」

清華、國圖、上圖藏。

## 應體詩話二十二卷

清婁縣楊秉杷撰，清張爾耆抄本，三册。半葉十行，行二十一字。藍格，四周雙邊，白口，單魚尾。外封手題「楊開莽詩話」。卷首有《楊秉杷小傳》《應體詩話目録》，首葉題「己卯秋泖上杜詩庭珍藏」，己卯當爲嘉慶二十四年（一八一九）。卷端題「婁縣楊秉杷閑莽撰」，末有張錫恭跋。鈐有「詩庭杜鎬」「校禮生人」、「張破浪印」白文方印，「伊卿」朱文方印。

該書卷首《楊秉杷小傳》云：「楊秉杷字閑庵，婁諸生，府經歷汝連子。博學好古，中年遊燕、趙、齊、楚間，後居京師十年，名籍甚而無所遇，乃歸里。晚居笏溪，老屋三楹，蓬蒿不剪，杜門著書，卒年七十二。著《禮記説》八卷，《夏小正注》一卷，《禮疑集要》四卷，《闕里見聞録》一百廿卷，詩古文集十二卷，《應體詩話》廿二卷。此編大約未經刊行，故志書不載卷數也。」

此書所記，多爲清代詩人軼事及文壇掌故，尤詳於爲官京師時之詩作。張錫恭跋云：「此張夬齋先生手抄本也。先生名爾耆，號伊卿，婁縣人，杭州府知府永垂子。性端謹好學。幼多病，棄舉子業，閉户養痾，讀書自怡。名抄秘籍，手自校録者甚夥。著《夬齋雜著》，子聞遠徵君錫恭爲之刊行。」

上圖藏。

## 詞曲類

### 湘瑟詞四卷

明末清初華亭縣錢芳標撰，清康熙十七年（一六七八）刻本，四册。半葉十一行，行二十一字，小字雙行同。左右雙邊，細黑口，單魚尾。卷首有清順治十三年（一六五六）錢謙益序、陳維崧序、金是瀛序、董俞序、彭孫遹序、康熙十七年吴綺序。卷端題「申浦錢芳標葆馚纂」。

錢芳標撰有《金門稿》，已著録，生平參見本編集部别集類。

彭孫遹序云：「往在壬寅（按，康熙元年，一六六二）之秋，與錢子葆馚定交。於時連袂尋歡，分曹命酒，興酣耳熱，發爲詩歌，酬答無虚日，相得甚讙也。已而别去，葆馚官京師，僕戢影海畔，踪跡邈然，如辰參之隔。比者再過茸城，葆馚方休沐里舍，班草之暇，重問前遊所著詩詞，已裒然成集。……葆馚居清切之地，入有視草之榮，出有採蘭之樂，雍容車佩，所至都雅，而詩筆清華，名滿海内。即《湘瑟》一編，抑何引商刻羽，嚼徵含宫，沨沨而可誦也。……詞以『湘瑟』名，意以仲文自況。

國圖、南圖藏。

## 羅裙草五卷

清華亭縣高不騫撰，清康熙間刻本，一册。半葉十行，行十九字，白口，左右雙邊，單魚尾。卷首有李符、曹貞吉、嚴繩孫、朱彝尊、蔡曜、徐軌、周篔等人序，清康熙二十二年（一六八三）江邨士奇跋及錢德震、吴騏、計南陽等十一人題詞，有目録。卷端題「尊鄉釣師高不騫查客」。

高不騫撰有《商榷集》等，已著録，生平參見本編集部別集類。

該集共收高不騫之詞作一百三十五首。

李符跋云：「華亭高子查客固深於情者，而九峰三泖又皆掩映几席，所謂户藏煙浦，家具畫船，無往非詞人之境，宜其倚聲之工矣。比以定省來遊京師，編輯所製，以《羅裙草》自題其卷，蓋取高竹屋《詠草詞》『江南舊恨，翻憶翠羅帬』之句，以自喻鄉國之思，未嘗頃刻忘也。」曹貞吉跋云：「高子查客投余一編，大都出入於玉田、碧山之間，而細膩過之。若《畫堂春》之『一痕煙浪長柔藍』，《渡江雲》之『西風陣陣卷荒煙，翠澹峰螺』，《月華清》之『雲際無風，澹了波痕千頃』，《桂枝香》之『響滴林梢倦葉，也應飄落』，《燕山亭》之『別院秋千，閑了樹頭紅影』，雖起昔人於今，吮豪按拍，無以加之也。」

國圖藏。

## 幻花庵詞鈔八卷

清華亭縣張梁撰，清乾隆二十四年（一七五九）刻本，四册。半葉十行，行十九字，小字雙行同。左右雙邊，白口，單魚尾。卷首有清乾隆二十四年金兆燕、沈大成序、清雍正六年（一七二八）張梁自序，有目録。卷端題「華亭張梁大木，男夢鼇校字。」

張梁（一六八三—一七五六）字大木，一字奕山，晚號青城，又號幻花居士。康熙五十二年（一七一三）成進士，入内廷校書既竣，告歸以文史自娱，後又專修淨土。傳見嘉慶《松江府志》卷五十八。

該集共收張梁詞及師友唱和詞作，共二百三十五調，按年編排。

沈大成序云：「鄉先生幻花老人工詩而兼擅倚聲，自編所爲詞若干卷，曰《幻花庵詞》，蓋仿黄叔暘《散花庵詞》而名也。既没，長君芋村初刻老人《澹吟樓詩》。余既僭爲之引，今兹將有事於此，復繼以請。適秀水王比部穀原、全椒金孝廉椶亭同客淮南，余方闢詩詞不兩能之説，因取老人詞共觀。兩君洞徹綱要，意無滲漏，首肯余言，相視而笑。夫幻花老人之詩，其旨趣在王、孟之間。而暇爲長短句，又能宗尚石帚、玉田，刊落凡豔，求之色、香、味之外而獨領其妙，平生專修浄土，去來如意，凡有所作，皆從静境中流出，故不假思，惟自然各臻於極也。」

張梁自序云：「余年近壯，偶一按譜，……遂與繆子雪莊、家兄珠巖相倡和。癸巳入都，識陳編修秋田、杜庶常紫綸、顧文學倚平諸君，詞壇名宿皆相見恨晚，有玉東詞社之訂。自此所作日多。丁酉南還，與雪莊時時聚首，酒邊花底，未嘗不以倚聲爲樂。丙午（按，雍正四年，一七二六）春，紫綸過訪，欲效浙西例合刻數家詞，商略未定。既而忽遭騎省之戚，哀悼之餘，究心白業，閒筆浪墨，一切屏棄。緬懷圓通之戒，刻骨尤深，而稿亦旋失，不知所之。去年秋，小園桂花特盛，雪莊過余，聯夕飲花下，宿習未忘，故態復發，雪莊勸余更緝舊稿。……乃搜篋中殘稿，什存五六，重加編次。録畫，展閲一過，其間或即事興懷，或託物喻志，忽忽二十年中，若欣若戚，真耶幻耶，思之不猶夢耶？」

北大、國圖、上圖等處藏。

## 玉壺箋寄一卷畫餘詞一卷

清華亭縣改琦撰，稿本，一册。紅格，四周雙邊，白口，單魚尾。卷首有道光二十年沙彦楷題。鈐有「沙彦楷印」「七薌」「臣琦私印」「玉壺山房」白文方印，「画餘」「改琦」朱文方印。

改琦（一七七三—一八二八）字伯藴，號香白，又號七薌，别號玉壺外史。工畫人物、佛像、仕女，筆意秀逸。寓李筠嘉吾園，畫《紅樓夢圖》，諸名家紛紛題詠，爲一時文壇之盛。傳詳光緒《松江府續志》卷二十六。

此爲改琦之未刻詞稿。沙彦楷題云：「己卯（按，嘉慶二十四年，一八一九）春，予得玉壺外史手稿一册，與刻本《玉壺山房詞譜》核對，僅《摸魚兒》一首（壬申四月）、《青玉案》一首、《憶舊遊》一首（酬穀人先生韻）、《扁舟尋舊約》一首（耦香却扇詞）、《齊天樂》一首（題孫雪居硯背刻象拓本）、《買陂塘》一首（松江蟹舍）、《菩薩蠻》一首（花朝）、又一首（閏上巳）、又《買陂塘》一首（陶庵紫藤）、

《洞仙歌》一首（綠罌粟花）、《齊天樂》一首（鷹），共十一首爲已刊，其餘詞卅一首與詩及書札皆未刻稿也。至可珍視，特記于此。」

上圖藏。

## 玉壺山房詞選二卷

清華亭縣改琦撰，清道光八年（一八二八）沈文偉來隺樓刻本，二册。半葉八行，行十六字，小字雙行同。四周雙邊，白口，單魚尾。内封篆文題「玉壺山房詞選」，其上刻「試板初印，較勘未完」小字二行。卷首有清道光八年沈文偉《校勘玉壺山房詞引》，同年姜皋誄辭，清嘉慶十七年（一八一二）孫原湘、清嘉慶十八年（一八一三）王芑孫、清嘉慶二十五年（一八二〇）曹言純、清嘉慶十八年陳文述、姜孺山、清道光元年（一八二一）郭麐五人跋語。有總目，總目後有沈文偉識及七薌先生小像。卷端題「玉壺山人改琦自編，華亭鶴史沈文偉較刊」，卷末有牌記，題云「道光戊子冬雲間沈氏來隺樓鐫行」。鈐有「尺五樓吕氏聚書印」「長樂鄭氏臧書之印」朱文長方印，「尺五樓」「長樂鄭振鐸西諦藏書」「博古齋收藏善本書籍」朱文方印，「木癭」白文方印。

該書爲改琦詞作之選集，共收詞一百五十五闋，按年編次。沈文偉《校勘玉壺山房詞引》云：「先生初嗜詩，後專力於詞，所作甚夥。郡中同人刻《泖東近課》，曾刻詞一卷，先生意不自足。後以全藁屬其友郭君麐選存若干首。又復自爲删定，未及付梓，遽歸道山。偉以通家子少承一字之師，感舊傷情，無由追慰，求遺藁於苦次，壽諸棗梨。」目録後沈文偉識云：「先生詞凡四種，是編較勘既竣，爰列目次如左。尚有《寒玉詞》一卷，《壺中詞》一卷、《畫餘詞》一卷。行將彙抄，續付剞劂。」

國圖藏。

## 清綺軒詞選十三卷

清華亭縣夏秉衡輯，清乾隆間刻本，八册。半葉六行，行十二字。左右雙邊，黑口，單魚尾。卷首有乾隆十六年（一七五一）沈德潛序、同年夏秉衡自序及《凡例》。各卷前有目録。卷端題「華亭夏秉衡選」。

夏秉衡（一七二六—？）字平千，號香閣，別號谷香子。乾隆十八年（一七五三）舉人，二十八年（一七六三）授陝西蒲城知縣，三十年（一七六五）任盩厔知縣。通音律，工填詞，長於戲曲。傳見丁紹儀《國朝詞綜補》卷十一、光緒《蒲城縣志》卷八、乾隆《盩厔縣志》卷六。

該詞選輯録各代詞作，按調編排，卷一至卷六爲小調，卷七至卷八爲中調，卷九至卷十三爲長調。

夏秉衡序云：「余嘗有志倚聲，竊怪自來選本，《詞律》嚴矣而失之鑿，汲古備矣而失之煩，他若《嘯餘》、《草堂》諸選，更拉雜不足爲法。惟朱竹垞《詞綜》一選最爲醇雅。但自唐及元而止，猶未爲全書也。因不揣固陋，網羅我朝百餘年來宗工名作，薈萃得若千首，合唐、宋、元、明，共成十三卷，意在選詞，不備調，故寧隘毋濫。」

復旦、北師大、河南等處藏。

## 清平初選後集十卷

清華亭縣張淵懿輯，田茂遇評，清康熙間刻本，四册。半葉十行，行二十四字，小字雙行同。四周單邊，白口，單魚尾。卷首有清康熙十七年（一六七八）田茂遇序（部分已漫漶）、同年計南陽序、同年張淵懿《凡例》八則及《清平初選後集》姓氏。有目録，卷一至卷五爲小令，卷六至七爲中調，卷八至十爲長調，各詞按詞牌排列。卷端題「西村張淵懿硯銘選定，簣山田茂遇仝評，同里錢芳標葆馚參閲」。鈐有「王培孫紀念物」朱文方印。

張淵懿字硯銘，順治十一年（一六五四）舉人。以奏銷案黜。傳見嘉慶《松江府志》卷五十六。田茂遇著有《水西近詠》等，已著録，生平參見本編集部别集類。

是書收入清初各家詞作，共三百十九人，以江、浙詞人爲主。詞作後有小字雙行評語。計南陽序云：「詩餘之學，至今日而極盛，採輯者無慮數家。……吾郡張子研銘、田子髴淵心好而廣蒐之，裒然成帙，於是掇其穠華，撮其英異。意欲其曲而婉，思欲其巧而儁，采欲其艷而纖細，調欲其變而雅。吐納乎香奩、金荃之腴，而進退乎李、晏、秦、柳之度。」

張淵懿《凡例》云：「是選分前後兩集，啓、禎以前爲一集，本朝諸家爲一集。有詞名最著而此選不及者，概登前集。」又云：「是選始於己酉（按，康熙八年，一六六九）之秋，後因郵贈日富，删繁補略，未敢率爾問世。」又云：「丹鉛之業，折衷淹雅。余寡陋無文，寧敢妄司品騭。祇以髴淵田子躬耕水西，暇時扁舟東渡，下榻寒齋，留連晨夕。追述曩年與王阮亭先生曾有詞選之訂，結習未忘，俯就商榷，遂爾共事。

至於止山計子、樗亭董子、蓴鮫錢子樽酒細論，互相參質。良友之助，尤不少云。」

是書闕卷六第一葉、卷十第三葉。版心下方所記之頁數多經增補，如卷一第十葉後有「又十」、「補十」各一葉等。

上圖、國圖藏。

## 琴畫樓詞鈔二十五卷

清青浦縣王昶輯，清乾隆間三泖漁莊刻本，四册。半葉十行，行二十一字。左右雙邊，白口，單魚尾。內封題「琴畫樓詞鈔／三泖漁莊藏板」。卷首有清乾隆四十三年（一七七八）王昶自序，有目録。卷端題「婁縣張梁大木撰，青浦王昶述庵纂」。

王昶著有《金石萃編》等，已著録，生平參見本編史部金石類。

是書選張梁、厲鶚等二十五人詞作，人各一卷。王昶自序云：「余少好倚聲，壬申、癸酉間（按，乾隆十七、十八年，一七五二—一七五三），寓朱氏蘋華水閣，益研練于四聲四十八調〔一〕，海內知交，以詞投贈者甚夥。歷今二十餘年，積置篋衍。新涼官事稍暇，汰其麤厲媟褻者，存二十五家，曰《琴畫樓詞鈔》。此其人皆嗜古愛博，性情蕭曠，與余稱江湖舊侶。其守律也嚴，取材也雅，蓋白石、玉田、碧山之繼別，而五十年間詞家略備于

〔一〕「四十八調」，王昶《春融堂集》卷四十一《琴畫樓詞鈔序》作「二十八調」。

此。其零章和作，有取以附各調之後。後之論者，由此考文章之變，而不復散佚爲恨也，豈不善哉？」[一]

清華、上師大藏。

## 國朝詞綜四十八卷

清青浦縣王昶輯，清戈載批選，清嘉慶七年（一八〇二）自刻本，六册。半葉十行，行二十一字，小字雙行同。左右雙邊，黑口，單魚尾。卷首有清嘉慶七年十月王昶自序，各卷首有目録。卷端題「青浦王昶纂」。末有嘉慶八年（一八〇三）臘月王昶跋。鈐有「西圃臧書」「香雪艸堂」朱文方印。

該書蒐輯清初至乾隆年間七百餘人之詞作。王昶自序云：「余弱冠與海内詞人遊，始爲倚聲之學，以南宋爲宗，相與上下其議論，因各出所著，並有以國初以來詞集見示者。計四五十年來，所積既多，歸田後，恐其散佚湮没，遂取已逝者擇而抄之，爲《國朝詞綜》四十八卷。其蒐采編排，吴門陶子梁之力爲多。」王昶跋云：「是書既成，摩挲再四，覺尚多缺略。如國初詞人見於名人文集者，尤西堂則有許漱石《粘影詞》、丁鷗冶《問鸝詞》、王德威《璧月詞》；朱竹垞則有柯寓匏《振雅堂詞》《孟彦林詞》；陳其年則有吴初明《雪篷詞》《觀槿堂詞》之類，皆未經寓目。而《欽定四庫全書》見於詩類中又有吕陽、陳軾、梁清遠

[一]「繼别」以下，《春融堂集》卷四十一《琴畫樓詞鈔自序》作：「由是可以考文章之變，而五十年間詞家略備於此。後之論者藉以見詞學之盛，而不復散佚爲恨也，豈不善哉？」

等十有餘人列諸存目，其詞亦無從採輯。蓋江湖憔悴之士爲之，而未成卷，成而未能傳世，其詞在若存若滅者，又何可勝數？而予目眚亦已三年矣。搜採抉摘，尚有待乎後之君子焉。」

該本有戈載批點。其葉眉處多有批者之評論，又於詞題上間有書「選」字，其數卷之末又有戈載跋語，述其閱讀與選定情況，如卷三末題「癸酉九月十七日，燈下閱此三卷，共選得二十八首」。其評選始於嘉慶十八年九月十七日，卒於該年十月二十六日，歷時一月有餘。按，戈載《詞林正韻·發凡》云：「至倚聲之事，致力已十數年。凡昔人之詞集、詞選，無不徧求而讀之。曾輯《六十家詞選》、《八家詞選》。……國朝詞則效弁陽之例纂《續絶妙好詞》。」可知其有選輯通代詞作之志。此書之批選，亦可證其確有研習詞集之事。

國圖藏。

## 西崦山人詞話二卷

清青浦縣王昶撰，稿本，一册。半葉九行，行二十六字。卷首有清道光二十年（一八四〇）馮登府跋，末有清道光十年（一八三〇）馮登府跋、民國十七年（一九二八）四月吳梅記。卷端題「青浦王昶琴德」，鈐有「種芝館主」「玉堂春夢」朱文方印，「梅里馮氏勺園收藏印」「月溵樓畔漁師」朱文長方印，「嘉興馮登府伯雲氏所得圖書金石記」「銘心絶品」白文方印。

該書爲王昶論詞之作，共百餘條。書中各處又多有增删改動之痕跡。

馮登府道光二十年跋云：「述庵先生詩古文詞傳誦海内，惟少詞話。相傳訂選明詞、國朝詞，晚年雙目失明，全憑門下士去取，故多失當。此卷驗其筆踪，當在少壯之時，何當時未經採入耶？此本余亦不能付梓，恐終飽乾魚之口，可嘆已！」道光十年跋云：「述庵詞話當是纂《詞綜》時所緝，而不載於《詞綜》，另爲一編。年譜曾未列入著録，蓋未成之書也。持議純正，多闡發佚事，可與《詞苑叢譚》並傳，惜無好事者傳刻之也。是卷得於三泖漁莊，小楷精絶，似《靈飛經》，不第僅資松塵也已。」吴梅跋云：「朱君㮚廬出眎此册，是未見書也。眼福不淺。」

上圖藏。

## 詞鵠初編十五卷

清嘉定縣孫致彌輯，清康熙四十四年（一七七九）自刻本，十二册。半葉九行，行二十字，小字雙行同。四周單邊，白口，無魚尾。卷首有清康熙四十三年（一七七八）孫致彌自序、清康熙四十四年陳聶恒序、《凡例》及節録張炎《詞源》。各卷前有目録，卷端題「嘉定孫致彌愷似偶輯，受業餘姚樓儼儼若補訂」。鈐有「花好月圓人壽」朱文方印，「董康暨侍姬玉奴珍藏書籍記」「妾泖玉」白文方印。

孫致彌撰有《杕左堂詩》等，已著録，生平參見本編集部别集類。

該書爲孫致彌所纂之詞譜。其自序云：「余少善病，時時戲作小詞以自娱，苦於無師，世所謂詞譜者，承訛襲謬，不可依據。乃悉發所藏唐、宋、元諸家之詞熟讀之，久而知其與詩與南北曲之所以分。因考其音之平仄，字之多寡，煉句分段，皆有一定不可易之則。……於是按其字句，參其異同，彙而録之。惟其體，不惟其辭。每有所製，輒奉一古詞以自律，辟諸射，强弱巧拙，萬有不齊，其志於鵠一也。姑藉是期免於師心自用，偭背規矩之弊而已。至於詞之源本，必窮探律吕，熟察宫調，以求合乎樂府。余既以病廢學，茫無所知，且藏書不多，採擷未備，未嘗敢出以示人。餘姚樓子儼若從余游久，尤工填詞，録□□本，爲補訂之，遽爲雕版。」

國圖藏。

## 自怡軒詞譜六卷

清青浦縣許寶善撰，清乾隆三十七年（一七七二）刻朱墨套印本，四册。半葉六行，行十六字，白口，左右雙邊，單魚尾。卷首有清乾隆三十七年吴省蘭序、清乾隆三十六年（一七七一）許寶善自序及《凡例》十一條。各卷前有目録。卷端題「雲間許寶善穆堂輯，弟鍾樸齋校」。鈐有「北平孔德學校之章」朱文方印。

許寶善輯有《同音集》，已著録，生平參見本編集部總集類。

此書爲許寶善所纂之詞譜。該譜以元曲宫調編次各詞牌，卷一爲仙吕、中吕；卷二爲大石調、越調；卷三爲正宫、小石調；卷四爲高大石調、南吕宫；卷五爲商調、雙調；卷六爲黄鐘宫、羽調。其所收之詞以宋人雅詞爲主，且於每字旁以朱色刻其工尺、字譜等名目。

許寶善自序云：「辛卯歲（按，乾隆三十六年），公餘之暇，檢讀九宫大成，得唐、宋、元人詞若干首，分隸宫調，釐然炳然。因其與曲合譜，翻閱未便。摘而録之，稍事增訂，自成一編。」

凡例云：「詞家選本不下千百，圖譜者不載辭，選辭者不列譜。茲取合刻，亦翫辭審音之意。」

首都藏。

**秋水堂雙翠圓傳奇二卷**

清華亭縣夏秉衡撰，清乾隆三十二年（一七六七）秋水堂刻本。半葉九行，行十六字。四周雙邊，白口，單魚尾。内封題「夏谷香先生填詞，雙翠圓，秋水堂藏板」，卷首有清乾隆三十二年夏秉衡自序，有目録及繡像。版心下方版心鎸「秋水堂」。卷端題「華亭夏秉衡谷香填詞」。鈐有「曉玲臧書」朱文方印。

夏秉衡輯有《清綺軒詞選》，已著録。

該劇敷演王翠翹事。夏秉衡自序云：「《虞初新志》載王翠翹遇徐海事甚奇，惜其傳略而不詳。丁亥（按，乾隆三十二年）秋，養疴官署之鏡齋，偶閱稗史，知翠孃之適徐郎，乃境遇之一端耳。……方其情之所種，醉心刻骨，所謂千里來龍，結穴在此。因掇其本末，略爲改竄，譜之詞曲，播之管絃，然後小傳之略，稗官之誣，或可補救萬一，不至使艷心俠骨泯滅無聞。則千百載後，余又翠娘一知己也。」

首都、社科院文學所、四川等處藏。

**秋水堂詩中聖二卷**

清華亭縣夏秉衡撰，清乾隆四十九年（一七八四）刻本，四册。半葉九行，行十六字。四周雙邊，白口，單魚尾，版心下方題「秋水堂」。内封題「乾隆甲辰年鐫／繡像詩中聖／秋水堂藏板」。卷首有清乾隆三十九年（一七七四）自序、繡像八幅，各卷前有目録。卷端題「華亭夏秉衡谷香填詞」。鈐有「周二」、「高翼之章」白文方印，「越然」朱文方印。

該劇敷衍杜甫一生所歷大事，上下卷各十六齣。夏秉衡自序云：「詩莫盛於三唐，而唐詩以李、杜爲鼻祖。太白天才奇特，故發爲詩，即壯絶縱恣，擺去拘束，實有仙才。少陵則詞氣豪邁，屬對細密，其寓意遣詞，哀而不傷，懟而不怨，得風人忠厚之遺，非太白所能窺其堂奥。此李、杜詩體之概論也。若少陵境遇轗軻，更足爲才人酸鼻，……然屢嘗寇亂，挺節無所污。其爲詩文，情詞悱惻，忠不忘君，則少陵不獨爲一代之詩人，寔亦一代之忠臣耳。余撮其生平顛末，播爲歌詞。其中略有潤色，以合傳奇家關目，而姓名、事寔悉從本傳脱胎，非類僞本一味駕去，竟作海市蜃樓觀也。少陵爲一朝鉅手，……何待予言爲發揮？特使院本登場最易感發人之性情，傳奇中每載太白事，未見少陵，無怪愚夫愚婦知有李白而不知有杜甫。此急爲被之管絃，則使牧豎販夫皆知李杜口重，是則余填詞之旨矣。」

上圖、成都杜甫草堂藏。

## 遺真記不分卷

清青浦縣廖景文撰，清乾隆間惬心堂刻本，一册。半葉八行，行十九字。左右雙邊，白口，單魚尾。版心下方鐫「惬心堂」，天頭處有評點。劇後附《遺真集題詞》，録廖景文等六十餘人題詞。末有清乾隆三十八年

（一七七三）羨行氏後序。鈐有「趙景深藏書」朱文方印，「趙景深藏書印」白文方印，「義林」黑文方印。

廖景文著有《罨畫樓詩話》，已著録，生平參見本編集部詩文評類。

該劇敷演馮小青故事，分挑燈、遊湖、請師、寫照、送花、點化六齣。羨行氏後序云：「我兄古檀與小青有緣，因見《療妒羹》之誤而製爲《桃花影》。客有以無是人之説進者，僕竊笑之。……我兄自歸田後，製書畫舫，往來吴閶，留意典册。適於書肆得《小青傳》一本，其中有空谷玉人小序，則云傳出朱小玉手。而某生係鍾姓，妒婦爲錢姓，生尚有姬芳樹等語。指正確鑿，蓋不特倩魂婉轉，呼來畫裏仙人；絶非妖夢迷離，幻出峰頭神女也。又云：姬好與影語，此第一奇情，更與《情史氏》『斜陽花際，煙空水清，輒臨池自照，對影絮絮如問答，婢輩窺之，則不復尔，但微見眉痕慘然，似有泣意』一段相合。特其詩云『不須更彌傳神手，只此情深是畫圖』，未見全璧，良可惋惜。然其詞其筆自出老手，非有心傅會者。自是而小青之有其人，有其事，彰彰明矣，則豈非造化者欲留其跡以垂諸無窮，而使憑弔者唱嘆低徊而不能自已耶？……今已演諸家樂，播之旗亭。艷思綺語，工傳幼婦之詞；翠管銀箏，穢洗庸奴之誚。從此孤山雪冷，休疑鴻爪留痕；别墅魂銷，恍聽鶯聲唤夢。則謂與《琵琶》《西廂》《牡丹亭》諸傳奇並流傳不朽也可。」

復旦、國圖藏。

**看山閣樂府四卷**

雷峰塔二卷

棲雲石二卷

清婁縣黄圖珌撰，清乾隆間刻本，四册。半葉十行，行十九字。左右雙邊，黑口，單魚尾。卷端題「峰泖蕉窗居士填詞」。蕉窗居士即黄圖珌號。

黄圖珌著有《看山閣集》，已著録，生平參見本編集部别集類。

《雷峰塔》二卷，二册，卷首有清乾隆三年（一七三八）黄圖珌序，各卷前有目録，末有一九五九年黄裳朱筆跋文。鈐有「言言齋善本圖書」「黄裳青囊文苑」「艸艸亭藏」「來燕榭」「黄裳藏本」朱文長方印，「黄裳」「黄裳百嘉」朱文方印，「黄裳藏本」「容家書庫」白文方印，「周越然」「曾留吴興周氏言言齋」「黄裳容氏珍藏圖籍」白文長方印。

該劇上下卷各十六齣。演出白娘子被鎮雷鋒塔之故事，其情節與馮夢龍《白娘子永鎮雷峰塔》大致相同。黄圖珌序云：「余作《雷峰塔傳奇》既成，自亦不知其情之果否，事之有無，不過借前人之唇吻，發而成聲。惟此説鬼談僊，效而爲之者，以消吾閒筆歌墨，從而和之者，以怡吾情也。」

黄裳跋云：「得此書後七年，於海上買得容之《看山閣集》詩文三十二卷，可喜之至。惟其書爲黄紙印本，不如此之明麗也。然撫印甚佳，遠勝碧蕖館所藏一本矣。」

《棲雲石》二卷，二册。卷首有清乾隆八年（一七四三）黄圖珌自序，各卷前有目録，該劇一名「人月圓」，演出文世高與劉秀英之愛情故事。上下卷各十六齣，下卷缺目録，首葉亦有漫漶。黄圖珌自序云：「吾嘗謂情之爲患最大，……情之所鍾，始終不易，磨滅不畏，變化不窮，真假不借，始不能終，磨不能滅，千變萬化，似真疑假。於是生可以死，死可以生，生死不能自主，此情之所鍾，自亦不知也。……其爲情也綿綿無盡，杳杳常存，雖石爛海枯，天荒地老，無盡而常存也。如《棲雲石傳奇》者，一笑定情，情之始也。始則易，終則難，乃如許波瀾，如許盤折，甚至歲月磨窮而情終不能滅，可死可生，且變且化，而吾情真切，無所假也。嗟乎！若此始可爲鍾情者矣。」

上圖、南圖藏。

# 下编

# 一、現存著述簡目

## 華亭縣

### 本　籍

**釋弘堅（一五九八—一六四八）**

又名弘忍，號無寐。俗姓沈，名泓，字臨秋。明崇禎十六年（一六四三）進士，明亡至浙江東山國慶寺爲僧。傳見嘉慶《松江府志》卷五十五。

**懷謝軒遺詠不分卷**

清康熙四十六年沈業刻本（古籍總目）

中科院

## 葉向春

字完初，與弟日春、同春居東門外，皆良醫。明萬曆四十年（一六一二）父病危，向春剜右肱以進，兩弟刺血書疏乞減已算延親壽，父遂愈。歲乙酉（一六四五），避亂泖濱。傳見光緒《重修華亭縣志》卷十五。

### 痘科紅爐點雪二卷

清嘉慶十三年刻本（古籍總目）
國圖　中醫科學院　上圖
清嘉慶十六年刻本（古籍總目）
山東中醫大
清木活字印本（古籍總目）
上海中醫大　南京中醫大
抄本（古籍總目）
上海中醫大

## 曹家駒

小傳見本卷《善本經眼録》。

### 説夢不分卷

抄本（上圖古籍目録）

上圖

### 説夢一卷

清道光十九年沈侍陛抄本（古籍總目）

國圖

清抄本（古籍總目、上圖古籍目録）

國圖　上圖

### 説夢二卷

説庫本（叢書綜録）

清人說薈本（叢書綜録）

## 華亭海塘紀略一卷

清康熙間刻本　十行二十一字白口左右雙邊（國圖古籍目録）

國圖

### 彭　賓

小傳見本卷《善本經眼録》。

## 偶存草二卷

清初刻本　九行二十字至二十一字白口四周單邊單魚尾（善本書目）

國圖

抄本（上圖古籍目録）

上圖

**彭燕又先生文集三卷詩集一卷**

康熙六十一年彭士超隆略堂刻本　十行二十一字細黑口左右雙邊雙魚尾（善本書目）

上圖

吴懋謙

小傳見本卷《善本經眼録》。

**苧庵壽言一卷**

吴苧庵遺稿本（叢書綜録）

**苧庵遺稿二十九卷**

清康熙二十九年尊樂堂刻本（上圖古籍目録）

上圖

**苧庵遺稿不分卷**

清康熙刻本（古籍總目）

安徽

**苧庵二集十二卷**

清順治十三年梅花書屋刻本（南圖書目）

南圖

**豫章游草四卷**

清康熙間梅花書屋刻本　八行二十字小字雙行同白口四周單邊無魚尾（善本書目）

國圖　中科院　南圖

吴苧庵遺稿本（叢書綜録）

**吴六益前後合集二十二卷**

清康熙尊樂堂刻本（古籍總目）

社科院文學所

董　黄（一六一六—？）

字律始，號白谷山人，隱居不仕。傳見嘉慶《松江府志》卷五十六。

**白谷山人稿九卷**

清康熙間刻本（古籍總目）

社科院文學所

**雲間棠溪詩選八卷　清陶愘、董黄等輯**

清初刻本　九行十八字白口四周單邊（善本書目）

國圖

盧元昌（一六一六—？）

小傳見本卷《善本經眼録》。

**左傳分國纂略十六卷**

清康熙二十八年思美盧刻本　十行二十二字小字雙行同白口四周雙邊單魚尾（古籍總目）

國圖　上圖　南圖　湖北

清康熙書林孫敬南刻本（古籍總目）

中科院

**杜詩闡三十三卷　唐杜甫撰　清華亭盧元昌撰**

清康熙二十五年書林孫敬南刻本（國圖古籍目録）

國圖

清康熙聽玉堂刻本（古籍總目）

國圖　遼寧　北師大

清康熙間刻本　十行二十二字小字雙行同黑口四周單邊單魚尾（善本書目）

國圖　中科院　上圖　遼寧　社科院文學所（清錢佳批點）

**半林詩稿三卷**

抄本（清盧文弨校并跋）（善本書目）

南圖

**稀餘堂留稿不分卷**

清康熙間刻本（古籍總目）

社科院文學所

宋徵璧（一六一四—？）

小傳見本卷《善本經眼録》。

**抱真堂詩稿八卷**

清康熙間刻本　九行十八字小字雙行同白口左右雙邊無魚尾（善本書目）

國圖

**抱真堂詩稿十二卷**

抄本（上圖古籍目録）

上圖

清康熙刻本（上圖古籍目録）

上圖

**含真堂詩稿七卷**

清康熙間刻本　九行十八字白口左右雙邊無魚尾無欄線（復旦書目）

復旦

**歇浦倡和香詞一卷**

清順治刻本（古籍總目）

國圖

**棣萼香詞二卷**

清順治刻本（古籍總目）

國圖

宋徵輿（一六一八—一六六七）

小傳見本卷《善本經眼録》。

**瑣聞録一卷別録一卷**

三異詞録本（叢書綜録）

明季史料叢書本（叢書綜録）

清末民國初抄本（古籍總目）

南圖

**東村記事一卷**

三異詞録本（叢書綜録）

明季史料叢書本（叢書綜録）

**林屋文稿十六卷詩稿十四卷**

清康熙間九籥樓刻本（詩稿配抄本）　九行十九字小字雙行同白口左右雙邊單魚尾（善本書目）

上圖

**林屋文稿十六卷**

清抄本（南圖古籍目録）

南圖

**海閶倡和香詞一卷**

倡和詩餘本（叢書綜録）

**海閶香詞一卷**

名家詞鈔六十種本（清抄）（叢書綜録）

周茂源（一六一八—一六七七）

小傳見本卷《善本經眼録》。

## 鶴敬堂集十九卷

清康熙間天馬山房刻本　九行二十字小字雙行同白口四周單邊單魚尾（善本書目）

國圖　中科院　人大

清乾隆七年天馬山房刻本（南圖書目）

南圖

### 袁　龢

字介人，號雪皋，定之子。弱冠補諸生。爲人沈静端雅，有儒者風。見嘉慶《松江府志》卷五十六、光緒《重修奉賢縣志》卷十一。

## 雪皋草堂詩集一卷

清抄本（上圖古籍目録）

上圖

### 錢　穀

字子璧，自號東海逸民。爲夏允彝高弟，允彝父子授命，穀曾收輯其傳略志銘，欲立碑墓道。精八法，嘗摹古人名蹟書《孝經》，人争寶之。又集王羲之書作《感應篇》勒石。見嘉慶《松江府志》卷六十一。

**敦厚堂近體詩一卷　清錢蘅璋輯**

清光緒刻寶山錢氏家集本（古籍總目）

首都　上圖

袁國梓

字丹叔，號若遺。順治六年（一六四九）進士，授刑部主事，升員外郎中，出任浙江衢州知府，改嘉興知府。傳見嘉慶《松江府志》卷五十六。

**袁丹叔稿不分卷**

清嘉慶間江都秦氏石硯齋刻本（古籍總目）

北大

張彦之

一名慤之，字洮侯，號峭巖，之象玄孫。隱居窮巷，取遺書讀之，託於酒狂以自廢。傳見嘉慶《松江府志》卷五十六。

**觀海草堂集一卷**

皇清百名家詩本（叢書綜録）

張茂滋

明大學士張肯堂孫。明亡，肯堂閤門死節，茂滋獨出走，乃奔鄞縣。後祝髮返里，適遇鄭成功師，爲所窘，張煌言識之得脱。遷太倉，隱於醫。見嘉慶《松江府志》卷六十三。

**餘生録一卷**

仰視千七百二十九鶴齋叢書（叢書綜録）

吴　騏（一六二〇—一六九五）

小傳見本卷《善本經眼録》。

**顒頌集不分卷**

周氏鴿峰草堂抄本（周大輔校）（浙圖書目）

浙江

**顱頷集八卷**

清抄本　十一行二十一字小字雙行同（善本書目）

國圖

清康熙間刻本　十一行二十一字小字雙行同白口左右雙邊單魚尾（善本書目）

上圖（王培孫跋）　中科院

**顱頷集十卷**

清抄本　九行二十四字（善本書目）

國圖

**延陵處士集三十二卷附録一卷**

稿本　十行二十四字（善本書目）

上圖

**吴日千先生詩集五卷**

清抄本（南圖書目）

南圖

**吴日千先生詩一卷文一卷詞一卷**

清宣統二年國光印刷所排印本（古籍總目）

上圖　杭大

**吴日千先生文集不分卷**

清抄本（清朱大源跋）　十行二十字小字雙行同（古籍總目）

國圖

民國元年上海鉛印寒隱社叢書本（詩詞文合集，節本）（古籍總目）

上圖　南圖　浙江　南大

顧大申

小傳見本卷《善本經眼録》。

**堪齋詩存八卷**

抄本（古籍總目）

上圖

清雍正七年顧思孝刻本（古籍總目）

南圖

**鶴巢詩選六卷**

清順治十六年刻本（古籍總目）

大連

**詩原五集二十五卷　清顧大申輯**

清順治和鶴堂刻本（善本書目）

國圖　山東　中科院　上圖

## 沈　荃（一六二四—一六八四）

字貞蕤，號繹堂，一號位弁，又號充齋。順治九年（一六五二）進士，官至詹事府詹事，謚文恪。善書。

傳見《清史稿》卷二百六十六。

**洪先生行狀一卷**

清康熙十六年刻本（上圖古籍目録）

上圖

**沈繹堂詩一卷**

百名家詩本（叢書綜録）

**繹堂詩選一卷　清吴之振選**

八家詩選本（叢書綜録）

**沈文恪公詩一卷**

抄本（上圖古籍目録）

上圖

**一研齋詩集十六卷**

抄本（上圖古籍目録）

上圖

清光緒二十六年刻本（别集總目）

復旦

民國五年封文權刻本（别集總目）

國圖　上圖　南圖　安徽師大

民國十一年華亭封文權朱印本（古籍總目、復旦書目）

國圖　上圖　復旦

民國二十四年刻本（别集總目）

上圖

**釣臺雜稿不分卷**

清康熙五十九年序刻本（上圖古籍目録）

上圖

彭師度（一六二四—一六九二）

小傳見本卷《善本經眼録》。

**彭省廬先生文集七卷詩集十卷**

清康熙六十一年彭士超隆略堂刻本　十行二十一字細黑口左右雙邊雙魚尾（善本書目）

上圖　天津

董　含（一六二六—一六九七後）

小傳見本卷《善本經眼録》。

**三岡識略十卷續識略一卷**

清康熙間刻本（古籍總目）

湖南

清抄本（古籍總目）

國圖　中科院　上圖　南大

中報館叢書本（叢書綜録）

**摘抄三岡識略十卷續識略二卷**

清李文田家抄本（古籍總目）

國圖（清李文田跋）

**三岡識略不分卷**

清宣統二年劉遂大選抄本（古籍總目）

南圖

**三岡識略十卷補遺十卷續識略二卷續補遺一卷**

清抄本（復旦書目）

復旦

## 蓴鄉贅筆三卷

清康熙間刻巾箱本（古籍總目）

天津

清康熙間刻本（古籍總目）

上圖

## 蓴鄉贅筆四卷

民國三年石印本（古籍總目）

遼寧　南圖　瀋陽

民國間上海交通圖書館石印本（古籍總目）

上圖　吉林

## 藝葵草堂詩稿一卷

清康熙刻本　九行行十九字小字雙行同白口左右雙邊單魚尾（善本書目）

國圖

## 徐懷祖

字安士，孚遠孫。康熙三十四年（一六九五）春再至閩漳，復有臺灣之行。

**臺灣隨筆一卷**

學海類編本（叢書綜録）
昭代叢書本（道光本）（叢書綜録）
小方壺齋輿地叢鈔本（叢書綜録）

## 林子卿

字安國，景暘曾孫。少從包爾庚、李雯游，於天官、地輿、律吕、典制以及名物、象數之學靡不綜貫。在蔡毓榮幕府，爲撰《通鑑紀事本末》一百卷。歸里後，太守魯超聘修《松江府志》，見嘉慶《松江府志》卷五十七。

**通鑑本末紀要八十一卷卷首三卷　清蔡毓榮輯　林子卿注**

清康熙間刻本（古籍總目）

國圖　北大　上圖　遼寧　浙江

**康熙補輯松江府志不分卷　清魯超修　清林子卿纂**

清聞人倓抄本（古籍總目）

上圖

抄本（古籍總目）

松江博

林子威（一六二七—？）

字武宣，子卿弟。見嘉慶《松江府志》卷五十七。

**貞娛草堂詩稿五卷**

清康熙三十四年刻本（古籍總目）

中科院

馬　左

字功參，號澄蘭。

**涵秋閣集不分卷**

清康熙二十九年雙鐘堂刻本（古籍總目）

廣東

董　俞（一六三一——一六九八）

小傳見本卷《善本經眼録》。

**樗亭詩稿十二卷**

清康熙刻本　九行十八字小字雙行同白口四周單邊單魚尾（善本書目）

國圖　上圖

**南村漁舍詩草七卷浮湘草一卷度嶺草一卷**

清康熙刻本　十一行二十一字小字雙行同白口左右雙邊單魚尾（善本書目）

上圖（浮湘草、讀嶺草係補抄）

**南村漁舍詩草不分卷**

清道光刻本（上圖古籍目録）

上圖

**高言集四卷**　**清田茂遇、董俞輯**

清康熙九年刻本（上圖古籍目録）

上圖

**玉鳧詞二卷**

百名家詞鈔本（叢書綜録）

四家詩餘本（叢書綜録）

高層雲（一六三四—一六九〇）

字二鮑，號謖苑，又號謖園，晚年更號菰邨。康熙十五年進士，薦試博學鴻詞，官太常寺卿，康熙二十三年（一六八四）任廣西鄉試副考，還朝與修《一統志》。善畫工書。傳見嘉慶《松江府志》卷五十七。

**改蟲齋詩略八卷詞略一卷**

清乾隆刻本（南圖書目）

南圖

**香草詞一卷改蟲齋詞一卷**

百名家詞鈔本（古籍總目）

夏惠吉（一六三四—？）

字昭南，號玉樊，完淳女弟。

## 玉樊丙戌集一卷補遺一卷

清抄本（南圖書目）

南圖

### 朱　素

字心王，别字蔗田。順治間以奏銷事波累，不復進取，流寓杭州幾二十載，年七十餘，吟誦不倦，康熙四十八年（一七〇九）歸里。見《清人詩文集總目提要》卷九。

## 蔗田詩草不分卷

清初紫桂山房刻本（詩文集總目提要）

社科院文學所

### 錢芳標（約一六三七—？）

小傳見本卷《善本經眼録》。

**金門稿六卷望廬集句一卷**

清康熙九年至十一年刻本　十一行二十一字小字雙行同白口左右雙邊單魚尾（善本書目）

上圖

**湘瑟詞四卷**

清康熙十七年刻本（古籍總目）

國圖　南圖　上圖

**瑶華詞一卷**

名家詞鈔六十種（叢書綜録）

錢金甫（一六三八—一六九二）

字越江。康熙十八年（一六七九）進士，改庶吉士，薦試博學鴻詞，授翰林院編修。康熙二十三年（一六八三）典江西鄉試，官至仕讀學士。傳見嘉慶《松江府志》卷五十七。

## 保素堂稿十卷

清雍正九年刻本（古籍總目）

廣東

清嘉慶六年大中堂重刻本（古籍總目、別集總目）

社科院歷史所　上圖　南圖　安徽

### 釋宗渭

俗姓周，字筠士，號芥舟，又號芥山，別號紺池，自稱華亭船子。康熙間住松江超果寺。少學詩於宋琬、尤侗，得所傳授。性愛竹，遠近士大夫咸賦修竹篇以贈之。傳見嘉慶《松江府志》卷六十三。

## 芋香詩鈔四卷附贈言一卷

清康熙四十三年刻本（古籍總目）

中科院

### 周　綸（約一六三八—一六九四）

小傳見本卷《善本經眼録》。

**石樓臆編六卷**

清康熙五年環山堂刻本（上圖古籍目録）

上圖

清康熙間刻本（古籍總目）

天津

**不礙雲山樓詩稿十卷詞稿二卷文稿十二卷**

稿本（古籍總目）

上圖（存文稿）　日本内閣

**柯齋選稿二十卷**

清康熙千山艸堂刻本　九行二十字小字雙行同白口四周單邊單魚尾（善本書目）

國圖

**柯齋詩餘一卷**

百名家詞鈔本（叢書綜録）

## 朱廷棟

字沖齋。

**紉蘭軒詩稿一卷　清朱久望輯**

民國鉛印徵遠堂遺稿本（詩文集總目提要、古籍總目）

首都

## 盛灝元

字西元，號宜齋。爲諸生有名，屢試不第。幕游福建、河南，晚歸，猶時出近游，所至訪尋古迹，流連山水，怊悵風華，作爲詩歌，每變愈上。傳見嘉慶《松江府志》卷六十。

**百堂初稿一卷夷門集一卷掃花篇一卷瓦屋閑吟一卷**

清乾隆三十八年序刻本　十行十九字黑口四周雙邊雙魚尾（善本書目）

上圖（清王芑孫評並跋）

**宜齋詩抄六卷**

清嘉慶二年刻本（古籍總目）

國圖　上圖

**宜齋詩抄不分卷**

清嘉慶十年刻本（上圖古籍目録）

上圖

沈　葉

字邵六，原名朝棟，號石舒。康熙八年（一六六九）舉人，官嘉定教諭，未任卒。傳見嘉慶《松江府志》卷五十七。

**琴清堂詩稿一卷**

書三味樓叢書本（叢書綜録）

潘鍾麟

小傳見本卷《善本經眼録》。

**澄秋書堂詩草七卷**

清康熙刻本（古籍總目）

南圖

**深秀亭詩集二十一卷**

康熙深秀亭刻本　十一行二十三字白口左右雙邊單魚尾（善本書目）

上圖

袁寒篁

字青湘，玉屏女，約康熙間在世。

**緑窗小草一卷**

書三味樓叢書本（叢書綜録）

張　守

字曾符，一字子毅，號菉園。康熙十一年（一六七二）舉人，二十五年（一六八六）官江蘇鹽城教諭，陞廬州府學教授。見光緒《鹽城縣志》卷八。

**菉園詩稿七卷**

清康熙二十八年刻本（上圖古籍目録）

上圖

馮鼎調

字雪鷗。

**六書準四卷**

清康熙初馮昶刻本（古籍總目）

上圖　湖北　浙江

清康熙杭州彙賢齋刻本　七行字數不一小字雙行二十七字白口四周單邊單魚尾（國圖古籍目録）

國圖

清初傳忠堂刻本（古籍總目）

上圖

謝　鴻

字奕山，穎元叔父。

## 荻灘詩稿十二卷

清康熙五十一年春草堂刻本（古籍總目）

社科院文學所

清嘉慶五年春草堂重刻本（古籍總目）

首都

徐　浩

字雪軒。

**南州文抄二卷**

清康熙四十二年徐氏南州草堂刻本（別集總目）

安徽師大

**南州草堂詩文集十卷**

清康熙四十二年南州草堂刻本（古籍總目）

北大

**南州草堂詩文十卷**

清刻本（別集總目）

日本内閣

徐　基

小傳見本卷《善本經眼録》。

**十峰集五卷**

清康熙刻本　九行十九字小字雙行二十九字白口左右雙邊雙魚尾（善本書目、别集總目）

國圖　上圖　南圖　南開　中山大學

清乾隆四十年墨花齋刻本（古籍總目）

復旦

清嘉慶二十一年刻本（古籍總目）

南圖

**景蘇閣集句四卷**

清乾隆四十九年自刻本　十一行二十一字白口左右雙邊單魚尾（善本書目、别集總目）

國圖　南圖　復旦

**集前赤壁賦不分卷**

清康熙四十三年刻本（别集總目）

蘇州大學

盛朝縉

字鷺飛，居望湖涇。見光緒《重修華亭縣志》卷二十。

**石城吟稿不分卷**

抄本（上圖古籍書目）

上圖

周稚廉

字冰持，綸子，茂源孫。賦性穎敏，讀書日以寸計。爲人恃才傲物，尤藐視富貴人，不輕與接。以國子生入棘闈，屢不及格，遂憤懣以死，傳見嘉慶《松江府志》卷五十八。

**容居堂詩鈔七卷詞鈔三卷**

清康熙刻本　九行二十字白口四周單邊（善本書目）

國圖

**容居堂文鈔六卷**

清康熙刻本（古籍總目）

中科院

**容居堂詞鈔一卷**

清康熙十七年刻本（上圖古籍目録）

上圖

百名家詞鈔本（叢書綜録）

**容居堂三種曲六卷**

清初書帶堂刻本（古籍總目）

國圖　文化部戲曲研究院

杜天鑑

生平不詳。

一、現存著述簡目

**秦中遊草一卷**

稿本　六行二十字小字雙行同（善本書目）

上圖（有沈宗敬、汪士鋐手書序文）

徐　賓

小傳見本卷《善本經眼録》。

**芝雲堂雜志一卷**

清康熙凝紫山房刻本（古籍總目）

南圖

**芝雲堂詩稿一卷雜言一卷詞一卷**

清康熙間凝紫山房刻本　九行二十二字白口左右雙邊雙魚尾（善本書目）

上圖　陝西　復旦

**芝雲堂詩稿四卷**

清康熙刻本（善本書目）

復旦　陝西

## 沈宗敬（一六五八—?）

字南季，荃第四子。康熙二十七年（一六八八）進士，選庶吉士，改編修，歷官太常寺少卿。家世工書，宗敬兼工畫，名公鉅卿争購手迹以爲重。敦尚古道，悃幅無華，尤能奬掖後進。傳見嘉慶《松江府志》卷五十七。

**承訓堂詩稿不分卷**

民國二十八年抄本（上圖古籍目録）

上圖

## 張　榮（一六五九—?）

小傳見本卷《善本經眼録》。

**空明子崇川獨行傳一卷**

空明子全集本（叢書綜録）

**空明子崇川節婦傳三卷**

空明子全集本（叢書綜録）

**空明子茸城賦注一卷**

空明子全集本（叢書綜録）

**空明子雜録二卷**

空明子全集本（叢書綜録）

**空明子詩集附雜録八卷**

清刻本（古籍總目）

中科院

**空明子詩集十四卷**

清康熙刻本（古籍總目）

南圖

**空明子集文集上下卷雜録不分卷六齡童子贈言不分卷附張允諧年譜題辭**

清康熙刻本（古籍總目）

中科院

**空明子詩文集二十六卷詩餘二卷雜録一卷附挹青軒詩稿一卷詩餘一卷**

清康熙刻本（古籍總目）

南圖　廣東　華南師大

**空明子詩集十卷續集八卷再續八卷三續六卷文集二卷續二卷再續三卷三續一卷雜録二卷、偶吟雅稿、詩餘**

清雍正六年謙益堂刻本（古籍總目）

北大　山東　華東師大　臺大

**空明子文集二卷又二卷又六卷詩集八卷**

空明子全集本（叢書綜録）

**空明子全集四十一卷附挹青軒詩稿一卷**

清康熙雍正遞修本（古籍總目）

國圖　復旦　華東師大　山西大學

華浣芳

蘇州女子，華亭張榮之妾，年二十三而卒。

**挹青軒詩稿一卷**

空明子全集本附（叢書綜録）

**挹青軒詩稿一卷詩餘一卷自怡録一卷**

空明子全集本附（叢書綜録）

**華浣芳詩文三卷**

空明子全集本附（叢書綜録）

徐穎柔

字仲嘉，號則所，宗泌子。歲貢生，師事焦袁熹，舉鴻博，不赴。工書善畫，黄之雋有詩題其畫。卒年六十三。傳見嘉慶《松江府志》卷五十九。

**松下吟一卷風溪吟（戊辰遺草）一卷**

清乾隆間刻本　九行二十一字小字雙行同黑口左右雙邊單魚尾（上圖古籍目録）

上圖

張　棠（一六六一—一七三四）

小傳見本卷《善本經眼録》。

**賦清草堂詩鈔六卷**

清乾隆二十四年張卿雲刻本（善本書目）

上圖　復旦

## 黄之雋（一六六八—一七四八）

小傳見本卷《善本經眼録》。

**遊鷹窠頂記一卷**

小方壺齋輿地叢鈔本（叢書綜録）

**泛瀟湘記一卷**

小方壺齋輿地叢鈔本（叢書綜録）

**浯溪記一卷**

小方壺齋輿地叢鈔本（叢書綜録）

**遊隱山記一卷**

小方壺齋輿地叢鈔本（叢書綜録）

**乾隆江南通志二百卷卷首四卷序目一卷　清尹繼善、趙國麟修　清黄之雋、章士鳳纂**

清乾隆元年刻本（古籍總目）

國圖　中科院　北大　上圖　復旦

**唐堂行東圖題咏四卷　清黄之雋輯**

清乾隆間刻本　十一行二十一字白口左右雙邊單魚尾（古籍總目）

國圖

**詹言一卷**

昭代叢書本（道光本）（古籍總目）

**香屑集十八卷首一卷末一卷　清陳邦直注**

清雍正十二年陳邦直刻遂初園刻本　十行二十一字黑口左右雙邊雙魚尾（善本書目）

中科院　復旦

四庫全書本（古籍總目）

清同治十年刻本　十行二十一字黑口左右雙邊雙魚尾（古籍總目）

復旦

**唐堂集五十卷附冬録一卷**

清乾隆六年黄法刻本（古籍總目）

中科院　復旦

**唐堂集五十卷附冬録一卷補遺二卷續八卷**

清乾隆六年黄法刻十三年今吾堂增修本　十行二十一字小字雙行同白口左右雙邊單魚尾（善本書目）

國圖　中科院　天津　復旦

## 高不騫（一六七八—一七六四）

小傳見本卷《善本經眼録》。

**商榷集三卷**

清康熙三十五年刻本　十行十九字小字雙行二十九字白口左右雙邊單魚尾（善本書目）

國圖　上圖

書三味樓叢書本（叢書綜録）

**從天集一卷**

清康熙五十四年刻本　十行十九字小字雙行三十字白口左右雙邊單魚尾（善本書目）

南開

**傳天集一卷**

清康熙間刻本（古籍總目）

中科院

**羅裙草詞五卷**

清康熙間刻本（善本書目）

國圖　南圖

陸崑曾

小傳見本卷《善本經眼録》。

**李義山詩解一卷　唐李商隱撰　清陸崑曾解**

清雍正四年劉晰公刻本　九行十九字黑口四周單邊單魚尾（善本書目）

國圖　上圖　南圖

顧金墀

字民邦，號茹山。

**竹香齋遺草一卷**

清乾隆八年刻本（上圖古籍目録）

上圖

盧畏盈

字廣涵，元昌孫。雍正七年（一七二九）舉人。見乾隆《華亭縣志》卷十四。

## 廬山吟稿一卷

清乾隆十八年刻本　十行二十一字黑口左右雙邊（上圖古籍目録）

上圖

### 盛青鶴（一六八六—？）

字立田，號衎真。

## 眼口涉筆草不分卷

清乾隆稿本（詩文集總目提要）

社科院文學所

### 吴　浩

字養齋。生平不詳。

## 十三經義疑十二卷

四庫全書本（古籍總目）

張　鏞

字胡鼎，號楓巖，僑居吴郡。諸生，與弟鈛爲葉燮高弟。嘗遊閩越，所至聲動士林。見《清人詩文集總目提要》卷二十一。

**楓巖遺草一卷**

清嘉慶二十一年刻亦宜書屋遺稿合刻本（古籍總目）

蘇州

錢孫鐘

字雅南，號硯山。

**硯山樵詩集四卷**

清乾隆十八年刻本（詩文集總目提要）

社科院文學所

趙駿烈（一七〇〇—？）

字潤川。乾隆三十一年（一七六六），在里與人作十老會。

**李義山詩一卷　唐李商隱撰　清趙駿烈解**

清雍正八年劉晰公刻本（古籍總目）

上海師大

**燕遊草一卷宦遊草一卷**

清乾隆間刻本　十行十九字小字雙行三十一字白口左右雙邊單魚尾（古籍總目）

國圖

朱　清

字澮泉。生活於乾隆間，與楊汝諧、吴鈞、翁春、沈大成等酬唱，極一時之盛。見《清人詩文集總目提要》卷二十三。

**自怡軒遺稿一卷**

清光緒二十二年刻本（詩文集總目提要、别集總目）

國圖　上圖　復旦　南圖

**楊汝諧**

字端揆，號退谷。詩饒清逸，書學李北海《雲麾》《嶽麓》諸碑，其寫墨梅亦有北宋遺意。傳見嘉慶《松江府志》卷六十一。

**柳汀雜著**

稿本（善本書目）

松江博

跋所藏法帖二卷

書畫題跋三卷

**崇雅堂詩鈔十六卷青棕草一卷**

稿本（善本書目）

上海博

**崇雅堂詩鈔五卷**

清乾隆二十八年自刻本　十一行二十一字小字雙行同白口左右雙邊單魚尾（古籍總目）

國圖　四川　復旦

**話雨齋稿三十二卷**

清抄本（善本書目）

上海博

張　婁

字夢園，長於音律。

**偶留草一卷皖江雜詩一卷**

清乾隆六十年刻本（詩文集總目提要）

中科院

陳　敬（一七一二—一七三七）

字端寧，號髫儒，陳虞在女，婁縣周宗炘妻。

**山舟紉蘭集二卷**

清乾隆十八年周氏四宜軒刻本（詩文集總目提要）

國圖　中科院

黄　達（一七一四—？）

小傳見本卷《善本經眼録》。

**一樓集二十卷**

清乾隆刻本　十行二十一字白口左右雙邊單魚尾（善本書目）

國圖　上圖　南圖　廣東　湖南

## 一樓續集十卷

清乾隆間刻本（古籍總目）

社科院文學所

沈　泰

字杲之。祖宗叙，福州同知。家世儒風，泰尤貧，以筆畊奉甘旨。乾隆十八年（一七五三）北闈領薦，留都下。庚辰（一七六〇），聞母病，亟歸而母已卒，終身不復會試。傳見嘉慶《松江府志》卷六十。

## 兩晉清談十二卷

清嘉慶五年五如金刻本（古籍總目）

國圖　吉大

吳　鈞

小傳本卷《善本經眼録》。

**選錢齋錢譜十五卷**

稿本（善本書目）

山東博

**選錢齋筆記十五卷續三卷**

稿本　十二行二十至二十二字不等蘭格四周單邊（善本書目）

上圖

抄本（善本書目）

上圖（存卷一至八）

**鼠璞詩不分卷**

清乾隆間刻本（上圖古籍目録）

上圖

**獨樹園詩一卷**

清嘉慶二年刻本（上圖古籍目録）

上圖

## 夏秉衡（一七二六—？）

小傳見本卷《善本經眼録》。

### 清綺軒初集四卷

清乾隆十五年刻本（善本書目）

遼寧　社科院文學所

### 清綺軒詞選十三卷（輯）

清乾隆十六年華亭夏秉衡清綺軒刻本（歷朝詞選）（古籍總目）

國圖　南圖　遼寧

清乾隆文萃堂刻本（古籍總目）

南圖　清華

清乾隆間刻本（古籍總目）

復旦　首都師大　河南　中山大學

清芥子園刻本（古籍總目）

遼寧

清光緒二十一年榮勳重刻本（古籍總目）

國圖　南圖　天津　香港中山

清宣統元年上海掃葉山房石印本（歷朝名人詞選）（古籍總目）

南圖　遼寧

清聚英堂刻本（古籍總目）

國圖

**八寶箱傳奇二卷**

乾隆清綺軒刻本　八行十九至二十字白口四周單邊（善本書目）

浙江

**秋水堂詩中聖傳奇二卷**

清乾隆四十九年刻本　九行十六字白口四周雙邊（善本書目）

上圖　成都杜甫草堂

**秋水堂雙翠園傳奇二卷**

清乾隆三十二年秋水堂刻本（古籍總目、善本書目）

國圖　首都　北大　社科院文學所　四川

清刻巾箱本本（古籍總目）

國圖

## 張受祺

號式之，監生，精青烏家言。爲洞庭山嚴氏擇葬地，奇驗。見嘉慶《松江府志》卷六十一。

**歷代地理正義秘書二十四種（編）**

清乾隆間刻本（古籍總目）

中科院　上圖＊

古書正義四卷　清張受祺注

管氏指蒙正義一卷　題三國魏管輅撰　清張受祺注

葬經正義一卷　題晉郭璞撰　元吴澄刪定　清張受祺注

尋龍捉脈賦正義一卷　晉陶侃撰　清張受祺注

青囊正義二卷　清張受祺注

都天寶照經正義一卷　唐楊益撰　清張受祺注

遍地鉗正義一卷　唐楊益撰　清張受祺注

天機金篆正義一卷　題唐釋一行撰　清張受祺注

歌訣正義一卷　唐鐵冠道人撰　清張受祺注

囊金正義一卷　宋劉謙撰　清張受祺注

催官正義一卷　宋賴文俊撰　清張受祺注

發微一卷　宋蔡成禹撰　清張受祺輯

吴氏心法正義一卷　宋廖□撰　清張受祺輯

吴氏解義一卷　宋吴作霖撰　清張受祺注

譚氏一粒粟一卷　元譚寬撰

平地玄言正義一卷　元釋幕講撰　清張受祺注

心旨賦正義一卷　元釋幕講撰　清張受祺注

郁離子書正義一卷　明劉基撰　清張受祺注

參兩正義四卷　清張受祺撰

## 參兩正義星卦篇一卷

清光緒四年梁承誥抄本（上圖古籍目録）

上圖

## 青囊經三卷青鳥經一卷紅鸞經一卷　漢青鳥子撰　清張受祺注　（紅鸞經）唐丘延翰撰

清抄本（古籍總目）

北大

## 地理知新録不分卷

清乾隆二十五年素宜堂刻本（古籍總目）

上圖

清嘉慶二十三年刻本　九行十九字小字雙行同白口左右雙邊單魚尾（古籍總目）

國圖

### 陳　鍊

字在專，號西庵。能詩善書，能以素師法寫古鐘鼎文，高古奇，雅章法絶妙。工篆刻。傳見嘉慶《松江府志》卷六十一。

**秋水園印説一卷**

昭代叢書本（道光本）（叢書綜録）

**印説一卷**

篆學瑣著本（叢書綜録）

**印言一卷**

篆學瑣著本（叢書綜録）

**超然樓印賞八卷　清盛宜梧輯**

清乾隆二十七年鈐印本（古籍總目）

上圖　遼寧

**秋水園印譜一卷**

清乾隆鈐印本（古籍總目）

哈爾濱

**秋水園印譜二卷**

清鈐印本（上圖古籍目録）

上圖（存卷上）

唐　道

字秋渚。生平不詳。

**西陲紀遊三卷**

清嘉慶十八年刻本（詩文集總目提要）

中科院

葉　源

字宿問，一字滄删，乾隆間在世。

**吟巢詩集六卷**

清貯清軒刻本（詩文集總目提要）

上圖（存四卷）　南開

楊若金

字魚堂。家貧力學，青浦王昶輯《湖海詩傳》，嘗聘爲參校，以病未赴。見光緒《松江府續志》卷二十四。

**楊魚堂遺稿一卷**

清光緒二十八年刻本（上圖古籍目録）

上圖

葉德明

號霞泉，居亭林。治疾多奇效。能詩，尤善鼓琴。晚年營生壙於蕭中素墓側，以志景仰。見光緒《重修華亭縣志》卷十六。

**霞泉紀遊一卷詩稿一卷**

清道光十七年刻本（上圖古籍目録）

上圖

翁　春（一七三六—一七九七）

字曙鳩，又字辨堂，號澹生，別號石瓠。少以賣菜過里塾，聞村師教讀，輒從問大義，歸而以意測句讀，遂自能讀書。里人姚培謙畀以書且周給之。既從沈大成游，復能詩。與吴鈞稱「二布衣」。培謙、大成既卒，春歲必拜其墓。與沈梅交三十年，生館其家，死殯其室。傳見光緒《重修華亭縣志》卷十六。

**賞雨茅屋詩鈔四卷**

清嘉慶四年刻本（上圖古籍目録）

上圖

王寶序

字璇初，一作全初，號秋農。永祺子，乾隆二十五年（一七六〇）舉人，考取咸安宮教習，三十七年（一七七二）選授湖南醴陵知縣，調福建漳州府南靖縣。四十二年（一七七七）乞養回籍，不復出。承歡潔養，潛心經史、百氏之學。外任福建南靖知縣。善畫工書。卒年八十八。傳見嘉慶《松江府志》卷六十。

## 百草庭詩鈔六卷

清嘉慶五年刻本（上圖古籍目録）

上圖

鍾　晉

字康廬，號雪子。乾隆二十七年（一七六二）舉人。生平喜遊，北涉齊、魯、燕、晉，南及甌、閩、楚、粵，采奇攬勝，悉見諸詩。嘗謂詩之取資者三：曰性，曰游，曰學。傳見嘉慶《松江府志》卷六十。

**雪子偶存五卷**

清乾隆麟書堂刻本（上圖古籍目録）

上圖

許巽行

原名國英，字子順，號密齋。乾隆二十七年（一七六二）順天舉人，歷任浙江臨海、廣西興安、安徽南陵知縣。長於《説文》、音韻之學。嘉慶《松江府志》卷六十。

**説文分韻易知録五卷説文分畫易知録一卷重文標目五卷**

清光緒五年許嘉德葆素堂刻本（古籍總目、上圖古籍目録）

國圖　北大　上圖

**敬恕翁詩稿不分卷**

稿本（古籍總目）

遼寧（陸繼輅、周世經題識）

## 文選筆記八卷

清清光緒五年華亭許嘉德杭州刻本（古籍總目、上圖古籍目録）

國圖　上圖

抄本（古籍總目）

北師大

### 姜　雋

生平不詳，居東甲牌街西。

## 杏園詩鈔不分卷

清嘉慶八年刻本（古籍總目）

常州

### 倪思寬

原名世球，字存未，號二初，廩膳生，乾隆四十四年（一七八九）恩貢生，除教諭不售，主講山西陽城書院，敦行潛修，精於天文、地理、數學。傳見嘉慶《松江府志》卷六十。

## 二初齋讀書記十卷

清乾隆四十八年倪元坦涵和堂刻本（上圖古籍目録）

上圖

清嘉慶八年涵和堂刻本　十行十九字小字雙行同白口左右雙邊單魚尾（古籍總目）

國圖　上圖

清嘉慶十八年涵和堂刻本（古籍總目）

國圖　北大

清刻本（古籍總目）

遼寧　大連　南圖

## 經籍録要十二卷

書三味樓叢書本（叢書綜録）

清抄本（古籍總目）

國圖

## 王　鼎

字祖錫，生平不詳。

**蘭綺堂詩鈔二卷**

清乾隆十八年刻本（上圖古籍目録）

上圖

**蘭綺堂詩鈔九卷**

清嘉慶八年華亭王氏刻本（古籍總目）

國圖

**蘭綺堂詩鈔十七卷**

清嘉慶八年古訓堂刻本（古籍總目）

上圖　中科院

## 張潤貞

張秉乾子，歲貢生。見嘉慶《松江府志》卷六十一。

**適來子四卷**

清乾隆二十年刻本（古籍總目）

上圖

清嘉慶十九年三味書屋刻本（古籍總目）

上圖

清嘉慶十九年書之味樓刻本（古籍總目）

南圖（佚名批校題跋）　吉大

清嘉慶十九年張應時刻本（古籍總目）

南圖

**適來子一卷**

昭代叢書本（道光刻）（叢書綜録）

## 雷　琳

字曉峰，乾隆四十五年（一七八〇）順天舉人。由四庫館謄録選授河南扶溝縣知縣。學問淹博，性純孝。傳見光緒《松江府續志》卷二十五。

**經餘必讀八卷二編八卷三編四卷（輯）**

清嘉慶間刻本（古籍總目）

撫順＊　吉林＊　錦州＊　鞍山　哈爾濱

清光緒二年永康胡氏退補齋刻本（古籍總目）

北大　天津　錦州　吉林　黑龍江

清刻本（古籍總目）

丹東＊

**經餘必讀八卷續編八卷（輯）**

清嘉慶八至十年大中堂刻本（古籍總目）

上圖

清嘉慶八至十一年致和堂刻本（古籍總目）

香港中大　吉大

清光緒二年退補齋刻本（古籍總目）

上圖

清光緒十三年成文信（古籍總目）刻本

大連＊　丹東

**經餘必讀八卷二編八卷三編二卷（輯）**

清光緒二十二年上海圖書集成印書局鉛印本（古籍總目）

丹東　瀋陽師大

清末民國初石印本（古籍總目）

北大

**經餘必讀全編六卷（輯）**

清光緒十五年上海點石齋石印本（古籍總目）

國圖　齊齊哈爾

**漁磯漫鈔十卷　清華亭雷琳、清汪琇瑩、莫劍光撰**

清乾隆五十九年桂香堂刻本（古籍總目）

國圖　上圖　南圖

清道光二十年刻本（古籍總目）

遼寧　錦州

清同治十年刻本（古籍總目）

國圖　上圖　南圖　大連　東北師大

民國三年上海掃葉山房石印本

上圖　吉林　遼大　哈爾濱師大

民國十三年上海掃葉山房石印本（古籍總目）

南圖

**賦鈔箋略十五卷　清雷琳、清張杏濱輯**

清乾隆三十一年刻本　九行十九字小字雙行三十二字白口左右雙邊單魚尾（古籍總目）

國圖　上圖　湖北（清徐松批校並跋）　復旦

清嘉慶二十二年刻本（國圖古籍目録）

國圖
清道光三年文畬德記刻本（古籍總目）
遼寧
清道光五年刻賢文堂藏版印本（國圖古籍目録）
國圖
清同治二年刻遠安堂藏版印本（國圖古籍目録）
國圖
清光緒元年雲間九如堂刻本（上圖古籍目録）
上圖

## 錢世徵

字聘侯，以篆刻有聲於時。見光緒《松江府續志》卷四十。

### 含翠軒印存四卷（篆刻）

清乾隆五十三年鈐印本（古籍總目）
上圖　天津

姜兆翀

小傳見本卷《善本經眼録》。

**孟子篇叙七卷補遺一卷**

清嘉慶七年潄芳齋刻本　十行二十四字小字雙行同白口左右雙邊單魚尾（善本書目）

國圖　中科院　上圖　湖北

**國朝松江詩鈔六十四卷**

清嘉慶十三年敬和堂刻本（上圖古籍目録）

上圖（清王慶勳題識）

張若采

字子白，號梅屋。乾隆五十五年（一七九〇）進士，官涇州知州。見光緒《重修華亭縣志》卷十六。

## 梅屋詩鈔四卷附賦鈔一卷

書三味樓叢書本（叢書綜録）

王　陶

字孟公，號黄雪居士。中年棄制舉業，築汀西草堂、聽雨篷於三里汀。性情廉退，不與俗競。鍵户讀書，間與名流觴詠。傳見光緒《松江府續志》卷二十五。

## 王孟公詩稿四種十二卷

清嘉慶九年刻本（古籍總目）

上圖

金　和

字祖香。諸生，就館穀於外。工文詞而未嘗應省試。母没，抑鬱而卒，年二十七。傳見光緒《松江府續志》卷二十四。

**祖香詩鈔二卷**

清嘉慶道光間刻本（古籍總目）

上圖

清木活字印本（古籍總目）

南圖

高　岑

字韻苕，浙江錢塘籍，諸生。

**江湖夜雨集不分卷**

清嘉慶十年皖城文盛堂刻本（詩文集總目提要）

南圖

楊廷球

字壽朋，居亭林。見光緒《重修華亭縣志》卷二十。

**栩庵詩稿一卷**

清嘉慶二十年刻本（古籍總目）

上圖　日本内閣

倪元坦

字醒吾，思寬子，恩貢生。學宗李顒。嘉慶二十四年（一八一九）入都，因會稽莫晉得交諸公卿。晚主上海敬業書院講習。年八十餘卒。傳見光緒《松江府續志》卷二十四。

**志樂輯略三卷**

讀易樓合刻本（叢書綜録）

**嘉慶十四年己巳科江蘇恩拔貢卷一卷**

清嘉慶間刻本（古籍總目）

上圖

**二曲集録要四卷附録一卷　清李顒撰　清倪元坦輯**

讀易樓合刻本（叢書綜録）

清光緒十年簡易齋刻本（古籍總目）

南圖

**李二曲先生集録要四卷　清李顒撰　清倪元坦輯**

清道光二十四年揚州刻本（古籍總目）

國圖

**箴銘録要一卷（輯）**

讀易樓合刻本（叢書綜録）

清道光十年倪元坦讀易樓刻本（古籍總目）

南圖

**儒學入門一卷**

讀易樓合刻本（叢書綜録）

## 儒門語要六卷（輯）

讀易樓合刻本（叢書綜録）

清嘉慶畬香書屋刻本（古籍總目）

南圖

清光緒十二年趙培之等杭州刻本（古籍總目）

南圖

清光緒二十五年鎮海陳紹康刻本（古籍總目）

國圖

民國十三年鴻寶齋書局刻本（古籍總目）

上圖

民國二十年北京天館鉛印本（古籍總目）

天津

## 儒門圖説一卷

民國間安徽宣城同善分社鉛印本（古籍總目）

上圖

**家規二卷**

讀易樓合刻本（叢書綜録）

**湯文正公志學會規一卷（訂）**

讀易樓合刻本（叢書綜録）

**老子參注四卷**

清嘉慶倪元坦刻本（古籍總目）

南圖　上圖

讀易樓合刻本（叢書綜録）

**畬香草存三卷續刻一卷**

清嘉慶二十四年涵和堂刻本　九行十九字白口左右雙邊單魚尾（古籍總目）

國圖　中科院

**畬香草存六卷續刻一卷**

讀易樓合刻本（叢書綜録）

張璿華（一七五二—一八二三）

字貢植，號查山。乾隆六十年（一七九五）舉人，官安徽青陽教諭。詩文書畫，皆有宗法，兼精醫理。傳見光緒《松江府續志》卷二十四。

**擁書堂詩集四卷**

清光緒二十四年刻本（古籍總目）

國圖　首都　中科院　復旦

陳　榕（一七五二—？）

字蔚南，號春颿。嘉慶初任湖北石首縣丞，于役襄陽、廣濟等地。與張問陶、黄景仁交往。見《清人詩文集總目提要》卷三十三。

## 怡雲山館詩鈔八卷

清道光十二年刻本　九行十九字小字雙行同白口四周雙邊單魚尾（古籍總目）

國圖

## 雲香書屋詩鈔不分卷

稿本（古籍總目）

社科院文學所

### 唐　集

生平不詳。

## 醉夢吟草二卷

清嘉慶十八年雅堂刻本（詩文集總目提要）

上圖

**醉夢閒詩草一卷**

雲間詩草本（詩文集總目提要）

王德宜

字雲芝，湖北巡撫汪新之子汪農妻。

**語鳳巢吟稿四卷**

清嘉慶二十四年刻本（詩文集總目提要）

上圖

蔡春祺

字福堂。居西護塘。

**塊石山房詩鈔（福堂詩鈔）十四卷**

清嘉慶二十二年刻本（古籍總目）

上圖

**塊石山房詩鈔十六卷**

清嘉慶二十二年刻本（古籍總目）

臺灣師大

何明睿（一七六〇—一八一五）

字静齋，歲貢生。家貧，藉館穀以養母。與欽善爲友。傳見光緒《松江府續志》卷二十四。

**世濟堂遺集二卷**

清道光二年得綆齋刻本（古籍總目）

上圖

張　介

字筆芳，蒙泉女，上海沈璧璉妻。

**環翠閣集二卷**

文詠樓詩鈔本附（詩文集總目提要）

南圖

欽　善（一七六七—？）

字藹木，號吉堂，别號正念居士，諸生。少孤貧，寄食龍門寺，刻苦自勵。與改琦、姜皋、姚椿等交往。傳見光緒《松江府續志》卷二十四。

**吉堂文稿十二卷詩稿八卷**

清嘉慶二十五年鶴堂刻本（古籍總目）

國圖　上圖　中科院（存文稿）

抄本（古籍總目）

廣東（存詩稿卷一、二、五至八，文稿卷一至九）

張應時

字虚谷。附貢生候，選直隸州知州。風雅好聚書，輯録《書三味樓叢書》行世。年七十四卒。見光緒《松江府續志》卷二十四。

**書三味樓叢書（輯）**

清嘉慶二十四年華亭張氏書三味樓刊本（叢書綜録）

上圖　吉大

楊雲言

字實夫，若金從子，諸生。中歲絶意科舉，以詩爲樂。見光緒《松江府續志》卷二十四。

**實夫未定稿一卷**

清道光二年刻本（上圖古籍目録）

上圖

朱　鐸

字愚谷，獄卒之子。嘗思蓄錢購書，苦不能多。借《高青邱詩》，朝夕諷誦，下筆則似高啓。後以父老更役，爲獄卒越十年。父死，不願爲獄卒，赴水死。與同邑欽善交遊。傳見光緒《松江府續志》卷四十。

**愚谷遺詩一卷**

苧城三子詩合存本（叢書綜録）

錢學綸

字醒遽，居東郊，能詩，喜雜著。修復明袁凱白燕庵，春秋招同人觴詠其中。見光緒《重修華亭縣志》卷十六。

**語録二卷**

清刻本（古籍總目）

上圖

清抄本（古籍總目）

上圖

清光緒間上海申報館鉛印本（古籍總目）

國圖　上圖　南圖

**白燕庵雜詠一卷**

清嘉慶二年刻本（古籍總目）

上圖

## 張興鏞

字遠春，一字金治。嘉慶六年（一八〇一）舉人，少遊青浦王昶之門。乾隆五十五年（一七九〇）東巡獻賦，官太倉州學正。調無爲州，升知縣，旋引疾歸。傳見光緒《松江府續志》卷二十四。

**紅椒山館詩選存八卷**

稿本（上圖古籍目録）

上圖

**紅椒山館詩鈔四卷**

清嘉慶四年刻本（古籍總目）

中科院　天津

**紅椒山館詩選六卷詞選二卷**

清道光十八年張祥河松風草堂刻本（古籍總目）

國圖

**遠春試體賦鈔一卷**

清嘉慶四年刻本（古籍總目）

中科院　天津

改　琦（一七七三—一八二八）

小傳見本卷《善本經眼録》。

**紅樓夢圖詠不分卷（繪）**

清光緒間刻本（古籍總目）

國圖　北大　遼寧　錦州　遼大

清光緒間浙江文元堂楊氏影印本（古籍總目）

天津

**改琦畫稿不分卷**（繪）

清光緒間刻本（國圖古籍目録）

國圖

**改七香補景美人册不分卷**（繪）

清宣統二年上海神州國光社影印本（古籍總目）

上圖

**玉壺箋寄一卷畫餘詞一卷**

稿本（善本書目）

上圖（沙彦楷跋）

**硯北吉稿一卷茶夢庵隨筆一卷茶夢庵續筆一卷**

稿本（國圖古籍目録）

國圖

**改七薌雜記一卷**

稿本（善本書目）

上海博

**玉壺山人詞稿一卷泖東夏課一卷**

稿本（善本書目）

上圖

**玉壺山房詞選二卷**

清道光五年仁和高雨刻本（沙彥楷跋）（古籍總目）

國圖　上圖

清道光八年華亭沈文偉來寉樓刻本（古籍總目）

國圖　南圖　北大　天津　湖北

清光緒十一年刻本（古籍總目）

天津

梅　春（一七七五—一八一七）

字壽枬，一字健男，號小庾。長洲王芑孫官教諭，奇其才，授以文章本原。與姚椿、王慶麟等切磋學問。嘉慶十二年（一八〇七）舉人。傳見光緒《松江府續志》卷二十四。

**學讀書堂文稿不分卷**

稿本（古籍總目）

中科院（清王芑孫等評點並題記）

高崇瑚（一七七六—？）

字菊裳。嘉慶二十一年（一八一六）與欽善、改琦等在上海集會。

**和風笑語集二卷**

清嘉慶二十四年刻本（上圖古籍目録）

上圖

**和風笑語集一卷**

清道光元年刻本（古籍總目）

上圖　廣東

**松下清齋集一卷**

清道光元年刻本（古籍總目）

上圖　廣東

**燈味書堂詩稿二卷**

清道光十三年刻本（古籍總目）

上圖　南圖

姜　皋

字少眉，一字小枚，又字筱湄，號香瓦樓主。舒縣教諭兆翀子。恩貢生。詩文沈博絶麗，喜著書，於農田水利尤留意。傳見光緒《松江府續志》卷二十四。其駢體文古香古色，與梅春、高崇瑞並稱。其詩初學西崑，紀事詩則近李、杜。

**浦泖農咨一卷**

清道光十四年刻本（上圖古籍目録）

上圖

**香瓦樓市簫集六卷**

清道光十年刻本（古籍總目）

南開

清抄本（古籍總目）

中央黨校

**荒江老屋詩識一卷**

潘鍾瑞抄本（古籍總目）

蘇州

陳大溶

字春舫，號畹蘭。以順天宛平籍補諸生。由實録館校録授彭縣典史，歷升台州知府，署浙江糧道。卒年七十九。傳見光緒《嘉善縣志》卷二十五。

**枕善堂集四卷**

清道光十六年台州府署刻本（詩文集總目提要）

國圖　廣東

**枕善堂尺牘一隅二卷**

清抄本（古籍總目）

南圖

**枕善堂尺牘一隅二十卷**

清道光二十年刻本（古籍總目）

南圖

朱　鈺

字二如，嘉慶五年（一八〇〇）舉人，官貴州縣丞。與同邑朱鼒結泖東文社，鼒文醇茂，鈺文剴切，時稱大小朱，大謂鼐，小謂鈺。傳見光緒《松江府續志》卷二十四。

**緑樹村稿不分卷**

清道光七年刻本（上圖古籍目録）

上圖

王慶麟（一七八四—？）

字時祥，一字希仲，號澹淵，蔚宗子。隨父宦安徽宣城。嘉慶十二年（一八〇七）舉人，大挑知縣，分發河南。大吏重其學，命修省志，未蕆事卒。傳見光緒《松江府續志》卷二十四。

**洞庭集三十卷**

清嘉慶二十年刻增修本（古籍總目）

中科院

清道光七年刻本（古籍總目）

國圖　復旦

吴景延

字讓卿，諸生。

**賜硯堂詩鈔一卷**

雲間詩草本（叢書綜録）

徐　訒

字鐵海。工詩書，學歐陽洵。中歲入都，晚游浙江，愛山水之勝，遂寓居焉。見光緒《松江府續志》卷二十六。

**清平山館詩鈔九卷**

清道光間刻本（古籍總目）

南圖

## 張　烒（一七八五—一八五四）

字用和，號雲閣，張應時子。能文好義，自奉儉陋，而貧族賴以舉火者數家。兩弟振凡、振宗皆中年相繼卒，烒撫其遺孤如已子，代理遺業，不恤勞怨。咸豐七年督學臨川李聯琇旌之。傳見光緒《重修華亭縣志》卷十六。

### 聽鶯館詩鈔四卷

清道光間刻本（古籍總目）

中科院

清咸豐六年刻本（古籍總目）

中科院　山西大學

### 聽鶯館文鈔不分卷

清光緒二年刻本（古籍總目）

南圖

姜　榕

字實生，晚號未有庵道人。居普照寺。業裝潢書畫，好讀杜詩。既能詩，棄其業，凍餓不悔，見光緒《重修華亭縣志》卷十六。

**破窗風雨樓詩一卷　清高崇瑞編**

苧城三子詩合存本（叢書綜録）

沈夢書

原名默，字海門，號慎堂。孤貧讀書，與欽善同。補諸生。筆札翹秀，游江浙無所遇，遽卒。傳見光緒《重修華亭縣志》卷十六。

**海門遺詩一卷　清高崇瑞輯**

苧城三子詩合存本（古籍總目）

袁鏡蓉

字月蕖，吴粲妻。

**月蕖軒詩草不分卷**

清道光二十八年刻本（詩文集總目提要）

國圖

張振翮（一七九〇—？）

字須樵。

**黄梅花館詩鈔一卷**

清道光間刻本（詩文集總目提要）

上圖

唐天泰

生平不詳。

## 續華亭百詠一卷

清光緒四年有穀堂刻本（古籍總目）

南圖

# 流寓

### 王廷宰

浙江嘉興籍。明末貢生，官至安徽六安教諭，遷湖南沅江知縣。福王立，至金陵，見時事不可爲，歸隱張堰，號毗翁。傳見嘉慶《松江府志》卷五十六。

## 緯蕭齋存稿三卷

抄本（上圖古籍目録）

上圖

## 緯蕭齋存稿三卷晝竟剩稿一卷

書三味樓叢書本（古籍總目）

## 仕宦

### 郭廷弼

字會吾，奉天鑲白旗人，貢生。順治十八年（一六六一）任松江府知府。

**康熙松江府志五十四卷圖經一卷　清郭廷弼修　清周建鼎、包爾賡纂**

清康熙二年刻本（古籍總目）

中科院　上圖　復旦　天津　南圖

### 王芑孫（一七五五—一八一七）

字念豐，一字漚波，號惕甫，一號鐵夫、雲房，又號楞伽山人，長洲人。乾隆五十三年（一七八八）舉人，官華亭教諭。傳見《清史列傳》卷七十二。

**泖東近課五卷（輯）**

清嘉慶十九年刻本（古籍總目）

上圖

宋如林

字仁圃，漢軍舉人，嘉慶二十年（一八一五）任松江府知府。

**嘉慶松江府志八十四卷首二卷圖一卷　清宋如林修　清孫星衍、莫晉纂**

清嘉慶二十三年松江府學明倫堂刻本（古籍總目）

國圖　中科院　北大　上圖　復旦

## 上海縣

### 本　籍

李　雯（一六〇八—一六四七）

小傳見本卷《善本經眼録》。

**李剛介公傳忠録一卷（輯）**

清同治七年刻本（古籍總目）

上圖

**蓼齋集五十二卷**

清順治十四年石維崑刻本　九行十九字小字雙行同白口四周單邊無魚尾（善本書目）

上圖

抄本（上圖古籍目録）

上圖

**彷佛樓草一卷**

名家詞鈔本（叢書綜録）

張吴曼（一六一〇——一六六九後）

字也倩，號梅禪。明清易代後隱居不出。

**切法指南一卷**

抄本（上圖古籍目録）

上圖

**切法辨疑一卷附切法指南一卷**

清青照堂刻本（上圖古籍目録）

上圖

**無言秘訣一卷按聲指數法一卷**

集古梅花詩本（叢書綜録）

**大梅韻一卷律素和陶一卷八十自壽一卷梅花賦一卷**

集梅花詩本（叢書綜録）

**梅花百和一卷集句一卷十詠一卷集句一卷集唐梅花詩一卷**

清刻本（南圖書目）

南圖

**梅花百詠和中峰大師韻不分卷**

清抄本（復旦書目）

復旦

## 張　宸（？—一六七八）

字青瑂，由諸生入太學，選中書舍人，遷兵部督捕主事。康熙六年（一六六七），上疏請撤本邑客兵二千四百人并巡海章京，邑用安堵。旋罷歸，病卒。傳見嘉慶《松江府志》卷五十六。

**龍華八志八卷**

清抄本（古籍總目）

上圖　浙江

**平圃雜記一卷**

庚辰叢編本（叢書綜録）

**平圃遺稿十四卷**

抄本（詩文集總目提要）

中科院（清何紹基跋）

抄本（詩文集總目提要）

上圖

**平圃遺稿十四卷使粤草八卷**

五石齋抄本（詩文集總目提要）

中科院（有鄧之誠題記）

**清琱集一卷**

抄本（别集總目）

上圖

朱　瀚（一六二〇—一六七八）

小傳見本卷《善本經眼録》。

**杜詩解意七言律四卷　唐杜甫撰　清朱瀚解意**

清康熙十四年李燧蒼雪樓刻本（善本書目）

北京市文物局

**南詢先生寒香全集存四十九卷**

稿本　八行十九字黑格白口左右雙邊雙魚尾（善本書目）

上圖

朱在鎬

字周望，自號拜石老人。明崇禎十五年（一六四二）舉人，入清，任廣西推官，有賢聲。歸田後，日與曹垂璨、張錫懌輩酬唱。傳見同治《上海縣志》卷二十。

**流芳實録一卷附録一卷雲間忠義録一卷**

清抄本（古籍總目）

中科院

曹垂璨

字天琪，號義巖，六龍子。少穎異嗜學。順治四年（一六四七）進士，歷令蒿城、遂安，所至有惠政。歸田後，手不釋卷。康熙癸亥，修邑乘。卒祀鄉賢。傳見同治《上海縣志》卷二十。

**竹香亭詩餘一卷**

百名家詞鈔本（叢書綜録）

朱紹鳳

字儀聖。順治六年（一六四九）進士，除山西臨縣，擢授吏科給事中，再遷禮科都給事。傳見同治《上海縣志》卷二十。

**松江府志詩歌輯略不分卷（輯）**

抄本（上圖古籍目録）

上圖

## 郭開泰

字宗林。號礨耻。明末福王時拔貢生，入清後不薙髮，屏居以老。見同治《上海縣志》卷十九。

### 味諫軒詩稿不分卷

清乾隆三十二年刻本（詩文集總目提要）

中科院

## 施徵燕

字貽孫，號春江釣叟，維翰從子。學問淵博，數奇不遇，退居蒲溪之醉墨軒，以詩酒自娱。見嘉慶《松江府志》卷五十九。

### 青門草不分卷

清康熙二十六年蒲溪草堂刻本（詩文集總目提要）

中山大學

清乾隆二十八年蒲溪草堂刻本（詩文集總目提要）

上圖

**青門草九卷**

清康熙二十六年刻本（詩文集總目提要）

上圖

顧　昉

字若周，居石筍里。山水師董巨源，出入元四家。游京師，與宋駿業、王翬輩齊名。嘗作《徐凝廬山詩意圖》，王翬推爲傑作。傳見同治《上海縣志》卷二十二。

**亦閒草一卷**

稿本（上圖古籍目録）

上圖

葉夢珠（一六二四——一七〇四後）

字濱江，號梅亭。諸生，博學多聞，尤留心世務。

**續編綏寇紀略五卷**

宣統間鉛印本（古籍總目）

南圖

申報館叢書本（叢書綜録）

**讀史偶評二卷**

清抄本（上圖古籍目録）

上圖

**閲世編十卷**

上海掌故叢書第一集本（叢書綜録）

李延昰（一六二八—一六九八）

字期叔，號辰山，自署趙郡人。初名彦貞，字我生，大理評事中立子。師事徐孚遠，後隱於醫，居平湖祐聖觀中爲道士。其卒也，以書籍二千五百卷贈秀水朱彝尊。傳見嘉慶《松江府志》卷五十六。

**靖海志四卷　清彭孫貽撰　清李延昰續補**

清抄本（古籍總目）

國圖　北大　上圖　臺圖　傅斯年圖

**南湖舊話六卷**

清嘉慶二十二年雲間張氏刻本　十行二十一字小字雙行同白口左右雙邊單魚尾（古籍總目）

國圖　上圖　遼寧

**藥品化義十三卷　明賈所學撰　清李延昰補訂**

清康熙間刻本（古籍總目）

北京中醫大　四川　成都中醫大

清道光二十八年味無味齋刻本（古籍總目）

雲南中醫

清光緒三十年北京鬱文書店鉛印本（古籍總目）

中國醫科院　中醫科學院　上圖　天津中醫大　吉林

清光緒三十年天津文華印字館鉛印本（古籍總目）

北京中醫大　中國醫科院　上圖　天津中醫大　華西醫大

清光緒三十二年學校司鉛印局石印本（古籍總目）

黑龍江中醫大

抄本（古籍總目）

浙江中醫藥院

## 脈訣彙辨十卷

清康熙元年刻本（古籍總目）

吉林

清康熙五年李氏刻本（古籍總目）

國圖　中科院　中國醫科院　上圖　遼寧

清康熙六十一年刻本（古籍總目）

中國醫科院　天津中醫大　内蒙古　吉林　南通大學醫學院

清康熙間刻本（古籍總目）

天津　南圖

清刻本（古籍總目）

浙江中醫大　廣州中醫大

抄本（古籍總目）

上海中醫大　浙江中醫藥院

**李中梓醫案　明李中梓撰　清李延昰輯**

抄本（里中醫案）（古籍總目）

蘇州

**放鷴亭稿二卷**

清宣統三年華雲閣鉛印本（詩文集總目提要）

上圖　復旦　中科院

朱　綗

字彦則。

**紉蘭集滇遊草一卷**

清康熙間刻本（詩文集總目提要）

國圖

周金然（一六三一—？）

小傳見本卷《善本經眼録》。

**南華經傳釋一卷**

藝海珠塵本（叢書綜録）

**歸興集唐一卷**

清康熙刻本　九行十九字白口左右雙邊單魚尾（善本書目）

國圖

**礪巖續文部二十卷二集十三卷**

清康熙刻本　九行十九字白口左右雙邊單魚尾（善本書目）

復旦　無錫

**飲醇堂文集二十卷抱膝廬詩草十一卷娱暉草二卷和靖節集三卷西山紀游一卷南浦詞三卷和唱谷集一卷**

清康熙十八年刻本　九行十九字小字雙行同白口左右雙邊單魚尾（善本書目）

上圖　南圖　中科院

**周廣庵詩集**

清康熙刻本（别集總目）

中科院

海上燕詒堂刻本（别集總目）

山東

**西山紀遊一卷奚囊草一卷**

清康熙刻本（國圖古籍目録）

國圖

**礪巖續詩部**

清康熙刻本（别集總目）

山東

**東觀草一卷使荆草一卷折柳草一卷奚囊草一卷盍簪草一卷西山紀遊一卷南歸草一卷歸雲洞草一卷據梧閣草一卷津逮樓草一卷**

清乾隆十二年刻本　九行十九字白口左右雙邊單魚尾（復旦書目）

復旦

**飲醇堂文集二卷續文部二十卷續文部二集十二卷**

清康熙二十四年刻本（國圖古籍目録）

國圖

**娱暉堂聲畫録二卷**

抄本（上圖古籍目録）

上圖

## 盛兆晉

字賓三，號悔亭，以高才生交當世知名之士。見同治《上海縣志》卷二十七。

**悔亭翁會川集詩鈔二卷續鈔一卷詞鈔一卷**

清康熙三十四年刻本（上圖古籍目録）

上圖

清乾隆刻瞿盛兩家詩鈔本（上圖古籍目録）

上圖

盛　熙

字有九，號謡旦、諸王。見同治《上海縣志》卷二十七。

**泌園存稿一卷**

抄本（上圖古籍目録）

上圖

葉映榴（一六三八——一六八八）

小傳見本卷《善本經眼録》。

**康熙上海縣志十二卷　清史彩修　清葉映榴等纂**

清康熙二十二年刻本（古籍總目）

國圖　北大　上圖　浙江

**蒼霞山房詩意二集三集四集各一卷**

清康熙刻本　十二行二十二字小字雙行同黑口左右雙邊雙魚尾（善本書目）

上圖

**葉忠節公遺稿十三卷**

清抄本（别集總目）

北大（存五卷）

清康熙刻本　十行十九字小字雙行行二十九字白口四周單邊單魚尾（善本書目）

上圖　中科院（鄧之誠跋）　清華　山西大學

**葉忠節公遺稿十六卷**

清康熙二十四年刻本（善本書目）

上圖　河南　北師大

**葉忠節公遺稿十二卷**

清乾隆十年葉芳刻本　十一行二十一字黑口左右雙邊單魚尾（善本書目）

國圖　上圖　浙江　天津（附葉魚魚撰《鼓瑟樓詩偶存》）　復旦

清宣統元年重印乾隆十年重印本（別集總目）

上圖　安徽師大

徐允哲

字西崖，汝翼曾孫。諸生，工詩古文，王士禎、冒襄、錢金甫、周金然輩皆目爲畏友。兼長書法、丹青。見同治《上海縣志》卷二十。

**響泉詞一卷**

百名家詞鈔本（古籍總目）

張永銓

字賓門，號西村。以副貢中康熙三十二年（一六九三）舉人，授内閣中書。宋犖撫吴時重其學，延講嵩山書院。旋改授徐州學正，未赴卒。門人私謚閑存先生。傳見同治《上海縣志》卷二十。

**遊潭柘寺記一卷**

小方壺齋輿地叢鈔本（古籍總目）

趙維烈

字承哉。

**歷代賦鈔三十二卷（輯）**

清康熙二十五年刻本（古籍總目）

湖北

**蘭舫詞一卷**

百名家詞鈔本（古籍總目）

曹煜曾

字麓高，康熙末貢生。

**道腴堂集四卷**
石倉世纂本（叢書綜録）

### 曹炳曾（一六六〇—一七三三）

字爲章，號巢南，煜曾從弟。康熙末諸生。傳見嘉慶《松江府志》卷五十八。

**放言居詩集六卷**
清雍正二年刻本（古籍總目）
　首都
石倉世纂本（叢書綜録）
清乾隆十四年精刻本（别集總目）
　南圖　社科院文學所

**雲間二韓詩（編）**
清康熙五十五年曹氏城書室刻本（古籍總目）
　國圖　上圖　南圖

采欽草一卷　明莫秉清撰

小庵羅集六卷　明顧斗英撰

拾香草一卷　明顧昉之撰

石秀齋集十卷　明莫是龍撰

周　彝

字策銘，康熙三十六年（一六九七）進士，選庶吉士，授翰林編修。康熙五十一年（一七一二）典雲南鄉試。傳見同治《上海縣志》卷二十。

**華鄂堂詩稿二卷研山十咏一卷**

清康熙刻本　九行二十一字白口四周單邊無直格（國圖古籍目録）

國圖

**東甌紀游一卷**

清康熙刻本　九行二十一字白口四周單邊無直格（國圖古籍目録）

國圖

### 汪永安

字存夜，號叟否。隨父汪起自安徽休寧遷諸翟，遂爲里人。康熙三十七年（一六九八）華亭縣增庠生。構書屋曰吟巢，潛心養性，讀書著述其中，晚自號吟巢。喜引先哲格言以教後世。傳見清章樹福輯《黄渡鎮志》卷七。

**康熙紫隄村小志三卷（纂）**

清康熙五十七年纂抄本（古籍總目、方志通考）

上圖　南圖

### 周銓（一六六二—一七二二）

字緯蒼，號椒園，平儒子。諸生，姜宸英入室弟子，工書法，賣文爲生。傳見嘉慶《松江府志》卷五十八。

**晚崧廬詩鈔二卷詞鈔一卷**

清嘉慶十六年刻本（南圖書目）

南圖

**晚松廬詞鈔一卷**

清刻本（古籍總目）

北師大

李用粹（一六六二—一七二二）

字修之，號惺庵。父贊化工醫，用粹紹其術，因心變化，獨臻神妙。傳見嘉慶《松江府志》卷六十一。

**證治彙補八卷**

清康熙三十年舊德堂刻本（古籍總目）

上圖

清康熙三十年舊德堂刻後印本（古籍總目）

中科院

清康熙書林劉公生刻本（古籍總目）

北京中醫大　中醫科學院　上海中醫大　天津　南圖

清康熙間刻本（古籍總目）
國圖　中科院　上海交大醫學院　浙江中醫大
清康熙間刻會成堂後印本（古籍總目）
南圖（佚名批）　浙江
清康熙間刻學耕堂後印本（古籍總目）
上圖　山東　南圖
清光緒九年萬卷樓刻本（古籍總目）
首都　中科院　上圖　山西　河南
清光緒十八年簡玉山房刻本（古籍總目）
首都　中科院　天津　遼寧　山東
清江左書林石印本（古籍總目）
上海中醫大　遼寧中醫大　南京中醫大　廣州中醫大
清抄本（古籍總目）
中醫科學院　南圖（佚名識）

**舊德堂醫案　清唐玉書輯**

抄本（古籍總目）

上海中醫大　中華醫學會上海分會

**舊德堂醫案不分卷附周雅宜醫案一卷戴天章瘟疫論一卷　清唐玉書輯　（周雅宜醫案）清周雅宜撰　（戴天章瘟疫論）清戴天章撰**

田元愷抄本（古籍總目）

上海中醫大

**舊德堂醫案一卷　清唐玉書輯**

三三醫書本（叢書綜録）

## 沈德祖

字王脩。業儒不得志，託於醫。座間偶診無病人，曰君將大病。其人不信，未幾果病，又百計出之於險。見同治《上海縣志》卷二十二。

**越人難經真本説約四卷末一卷**

清乾隆四年亦政堂刻本（古籍總目）

中科院　中華醫學會上海分會　浙江　廣州中醫大

王敬義

字協中。從劉夢金游，得醫術，聚書數千卷，丹鉛不輟，就治者駢集，有神醫稱。構浦濱息廬，蒔花種竹，神致蕭然，年至九十而終。見同治《上海縣志》卷二十二。

**疫癘溯源一卷**

清乾隆盧白齋刻本（古籍總目）

中醫科學院　上海中醫大　中華醫學會上海分會

清道光二十五年思宜堂刻本（古籍總目）

上圖　甘肅　浙江

抄本（古籍總目）

上海中醫大

## 沈　璠

字魯珍，居一團。性伉直，晝視病，夜檢方書，必求效而後已。於前代醫典多有指摘。著有醫案，並手批景岳全書。見嘉慶《松江府志》卷六十一。

### 沈氏醫案一卷

清抄本（古籍總目）

上圖　上海中醫大　中華醫學會上海分會

珍本醫書集成本（叢書綜録）

## 曹煐曾（一六六四——一七三〇）

字祖望，號春浦，煜曾弟。康熙末貢生，官理藩院知事。

### 長嘯軒詩集六卷

石倉世纂本（叢書綜録）

王　鑄

字笵之，居周浦，諸生。以其兄鎬爲師，沈潛力學，文有根柢。專研四書，恪守程、朱之旨，體會入微。於地方大事頗留意，嘗告郡守周中鋐以興水利、修府志、建義學，惜未盡行。雍正二年（一七二四），海溢塘，鑄老病，猶親往掩埋。以年資貢入太學，卒年七十一。傳見嘉慶《松江府志》卷五十八。

**天賞樓四書繹義十九卷**

清乾隆十九年天賞樓刻本（古籍總目）

湖北

葉　芳

字洲若，號靄園，映榴次子。諸生，以廕授蔚州知州，改内用，授員外郎。傳見嘉慶《松江府志》卷五十八。

**硜小齋偶吟一卷**

清乾隆十一年申浦葉氏刻本　十一行二十一字小字雙行三十二至三十三字黑口左右雙邊（古籍總目）

國圖　上圖

## 曹一士（一六七八—一七三六）

小傳本卷《善本經眼録》。

### 四焉齋文集八卷詩集六卷　清曹錫黼編

清乾隆十五年曹錫瑞等刻本　十行二十一字白口左右雙邊單魚尾（善本書目）

首都　中科院　上圖　復旦

清宣統二年刻本（古籍總目）

中科院　復旦

## 陸鳳池

字元宵，自號秀林山人，陸振芬女，曹一士繼妻，卒年三十三。

### 梯仙閣餘課一卷

石倉世纂本（叢書綜録）

清宣統二年刻本（古籍總目）

上圖　南圖　無錫　鎮江　復旦

陸瀛齡

字景房，鳴球子。雍正初充拔貢，任石碌教諭。入京師，公卿咸以館閣推許，年八十卒。工書法。與曹一士皆以古學有名於時。傳見嘉慶《松江府志》卷五十八。

**贅翁詩遺一卷雜著一卷**

稿本（上圖古籍目録）

上圖

李心敬

字一銘，别號申江女史，梧州知府李宗袁女，常熟觀察歸朝熙妻。

**蠹餘草一卷**

二餘詩集本（叢書綜録）

葉承

字子敬，號松亭，雍正五年（一七二七）進士，授常山令，改授貴池教諭。傳見嘉慶《松江府志》卷五十九。

**乾隆上海縣志十二卷首一卷　清李文耀修　清葉承等纂**

清乾隆十五年刻本（古籍總目）

中科院　上圖　浙江

曹錫珪

字采蘩，號半涇女史，兵科給事中一士女，常山知縣葉承妻。

**拂珠樓偶鈔二卷**

石倉世纂本（叢書綜録）

## 陶南望（？—一七五二）

小傳見本卷《善本經眼録》。

**草韻彙編二十六卷（輯）**

清乾隆十九年南郵草堂刻本（善本書目）

北大　清華　北師大　上圖

清道光十二年挹雲書屋刻本（南圖書目）

南圖

清刻本（南圖書目）

南圖

**草韻彙編二十五卷首一卷（輯）**

清乾隆二十年刻本（國圖古籍目録）

國圖

## 喬光烈（？—一七六五）

小傳見本卷《善本經眼録》。

**登華山記一卷**

小方壺齋輿地叢鈔本（叢書綜録）

**遊龍門記一卷**

小方壺齋輿地叢鈔本（叢書綜録）

**遊磻溪記一卷**

小方壺齋輿地叢鈔本（叢書綜録）

**最樂堂文集六卷**

清乾隆二十一年刻本　九行十九字白口左右雙邊單魚尾（善本書目）

國圖（清牛運震評）　上圖　南圖　山東　安徽

吴天仁（一七〇九—？）

字樂山。

**紅翠山房春鳥集詩鈔二卷附銅斗詞一卷**

清乾隆二十年刻本（詩文集總目提要）

中科院

曹錫淑（一七〇九—一七四三）

小傳見本卷《善本經眼録》。

**晚晴樓詩鈔四卷詩餘一卷**

抄本（善本書目）

國圖

葉鳳毛（一七〇九—一七八一）

小傳見本卷《善本經眼録》。

**説學齋經説一卷**

藝海珠塵本（叢書綜録）

**内閣小識一卷**

清光緒間刻本（古籍總目）

國圖

**内閣小志一卷**

指海本（叢書綜録）

玉簡齊叢書本（叢書綜録）

清沈樹鏞抄本（古籍總目）

遼寧（羅振玉跋）

**説學齋晬録不分卷**

稿本（善本書目）

上圖

**説學齋詩十二卷**

稿本（上圖古籍目録）

上圖

**説學齋詩三卷**

清抄本（上圖古籍目録）

上圖

**説學齋文集三十卷文續稿四卷詩集十二卷詩續集十二卷**

清道光間刻本（古籍總目）

日本大阪

## 倚玉詞一卷

稿本（古籍總目）

南圖

### 金　理

字天和。能詩精醫，尤擅幼科。見同治《上海縣志》卷二十二。

## 醫原圖説二卷

清乾隆二十三年刻本（古籍總目）

上海中醫大　南圖　浙江醫大

清乾隆二十三年刻乾隆養怡書屋增修本（古籍總目）

天津中醫大　南圖

清末抄本（古籍總目）

天津

## 桂心堂

字一枝，號苧眉。諸生，嘉慶間與修邑志，古貌古心，人以書癡目之，卒年八十餘。傳見光緒《松江府續志》卷二十四。

### 杏花書屋詩稿二卷

清乾隆三十五年刻本（古籍總目）

中科院

## 陳澤泰

字茹征，號雲村，有經世才。爲諸生時，屢以詩賦受知學使者，卒不售，遂習堪輿，與同郡盛邦直齊名，在吴中名噪甚。見嘉慶《松江府志》卷六十一。

### 陽宅鏡二卷（輯）

清乾隆五十年春柳草堂刻本（上圖古籍目録）

上圖

**陰宅鏡二卷（輯）**

清乾隆六十年春柳草堂刻本（上圖古籍目録）

上圖

**春柳草堂詩集二卷詩餘一卷文集一卷**

清乾隆五十八年刻本（古籍總目）

社科院歷史所

清抄本（古籍總目）

中科院

陸虎岑

字殿九。生平不詳。

**續泉志十二卷**

稿本（古籍總目）

中科院考古所

## 張端木（一七一一—？）

小傳見本卷《善本經眼録》。

### 錢録十二卷

清玉連環室抄本　十二行二十三字藍格白口四周單邊（國圖古籍目録）
　國圖
清嘉慶間梅益徵抄本　九行二十字白口四周單邊（復旦書目）
　復旦
清嘉慶十八年葉志詵家抄本（張端木錢録）　九行二十四字藍格白口四周單邊（國圖古籍目録）
　國圖
清道光五年劉雯抄本（國圖古籍目録）
　國圖（劉喜海校注，金鳳沼校並跋）
清抄本（古籍總目）
　上圖（佚名校）　山西
民國十六年南洋新國民日報鉛印本（古籍總目）

上圖

趙婉揚（一七一三—一七三一）

小傳見本卷《善本經眼録》。

**幽蘭室詩草二卷附詩餘一卷**

清乾隆間刻本（善本書目）

復旦

凌存淳（一七一三—一七八〇）

字鯤遊，號竹軒。附貢生，充則例館謄録。乾隆十年（一七四五）授廣東雷州府同知。累攝各府篆，以母老乞歸。傳見嘉慶《松江府志》卷六十。

**竹軒詩草一卷**

清乾隆間刻本（南圖書目）

南圖

## 曹錫寶（一七一九—一七九二）

小傳見本卷《善本經眼録》。

**曹劍亭先生自撰年譜一卷附録一卷**

清光緒二十三年印書公會鉛印本（古籍總目）

國圖　上圖

**古雪齋詩集八卷**

清乾隆間刻本　十行十九字小字雙行同白口左右雙邊單魚尾（善本書目）

國圖　北大　復旦

**劍亭初稿四卷附花灣詞一卷**

清乾隆十二年刻本（上圖古籍目録）

上圖

**木蘭草一卷**

清乾隆十五年刻本（上圖古籍目録）

上圖

**碧園吟稿不分卷**

清乾隆間抄本（古籍總目）

蘇州博（清孫星衍、王澤、朱筠、朱珪、吴雲跋）

**古雪齋文集一卷**

清宣統三年鉛印本（古籍總目）

南圖

陸思誠

字希正，乾隆四十年（一七七五）歲貢生。爲文雅潔，入理泓然。與人交，不設城府。晚歲抄書自課，小楷盈篋。見同治《上海縣志》卷二十一。

**陸批四書十九卷**

清光緒十一年上海同文書局石印本（古籍總目）

天津　上圖　南圖

### 趙文鳴

字宸藻，文哲兄，諸生。好學，與人交，必以誠。喜吟詠，工書畫，晚年究心地理。見同治《上海縣志》卷二十一。

**三元地理真傳四卷三元宅墓圖一卷**

清同治間抄本（古籍總目）

上圖

**清泉集十三卷**

清乾隆木活字印本（古籍總目）

南圖

**清泉集二卷**

清乾隆三十二年木活字印本（古籍總目）

社科院文學所

趙文哲（一七二五—一七七三）

小傳見本卷《善本經眼録》。

**娵隅集十卷**

清乾隆五十四年刻本（善本書目）

復旦　北大　清華　中科院

清抄本（古籍總目）

中科院

**媕雅堂詩集十二卷詞集四卷**

清抄本（古籍總目）

中科院

**婝雅堂詩續集四卷**

清乾隆五十六年刻本（古籍總目、别集總目）

中科院　南大

**婝雅堂詩集八卷**

房山山房叢書本（叢書綜録）

**婝雅堂别集六卷**

清乾隆五十九年刻本（古籍總目）

中科院

**婝雅堂詩集八卷續集四卷别集六卷**

清乾隆刻本（别集總目）

國圖　上圖　山東

嫆雅堂集二卷　清沈德潛編

七子詩選本（叢書綜録）

趙璞庵集三十六卷

清乾隆五十四年刻本（國圖古籍目録）

國圖

弇雅堂詩話一卷

荔牆叢刻本（叢書綜録）

嫆雅堂詞一卷

琴趣樓詞鈔本（叢書綜録）

黄文蓮（一七三〇—約一七八九）

傳見本卷《善本經眼録》。

**書傳鹽梅二十卷**

清乾隆五十二年聽雨樓刻本　十行二十四字小字雙行同左右雙邊白口單魚尾（善本書目）

國圖　北大　清華　中科院　復旦

**老子道德經訂注二卷**

清乾隆五十二年刻本（道德經訂注）（古籍總目）

中科院　國圖

**聽雨樓集二卷　清沈德潛選**

七子詩選本（叢書綜録）

曹柔和（？—一七五六）

字荇賓，曹泰女，黄文蓮妻。

**玉映樓吟稿一卷**

清乾隆五十二年黄文蓮寫刻本（國圖古籍目録）

國圖

薛鼎銘

字象三。工舉業，決闈試，利鈍若合左契。乾隆二十八年（一七六三）進士，除浦江縣，兩充同考官，所得皆知名士。傳見嘉慶《松江府志》卷六十。

**墨譜三卷**

民國間抄本（國圖古籍目録）

國圖

曹錫黼

字誕文，號菽圃，培廉子。藏書甚富，晨夕披覽，博而該。任太常寺所牧，裁缺改補員外郎。年二十九卒於官。見同治《上海縣志》卷十七。

**石倉世纂（編）**

清乾隆十四年曹氏五畝園刻本（叢書綜録）

國圖　山東　南圖

## 無町詞餘二種

清乾隆二十一年五畝園刻本（頤情閣五種曲）（古籍總目）

國圖　上圖

桃花吟一卷四摺

四色石四卷

張雀網廷平感世一卷

序蘭亭内史臨波一卷

宴滕王子安檢韻一卷

寓同谷老杜興歌一卷

### 王炘

字景炎，號子乘，乾隆間諸生。詩初學西崑體，一變爲清蒼刻露，袁枚、王昶亟賞之。四十後學益進。縱酒得疾，卒。見嘉慶《松江府志》卷六十。

## 吴淞草堂詩稿三卷

清嘉慶元年刻本（上圖古籍目録）

上圖

### 黄雲師

字騶書，候選布政司理問。性孝友，撫兄雲章四孤，皆成立，兼賙貧族。乾隆二十年（一七五五）歲饑，捐錢給賑本圖民，全活甚衆。母壽九十，悉蠲佃租。有戚友没，赴弔，出逋券千金，焚之。建宗祠，築橋梁，修道路，皆不惜鉅費。傳見嘉慶《松江府志》卷五十九、同治《上海縣志》卷二十一。

## 采榮堂集五十卷

清抄本（古籍總目）

臺圖

### 陸錫熊（一七三四—一七九二）

字健男，號篁村，又號耳山。乾隆二十九年（一七六四）進士，改庶吉士，授内閣中書，入直軍機處。官至都察院左副都御史，與紀昀同爲四庫館總纂官。傳見《清史稿》卷三百二十。

**陵陽獻徵録十二卷**

稿本（南圖書目）

南圖（存卷一至六、八）

**乾隆婁縣志三十卷卷首二卷　清謝庭薰修　清陸錫熊纂**

清乾隆五十三年刻本（古籍總目）

國圖　中科院　上圖　復旦　天津

**炳燭偶鈔一卷**

藝海珠塵本（叢書綜録）

**寶奎堂餘集不分卷**

稿本（南圖書目）

南圖

清抄本（南圖書目）

南圖（李詳、劉之泗跋）

## 篁村餘集不分卷

稿本（南圖書目）

南圖

## 篁村詩集十二卷

清嘉慶十五年松江無求安居刻本　八行二十字小字雙行同白口左右雙邊單魚尾（古籍總目）

國圖　北大

清道光二十九年陸成沅刻本　九行二十一字小字雙行同白口左右雙邊單魚尾（古籍總目）

國圖　首都　南圖　中科院　復旦

## 實奎堂文集十二卷

清嘉慶十五年松江無求安居刻本（古籍總目）

廣東

清道光二十九年陸成沅刻本（古籍總目）

首都　南圖　中科院　遼寧

## 曹錫辰（一七三六—？）

小傳見本卷《善本經眼録》。

**北居詩稿二卷**

清乾隆間刻本　八行十九字白口左右雙邊單魚尾（復旦書目）

復旦

**北居詩稿六卷**

清乾隆間刻本（古籍總目）

中科院

**國朝海上詩鈔六卷**（輯）

清乾隆三十三年刻本（復旦書目）

復旦

**國朝海上詩鈔八卷首一卷末一卷（輯）**

清乾隆三十三年刻本（上圖古籍目録）

上圖

**國朝海上詩鈔八卷首一卷末一卷初續集二卷（輯）**

清乾隆間曹錫辰刻本（古籍總目）

浙江

## 李枝桂

字健林，太學生朝宰子，附貢生。質直有文名，以醫客京師，輦下諸公争重之。乾隆六十年（一七九五），欽賜國子監學正。嘉慶元年（一七九六），與千叟宴，賜如例。傳見嘉慶《松江府志》卷六十。

**澹竹軒集三卷**

乾隆刻本　八行十九字白口左右雙邊（古籍總目）

國圖

毛筆烈

字宰颺，號東山。湛深經術，尤工時藝。高才不遇，不及序貢而卒，士林惜之。傳見嘉慶《松江府志》卷六十。

**東山文稿不分卷**

清同治五年刻本（古籍總目）
大連

**東山詩鈔七卷**

清同治五年刻本（古籍總目）
南圖

黄中松

小傳見本卷《善本經眼録》。

**詩疑辨證六卷**

稿本　十一行二十六字小字雙行同（復旦書目）

復旦

四庫全書本（古籍總目）

黄　烈

小傳見本卷《善本經眼録》。

**書疑辨證存四卷**

清黄烈稿本（復旦書目）

復旦（清唐尊瑋跋）

**松郡文獻殘本不分卷**

稿本　十一行二十四字（善本書目）

復旦　湖南（存集部）

黄元吉

小傳見本卷《善本經眼録》。

**詩經遵義二十卷**

稿本　十一行二十四字（復旦書目）
　復旦（存卷三至卷二十）

唐千頃

字桐園，監生。好經術，著書二十種。又通岐黄術，輯《大生要旨》行世。見同治《上海縣志》卷二十。

**大生要旨五卷**

清乾隆二十七年千頃堂刻本（古籍總目）
　黑龍江中醫大　浙江
清嘉慶十三年雲南刻本（古籍總目）
甘肅　湖南中醫　雲南*

清嘉慶二十四年新安經義堂刻本（古籍總目）

重慶

清道光十六年刻本　九行二十字白口四周雙邊單魚尾（古籍總目）

國圖

清道光二十七年京都琉璃廠龍元齋刻本（古籍總目）

國圖　中醫科學院　天津中醫大　山東　河南

清道光二十七年刻光緒三十年重印本（古籍總目）

國圖

清咸豐七年刻本（古籍總目）

北京中醫大　中醫科學院　上圖　上海中醫大　山西

清同治三年香山集善堂刻本（古籍總目）

南圖　南京中醫大　雲南

清同治八年吴江沈氏世美堂刻本（古籍總目）

南圖

清光緒八年俞文奎堂刻本（古籍總目）

浙江

清光緒三十三年鉛印本（古籍總目）

浙江

**大生要旨五卷附續刊驗方三卷居家必用方一卷　清唐千頃撰　（續刊驗方）清王松堂輯　（居家必用方）清姚文僖　清沈二榆撰**

清末著易堂鉛印本（古籍總目）

南圖　南通

**增廣大生要旨五卷　清葉灝增訂**

清道光十九年邦都高氏刻本（古籍總目）

重慶

清道光二十九年西安刻本（古籍總目）

甘肅

清咸豐八年刻本　十行二十二字小字雙行同白口左右雙邊單魚尾（古籍總目）

國圖　上圖　南京中醫大　廣東

清咸豐九年寶賢堂刻本（古籍總目）

中科院　天津　湖北中醫

清咸豐十年錦江書局刻本（古籍總目）

湖北

清同治十三年刻本（古籍總目）

南圖

清光緒十年上海掃葉山房刻本（古籍總目）

中科院　上圖　天津中醫大　遼寧中醫大　山東

清光緒二十六年順德龍裕光廣州刻本（古籍總目）

國圖　廣東

**增補大生要旨五卷　清馬振蕃續增**

清道光五年慎德堂刻本（古籍總目）

甘肅

清光緒七年刻本（古籍總目）

首都

清光緒十四年錢思永堂刻本（古籍總目）

國圖　上圖　南圖

**三科大生合璧**

清光緒二十一年巴州暑齋刻本（古籍總目）

中醫科學院

## 薛韜光

字少文，原名龍光，號竹坡，諸生。少學詩，沉浸於漢唐，後與吴泰來友，折衷於沈德潛，詩益工。見同治《上海縣志》卷二十一。

**毛詩蒙求窾啓十卷毛詩蒙求彙瑣二卷**

清嘉慶五年上海薛氏家刻本（古籍總目）

國圖　上圖　復旦　中科院

**玉屏山房詩稿一卷**

抄本（古籍總目）

上圖（姚氏題識）

徐兆魁

字書城，號淡崖，諸生。嘉慶六年（一八〇一）欽賜副榜。嘗游粵，山川所助，發爲咏歌。見同治《上海縣志》卷二十一。

**遄喜堂詩集六卷詩續集二卷**

清嘉慶三年刻本（古籍總目）

社科院文學所

秦惟蓉

字鏡堂，諸生。見民國《上海續縣志》卷二十六。

**貯雲書屋詩鈔一卷**

民國十五年鉛印本（古籍總目）

首都

徐長發

字象乾，號玉崖。乾隆二十五年（一七六〇）舉人，户部司務，乾隆三十六年（一七七一）進士，授兵部主事，轉員外郎，歷官四川建昌道。征廓爾喀時，總理郵傳饋餉。年逾七十告歸。傳見嘉慶《松江府志》卷六十。

**徐玉崖集十四卷**

清嘉慶間刻本（古籍總目）

社科院文學所

施　潤

字澤寰，號秋水，惟訥孫。乾隆三十七年（一七七一）進士，以母老改鳳陽教授。奔母喪，後當事延主敬業書院。傳見嘉慶《松江府志》卷六十。

**居敬堂詩稿十卷**

清乾隆間刻本（古籍總目）

南圖　復旦

陸紀泰

南鍔長子，諸生。見同治《上海縣志》卷二十七。

**笏齋吟草不分卷**

清嘉慶十四年刻本（上圖古籍目録）

上圖

姜　信

生平不詳。

**禹貢揭要一卷**

清嘉慶十八年刻本（上圖古籍目録）

上圖

羅振玉藏抄本（國圖古籍目録）

國圖

趙秉淵（？—一八〇四）

字少純，號君實，文哲子。以蔭生授内閣中書。乾隆四十八年（一七八三）入直軍機，官至成都府知府。嘉慶十年卒於官。傳見同治《上海縣志》卷二十一。

**退密删存稿二卷附詞一卷**

清嘉慶十八年刻清末印本（古籍總目）

復旦　廣東

**小斜川藁稿一卷**

抄本（上圖古籍目録）

上圖

曹洪梁（一七四八—一八一三）

字寧伯，號雉山，錫黼次子。諸生，工詩，由四庫館議叙州佐，借補廣西按察司經歷，署天和知縣，調龍勝理苗通判，卒於任。見同治《上海縣志》卷二十一。

## 宜雅堂遺集四卷

清道光二十七年曹樹珊刻本（古籍總目）

中科院　天津　復旦　南圖　社科院文學所

### 沈向榮（一七四五—？）

字嘉蔭，號欣園。髫年入府庠，屢薦不售。嘉慶十九年（一八一四），年七十應歲試，學使陳希曾極賞其文，拔置第一，免其覆試，遂食餼。與脩邑志。傳見同治《上海縣志》卷二十一。

## 二如草堂詩鈔六卷

清嘉慶二十三年刻本（上圖古籍目録）

上圖

### 胡　鏗

生平不詳。

**謏者詩稿不分卷**

清嘉慶十八年刻本（詩文集總目提要）

上圖　日本内閣

褚　華（一七五八—一八〇四）

傳見本卷《善本經眼録》。

**易藝舉隅六卷**

清抄本（上圖古籍目録）

上圖

**海防集覽四卷**

稿本（南圖書目）

南圖（存卷一至卷二）

**滬城備考三卷澤國紀聞五卷**

清抄本（國圖古籍目録）

國圖

**滬城備考六卷**

清抄本　九行二十一字（國圖古籍目録）

國圖

申報館叢書本（叢書綜録）

上海掌故叢書第一集本（叢書綜録）

**閩雜記十二卷**

申報館叢書本（叢書綜録）

**木棉譜一卷**

藝海珠塵本（叢書綜録）

昭代叢書本（道光刻）（叢書綜録）

清道光十八年任樹林刻本（古籍總目）

遼寧

**水蜜桃譜一卷**

清嘉慶間李筠嘉刻本（古籍總目）

國圖

清道光三年刻本（古籍總目）

國圖

清嘉慶至光緒間抄本（古籍總目）

國圖

清抄本（古籍總目）

南圖

**寶書堂詩鈔八卷　清姜兆翀訂**

清嘉慶十六年上海李氏慈雲樓刻本（古籍總目）

國圖　上圖　中科院

周其永

字涵千，又字泠香，號二雲山人，諸生。父銓爲上洋名士，詩畫成家，泠香能世其學，性潔品高，詩與書法如其人，而畫尤秀勁。見同治《上海縣志》卷十一、光緒《金山縣志》卷二十七。

**二雲小稿一卷**

清嘉慶二十四年鶴慶堂刻晚崧廬詩鈔本附（古籍總目）

南圖

張希賢

字若愚，號石娛。布衣，能詩，善洞簫鼓琴。游京師，侍御曹錫寶雅重之。歸益困，嘗主羅焘家。傳見嘉慶《松江府志》卷六十一、同治《上海縣志》卷二十二。

**疏寮稿四卷**

稿本（上圖古籍目録）

上圖

## 張若愚詩稿不分卷

清抄本（上圖古籍目録）

上圖

### 强行健

字順之，號易窗。仿宋元諸家，山水縝密有法。精醫，宗朱震亨。分隸亦高古，尤工繆篆。後改名健。見同治《上海縣志》卷二十二。

## 痘證寶筏六卷

清嘉慶十一年李筠嘉刻本（古籍總目）

南圖

清同治元年醉六堂刻本（古籍總目）

北京中醫大　中國醫科院　上圖　吉林　山東中醫大

婦嬰三書本（叢書綜録）

清刻本（古籍總目）

河南中醫大

朱　采

字雲亭，上海北橋里人。

**上海明心寺志六卷（輯）**

民國二十三年番萬葉氏抄本（古籍總目）

上圖

紀大復（一七六二—一八三一）

字子初，號半樵，又號迷航外史。工隸書，善畫山水。見光緒《松江府續志》卷二十六。

**紀半樵遺詩一卷**

春暉堂叢書本（叢書綜録）

## 吴祖德

生平不詳。

**自怡吟鈔一卷**

怡園初刊本（詩文集總目提要）

上圖

**馬洲吟鈔一卷**

怡園續刊本（詩文集總目提要）

上圖

**怡園初刊三種續刊三種（輯）**

清嘉慶二十四年刻道光二年重刻本（古籍總目）

上圖

初刊

葺城老友會詩序題詞一卷　清吴祖德輯

怡園同人吟鈔一卷　清吴祖德輯

自怡吟鈔一卷　清吴祖德輯

續刊

續刊同人吟鈔一卷　清吴祖德輯

來青堂遺草一卷　清吴敞輯

馬洲吟鈔一卷　清吴祖德輯

## 瞿應麒

字邦瑞，秉虔子，諸生。工詩文，有擬古樂府行世，早卒。見同治《上海縣志》卷二十。

### 前漢樂府一卷

清嘉慶十八年刻本（上圖古籍目録）

上圖

## 李筠嘉（一七六四—一八二六）

字修林，號笋香。以貢生官光禄寺典籍。工書法。富藏書，精校勘之學。傳見光緒《松江府續志》卷二十四。

**慈雲樓目録不分卷**

海寧陳氏慎初堂抄本（古籍總目）

國圖

**古香閣藏書志**

稿本（古籍總目）

南圖（存卷一至二十二、二十五至二十六、三十四至三十六，又集部目二卷）

**春雪集六卷詩餘一卷**

清嘉慶七年刻本（古籍總目）

上圖

曹樹原

號子春，洪治次子。以優行廩生，屢薦未遇。見同治《上海縣志》卷二十一。

**聽雲仙館詩鈔一卷**

清道光四年刻本（古籍總目）

廣東

王鈺（一七六七—一八〇六）

字式如，號仲堅。坤培仲子。監生。急人之急，有祖父風。能詩，爲袁枚所稱。見同治《上海縣志》卷二十一。

**旦華樓詩一卷**

清道光十一年刻夢草集本（古籍總目）

社科院文學所

王　銘（一七七〇—一八一四）

字貞甫，號莢裳。

**問津草一卷**

清道光十一年刻夢草集本（古籍總目）

社科院文學所

李林松（一七七〇—一八三〇？）

字仲熙，號心庵，鵬沖子。嘉慶元年（一七九六）進士，授户部主事，選員外郎。六年（一八〇一）典試廣東，十三年（一八〇八）典試廣西，皆稱得人。嘉慶十八年（一八一三）主修邑志，多所辨證。道光三年（一八二三）主纂《金華志》，年未六十而卒。傳見同治《上海縣志》卷二十一。

**周易述補三卷**

稿本（古籍總目）

湖北

**周易述補五卷**

皇清經解續編本（叢書綜録）

**鄉黨禮説一卷**

清光緒五年通州劉恕刻本（古籍總目）

復旦（王欣夫跋）　湖北

**鄉黨私塾課本一卷**

清光緒八年刻本（古籍總目）

湖北

**嘉慶上海縣志二十卷卷首一卷　清王大同修　清李林松纂**

清嘉慶十九年刻本（古籍總目）

國圖　中科院　上圖　復旦　天津

**道光金華縣志十二卷卷首一卷　清黄金聲修　清李林松纂**

清道光三年刻本（古籍總目）

國圖　中科院　北大　上圖　天津

民國四年鉛印本（古籍總目）

中科院　上圖　復旦　南圖　湖北

**星土釋三卷首一卷**

清光緒十年刻本（古籍總目）

上圖　南大　東北師大

清淳古堂刻本　八行二十字白口左右雙邊單魚尾（古籍總目）

國圖

清刻本（古籍總目）

南圖

**易園集六卷附詞集一卷　清李味青編**

上海李氏易園三代清芬集本（叢書綜録）

**易園詩集二卷**

清道光間刻本（古籍總目）

廣東

**易園文集七卷**

清道光十七年濟寧州署刻光緒二十九年重修本（古籍總目）

首都

楊鍾寶

字瑶水。生平不詳。

**瓨荷譜一卷**

清道光元年寶廉堂刻本　九行二十字小字雙行同白口左右雙邊單魚尾（古籍總目）

國圖　遼寧

**練香詩集二卷附讀史偶得二卷**

清道光十年自刻本（詩文集總目提要）

首都　社科院文學所

王　錚（一七七一——一八〇八）

坤培子，庠生。博洽善詩畫。見同治《上海縣志》卷二十一。

**半農小稿一卷**

清道光十一年刻夢草集本（詩文集總目提要）

社科院文學所

**信芳閣家藏集不分卷**

清道光間刻本（古籍總目）

山西大學

李蘭芬

適寶山袁氏。

**蘭芬詩存一卷**

袁氏家集本（叢書綜録）

楊城書

原名城杞，字應芳，號書林。乾隆五十七年（一七九二）舉人，應禮部試，聞父病，兼程旋里，百計療之，愈後絶意進取，授徒以供菽水。晚潛心於宋五子書。道光元年（一八二一），舉孝廉方正，未與試。傳見光緒《松江府續志》卷二十四。

**蒔古齋隨筆一卷**

蒔古齋輯著本（叢書綜録）

**清鑑録一卷**

蒔古齋輯著本（叢書綜録）

**讀書雜志二卷**

蒔古齋輯著本（叢書綜録）

**蒔古齋吟稿二卷遺言一卷**

蒔古齋輯著本（叢書綜録）

**蒔古齋吟稿三卷遺言一卷**

清道光間刻本（古籍總目）

中科院

**蒔古齋吟稿一卷**

清刻本（古籍總目）

中科院

## 周静遠

原名甯遠，號静山。幼隨從父聲和游幕於秦，占籍長安。中乾隆四十三年（一七七八）舉人，以大挑知縣籤發湖南，權知武岡州事。補授臨湘縣知縣，充庚申湖南鄉試同考官。調湘潭縣，疏於會計，罷職，主講醴陵渌江書院。傳見同治《上海縣志》卷二十一。

**周若山詩存九卷附詞一卷**

清刻本（古籍總目）

社科院文學所

## 何文源、王靄如

文源字景韓，號采江；藹如字樂山，號韻卿。

**道光塘灣鄉九十一圖里志不分卷（纂）**

清道光十四年纂抄本（古籍總目）

上圖

## 胡式鈺

字青坳，諸生。邊遊燕、趙、齊、魯、晉、豫，無所遇歸。嘉慶二十三年（一八一八），以科場文字案充發山西渾源，道光六年（一八二六）赦還。見同治《上海縣志》卷二十一。

**寸草堂詩鈔六卷**

清道光三年刻本（古籍總目）

南圖

**寸草堂詩鈔十一卷**

清道光三年刻增刻本（古籍總目）

中科院

**寸草堂詩鈔十三卷**

清道光三年刻增刻本（古籍總目）

復旦

曹棨

庠名耀棨，字嘉徵，號戟三，培源玄孫。道光九年（一八二九）進士，署河南新野縣，改江寧府教授。年近七旬，卒於任。見同治《上海縣志》卷二十一。

**道光元年辛巳恩科江南鄉試硃卷一卷**

清道光間刻本（上圖古籍目録）

上圖

**道光九年己丑科會試硃卷一卷**

道光間刻本（上圖古籍目録）

上圖

張春華

號秋甫，廩生。里居教授而留心邑事。見同治《上海縣志》卷二十一。

## 滬城歲事衢歌一卷

清道光間刻本（古籍總目、上圖古籍目録）

南圖　上圖

上海掌故叢書第一集本（叢書綜録）

### 馬　昂

小傳見本卷《善本經眼録》。

## 貨布文字考四卷説一卷

清道光二十二年錢陪益蘭隱園刻本　十一行二十二字小字雙行同黑口左右雙邊雙魚尾（善本書目）

國圖　上圖（周印髯題識）　天津

民國十三年羅福葆石印本（古籍總目）

上圖　南圖

### 錢秀昌

名文彦，以字行，號松溪。精傷科接骨、入骱諸法。嘉慶十三年（一八〇八），獄中有自勒圖盡者，文彦治之，應手愈。工詩，晚年學益進，與諸名人多唱和之作。傳見同治《上海縣續志》卷二十。

**傷科補要四卷**

清嘉慶二十三刻本（古籍總目）

中醫科學院　上圖　浙江

清咸豐八年蘇州來青閣春記刻本（古籍總目）

中國醫科院　中醫科學院

清抄本（古籍總目）

蘇州大學醫學院

**孫鳴盛**

字少愚，諸生。

**敬勝堂詩鈔不分卷**

清道光二十九年刻本（古籍總目）

中科院

徐克潤

字田瑛，號藍穀，一作蘭穀。嘉慶間諸生，工畫山水，咸豐四年尚在世。

**藍穀詩草三卷**

稿本（南圖書目）

南圖

**藍穀詩草一卷**

抄本（南圖書目）

南圖

劉　樞

字鴻甫，潢子，嘉慶十八年（一八一三）舉人。由教習授福建安溪知縣，改福安知縣，年七十六卒。傳見同治《上海縣志》卷二十一。

**劉樞雜稿不分卷**

清嘉慶稿本（上圖古籍目録）

上圖

## 李　媞（一八〇五—一八二九）

字安子，號吏香，李林松女，桐城方傳烈妻。以夫不慧，投湖自沉。

**猶得住樓詩選不分卷**

清道光十年刻本（古籍總目）

無錫

民國十四年上海著易堂排印本（古籍總目）

南圖　遼寧

**猶得住樓詩稿一卷**

上海李氏易園三代清芬集本（叢書綜録）

王慶楨（一八一七—一八四七）

原名慶桐，字維周，號薇洲。

**養和山館吟稿二卷**

清道光二十八年刻本（古籍總目）

中科院

李學璜

字復軒，心耕子。監生。學問淵博，爲名場耆宿。見同治《上海縣志》卷二十一。

**筦測二卷**

清道光十八年郁松年校刻本（古籍總目）

北大　南圖

清抄本（上圖古籍目録）

上圖

釋行珍

生平不詳。

**天笠珍禪師語録□卷　清釋超格等編**

清杭州刻本（南圖書目）

南圖（存卷四至七）

## 仕宦

范廷杰

字斗南，清雲南通海人。乾隆十五年（一七五〇）進士，四十七年（一七八二）任上海知縣。

**乾隆上海縣志十二卷首一卷　清范廷杰修　清皇甫樞等纂**

清乾隆四十九年刻本（古籍總目）

北大　上圖　天津

# 婁縣

## 本籍

### 張宫（?—一六八一）

字處中，號檀齋。明崇禎五年（一六三二）與王澐等入幾社，入清前后與宋徵輿等往來。傳見嘉慶《松江府志》卷五十七，光緒《婁縣續志》卷十六。

**檀齋詩稿六卷**

書三味樓叢書本（叢書綜録）

### 曹爾堪（一六一七—一六七九）

字子顧，嘉善籍，勳子。順治九年（一六五二）進士，選庶吉士。歷陞侍講學士，屢蒙清聖祖嘉寵，有「學問最優」之語。罷歸，偕二三老友選勝賦詩，與宋琬、施閏章、等稱海内八家。傳見嘉慶《松江府志》卷五十六。

**南溪集六卷**

清康熙間刻本（上圖古籍目録）

上圖

**曹顧庵詩一卷**

皇清百名家詩本（叢書綜録）

**南溪詞一卷**

百名家詞鈔本（叢書綜録）

**南溪詞二卷**

國朝名家詩餘本（叢書綜録）

王　澐（一六一九—?）

字勝時，原名溥，字大來。號僧士，陳子龍弟子，子龍殉難後，常周恤之其妻張氏與其子婦丁氏居於鄉，時稱「王義士」。以諸生貢入成均，不得志。縱游齊、梁、楚、粤，晚歸老康園。傳見乾隆《婁縣志》卷二十五。

**雲間第宅志一卷**

藝海珠塵本（叢書綜録）

**齊魯遊紀略一卷**

小方壺齋輿地叢鈔本（叢書綜録）

**閩遊紀略一卷**

小方壺齋輿地叢鈔本（叢書綜録）

**楚遊紀略一卷**

小方壺齋輿地叢鈔本（叢書綜録）

**蜀遊紀略一卷**

小方壺齋輿地叢鈔本（叢書綜録）

**王義士輞川詩鈔六卷**

藝海珠塵叢書本（叢書綜録）

張世綬

字紫垂，安豫子。康熙二年（一六六三）舉人，選授河南淯川令，多善政。攝潁邑篆，復任淯川，卒於任，淯人哀之，會建培風書院落成。因肖像其中，歲時奉祀。傳見光緒《婁縣續志》卷十六。

**萬里志不分卷附録一卷**

清康熙三十四年刻本　八行二十字白口左右雙邊單魚尾（古籍總目）

國圖

許纘曾（一六二七—一七〇〇）

小傳見本卷《善本經眼録》。

**滇行紀程一卷**

說鈴本（康熙本）（叢書綜録）

黔南叢書本（滇行紀程摘鈔）（叢書綜録）

**滇行紀程一卷續鈔一卷**

龍威祕書本（叢書綜録）

說鈴本（道光本）（叢書綜録）

小方壺齋輿地叢鈔本（叢書綜録）

**東還紀程一卷**

說鈴本（康熙本）（叢書綜録）

**東還紀程一卷續鈔一卷**

龍威祕書本（叢書綜録）

說鈴本（道光本）（叢書綜録）

小方壺齋輿地叢鈔本（叢書綜録）

**東還紀程一卷贈言一卷**

清康熙間刻本　八行十九字白口四周單邊無魚尾（善本書目）

國圖

**太上感應篇圖説八卷（撰并繪）**

清初刻本（古籍總目）

南圖

清順治十四年刻本（古籍總目）

遼寧

清康熙三十三年刻本（古籍總目）

吉林

清乾隆間刻本（古籍總目）

北大

清侯來聘刻本（古籍總目）

南圖

**太上感應篇圖説八卷（撰并繪）　清李培仁補**

清乾隆四年李培仁刻本（古籍總目）

南圖

**寶綸堂詩稿三卷**

抄本（古籍總目）

中科院

**寶綸堂稿十二卷**

抄本（古籍總目）

國圖　上圖　浙江

稿本　八行二十字（古籍總目）

南圖

## 杜登春（一六二九—一七〇五）

小傳見本卷《善本經眼録》。

### 社事始末一卷

清抄本（古籍總目）

南圖

藝海珠塵本（叢書綜録）

昭代叢書本（道光本）（叢書綜録）

### 康熙廣昌縣志八卷卷首一卷　清杜登春修　清陸我郊纂

清康熙三十年刻本（古籍總目）

國圖*　南開

抄本（古籍總目）

吉林

**尺五樓詩集九卷**

清康熙刻本　十行十九字小字雙行同白口四周單邊單魚尾（善本書目）

國圖　上圖　南開

清康熙二十五年刻本　十行十九字小字雙行同白口四周單邊單魚尾（復旦書目）

復旦

## 陳　治

字山農，諸生。工詩。平生好游，足迹徧天下。耿精忠聞其名，具書幣招，堅拒之。晚歲隱居浦南，喜丹青，兼善岐俞術。傳見嘉慶《松江府志》卷五十七。

**證治大還**

清康熙貞白堂刻本　九行二十字小字雙行同白口四周雙邊單魚尾（古籍總目）

國圖　中醫科學院　上海中醫大　南圖＊　蘇州中醫院

醫學近編二十卷

傷寒近編前集五卷後集五卷

幼幼近編四卷

濟陰近編五卷

診視近纂二卷

藥理近考二卷

## 王鍾毅

小傳見本卷《善本經眼録》。

## 禮記纂類三十六卷

清抄本　九行二十二字白口左右雙邊雙魚尾（善本書目）

上圖

清抄本（善本書目）

天一閣（王師楷校訂）

## 彭開祐（一六四八—一七二六）

小傳見本卷《善本經眼録》。

**春藻堂嘯廬稿四卷**

清乾隆二十二年春藻堂刻本（上圖古籍目録）

上圖

抄本（上圖古籍目録）

上圖

**春藻堂嘯廬稿四卷滌雪稿四卷**

清康熙春藻堂刻本　十行二十二字白口四周雙邊無魚尾（善本書目）

上圖

**彭椒巖詩稿二十二卷**

清康熙三十五年春藻堂刻本（古籍總目）

中山大學（存十三卷）

## 廖鳳徵

字樾阡，號芸夫，又號聰雪。康熙三十二年（一六九三）舉人，官河南林邑知縣。威愛並著，俗爲丕變。又均平户役，民懷其德。丁内艱歸。傳見嘉慶《松江府志》卷五十八。

**翫劍樓詩稿八卷别集一卷**

清康熙四十五年刻本（上圖古籍目録）

上圖

**翫劍樓詩稿八卷别集一卷外集一卷詞一卷文稿一卷**

清雍正間刻本（古籍總目）

中科院

## 張起麟（?—一七一九）

字趾肇，號玉函。康熙四十八年（一七〇九）進士，改庶吉士，授翰林院編修，五十六年（一七一七）授雲南鄉試副考官，所得多知名士。越明年罷官，歸卒。傳見嘉慶《松江府志》卷五十八。

**梟葵草堂詩稿一卷**

清康熙間刻本（上圖古籍目録）

上圖

金維寧

小傳見本卷《善本經眼録》。

**詩韻探奇五卷**

抄本（古籍總目）

中科院

**垂世芳型十三卷**

清康熙五十三年澹秋軒刻本　十一行二十五字白口左右雙邊單魚尾（善本書目）

東北師大

**秋谷文集三卷**

清康熙五十年刻本（古籍總目）

社科院文學所

## 馮　柷

字夔宜，康熙間在世。

**一椶居詩稿二卷**

藝海珠塵本（叢書綜録）

## 范　纘（一六五一——一七一〇）

字武功，號笏溪。太學生，好與僧釋往來。兼長書畫，尤精堪輿家言。傳見嘉慶《松江府志》卷五十八。

**至聖先師避諱録一卷**

書三味樓叢書本（叢書綜録）

**四香樓詩鈔四卷**

清刻本（古籍總目）

中科院

**讀書堂詞話偶鈔十卷**

抄本（上圖古籍目録）

上圖

王丕烈（一六六八—約一七四九）、王芳

小傳見本卷《善本經眼録》。

**春暉堂詩鈔四卷賦鈔一卷附賦鈔一卷存樸齋詩鈔存一卷**

清乾隆十六年刻本　十行十九字小字雙行同白口左右雙邊單魚尾（復旦書目）

復旦

周兆龍

字西城。

**西城遺稿一卷**

栽友全稿本（康熙刻）（叢書綜録補編）

蔣天錦

字漢襄，家居西塔灣。博學能詩，與周兆龍倡和無虚日。見乾隆《婁縣志》卷二十六。

**塔灣詩草一卷**

我友合稿本（叢書綜録）

鄒元斗

字少微，號春谷，自號林屋山人。贅周氏，居常熟。康熙四十四年（一七〇五）聖祖南巡召試，授中書舍人。善寫生，爲蔣廷錫高弟，繪避暑山莊三十六景進程。五十二年（一七一三）與萬壽千叟宴，雍正五年（一七二七）告歸。卒年七十二。傳見乾隆《婁縣志》卷二十七、同治《蘇州府志》卷一百。

**林屋山人山水畫譜不分卷（繪）**

清光緒間刻本（古籍總目）

國圖

**春谷集一卷**

清鄒思勛抄本（古籍總目）

常熟（清金鶴沖跋）

陶繼堯抄本（古籍總目）

常熟（錢育人校并跋）

## 戴有祺（？—一七一八）

字昺章，號瓏巖，一號白嶽山人。康熙二十七年進士（一六八八），官翰林院修撰。傳見乾隆《婁縣志》卷二十五。

**尋樂齋詩集八卷**

清康熙横徑草堂刻本（上圖古籍目録）

上圖

清康熙横徑草堂刻嘉慶十五年張應時補修本（古籍總目）

中科院

施於民

字漁帆，諸生。工詩，五言尤善。見乾隆《婁縣志》卷二十五。

**紅芋山莊集四卷**

清抄本　十二行二十一字小字雙行同（上圖古籍目録）

上圖

**虎丘百詠不分卷**

稿本（古籍總目）

天一閣

**虎丘百詠一卷**

抄本（上圖古籍目録）

上圖

周　洽

字再熙，居白龍潭。工文章，精漢隸書。客治河名臣靳輔幕。時河工告成，以黄河圖屬洽，乃歷覽兖、豫、雍、冀四州之地，閲四月相度河勢，摹寫進呈，上覽之稱善，下詔褒美。又别爲《看河紀程》三卷。時屯政方興，欲使管出納，以未習錢穀謝。既而靳以蜚語罷，屯政中輟，任事者多詿吏議，洽獨超然事外。晚歸里，年七十五卒。見嘉慶《松江府志》卷五十八。

**看河紀程三卷**

書三味樓叢書本（叢書綜録）

清刻本（古籍總目）

國圖

倪匡世

字永清，居張管山之梅花園，後移家泗涇。放情山水，日事鉛槧。嘗爲葉映榴客，映榴甚倚重之。晚年好方外交。見乾隆《婁縣志》卷二十五。

**振雅堂彙編詩最十卷（輯）**

清康熙二十七年懷遠堂刻本（古籍總目）

中科院　南圖

繆　謨

字丕文，一字虞皋，號雪莊，諸生。從焦袁熹遊，長於戲曲，乾隆六年（一七四一），以張照薦入律吕正義館，旋告歸，終歲貢生。傳見嘉慶《松江府志》卷五十九。

**繆雪莊詩草一卷**

抄本（上圖古籍目録）

上圖

**著簪集二卷**

華亭二家詩詞本（叢書綜録）

**雪莊詞一卷**

清乾隆二十八年刻本（上圖古籍目録）

上圖

姚廷鑾

字瞻祈，諸生。精堪輿術。凡測地中物，頗有驗。見嘉慶《松江府志》卷六十一。

**陰陽二宅全書十二卷（輯）**

清乾隆十九年片山書樓刻本（上圖古籍目録）

上圖

**陰宅集要四卷陽宅集要八卷（輯）**

清善成堂刻本（上圖古籍目録）

上圖

**陽宅集成八卷（輯）**

清乾隆十六年刻本（古籍總目）

上圖　南圖

清乾隆十九年刻本　九行二十字小字雙行同白口左右雙邊單魚尾（國圖古籍目録）

國圖

**陰宅集要四卷（輯）**

清乾隆十七年刻本（上圖古籍目録）

上圖

**陽宅紫白訣一卷（輯）**

清同治八年梁承誥抄本（上圖古籍目録）

上圖

**地理集要四卷（輯）**

清乾隆間抄本（上圖古籍目録）

上圖

## 徐　櫄（一六八〇—？）

小傳見本卷《善本經眼録》。

### 玉屏山人古樂府三卷詩集十二卷

清乾隆四年刻本　十行二十一字版心上方黑口下方白口左右雙邊單魚尾（别集總目）

上圖＊　廣東　南開

清乾隆二十一年刻本（古籍總目）

中科院

清嘉慶刻本（上圖古籍目録）

上圖

清刻本（南圖書目）

南圖

王葉滋（一六八二—一七三六）

字槐青，號我亭。雍正五年（一七二七）進士，爲大學士朱軾所器重，薦入明史館任纂修，外擢湖南常德知府，官至辰永靖道副使。傳見嘉慶《松江府志》卷五十九。

**賜錦堂集十卷**

清嘉慶十九年王朝恩刻本（古籍總目）

中科院

張敦宗

字調一，慧子。歲貢生，秉承清初理學家陸隴其之學，研精《周易》、性理諸書，天文地理、刑法賦役及音律之學，無不窮究。工書畫。傳見嘉慶《松江府志》卷五十七。

**静敬山齋詩稿二卷**

民國十二年既翕堂鉛印張氏二先生集本（别集總目）

南圖　蘇州　安徽

陳桓

一名詩桓，字岱門，枚弟。性狷介，工詩嗜酒，兼好禪悦。精繪事，畫法仲圭、雲林，以天趣勝。傳見嘉慶《松江府志》卷六十一。

**稗堂詩略二卷　清張應時輯**

書三味樓叢書本（叢書綜録）

吴廷揆（？—一七二四）

字賓門，號湄州。康熙五十二年（一七一三）進士，授户部主事，擢吏科給事中，康熙六十年（一七二一）官太常寺少卿。雍正二年于役山陵，卒於官。傳見嘉慶《松江府志》卷五十八。

**鴻寶堂詩稿一卷**

清康熙間刻本　十行二十字白口四周雙邊（古籍總目）

北大

## 杜昌丁

字望之，登春子。雍正四年（一七二六）順天副榜，以保舉選浦城令。擢永春州知州，以病卒於官。傳見嘉慶《松江府志》卷五十九。

### 藏行紀程一卷

清雍正刻本（古籍總目）

南圖（清吴城跋）

小方壺齋輿地叢鈔本（叢書綜録）

昭代叢書本（道光本）（叢書綜録）

昭代叢書新編本（叢書綜録）

### 西征日記一卷（康熙五十九年）

清抄本（古籍總目）

浙江

張用天

字用六，號誠庵。

**懶真初集詩選（張誠庵詩集）八卷**

清乾隆九年遥青齋刻本（上圖古籍目録）

上圖

董均

字平銓，號疏庵，貢生，官安徽無爲州訓導。

**疏庵集十二卷**

清乾隆十三年刻本（古籍總目）

上圖　南圖

劉維謙

小傳見本卷《善本經眼録》。

**詩經叶音辨譌八卷**

清乾隆三年壽峰書屋刻本　八行十九字小字雙行同白口四周單邊單魚尾（善本書目、古籍總目）

復旦　浙江（清焦循跋）　民族大學　上圖　南圖

藏修堂叢書本（叢書綜録）

民國十一年上海朱氏十不齋刻本（古籍總目）

復旦

芋園叢書本（叢書綜録）

**楚辭叶音一卷**

清乾隆六年刻本楚辭節注附（古籍總目）

國圖　北大　上圖　天津　山東

### 趙　和

字柳介，諸生，不求仕進。著有《言志録》，焦袁熹作詩八百言述其梗概。見乾隆《婁縣志》卷二十六。

**花溪遺稿一卷**

栽友全稿本（康熙刻）（叢書綜録補編）

殷元正

元正字立卿，東郊洞涇人，布衣。見乾隆《婁縣志》卷十二。

**周易説卦偶窺四卷**

抄本　九行二十一字小字雙行同左右雙邊黑口雙魚尾黑格（上圖古籍目録）

上圖

**緯書（輯）**　**清陸明睿增訂**

清觀我生齋抄本（叢書綜録）

上圖

河圖帝系譜一卷

河圖玉版一卷

河圖挺佐輔一卷

河圖帝視萌一卷
河圖始開圖一卷
河圖稽命徵一卷
河圖握矩紀一卷
河圖闓苞受一卷
河圖括地象一卷
河圖絳象（河圖緯象）一卷
河圖考鉤一卷
河圖八文一卷
河圖皇參持一卷
龍魚河圖一卷
河圖葉光篇一卷
河圖帝覽嬉一卷
河圓帝通紀一卷
河圖稽耀鉤一卷
河圖考靈曜一卷

河圖真紀鉤一卷
河圖提劉一卷
河圖合古篇（河圖令占篇）一卷
河圖赤伏符一卷
河圖會昌符一卷
河圖録運法一卷
河圖秘徵篇一卷
河圖要元篇一卷
河圖聖洽一卷
河圖一卷
河圖龍文一卷
雒書甄曜度一卷
雒書摘六辟一卷
雒書靈准聽一卷
雒書寶予命一卷
雒書録運期一卷

雒書説禾（洛書説河）一卷

雒書兵鈐一卷

雒書一卷

易緯坤靈圖一卷

易緯稽覽圖一卷

易緯通卦驗一卷

易緯是類謀（易緯筮謀類）一卷

易緯辨終備一卷

易緯萌氣樞一卷

易緯天人應一卷

易緯乾元序制記一卷

易緯一卷

尚書璿璣鈐一卷

尚書考靈耀一卷

尚書刑德放一卷

尚書帝命驗（尚書帝命期、尚書帝驗期、尚書帝命驗期、筒書捁命驗）一卷

尚書運期授一卷

尚書緯一卷

詩緯推度災一卷

詩緯紀曆樞（詩緯汎曆樞、詩緯氾曆樞、詩緯記曆樞）一卷

詩緯含神霧一卷

詩緯含文候一卷

詩緯一卷

禮緯含文嘉一卷

禮緯稽命徵一卷

禮緯斗威儀一卷

禮緯元命包一卷

禮緯一卷

樂緯動聲儀一卷

樂緯稽耀嘉一卷

樂緯葉圖徵一卷

樂緯一卷

春秋孔演圖一卷

春秋元命苞二卷

## 讖緯書十七種不分卷（輯） 清陸明睿增訂

清抄本（古籍總目）

中山大學

易緯

尚書緯

詩緯

禮緯

樂緯

春秋緯

孝經緯

河圖緯

雒書緯

易讖

詩讖
春秋讖
禮讖
孝經讖
論語讖
雜讖
重文標目

**孝經緯讖尚書中侯（輯）　陸明睿增訂**

清尚友齋抄本（古籍總目）

北大

**孝經緯不分卷附讖不分卷（輯）　陸明睿增訂**

清清芬書屋抄本（上圖古籍目録）

上圖

**緯讖侯圖校輯不分卷（輯）**　清陸明睿增訂

清抄本（國圖古籍目録）

國圖

**集緯十二卷（輯）**　清陸明睿增訂

清乾隆間抄本（上圖古籍目録）

上圖

清清芬書屋抄本（上圖古籍目録）

上圖（存卷一至七）

## 錢長澤

字東匯，中書舍人芳標孫。家世名族，至長澤遂中落。善奕，爲能手。傳見嘉慶《松江府志》卷六十一。

**殘局類選二卷**

清乾隆三十五年雲間錢氏笙雅堂刻本　白口四周雙邊單魚尾（古籍總目）

國圖　北大　上圖　吉林

清暗香書屋刻本（古籍總目）

國圖　北大　上圖

**弈理指歸圖三卷　清施紹闇撰　清錢長澤繪**

清乾隆間刻本　白口四周單邊單魚尾（古籍總目）

國圖　上圖　天津

清光緒七年刻本（古籍總目）

北大　上圖　吉林　長春　吉大

**弈理指歸圖三卷續編一卷　清施紹闇撰　清錢長澤繪　（續編）清李良校**

弈潛齋集譜本（叢書綜録）

## 張　照（一六九一——一七四五）

小傳見本卷《善本經眼録》。

## 欽定篆文六經四書四十九卷

清康熙内府刻本（復旦書目）

復旦

民國碧梧山莊石印本（古籍總目）

上圖

## 南浦焦先生行狀一卷

抄本（古籍總目）

上圖

## 秘殿珠林二十四卷（輯）

稿本（古籍總目）

故宫（存卷一、十二至二十一）

清乾隆内府抄本（古籍總目）

故宫

清乾隆内府抄本（古籍總目）

南京博

清末石印本（古籍總目）

國圖

清抄本（古籍總目）

南圖　浙江

**石渠寶笈四十四卷（輯）**

稿本（古籍總目）

遼寧（四庫底本，存卷一至十三、十五至四十四）

稿本（古籍總目）

故宮（存貯乾清宮八卷，貯養心殿卷一、五之上，貯重華宮卷一、四、七至八，貯御書房卷一、五之上、八）

清乾隆内府抄本（古籍總目）

故宮（存卷貯乾清宮八卷、貯養心殿八卷、貯重華宮八卷、貯御書房十二卷、貯畫禪室一卷、貯三希堂長春書屋隨安室攸芋齋一卷、貯翠雲館漱芳齋靜怡軒三友軒一卷）　南京博

四庫全書本（古籍總目）

**天瓶齋題跋不分卷　清張與載輯**

抄本（善本書目）

上圖

**天瓶齋書畫題跋二卷**

清乾隆三十八年刻本　九行十八字白口左右雙邊（善本書目）

國圖　北大　上圖　南圖

小重山房叢書本（叢書綜録）

**張文敏公遺稿三卷**

稿本（善本書目）

上圖（清張照識語，清陳大浩跋）

**張文敏公送朱南崖大夫子入都文一卷**

稿本（古籍總目）

杭州

**得天居士集一卷**

清抄本（古籍總目）

湖北

**得天居士集六卷**

清刻本（古籍總目）

中科院（鄧之誠題記）

清道光二十八年張祥河刻本（古籍總目）

國圖　中科院　復旦

黄圖珌（一六九九—？）

小傳見本卷《善本經眼録》。

**看山閣集三十二卷**

清乾隆五年刻本　十行十九字黑口左右雙邊單魚尾（善本書目）

上圖　復旦　臺大　日本内閣

**看山閣集閒筆十六卷**

清乾隆十七年序刻本（國圖古籍目録）

國圖

**看山閣集文八卷今體詩十六卷古體詩八卷詩餘四卷南曲四卷**

清乾隆刻本　十行十九字黑口左右雙邊單魚尾（國圖古籍目録）

國圖

**看山閣集三十六卷續集八卷**

清乾隆刻本（南圖書目）

南圖

**看山閣全集六十四卷**

清乾隆間刻本（古籍總目）

中科院

**看山閣樂府雷峰塔二卷**

清乾隆黄氏看山閣刻本　十行十九字黑口左右雙邊（古籍總目）

國圖　上圖　南圖

**看山閣樂府栖雲石二卷**

清乾隆黄氏看山閣刻本　十行十九字黑口左右雙邊（古籍總目）

上圖　南圖　浙江

王永祺

字延之，邑諸生。乾隆二十年（一七五五）歲貢，中式順天舉人。平生於書無所不觀，晚乃一衷宋儒。詩文沈雄自喜，不詭隨時尚。訓子弟寬而肅，常曰：「表正則影自直，何庸督責爲？」而子弟亦愛敬倍至。年六十六卒，門人私謚孝簡。傳見乾隆《婁縣志》卷十九。

**泰舒胡先生年譜一卷**

清乾隆間刻本　九行二十字白口左右雙邊單魚尾（國圖古籍目録）

國圖

清光緒二十九年歙縣胡氏刻本（古籍總目）

國圖　上圖　遼寧

沈大成（一七〇〇—一七七一）

小傳見本卷《善本經眼録》。

**學福齋説文温知録一卷**

稿本　十一行約二十餘字紅格白口左右雙邊（善本書目）

國圖

**學福齋雜著一卷**

藝海珠塵本（叢書綜録）

**近遊詩鈔二卷**

清乾隆十九年刻本（古籍總目）

上圖　南圖　南開

**學福齋文集二十卷**

清乾隆刻本（古籍總目）

南圖　閩圖　大連

**學福齋文集殘稿**

稿本　九行二十一字小字雙行同（善本書目）

上圖（潘景鄭跋）

**學福齋文集十二卷詩集三十七卷**

清乾隆三十五年刻本（上圖古籍目録）

上圖

**學福齋文集二十卷詩集三十七卷卷首一卷**

清乾隆三十九年雲間沈氏刻本　十行二十一字小字雙行同黑口左右雙邊單魚尾（古籍總目、別集總目）

國圖（清劉履芬跋） 中科院 南開 華東師大

**學福齋文集二十卷詩集三十七卷卷首一卷近遊詩鈔二卷**

清乾隆刻本 十行二十一字小字雙行同黑口左右雙邊單魚尾（別集總目）

國圖 上圖 北大 復旦 南圖

## 徐是傚（？—一七四二）

字景于，一作景予，號金吾。諸生，乾隆初授經於怡親王邸，薦試鴻博，辭不就。傳見嘉慶《松江府志》卷五十九。

**古春堂詩存二卷**

清光緒二十二年木活字印本（古籍總目）

上圖 復旦

**徐今吾詩文鈔**

清乾隆刻本（別集總目）

上圖

姚允迪

字藴生，培和次女，知縣戴鳴球妻。

**秋琴閣詩鈔二卷**

清刻本（古籍總目）

安徽

張昀

字友竹，號嵎寅。善畫山水，下筆蕭散，氣復沉鬱。乾隆十七年（一七五二）、二十二年（一七五七）南巡獻畫，賜鍛。傳見光緒《婁縣續志》卷十八。

**賜錦堂詩存不分卷**

清乾隆四十一年刻本（古籍總目）

社科院文學所

## 徐祚永

字介人，號學齋。

**芳潤堂詩鈔六卷**

清乾隆四十三年刻本（詩文集總目提要）

上圖

## 聞　益

字省謙，號錦峰，珽子。由廩貢歷任含山教諭，改清河訓導。傳見李放《皇清書史》卷九。

**淮南雜識四卷**

清同治十一年刻本（上圖古籍目録）

上圖

**錦峰詩稿五卷**

清道光二十五年刻本（南圖書目）

南圖

清同治九年聞維堉刻本（古籍總目）

廣東　復旦

## 張孝泉

字述思，號蒙川，又號退圃。試京兆，遂入順天宛平籍。乾隆十六年（一七五一）進士，補陝西司主事，轉員外郎。外任廣東南雄府知府，官至南韶連道。晚主上洋書院，卒年八十一。傳見嘉慶《松江府志》卷五十九。

**冷香集錦一卷**

清乾隆四十年種玉亭寫刻本（古籍總目）

中科院

**蒙川吟稿一卷**

抄本（上圖古籍目録）

上圖

范棫士（一七一〇—一七六九）

字祖年。少以文學稱，乾隆十七年（一七五二）廷試第二，授編修，擢福建道監察御史，充乾隆二十一年（一七五六）順天鄉試同考官。轉兵科給事中，調工科掌印給事中。三十喪偶，不復娶。與人交坦然和易，居官雖貧，遇故鄉親友困乏，必力爲資助。又倡置雲間會館以居鄉會試之來京者。傳見乾隆《婁縣志》卷二十六。

**分韻長律詩鈔不分卷（輯）**

清抄本（上圖古籍目録）

上圖

董錫嘏

其昌玄孫，乾隆二十五年（一七六〇）進士，授浙江龍游令。見乾隆《婁縣志》卷二十八。

**四書集注指要不分卷（輯）**

清乾隆三十年戲鴻堂刻本（上圖古籍目録）

上圖

**孟子集注指要二卷（輯）**

清刻本　十行二十二字白口左右雙邊單魚尾（古籍總目）

國圖　北大　上圖

張夢喈

字鳳于，號玉壘，維煦子。乾隆三十年（一七六五）、五十七年（一七九二）兩遇南巡，學使劉墉、李因培先後選應召試，入貲候選同知，年七十四卒。傳見嘉慶《松江府志》卷六十。

**塔射園詩鈔六卷**

清乾隆二十九年寫刻本（古籍總目）

上圖　中科院

清嘉慶七年刻本（古籍總目）

復旦

## 吴樹本（一七三九—一七九五）

榜名吴昕，改名敬輿，字芸閣，一字貞生，又字恭銘，號楚頌。乾隆三十六年（一七七一）進士，改庶吉士，授編修，充四庫館分校。歷典陝甘、湖北鄉試同考官，六十年（一七九五）任福建鄉試副考官。傳見光緒《婁縣續志》卷十六。

**清容堂詩集十卷**

清嘉慶九年刻本（古籍總目）

北大

## 周厚地

字雨坪，居干山。

**乾隆干山志十六卷**

清抄本（古籍總目）

上圖＊　松江博

**懷　遠**

字抱奇。

**醫徹四卷**

清嘉慶七年陸壋抄本（南圖書目）

南圖

清嘉慶十五年雲間鄭文萃堂刻本（上圖古籍目録）

上圖

**莊師洛**

字蓴川，號泖客，諸生。傳見嘉慶《松江府志》卷六十。

**十國宫詞一卷　清何其偉注**

清嘉慶八年何氏刻本（古籍總目）

北大

## 王春煦（一七四四—一八〇〇）

字紫羽。乾隆四十年（一七七五）進士，改庶吉士，授編修，得賬院阿桂器重，館擱文字多出其手。乾隆四十八年（一七八三）、五十四年（一七八九）兩充順天鄉試同考官，又任五十五年（一七九〇）會試同考官，擢河南道監察御史，署吏科給事中，出任湖北宜昌府知府。傳見嘉慶《松江府志》卷六十。

**延春齋館課偶存詩一卷**

清刻本（南圖書目）

南圖

**延青齋詩鈔二卷**

民國間鉛印本（古籍總目）

社科院文學所　上圖　復旦

聞人軾

字定之，郡庠生。屢困棘闈，鬱鬱不自得。家復多故，春秋佳日，以詩酒自娱。見光緒《婁縣續志》卷十七。

**蕉雪齋詩稿一卷**

清嘉慶十一年刻本（上圖古籍目録）

上圖

胡　量（一七五〇—一八二一）

字元謹，僑居吴門。工詩文，通醫術，兼長六法，得婁江毛上炱指授，筆趣近元人。遊京師，足迹徧歷燕趙、齊、魯、閩、粤，見佳山水輒繪爲圖。性嗜飲，晚歲貧甚，悉以所繪圖易酒。見光緒《松江府續志》卷二十六、光緒《婁縣續志》卷十八。

**海紅堂詩鈔一卷**

清道光間刻本（古籍總目）

蘇州

張興載（一七五七—一八〇七）

字坤厚，號悔堂。張夢喈次子，貢生，候補訓導。工詩賦。見嘉慶《松江府志》卷六十。

**天瓶齋書畫題跋補輯一卷**

丙子叢編本（叢書綜録）

**寶稧軒詩集二卷**

清嘉慶十一年刻本（上圖古籍目録）

上圖

王蔚宗（一七五七—一八一六）

字山春，號春野，永琪孫。嘉慶三年（一七九八）優貢生，朝考一等，選安徽宣城縣主簿。傳見光緒《婁縣續志》卷十七。

**端居室集十二卷**

清嘉慶二十年王蔚宗宣城刻本（古籍總目）

中科院

王韞徽

字澹音，知府王春煦女，大使楊紹文妻。

**環青閣詩稿二卷**

清抄本（國圖古籍目録）

國圖

**環青閣詩稿四卷**

清道光元年刻本（古籍總目）

國圖　温州

徐朝俊

小傳見本卷《善本經眼録》。

**禹貢地輿考一卷**

清嘉慶四年刻本（上圖古籍目録）

上圖

**篆楷考異一卷字式一卷楷書訂譌一卷（輯）**

清嘉慶十三年刻三色套印本　六行十一字小字雙行行二十二字白口四周雙邊單魚尾（復旦書目）

復旦

**篆楷考異不分卷（輯）**

清抄本（國圖古籍目録）

國圖

## 楷書訂訛一卷（輯并書）

清雲間義塾刻本（古籍總目）

上圖

## 高厚蒙求九種

清嘉慶間雲間徐氏刻本　十行二十一字小字雙行不等白口左右雙邊單魚尾（古籍總目）

國圖　北大　上圖　復旦　吉林

清嘉慶道光間刻本（古籍總目）

國圖　北大　長春

清同治五年雲間徐氏刻本（古籍總目）

南圖　遼寧

清光緒元年雲間徐氏刻本（古籍總目）

吉林

清光緒十三年上海同文館鉛印本（古籍總目）

國圖　首都　清華　長春

清光緒二十五年刻本（古籍總目）

南圖（存九卷）

清刻本（古籍總目）

國圖

初集

天學入門一卷

二集

海域大觀一卷

三集

中晷圖法一卷

中星表一卷

測夜時晷一卷

自鳴鍾表圖表一卷

四集

天地圖儀一卷

揆日正方圖表二卷

五集

高弧句股合表一卷

**高厚蒙求不分卷**

清嘉慶十四年雲間徐氏刻本（上圖古籍目録）

上圖＊

**自鳴鐘表圖説一卷**

清抄本（古籍總目）

國圖

施　炎

字作霖，號牧堂。工畫山水。見《墨香居畫識》卷四。

**牧堂詩稿一卷**

清嘉慶二十三年春暉閣刻本（上圖古籍目録）

上圖

潘兆熊

生平不詳。嘉慶十六至十七年（一八一一—一八一二）間，與欽善、顧鴻聲、梅春、高崇瑚等共結詩社。見光緒《重修華亭縣志》卷二十四。

**菜香館遺詩一卷**

清道光間潘鼎陽得修綆齋刻本（古籍總目）

南圖

葛維嵩

字厚卿，號蘆坪。狀歲遊關中，歷二十餘年歸，居僧舍，年七十餘卒。傳見光緒《婁縣續志》卷十六。

**蘆坪詩稿一卷**

清嘉慶十三年春暉閣刻本（古籍總目）

四川

秦　淵

字躍時，號季雲，又號珠崖。嘉慶元年（一七九六）進士，改庶吉士，授户部主事。傳見光緒《婁縣續志》卷十七。

**谷春堂剩稿一卷**

雲間詩草本（叢書綜録）

毛遇順

字山子，號翼之，諸生。工詩。見光緒《婁縣續志》卷十七。

**明宫雜詠四卷**

清道光十九年龍潭老屋刻本（古籍總目、别集總目）

上圖　南圖

史本泉

字蒙山，乾隆五十四年（一七八九）舉人，授安徽潁上教諭，卒於任。傳見光緒《婁縣續志》卷十七。

**珠樹堂集三種不分卷**

清道光二十八年潁上學署刻本（古籍總目）

中科院

史本家

生平不詳。

**排律新詠一卷**

清嘉慶二十四年三味樓刻本（古籍總目）

上圖

清道光二十八年潁上學署刻珠樹堂集三種本附（古籍總目）

中科院

## 王朝恩

字笙龢，號笛樓。師謝昆，官東冶縣丞，改任絳州州判。以在鉅野縣有守城之功，擢曹州司馬。未幾，升任山東登州知府。傳見道光《鉅野縣志》卷十。

**傳硯樓詩質四卷附詩餘一卷**

清嘉慶十七年刻本（詩文集總目提要）

南圖

## 張允垂（一七七三—一八三六）

字升吉，號柳泉。乾隆六十年（一七九五）舉人，分户部，嘉慶十七年（一八一二）入直軍機，十九年（一八一四）補主事，升員外郎郎中。道光元年（一八二一）補陳州府，服闋補杭州府。性嗜書，購藏三萬餘卷。傳見光緒《婁縣續志》卷十七。

**［上海松江］清河族譜一卷（纂修）**

清道光九年抄本（古籍總目）

上圖

**傳硯堂詩存一卷**

清光緒間刻擁書堂詩集本附（古籍總目）

國圖

清刻本（古籍總目）

中科院

## 馬德溥

字仲田。弱冠補博士弟子員，嘉慶三年（一七九七）舉人。屢上公車不售，乃研心經史之學，靡所不覽，著述亦甚富。年五十卒。傳見光緒《婁縣續志》卷十七。

**馬仲田詩鈔一卷遺稿一卷**

清道光二十七年唐模刻本（上圖古籍目録）

上圖

張崇逵

生平不詳。

**春熙堂稿不分卷**

清道光十四年刻本（詩文集總目提要）

社科院文學所

張崇懿

字麗瀛。少習舉業，旋棄去。工詩古文詞，尤精斯籀之學。癖愛古錢。傳見光緒《婁縣續志》卷十八。

**錢志新編二十卷**

道光十年刻本　九行二十一字白口左右雙邊雙魚尾（古籍總目）

國圖　上圖　天津　山東　南圖

清四樂堂抄本（古籍總目）

國圖

咸豐五年趙舫刻本（古籍總目）

國圖

民國十二年上海掃葉山房刻本（古籍總目）

上圖

姚　椿（一七七七—一八五三）

小傳見本卷《善本經眼録》。

**逸論語不分卷逸周書一卷竹書紀年一卷（輯）**

稿本　九行左右雙邊白口單魚尾（古籍總目）

復旦

**史漢序贊不分卷**

清抄本（上圖古籍目録）

上圖

**皇清誥封夫人先母許太夫人哀述一卷**

道光十五年刻本（上圖古籍目録）

上圖

**槮寥生傳一卷**

光緒宣統間刻本（古籍總目）

上圖

**槮寮日記不分卷（道光元年至四年）**

稿本（善本書目）

復旦

**勸補録一卷客遊筆記一卷篤行録一卷（道光十年至十二年、十九年至二十三年）**

稿本（善本書目）

復旦

**道光禹州志二十六卷　清朱煒修　清姚椿等纂**

清道光十五年刻本（古籍總目）

國圖　中科院　北大　上圖　河南

**道光川沙撫民廳志十二卷卷首一卷　清何士祁修　清姚椿、周墉纂**

清道光十六年刻本（古籍總目）

國圖　北大　上圖　天津　南圖

抄本（古籍總目）

蘇州

**史書序目不分卷**

稿本（上圖古籍目録）

上圖

**史學大綱不分卷（輯）**

稿本（上圖古籍目録）

上圖

武備類鈔二卷（輯）

稿本（善本書目）

上圖

養生餘論不分卷

稿本（上圖古籍目録）

上圖

樗寮筆記一卷

稿本（上圖古籍目録）

上圖

天學一隅一卷格言尤要一卷日省三戒一卷松陽講義一卷

稿本（上圖古籍目録）

上圖

**樗寮先生吉祥雲室雜録不分卷（輯）**

清吉祥雲室抄本（古籍總目）

國圖　上圖

**樗寮隨筆一卷**

稿本（上圖古籍目録）

上圖

**南埭草堂詩集十六卷**

稿本（上圖古籍目録）

上圖（丁祖蔭跋）

**通藝閣詩録四卷**

清嘉慶抄本（上圖古籍目録）

上圖

**通藝閣詩續録三卷**

抄本（上圖古籍目録）

上圖

**通藝閣詩續録四卷**

清道光間抄本（上圖古籍目録）

上圖

**通藝閣三録不分卷**

抄本（上圖古籍目録）

上圖

**樗寮未刻稿一卷**

抄本（上圖古籍目録）

上圖

**通藝閣詩録八卷**

清道光十二年刻本（古籍總目）

中科院

**通藝閣和陶集三卷附詩話三卷**

清道光二十八年刻本（別集總目）

上圖　復旦　南圖

**通藝閣文集六卷**

清道光二十年木活字印本（古籍總目）

山東

**通藝閣文集補編一卷**

清道光二十年木活字印本（古籍總目）

山東

**晚學齋文集十二卷**

清道光二十年刻本（別集總目）

中科院　北師大　南圖　湖南　南開

清咸豐二年刻本（古籍總目）

國圖　上圖　復旦　南圖　河南

**松寮文續編一卷**

民國二十五年上虞羅氏蟫隱廬石印本（古籍總目）

國圖

**晚學齋集三十四卷**

清刻本（別集總目）

首都

## 正始集八卷補遺一卷（輯）

稿本（古籍總目）

遼寧

## 樗寮詩話三卷

稿本（善本書目）

上圖

清道光間刻本（上圖古籍目録）

上圖

樗寮先生全集本（叢書综録）

清婁縣韓應陛刻本（古籍總目）

國圖

清刻光緒十年婁縣姚氏重印本（古籍總目）

國圖

**論文别録一卷**

抄本（上圖古籍目録）

上圖

**灑雪詞三卷**

清抄本（上圖古籍目録）

上圖

**樗寮先生全集四十二卷**

清道光咸豐刻本（别集總目）

國圖　上圖　南圖　廣東　南開

馮承輝（一七八六—一八四〇）

小傳見本卷《善本經眼録》。

**石鼓文音訓考正一卷　元潘迪音訓　清馮承輝考正**

清光緒十九年刻本（古籍總目）

湖北

**金石剪一卷**

稿本　十行二十字（善本書目）

上圖

嘉慶二十三年自刻本（古籍總目）

國圖　上圖　天津　南圖

**印識五卷**

稿本（上圖古籍目録）

上圖

**印識四卷**

清道光九年刻本（上圖古籍目録）

上圖

遯盦印學叢書本（歷朝印識）（叢書綜録）

**印識一卷歷朝印識補遺一卷國朝印識二卷近編一卷**

清道光十七年刻本（古籍總目）

國圖　上圖

**印學管見一卷**

篆學瑣著本（叢書綜録）

**古鐵齋印譜一卷印學管見一卷（篆刻并撰）**

清嘉慶二十二年雲間馮氏鈐印本（古籍總目）

上圖　遼寧

**古鐵齋印學管見一卷**

清光緒十九年蒼溪刻本（上圖古籍目録）

上圖

**印識一卷歷朝印識補遺一卷國朝印識二卷國朝印識近編一卷**

稿本（上圖古籍目録）

上圖

清道光間刻本（古籍總目）

上圖　南圖

**歷朝印識一卷補遺一卷國朝印識二卷補遺一卷近編一卷**

清蘇州文學山房木活字印本（古籍總目）

國圖

**歷朝印識四卷**

遯盦印學叢書本（叢書綜録）

**國朝印識二卷近編一卷**

清道光十七年文學山房活字印本（古籍總目）

東北師大　哈爾濱

**古鐵齋詞鈔**

清道光二年刻本（上圖古籍目録）

上圖

朱大韶（一七九一——一八四四）

小傳見本卷《善本經眼録》。

**尚書經字異同集證八卷**

稿本（善本書目）

復旦

**尚書字詁一卷**

稿本（善本書目）

復旦

**毛詩翼一卷**

稿本（復旦書目）

復旦

**毛詩故訓傳裨二卷**

稿本（復旦書目）

復旦

**春秋傳禮徵十卷**

適園叢書本（叢書綜録）

**實事求是之齋經義二卷**

清光緒九年刻本（古籍總目）

國圖　中科院　北師大　南圖　浙江

清光緒九年刻二十二年封氏修補印本（古籍總目）

湖北

皇清經解續編本（叢書綜録）

**經典衍文脱文倒誤考不分卷**

稿本（復旦書目）

復旦

**經字考二卷**

吴縣王氏學禮齋抄本（復旦書目）

復旦

**嘉慶二十四年己卯科江南鄉試硃卷一卷**

嘉慶間刻本（上圖古籍目録）

上圖

**實事求是之齋叢著四種五十卷**

稿本（善本書目）

上圖

實事求是之齋經説十一卷

實事求是之齋經義十七卷

實事求是之齋雜著二十卷

實事求是之齋古文二卷

## 丁佩

字步珊，道光十二年進士蘭谿陳毓楓妻。

**繡譜二卷**

拜梅山房几上書本（叢書綜録）

**雲間丁氏繡譜不分卷**

清抄本（南圖書目）

南圖

**繡譜一卷**

喜詠軒叢書本（叢書綜録）

楊秉杷

小傳見本卷《善本經眼録》。

**禮記説八卷**

清道光元年刻本（古籍總目）

國圖　上圖

**楊氏雜録一卷**

申報館叢書本（叢書綜録）

**孔宅詩録四卷首一卷（輯）**

抄本（上圖古籍目録）

上圖

**應體詩話二十二卷**

清張爾耆抄本（善本書目）

上圖

顧宗瑋

字廷敬。

**春秋左傳事類年表不分卷**

清顧宗瑋稿本（上圖古籍目録）

上圖

## 戴培椿

字菱舟，監生。精於醫。傳見光緒《婁縣續志》卷十八。

### 咽喉證治四卷（輯）

清嘉慶十九書三味樓刻本（古籍總目）
北京醫大　上圖　浙江中醫藥院

## 流　寓

## 趙　炎

原名炎，字二火，後改名潛，字雙白。漳浦人，康熙間至松江，僦一廛於笏溪之上。吳偉業嘗訪之，結歡而去。嘗爲僧開堂設法，後還初服。見光緒《婁縣續志》卷二十。

### 蓴閣詩藏十七卷（輯）

清康熙間刻本（古籍總目）

國圖

## 汪大經

號西村，秀水縣學生。工詩文，善書。年二十二，爲婁縣朱氏館甥，遂家焉。乾隆三十年（一七六五）南巡召試二等。傳見光緒《婁縣續志》卷二十。

**借秋山居詩鈔八卷附吹竹詞一卷**

清嘉慶九年刻增修本（古籍總目）

中科院

**借秋山房詩鈔八卷借秋居雜文草稿一卷**

清芬書屋抄本（古籍總目）

國圖

## 釋覺園

號寄亭，浙江錢塘人。嘉慶間卓錫松江，講法於西郊直指庵。能詩，與諸名流倡和。見光緒《婁縣續志》卷二十。

**尊古堂詩存一卷**

清道光二年直指庵刻本（古籍總目）

上圖

## 仕宦

李復興（？—一六六九）

字瑩斗，濱州人。順治三年（一六四六）舉人，會試副榜。康熙三年（一六六四）令婁，尋以事劾。踰年復任，定爲均田均役之法。傳見光緒《婁縣續志》卷十九。

**松郡均役成書不分卷**

清康熙間刻乾隆五十三年補刻本（古籍總目）

國圖　上圖